中国基层治理问题研究

时树菁 主编

中国社会科学出版社

图书在版编目(CIP)数据

中国基层治理问题研究 / 时树菁主编 . —北京：中国社会科学出版社，2015.12

ISBN 978 – 7 – 5161 – 6799 – 1

Ⅰ.①中⋯ Ⅱ.①时⋯ Ⅲ.①地方政府 – 行政管理 – 研究 – 中国 Ⅳ.①D625

中国版本图书馆 CIP 数据核字（2015）第 192163 号

出 版 人	赵剑英
责任编辑	宫京蕾
特约编辑	大　乔
责任校对	张依婧
责任印制	何　艳

出　　版	中国社会科学出版社
社　　址	北京鼓楼西大街甲 158 号
邮　　编	100720
网　　址	http：//www.csspw.cn
发 行 部	010 – 84083685
门 市 部	010 – 84029450
经　　销	新华书店及其他书店

印刷装订	北京市兴怀印刷厂
版　　次	2015 年 12 月第 1 版
印　　次	2015 年 12 月第 1 次印刷

开　　本	710×1000　1/16
印　　张	22.75
插　　页	2
字　　数	385 千字
定　　价	85.00 元

凡购买中国社会科学出版社图书，如有质量问题请与本社营销中心联系调换
电话：010 – 84083683
版权所有　侵权必究

序　言

这本论文集是南阳师范学院政治与公共管理学院教师近年来在基层治理方面的研究成果汇编。

中国共产党十八届三中全会出台了《中共中央关于全面深化改革若干重大问题的决定》，提出"完善和发展中国特色社会主义制度，推进国家治理体系和治理能力现代化"的重要论述并提出了"国家治理"、"政府治理"、"社会治理"三个全新的概念，标志着我国政府管理方式将实现由"管理"向"治理"的转变。因此，进一步加强治理体系和治理能力现代化研究，是深入贯彻落实中央精神的重要举措，也是高校哲学社会科学研究者的职责和使命所在。

国家治理现代化研究是南阳师范学院政治与公共管理学院马克思主义中国化学科颇具特色的研究方向之一。该研究方向立足于南阳地方实际，特别是关注河南邓州市关于基层治理创新模式的"4+2"工作法。现已出版学术专著《当代中国的村民自治》、《民国乡村建设思想研究》两部，发表论文数十篇。邓州"4+2"工作法相关课题已获得河南省省级立项并结项。

为了进一步推动治理研究，学院决定出版一部关于中国基层治理问题的论文集。这一举措具有非常积极的意义，它不仅为学院教师们提供了一个交流学术思想、发表研究成果的平台，同时也可以对学院学科建设与发展起到重要的推动作用。更重要的是，对于我国治理能力和治理体系的现代化发展也能够起到积极的促进作用。

本书主要收录了南阳师范学院政治与公共管理学院研究人员自2007年以来在基层治理领域的学术论文43篇，内容涵盖七部分：

一是行政改革及行政能力建设。这是目前治理研究的热点之一，文章涉及行政改革基本理论、政府公信力的价值及实现、城管形象重塑等方面。

二是公民政治参与。包括作为治理主体之一的公民的政治参与现状、困境与对策问题的研究，也有关于公民参与理性审视的研究。

三是专业性社会组织培育。这是目前治理研究的又一热点，包括对如何培育专业性社会组织及农村新型经营主体等治理主体的研究。

四是农村基层治理。主要是关于农村基层治理的主体、运行机制、政策执行力，尤其是新型农村社区建设的研究文章。

五是城市社区治理。涉及社会危机和物业管理方面的研究。

六是社会保障。包括公共政策的执行、农村社会保障、农民工社会保障及就业、社会工作和社会慈善事业等问题的研究。

七是公民素质提升。涉及农民教育机制和公民意识培养等内容。

总之，本论文集全方位展示了治理研究的当代主题，其中提出了一些颇有理论创见和启迪意义的学术观点，在学术开拓方面具有一定前瞻性。文集的出版无疑大大提升了南阳师范学院政治与公共管理学院关于治理问题研究的层次及其学术声誉。然而，本论文集也只是部分地反映了南阳师范学院政治与公共管理学院的科研情况，所选论文的学术观点也未必完整和全面，正因如此，需要在未来的学术交流中予以商榷和斧正。

南阳师范学院这本学术论文集问世，我甚是欣慰。我衷心希望南阳师范学院政治与公共管理学院在今后能继续为促进治理研究作出自己的努力。只要锲而不舍地作出努力，今后一定会做出更多更好的成果。

傅广宛

中国政法大学

2015 年 7 月

目　录

序言 …………………………………………………………………… （1）
官僚行为理论对我国行政改革的启示 ……………………… 牛田盛 （1）
走向一种民主的官僚制 ……………………………………… 刘晶晶 （14）
地方政府执行力：概念、问题与出路
　　——基于公共精神和行政伦理的分析 ………………… 陈　伟 （25）
论政府公信力的价值及其实现途径 ………………………… 杨运秀 （38）
维护政府信用　进一步提升政府公信力 …………………… 杨运秀 （44）
维护和提升地方政府信用度路径分析 ……………………… 杨运秀 （53）
论农村劳动力流动对构建和谐社会的双重影响 …………… 李文安 （58）
社会管理中的"第三方治理"与政府职能转变 …………… 杨景涛 （64）
城乡一体化进展中的政府基本公共服务标准化 … 陈　伟　白　彦 （75）
城管形象的危机致因及重塑路径 …………………………… 黄　闯 （90）
基层民主中公民参与的理性审视 …………………………… 刘晶晶 （96）
公民网络参与的意义、障碍及发展路径 …………………… 乔成邦 （105）
法治化进程中我国信访工作权力关系的重构 ……………… 杨景涛 （113）
青年农民政治参与的制约因素与对策 ……………………… 时树菁 （122）
农村女性参政的困境与出路
　　——以河南省南阳市为例 ……………………………… 时树菁 （128）
完善农村先富群体参政的行为机制 ………………………… 时树菁 （136）
培育社会组织改善基层治理的意义和思路 ………………… 牛田盛 （142）
粮食主产区新型农业经营主体发展的困境和出路 ………… 黄　闯 （151）
农村土地股份合作模式：潜在问题及对策
　　——以"龙头企业＋合作社＋农民"模式为
　　研究对象 ……………………………………… 傅广宛　韦彩玲 （162）

河南农业土地规模经营模式及效益分析 ………… 李文安　马文起（170）
发展老年服务型社会组织，应对农村人口老龄化 ………… 黄　闯（178）
农村基层层级关系现状及其治理对策 …………………… 王连生（188）
村"两委"矛盾的成因及对策 ……………………………… 时树菁（194）
"4+2"工作法：党领导下的村级民主治理机制的
　　创新 …………………………………………… 乔成邦　王　壮（200）
提高村级组织的政策执行力与新农村建设 ……………… 乔成邦（207）
公共政策有效执行机制建设：模式分析与路径探索 …… 乔成邦（214）
新型农村社区的含义、功能及建设路径研究 …………… 乔成邦（221）
可持续发展视角下新型农村社区实践：问题、原因及
　　对策 …………………………………………………… 黄　闯（231）
社会危机的社区治理机制研究 …………………………… 盛清才（241）
城市社区物业管理良性发展的路径分析 ………………… 黄　闯（248）
农民权益保障：政策结构的完善与调整 ………… 傅广宛　蔚盛斌（256）
农村社会保障制度建设中的政府职能 …………………… 时树菁（263）
新型农村合作医疗的俱乐部激励模式 …………………… 钟　响（270）
新型农村社会养老保险的可持续发展研究
　　——基于新旧农村社会养老保险制度的差异性分析 …… 黄　闯（276）
试论农村公共产品供给的市场化及其策略选择 ………… 乔成邦（283）
我国社会慈善事业创新发展的理念更新和实践转向 …… 黄　闯（292）
中国现代化视野下的农村劳动力流动 …………… 李文安　李亚宁（300）
利益相关者主体性视域下新生代农民工社会保障研究 … 黄　闯（312）
非均衡性：新生代农民工市民化的路径分析 …………… 黄　闯（321）
个性和理性：新生代农民工就业行为短工化分析 ……… 黄　闯（329）
农业现代化视野下的农民素质教育 ……………………… 时树菁（337）
基层治理视角下的社会工作与公民意识培养 …………… 席晓丽（342）
提高农村妇女道德素质是新农村建设目标实现的基石 …… 曾　黎（353）
后记 …………………………………………………………………（359）

官僚行为理论对我国行政改革的启示

牛田盛[①]

摘　要：官僚行为理论的主要内容包括官僚自主性理论、预算最大化理论以及政府信息不对称理论等。我国行政机构中也同样存在着行政人员自主性、预算最大化倾向以及政府信息垄断等问题，因此官僚行为理论对我国行政机构改革的启示意义在于：以官僚"自利性"假定为基础来改革我国的政治体制，通过制度设计加强对行政人员自主性的限制，用市场力量解决我国行政机构预算最大化倾向的制度化设计，消除行政机构信息垄断的制度化设计。

关键词：官僚行为理论；行政机构；行政改革；行政人员自主性；预算最大化；政府信息不对称

官僚行为理论的主要内容包括官僚自主性理论、预算最大化理论以及政府信息不对称理论等。尽管官僚行为理论就中国现实来说也有不完全适用的地方，但从官僚行为理论角度来看，我国行政机构中也同样存在着行政人员自主性、预算最大化倾向以及政府信息垄断等问题，因此，官僚行为理论对于解释中国相关现实仍然具有一定的理论效力，而官僚行为理论关于加强对官僚机构的监督和控制，在政府内外引进竞争机制，消除政府信息垄断等建议，无疑对我国行政改革具有重要的建设意义。

一　官僚行为理论概述

公共选择学派利用经济学的观念与方法论来解释官僚行为，试图去研

[①] 作者简介：牛田盛，男，1971年5月出生，南阳师范学院政治与公共管理学院副教授，哲学博士，主要从事治理现代化方向研究。

究官僚行为背后的个人动机。在其研究中，经济理性是解析官僚现象的基本工具，而官僚行为被解释为官僚面对诱因与限制的理性反应。官僚行为理论的主要内容包括官僚自主性理论、官僚预算最大化理论以及官僚信息不对称理论等。

（一）官僚自主性理论

所谓官僚自主性，是指官僚机构或个人超越其法定的地位和职能，超越政治家的控制，在公共决策过程中发挥主导作用的现象。官僚自主性现象由来已久，近几十年已成为政治学研究的重点之一。公共选择学派研究官僚自主性的论著中，最有影响的著作当属尼斯坎南（William A. Niskanen）的《官僚与代议政府》一书。尼斯坎南在书中阐述了官僚自主性形成的主客观因素。尼斯坎南认为，官僚对个人利益的追求是其自主性产生的内在动因。构成官僚个人利益的主要因素有权力、地位、金钱、特权等。尼斯坎南还证明，议会与官僚机构组成的公共物品生产与消费的供需关系具有双边垄断性质，为官僚自主权奠定了坚实的客观基础。官僚自主权不仅直接危害了代议民主制的基石，而且导致了现代政府的许多弊端，为此，尼斯坎南提出了一系列假说如俘获假设、过度开支假设、供应过剩假设、选择性效率假设等说明官僚自主权的种种后果[①]。简言之，官僚自主性是导致政府失灵的重要根源。

（二）预算最大化理论

由于官僚机构对其部门利益追求是官僚自主性产生的重要原因，继而尼斯坎南又创立了官僚预算最大化理论。尼斯坎南的预算最大化模型有两个基本假设。第一个假设是官僚们试图最大化他们的预算。第二个假设是官僚机构在最大化他们的预算时大多数情况下是成功的。以公共选择理论为分析工具，尼斯坎南指出，官僚就像市场经济中的消费者和厂商一样，是理性自利的，追求预期收益的最大化。官僚机构和官僚个人的行为动机和出发点，是官僚制组织和官僚自身的利益。官僚自身利益最大化与官僚所在机构的预算规模呈正相关关系，而政府预算规模又与政府权力的大小正相关。因此，为了追求个人的地位、权力和收入，政府官僚必然千方百计地追求本机构预算的最大化。预算规模愈大，官僚的自我效用愈大，追

---

① 袁瑞军：《官僚自主性及其矫治：公共选择学派有关论点评价》，《经济社会体制比较》1999年第6期。

求预算最大化就成了官僚机构运转和官僚行为的基本取向①。

（三）官僚信息不对称理论

尼斯坎南认为，官僚机构在最大化他们的预算时之所以能够成功，主要是因为官僚机构与其资助人（政治家）之间的信息不对称提供了机制上的条件，使得官僚能够在不违法的情况下隐蔽地实现自己的个人利益。政治家与官僚之间之所以存在着信息不对称其原因有二：（1）作为委托人的政治家缺乏充足的动机去运用他的潜在权力。正如尼斯坎南所认为的那样，政治家主要关心的是他们的连任，而这"很少与组织产生的纯收益相联系起来"。（2）委托人对官僚机构的生产过程缺少必要的知识与信息。官僚信息不对称理论揭示了公共行政领域的委托代理关系下，拥有信息优势的官僚可能利用所掌握的内部信息进行私下交易，或者利用该优势提供不相关信息、不完整信息或虚假信息，从而达到其谋取不当利益的目的②。

二　从官僚行为理论角度看我国行政机构的问题

从官僚行为理论视角审视，我国行政管理体制同样存在着行政人员自主权膨胀、预算最大化倾向以及信息不对称等流弊。

（一）行政人员自主性膨胀的主要表现、危害及原因

1. 行政人员自主性膨胀的主要表现

（1）追求形形色色的特权。根据官僚自主性理论，由于特权是构成官僚个人利益的主要因素，由此官僚势必追求形形色色的特权。我国行政人员自主权膨胀同样体现在对形形色色特权的追求上。近年来，媒体曝光了许多特权事件，涉及特权车、特权房、特权学校、特权用人等等。《特权论》一书将当前中国社会上存在的特权现象归纳为三种，一是利用公共权力以谋取私利，二是资本特权之暂时复苏与发展，三是封建特权沉渣之泛起。第一种特权现象又主要表现在以下六个方面：以权力介入市场谋取私利；运用职务、职业权力谋取私利；凭借权力谋取生活享受；滥用权力破坏社会主义法制；以权力荫庇家属亲友；教育、学术、文艺、出版等

---

① ［美］威廉姆·A. 尼斯坎南：《官僚制与公共经济学》，王浦劬等译，中国青年出版社2004年版。

② 马骏、周超、於莉：《尼斯坎南模型：理论争论与经验研究》，《武汉大学学报》（哲学社会科学版）2005 年第 5 期。

文化领域的特权现象①。此外还出现了"特权隐性化"现象，如2009年3月，安徽省某市动用财政向干部派发健身贵宾卡；2009年4月，网友晒"温州旧城改造建房挪作领导低价内部购房的清单"；2009年5月曝光的湖南省邵阳市某县公安局政委女儿冒名上大学……种种"隐性特权"的出现值得警惕②。

（2）"三公消费"严重。"三公消费"是指"公车消费、公务接待、公费出国"等。由于个人待遇是行政人员个人利益的重要组成部分，所以"三公消费"也是行政人员追求个人利益最大化的重要途径。我国"三公消费"惊人。以2007年为例，根据中央党校教授周天勇保守计算，"三公消费"高达7690亿元以上③。越来越庞大的"三公消费"引发了民众的不满，严重损害了政府的形象。

（3）隐性福利繁多。收入是官僚个人利益的最主要组成部分。因此借助各种隐性福利增加收入是行政人员个人利益最大化的又一重要途径。我国行政人员的"隐性福利"繁多，近年来屡屡引起公众广泛质疑。如有媒体报道公务员各种名目的补助五花八门，就连女同志买卫生巾的钱都有补助。

（4）"上有政策，下有对策"。作为功能性部门，官僚机构的职责就是执行政治决定和国家政策。然而，实践中官僚基于自身利益，在执行国家政策中往往加以选择、抵制甚至扭曲。我国行政人员自主性问题同样也体现在政策的执行扭曲上。"上有政策，下有对策"是其典型写照。近年来，一些地方"雷人"规定不时出现。例如浙江台州小板桥村出台了村民守则，规定村民信访须经村干部批准，否则扣除粮食补偿款1年至10年。而类似这样违法违规的"土政策"、"土办法"，屡屡见诸媒体④。许多好政策好制度，就这样被扭曲和变形。

（5）行政自由裁量权的滥用。行政自由裁量权的滥用是我国行政人员自主性问题的又一表现。当前我国行政机构中滥用自由裁量权的问题非常突出，甚至到了违法滥用的程度。行政执法自由裁量权之所以会被滥

---

① 李守庸、彭敦文：《特权论》，湖北人民出版社2000年版。
② 程文浩：《"隐性特权"为何屡禁不止》，《人民论坛》2009年第12期。
③ 周天勇：《中国向何处去》，人民日报出版社2010年版。
④ 詹勇：《地方政府为求利益屡出台违法土政策》，《人民日报》2010年12月16日第5版。

用，一方面是由于裁量具有一定的自由幅度，使行政人员的主观能动作用大为扩展，客观上为其提供了滥用自由裁量权的条件。另一方面在行政自由裁量权的行使过程中，作为"经济人"的行政人员受自利动机的驱使，主观上有滥用自由裁量权的偏好，结果自由裁量变成"自私裁量"或"自己裁量"，因之腐败的产生有可能就转为现实。

2. 行政人员自主性膨胀的危害及原因

行政人员自主性的膨胀会引起一系列社会、政治和经济问题，并给社会和公民带来严重危害。行政人员自主权的存在和强化会导致行政机构沦为利益集团追求私利的工具，政府不再是公共利益的代表，从而社会不公平、非正义的现象难以遏制，进而导致腐败蔓延和设租、寻租现象普遍存在，其结果则是政府因为难以实现公共利益最大化的目标而失灵。行政人员自主性之所以在我国能够产生，其主要原因有两方面，一是由于行政人员及其部门追求个人和部门利益，二是我国当前立法对官僚机构的监督和控制存在制度性缺失。特别是在政府预算的控制上，人大监督基本流于形式，其监督力度、手段十分缺乏。

（二）行政机构预算最大化的主要表现、危害及原因

有观点认为预算最大化模型来自选票最大化，而中国不存在选票最大化的情形，因而认为预算最大化模型不适用于解释中国。这种看法与我国现实不符，预算最大化在中国同样也普遍性存在。

1. 行政机构预算最大化的主要表现

（1）机构超编，政府规模膨胀。根据预算最大化理论，由于在预算中人员经费的预算支出是最大开支，所以尽可能扩大政府规模就成为官僚追求预算规模最大化的最好手段。新中国成立至今政府规模一直处于持续膨胀之中，屡次机构精简都未走出"精简—膨胀—再精简—再膨胀"的怪圈。据媒体报道，湖南溆浦县环保局超编4倍。该局实际编制只有20多人，结果现有干部职工117人。媒体深入调查后发现，该县超编的不只是环保局，比其更多的还有国土局五六百人，农业局955人，交通局1868人，等等。其实不独溆浦县，这一现象有其相对普遍性，诸如河南新乡市设有11位副市长，安徽宣城一个区共有10个副区长，江西德兴设有10个副市长，河南商水县政府配备28名秘书，安徽望江县竟然出现了12个正副县长，等等，此可谓司空见惯。原中组部部长张全景曾指出，一个省有四五十个省级干部，几百个乃至上千个地厅级干部，"可以说古今中外没有过"①。

(2) 行政成本过高。由于行政成本支出也是政府预算开支的大头开支，所以每年地方政府部门往往都会尽量高估本部门的成本投入，以追求预算最大化，结果导致中国的"三公经费"居高不下，行政成本高居世界第一。整顿"'三公消费'中存在着雷声大、雨点小，要求多、措施少，检查多、纠正少"的现象②。有学者列出多组相关统计数字：从1978年至2003年的25年间，中国财政收入从1132亿元增长到3万亿元，约28倍；同期行政管理费用则从不到50亿元升至7000亿元，增长达87倍，而且近年来平均每年增长23%，行政管理费占财政总支出的比重，2003年上升到19.03%，远远高出日本的2.38%、英国的4.19%、韩国的5.06%、法国的6.5%、加拿大的7.1%、美国的9.9%③。

(3) 大搞形象工程、面子工程。一方面由于在预算支出中基建预算是仅次于人员经费的支出，另一方面名誉、政绩本身也是官僚个人利益的重要组成部分，所以大搞形象工程、面子工程就成为行政人员追求预算规模最大化的又一重要手段。许多地方政府非常热衷于搞基建，往往尽可能多地开展各种建设投资项目。近年来，许多地方政府大兴土木，耗资巨大，豪华政府办公楼频遭曝光，其典型如山西蒲县的仿"鸟巢"文化宫、安徽阜阳的"白宫"、江苏阜宁的"山寨中国馆"，等等。

(4) 年末突击花钱。据财政部统计数据显示，在年末的一个月中，各级政府在2007年花掉1.2万亿元，超过全年财政支出的1/4，2008年花掉1.5万亿元，2009年花掉2万亿元④。可见年底突击花钱是一种体制性现象。这一现象存在的原因在于政府一般都规定每年度的预算节余不能由官僚机构据为己有，必须上缴国库。不仅要上缴，下一年的预算还会因此而变少。在这种条件下，追求预算最大化的行政人员，不仅不会主动节约开支，反而试图最大限度地用尽预算甚至超支。

---

① 《须防"官多为患"——专访原中组部部长张全景》，《瞭望东方周刊》2006年第34期。

② 温美荣：《节约意识缺失：构建节约型社会的制约因素》，《国家行政学院学报》2011年第6期。

③ 《中国行政成本居世界第一公务消费花掉1/4财政》，《新京报》2007年3月11日（A10）。

④ 《数据显示各级政府近两月将突击花掉逾3.5万亿》，《中国青年报》2011年11月23日第9版。

2. 行政机构预算最大化的危害及原因

行政机构追求预算最大化的危害，即预算最大化直接导致政府过度开支，而政府过度开支的结果则使我国地方债务一路飙升。据原财政部部长项怀诚估计，目前中国地方政府债务可能超过 20 万亿元人民币，债务占 GDP 比重在 40% 左右。从官僚行为理论角度看，地方债务形成的真正原因在于地方政府及其人员追求预算最大化。预算最大化的原因，即自利性是行政人员追求预算最大化的内在驱动力。由于官僚的效用是预算规模的增函数，自然行政人员就有扩大预算规模的内在驱动力，实践中他们就会极力扩大支出，不惜政府举债甚至债台高筑。

（三）行政机构信息不对称的主要表现、危害及原因

官僚信息不对称理论中所谓的信息不对称本来指议会与管理机构的信息不对称，其中相对于立法机构官僚拥有绝对的信息优势。而在我国，信息不对称则主要表现为行政机构与民众之间存在严重的信息不对称，行政人员利用其信息优势谋利、大搞暗箱操作等现象。

1. 行政机构信息不对称的主要表现

（1）行政人员利用信息优势谋利。在我国，信息不对称主要表现为政府和行政人员与公众之间存在的信息不对称，相对于公众而言，行政人员处于信息强势地位，掌管着信息收集和发布的权力。政府垄断信息，必然使社会公众陷于信息劣势。根据上海财经大学公共财政研究中心对我国 31 个省（自治区、直辖市）所作的财政信息公开状况三年连续调查（2008—2010 年）显示，所调查的 113 项信息中，公众能获得的 3 年来平均不足 25 项，不到所调查信息的 1/4。以满分为 100 分计算，2009 年中国省级财政信息公开状况得分为 21.71 分，2010 年为 21.87 分，2011 年为 23.14 分[①]。2008 年 5 月 1 日，我国正式实施《中华人民共和国政府信息公开条例》，由北京大学等 8 所高校共同完成的观察报告对我国政务公开的历程做了小结：有所进步，但整体仍不理想，及格率仅为 20.9%[②]。近年来，我国政府机构及其人员存在利用信息优势为自身谋利益的趋势。例如，2011 年初，南京市经济委员会主任刘宝春，凭借其官僚的身份，在高淳陶瓷与十四所（中国电子科技集团公司第十四研究所）的资产重

---

① 刘小兵：《中国财政公开之路》，《南风窗》2011 年第 18 期。
② 《政务公开无关国家机密》，《中国青年报》2013 年 4 月 2 日第 2 版。

组中，利用对于股份置换资产重组与十四所进行的谈判等整个进程的掌握，伙同亲友在关键的时间点上低买高卖高淳陶瓷股票，非法获利738多万元。刘宝春成为国内第一个因利用内幕信息谋利被刑拘的副厅级官僚①。

（2）暗箱操作。一方面信息不对称产生了暗箱操作的可能性。信息不对称，直接造成社会公众因缺乏必要的信息而难以监督权力运行，导致权力运作隐秘极不透明，权力运作越隐秘，就越有太多暗箱操作的空间。另一方面政府机构及其官僚个体又存在为自身谋利益而进行暗箱操作的主观动机。因而当前各种各样、形形色色的暗箱操作广泛存在。诸如政府采购和投资项目、房屋拆迁、公务员考试、干部任用、国企改革等都存在暗箱操作。河北省原外经贸厅副厅长李友灿在一年多时间里，利用审批进口汽车配额的权力，收受贿赂高达4744多万元，创下了当时贪官贪污数额的最高纪录。而李友灿之所以能够在如此短的时间内攫取大量财富，其中一个重要原因，就是灰色制度空间提供的暗箱操作。事后查处李友灿贪污案时，竟然有许多官僚不知道李友灿还管着进口汽车配额，即便有人知道他管着此事，也不知道具体是怎么审批的②。

2. 行政机构信息不对称的危害及原因

行政机构信息不对称的危害主要体现在：首先，政务信息不对称导致了大量腐败的滋生和暗箱操作的可能性。行政人员一旦拥有信息资源，就会尽可能将其效益最大化。其次，行政机构信息不对称导致公民因信息严重不足而缺乏知情权。其直接结果就是因为不知情，无法参与对国家和社会事务的管理与决策，《宪法》所赋予的民主权利无从落实。再次，政府信息不公开可能导致小道消息满天飞，造成人心惶惶，引起社会慌乱。2008年的瓮安事件、2009年石首事件以及"杞人忧钴"事件无一不表明，政府部门通过信息垄断试图掩盖真相的做法甚至会导致很严重的后果。行政机构信息不对称的原因在于：从官僚行为理论角度，作为"经济人"，官僚不可避免会考虑到自身利益的最大化问题。为此，政府机关及其工作人员将会尽可能地利用合法或非法的手段

---

① 《南京市经委主任刘宝春因涉嫌股票内幕交易被免职》，《扬子晚报》2009年12月30日（A12）。

② 《探索政务公开透明运行机制"权力清单"公布之后》，《人民日报》2006年1月16日第4版。

去谋求自身的利益,而政府官僚谋求自身的利益的手段之一就是封锁、阻滞政务信息以便进行暗箱操作,这就人为的在政府和公民之间加剧了信息不对称。

三 官僚行为理论对我国行政机构改革的启示意义

(一)以官僚"自利性"假定为基础来改革我国的政治体制

传统观念下政府是人民利益的代表,官僚是大公无私的,但官僚行为理论关于官僚的自利性假设否定了传统意义上政府官僚一心为公的神圣光环。官僚行为理论将公共选择理论学派的理性经济人假设推广到政府官僚身上,认为政府官僚与所有普通人一样,都是追求个人利益最大化者。相对传统的政治人和公共人假定,在我国社会主义市场经济条件下,"经济人"生存的客观环境依然存在,追求自身利益(效用)最大化的行为动机仍然在起作用,因而官僚"自利性"假设更能经受经验的证实。既然政府官僚不是天使,并不是天然代表人民的利益,那么就通过周密的制度设计来对政府官僚行为进行监督和控制,遏制政府及其官僚的"经济人冲动",防止官僚由公仆变为主人。故而以"自利性"官僚为基础来进行政治设计,完善我国的基本政治制度,改革我国的政治体制自有其合理性。

(二)通过制度设计加强对行政人员自主性的限制

在我国社会主义初级阶段,由于体制方面的种种弊端,导致腐败问题极其严重,所以在行政改革中,必须对行政人员的自主性严加控制,以遏制其追求个人利益的内在冲动。官僚行为理论就如何对官僚自主性加以限制作出了一些具体设计:首先,强化对官僚机构的监督机制,如成立专门的专家委员会,对官僚机构进行定期审核,掌握其成本信息;同时,在官僚机构内部,建立有效的行为激励机制,依据效率标准,决定官僚的奖惩升迁及机构的预算资金的调整。此外把成本—收益分析引进政府工作的评价系统,在政府机构内部以及官僚个人之间建立起竞争机制。借鉴官僚行为理论的上述对策,结合我国实际,可通过以下具体途径加强对行政人员自主性的限制:

1. 通过否决权、听证会、质询和财政拨款等途径加强对行政人员的立法控制

由于对政府机构监督的形式化,我国人大监督的效果极其有限。现代国家立法对官僚控制的方式主要两种：第一种是过程的控制。首先，议会利用否决权对官僚实行控制与监督；其次，利用调查，主要是采用听证会以及议会质询时的调查；最后，要求行政机构提交报告以了解其工作内容。第二种控制是财政的控制。主要是通过财政拨款达到控制行政机构的目的。因此强化人大对行政机构控制的当务之急在于具体化上述两种立法控制途径。

2. 坐实预算审查权并赋予人大以预算修正权和删减权

预算审批权是国会控制官僚机构的法宝。当前我国在行政权独大，人大监督权有限的大背景下，能够真正发挥立法最大监督功能就是预算审查。但是，人大对政府财政报告的审查监督存在以下突出问题：政府提供给代表审查的财政报告如预算草案、计划草案等都过于简单，代表无法具体了解相关财政收支的合理性、必要性与科学性；大会安排代表阅读、审议的时间过少；代表审议的能力、水平还有待提高。这些问题导致的直接结果就是，人大代表对预算的审查比较形式化。尤为关键的是制度设计上人大缺失预算修正权，结果预算草案往往没有经过任何修改、修正就全盘通过，预算审查权缺乏实质内涵。为此，党的十八大报告第一次提出人大加强对"钱袋子"的监督，"支持人大及其常委会充分发挥国家权力机关作用"，"加强对政府全口径预算决算的审查和监督"。要加强人大对政府预算决算的审查和监督，首先必须坐实人大的预算权，而要坐实人大的预算权，还必须在制度设计方面赋予人大以预算修正权甚至是预算删减权。这样人大通过预算支出的限制来防止政府的过度支出，有效遏制政府规模的膨胀。

3. 建立人大监察专员制度

近年来，不少学者一直呼吁和建议仿效西方议会监察专员制度建立人大监察专员制度。监察专员制度为瑞典首创。其职责主要是监督政府不当行为，保障公民合法权益不受侵犯。议会监察专员由国会任命和出资，具有绝对的独立性，不受政府、党团和国会干涉，可以有效监督行政权力。监察专员具有独立调查权，有权调查所有政府部门和公有部门，自主决定是否受理投诉和展开调查，是否向议会报告或公开官僚不法、渎职、贪污或其他犯罪行为。因此其最显著的优势就是实现了对政府的外部监督。丹麦、挪威、英国、新西兰、澳大利亚等都建立起类似的监察专员机构。因而我国也可借鉴西方议会监察专员制度，建立中国特色的人大监察专员制度，加强对政府官僚不当行为的外部监督。

（三）用市场力量解决我国行政机构预算最大化倾向的制度化设计

与以往的寻求强化法律制度和监督制约机制的思路不同，官僚行为理论基于"经济人"假设，提出在政府以及整个政治领域中引进市场竞争机制，用市场的力量解决预算最大化问题。威廉·尼斯卡宁在《官僚机构与代议制政府》中提出了三个措施：一是在政府内部重新确定竞争机制，使预算主管部门就可以选择"报价最低"的机构，从而降低费用，缩小政府机构的平均规模。二是在高层行政管理者中恢复发挥个人积极性的制度，促使行政领导人以"最小费用"的策略去取代"最大化本部门预算规模"的策略。三是更经常地采用公共服务民营化的政策，即更多地依赖于市场机制来生产某些公共物品或公共服务[①]。如清洁垃圾、消防、医院、邮政、公共运输等由私人提供。民营化是实现将市场机制引入公共行政领域这一目标的重要方式。通过公共服务民营化这一手段，有效实现压缩政府规模，缩减预算支出的目的。故而公共服务民营化也可成为解决我国当前预算最大化问题的有效手段。如前所述，我国官僚预算最大化的主要表现为：机构超编、政府规模膨胀、行政成本过高、地方政府债务沉重，等等。西方国家的政府改革实践证明，公共服务民营化可以有效减小政府规模、压缩财政开支、减少行政成本过高、缓解地方政府债务。例如就减小政府规模而言，撒切尔夫人上台时，英国政府民用事业就业人数为77万人，到20世纪90年代中期，只有5万人了，政府规模大大缩小[②]。而随着政府公务人数的减少和经常性费用支出的压缩等，政府预算规模也大为缩减。之外政府通过向民营企业出让一些公用事业的特许经营权等方式，可以筹资还债，从而缓解地方债务。

（四）消除行政机构信息垄断的制度化设计

官僚信息不对称理论认为官僚机构对信息的垄断造成了其在决策中的优势地位，假如议会中政治家或其他非政府组织能获取有关公共物品真实生产成本信息的话，官僚的垄断地位就不复存在了，也就不会有扩大的特

---

① 陈振明：《非市场缺陷的政治经济学分析——公共选择和政策分析学者的政府失败论》，《中国社会科学》1998年第6期。

② 田春生：《关于新自由主义政策及其国际影响》，《世界社会主义研究动态》2012年第26期。

权和权力滥用现象。因此，建立以信息公开法为核心的政府信息公开法律制度已经成为世界性的趋势。目前，全世界共有 50 多个国家制定了专门的政府信息公开方面的法律。消除我国行政机构信息垄断的制度化途径主要有以下几方面：

1. 制定《政府信息公开法》

政府信息公开是打破官僚信息垄断，保障政府与民众信息对称的前提和基础。2008 年开始实施的《中华人民共和国政府信息公开条例》为我国政府信息公开奠定了良好的政策基础。但整体上信息公开程度与公众需求尚存差距。其原因在于目前正在实施的《政府信息公开条例》只是国务院制定的行政法规，只能约束各级政府，对人大、检察院、法院及党的工作机关则无约束力，不仅如此，其立法层级较低，无法解决与现有法律如《保密法》《档案法》的冲突，因此并不能替代《政府信息公开法》。因此，只有制定《政府信息公开法》，对全国各地区、各部门都有约束力，才能真正起到对各级政府部门的信息公开活动进行法律监督的作用。同时制定和完善其他相关法律制度，如修改《保密法》《档案法》等。

2. 建立和完善关于信息公开的具体制度

具体包括：（1）信息自由制度。即政府法规、规章和其他文件原则上应向社会公开，在法律规定范围之内，任何公民无论其目的如何均享有得到政府文件的权利，行政机关拒绝提供有关的文件或材料时应当说明理由，承担责任。（2）行政会议公开制度。即行政机关的会议内容。除法律另有规定之外，必须向公众公开。（3）建立和完善救济制度。在当信息非法公开或者公民获得信息遭到拒绝时，公民有权提起复议或行政诉讼。（4）建立政府信息公开的监督制度。建立健全政府信息公开的考评制度，责任追究制度、监督检查制度、年度报告制度、投诉举报制度等相应制度。（5）建立政府信息公开量化评估指标体系。目前上海、北京少数地区已经建立了政府信息公开量化评估指标体系。政府信息公开量化评估指标体系具体能够发挥评价、考核、引导三大功能，通过建立政府信息公开量化评估指标体系能够规范各级政府信息公开工作，健全政府信息公开监督保障机制，促进行政机关积极、主动地履行好政府信息公开职责，不断增强政府工作的透明度。

总之，鉴于我国行政机构中也同样存在着行政人员自主性、预算最大化倾向以及政府信息垄断等问题,所以官僚行为理论对认识中国现实仍然具有一定的理论效力,官僚行为理论关于加强对官僚机构的监督和控制、在政府内外引进竞争机制、消除政府信息垄断等建议,对我国行政改革无疑具有重要的建设意义。

(原文发表于《行政论坛》2013年第6期)

走向一种民主的官僚制

刘晶晶[①]

摘 要：在民主化的浪潮下，人们普遍反思官僚制，关注和研究官僚制与民主之间的关系。通过对官僚制悖论与民主悖论、官僚制与民主之间情结的考察，可以发现官僚制和民主都无法独自存在于当今国家政治体制中；通过对公共行政理论与实践演进历程的回顾，可以看出凭借民主因素对官僚制加以修正、完善和发展已成为一种趋势。因而，走向一种民主的官僚制是可能的，也是可行的，它将会更好地服务于现代国家的公共治理实践。

关键词：官僚制；民主；悖论

一 引言

官僚制一词于18世纪初出现，19世纪被广泛应用于政府、企业等各个领域，彼时的思想家德·古尔内、克劳斯、密尔等将官僚制看做是一种与君主制、贵族制、民主制相对立的政府形式[②]。

20世纪初，马克斯·韦伯从学术角度系统地对"官僚制"进行了研究。在其《官僚制》《统治的类型》《官僚体制统治的本质、前提和发展》以及《经济与社会》等论著中，认为官僚制既有一般广义的含义，即"被任命的官员的行政团体"，也有特定的含义，即"理性官僚制"，以法理型权威为基础，是"理性化"在政治领域表现出来的可预期的行政管理[③]。韦伯认为这种由训练有素的专业人员依照既定规则持续运作的

[①] 作者简介：刘晶晶，女，1984年出生，南阳师范学院政治与公共管理学院讲师，管理学博士，主要从事政府改革与治理方向的研究。

[②] ［英］马丁·阿尔布罗：《官僚制》，知识出版社1990年版。

[③] 同上。

行政体制以分部——分层、集权——统一、指挥——服从为特征，在精确性、稳定性、纪律性和可靠性等方面都比其他组织形式要优越。这一观点在实践中得到广泛的证明，作为一种稳固的行政管理形式，官僚制取得了巨大成功。在20世纪社会中各种组织所共有的最为一般的特征即它们都是官僚制，而且它与西方现代化的发展相辅相成，保证了20世纪现代化进程的加速。

20世纪70年代后期，西方政府行政实践领域不断出现的新情况以及理论领域的新进展对官僚制提出了很多质疑和批判。在理论创新和实践改革之下，人们开始了对官僚制的反思，西方国家官僚制改革者们声称要建立一个完全不同于传统官僚制的模式。对于目前处于转型期的我国来说，官僚制的发育程度、政治制度、经济发展等生态环境与西方存在很大的差异，所以当我们思考治理制度时，一方面应吸收借鉴国外政府改革经验的合理之处，另一方面也要从现实国情出发，对官僚制进行合理取舍，同时要遵循社会主义的本质属性和内在要求。民主是社会主义的生命，是社会主义制度优越性所在。列宁指出："没有民主，就不可能有社会主义，这包括的一层含义是指胜利了的社会主义如果不实行充分的民主，就不能保持它所取得的胜利，并且引导人类走向国家的消亡"[①]。邓小平提出："没有民主就没有社会主义，就没有社会主义现代化"这一重要判断，并指出发展社会主义民主是"我们全党今后一个长时期坚定不移的目标"[②]。所以说在我国政府改革中，效率和生产力等价值观固然必要，但应当被置于民主、公共利益这一更为广泛的框架体系之下。在对官僚制进行反思和完善的时候，也要将民主置于核心位置，关注和研究官僚制与民主之间的关系，这对于更好地促进现代国家治理水平的提高具有重要的现实意义。

二 两个悖论

（一）官僚制悖论——指责多多与顽强活力

官僚制通常被看做是对公共项目进行有效管理的必需品，但其形式上的合法性忽视了规范性，无视公民个人的需求和意愿[③]。这种集权倾向、

---

① 列宁：《列宁全集》（第28卷），人民出版社1995年版。
② 邓小平：《邓小平文选》（第2卷），人民出版社1993年版。
③ PETERS B G. Peters Bureaucracy and Democracy [J]. Public Organization Review, 2010, 10.

垂直命令结构而造成的忽略政治社会价值、禁锢政治民主、压抑个性自由等民主瘤疾，使其招致大量责难和批判。综观近几十年来的众多政府改革，都只是使官僚制运作得更有效率、更经济，仍未从根本上消除官僚制的民主瘤疾，也未能产生一种从根本上取代官僚制的组织形式，官僚制虽劣迹斑斑，却仍茁壮顽强。

从早期19、20世纪对官僚制的批判到目前如火如荼的"摒弃官僚制"理论，西方社会对官僚制反思的传统由来已久。当今批评家对官僚制的抨击在一场以市场化为取向的公共行政改革浪潮中经70年代、80年代、90年代至今依旧持续深化，在细数其民主瘤疾时集中表现为以下几点：

1. 集权主义压制个人发展

官僚制强调下级对上级在职务上的绝对服从，强调严格的纪律和僵化的规则及处事程序，使得下级组织权力虚化，自主性缺乏，从而抑制了员工的积极性和创造性，长此以往造成了单调、狭隘、因循守旧的心理与个性，不利于个人良好发展。

2. 专业主义忽视民众参与

官僚制崇尚专业化的公务员制度，奉行精英主义，强调专家治国，专业化的官员队伍垄断了对政策制定和执行的权力，这就将社会民众的参与排斥在公共行政体系之外，剥夺了公民应有的民主参与权利，使公民"退化"为消极的政治旁观者，使行政失去民主特质。

3. 信息垄断排斥民众监督

官僚制倾向垄断信息，通过保密信息来源及内容实现其效率，维护其权威并进行利益的博弈。韦伯认为"任何官僚制组织都力求通过对知识和意图的保密来增强其专业上的优越地位"，而"职业机密亦是官僚制的独特发明"[①]。信息公开性和完整性的缺失，造成了政府与民众之间互动的脱节，带来了政治隔阂；同时因民众难以了解政府工作的内情，也无法对政府行为进行监督及问责，造成了对公民应享权利的侵犯，不利于公民民主智力的发展以及群策群力和善治的实现。

然而早期批评家在指出官僚制缺陷的同时，又看到了官僚制在缺陷之下仍然成功地组织了适合二十世纪的公共行政模式，并与现代化齐头并进

---

① 王亚南：《中国官僚政治》，中国社会科学出版社1981年版。

的事实。近年来政府改革实践也都证明,无论是新公共行政、新公共管理,还是公共治理,都未能产生一种从整体上取代官僚制而占主流的组织形式,这些运动所提倡的治理模式、运作方式依然是在官僚制整体组织结构中的变化,甚至在某种程度上支持了官僚制的发展,比如新公共行政中对社会公平价值的关注和强调进一步扩大了官僚制的责任,使官僚制行政的范围从"福利国家"阶段又向前迈进了一步。官僚制依然是当今公共行政中活生生的事实,官僚制组织结构仍旧蔓延在各个角落。

(二)民主悖论——赞不绝口与无奈窘境

"民主"一词是由希腊语的 Demos(人民)和 Kratia(统治或权威)演变而来,其最初的含义就是"人民的统治",它是作为一种有别于君主独裁和贵族寡头统治而存在的政治方式。人类政治发展的主要目标之一就是实现民主,马克思和恩格斯在《共产党宣言》中就明确提出:"工人革命的第一步就是使无产阶级上升为统治阶级,争得民主。"①

民主的本义是指"多数人的统治"或"人民共同治理国家"。目前对民主的理解和阐释有两种途径,一种认为"民主就是人民的统治",即走向"公民自治";另一种认为"民主是一种决策方法",即"是为了达到政治决定的一种制度上的安排,在这种安排中,某些人通过争取人民的选票而得到作出决定的权力"②。奥斯特罗姆认为保证民主的体制应是一种交叠管辖和权力分散的体制,即所有成员都享有思想、言论、结社自由和机会平等的权利,通过选举、代议、协商等方式进行集体决策③。

民主会对公众的需求做出回应,并试图尽力了解公众偏好以便更好地体现在政策输出上。它以多数人的意志为政治活动的基础,在这种权力分配与运行方式下,人民享有参与治理的权力和权利,这些是民主优越的依据。美国学者罗伯特·达尔在《论民主》一书中指出,民主所带来的好处包括:"公民拥有基本的政治权利,享受广泛的自由……获得重重保护和促进自己的最重要的个人利益手段……拥有广泛得到的自主和不同寻常的个人发展机会"④。作为一种政治制度,民主可被称为所有可能的政治制度中最为优良的一种,但民主也不是纯粹和绝对的优

---

① 马克思、恩格斯:《共产党宣言》,人民出版社 1997 年版。
② [美] 熊彼特:《资本主义、社会主义和民主主义》,商务印书馆 1979 年版。
③ [美] 文森特·奥斯特罗姆:《美国公共行政思想危机》,上海三联书店 1999 年版。
④ [美] 罗伯特·达尔:《论民主》,商务印书馆 1999 年版。

越,也有其固有的缺陷,正是这些缺陷使得民主面临着虽"好"却不能普通推广的无奈。

首先,高质量的公民品德难以保证。法国思想家孟德斯鸠认为,民主共和国的存亡,取决于公民的"品德"[①]。民主原则指导下建立的代议制程序和多元决策机制需要公民的积极参与,但它需要的是公民理性的积极参与——即不能违背公共伦理和道德并具有一定行政知识能力。当社会中大多数公民具有良好品德、高尚情操、理性思维时,民主制度会良好运作,但当社会中大多数公民不具备这些品质时,民主的优势就会大打折扣。

其次,民主会遏制少数真知灼见。多数人的意志并非与理性成正比,在现实公共行政领域里,有些决策需要专业知识。在这种情况下,专家、权威人士的意见可能比公民的决定更接近正确。然而民主制度为避免精英独裁的风险,就以降低政策水平为代价,把政治决策的权威性建立在民众现有认知水准上,这难免造成政策流于平庸肤浅,缺乏远见卓识。

最后,民主会因争执而损耗效率。对于决策来说,参与的人数越多,产生分歧的可能性就越大,决策的效率就可能越低。在民主制度中,公共决策以全体公民的意志为依归,这可以使公共政策随时根据民意的变化进行调试和修改以便更好地反映民众的利益。但是,另一方面,民意的多变性助长了立法与行政的不稳定性[②]。因为人民是一个庞大的群体,分散在社会之中,民主的力量也是以分散的形式游离于社会的,在当今全球化、信息化、市场化情境下,国家承载着对大量的社会事务进行管理和协调的任务,这种决策方式势必会造成办事拖沓、分歧扩大、效率低下,甚至多数人暴政的问题,无法保证对行政活动及时回应的时效需求和高效要求。

总之,无论是实行官僚制还是民主,任何单一体制对国家政治的垄断,都不可避免地顾此失彼,无法做到完美,民主制度是好的,但难以保证行政活动的效率,我们无法依靠单一的民主建立一个普适的行政体制,所以必须同时采取相应的保障措施,依靠富有效能的组织来承担日益复杂

---

① [法]孟德斯鸠:《论法的精神》,商务印书馆1982年版。
② [法]托克维尔:《论美国的民主》,中国社会科学出版社2007年版。

化、专业化的公共事务，也许一种双方相对均衡的融合才能使国家的政治体制处于完善高效的运作状态。

三 两种情结

（一）官僚制对民主的情结

官僚制并非是完全缺失民主的，其内在地包含着一些隐性的民主因素。

首先，尽管官僚制在内在本质上具有"非民主"的倾向，但它是民主化的产物，它的出现解决了政党分赃等不公平现象，避免了各种党派纠纷，它以高效、一视同仁的非人格化态度处理事务，其制度设计、工作原则和程序机制均体现了一种否定"人治"和崇尚"法治"的理性精神，其基于科学化、客观化、形式化的工具理性主义原则和置身于国家法律框架之内的运作机制，使得官僚行为和权力行使遵从了现代民主的法律和制度，包含有科学、民主和法治的要素。

其次，官僚制在人员任用方面对知识化和专业化的要求，坚持从社会普选公务人员，使人才甄选范围扩大到社会各阶层，从而有利于平等化的倾向，有力抨击了以门第、等级、血统观念为特征的身份制和世袭制，有效纠正了任人唯亲、主观武断等弊端，体现出一种平等的人文关怀，在社会民主化、公平化方面起到了积极的作用。

最后，官僚制体现了政治和行政的分开，虽然现实中的政治决策和行政执行过程存在某种"交融"，但这并不意味着政治与行政功能会重新合并，而且如果二者一旦归一，将使民主程度大打折扣。历史上的专制政体都是集政治、行政、司法职能于一身的，而民主发展越成熟，越讲求权力相互制约，也就越坚持政治与执行的相对分离，这正是现代民主的实质所在。一个强有力的官僚机构对于形成权力的制约机制，以防止政治腐败、维持正常民主程序的运作是一种必要，官僚制是保证现代国家建立于民主基础之上的必要条件。

（二）民主对官僚制的情结

官僚制是现代民主精神发展的产物，民主也并非完全敌对官僚制，在一些方面也支持、促进着官僚制的发展。

首先，代议民主制将分散于社会的权力集中于国家主权层次，取得了政治权力对其他社会权力的主导地位。权力结构由分散转向统一造就了具有普遍性的法律、行政等调控手段，这些调控手段在建立能够吸纳和调控各种团体、群体及阶层框架的同时，成为发展官僚制行政的前提，促进了现代官僚制行政体系的发展。

其次，民主对权利平等的要求和新的权力合法性原则的确立，一方面确立并彻底实现了权力的公共性，这是官僚制行政权力获得公共性的必然前提，行政权力渊源的公共性扩大了官僚制支配范围。另一方面随着社会权利和个人权利的日趋完善，人民主人意识日益增强，对政府的政治认同和一致信念也逐步成长，对公共服务的需求日益增多，对政府的回应性也提出了更高的要求，为此需借助官僚制的行政机构来满足更多的需求，这推动了官僚制的扩张。

最后，在民主日益发展之下，对"平等化"和"开放性"的要求不断增加，摒弃了传统社会中将行政看作狭隘特权的观点，推进了公务员进入机会的均等化，这些都与官僚制的理性精神相一致，为官僚制的发展创造了良好外部环境，同时普遍公民权的日益完善要求更大范围的公平公正，这些也促进了行政系统跨地域发展，成为普及官僚制的推动力。

总之，现代官僚制的发展伴随着近代民主普遍化进程，官僚制不可能抛开与民主机构或政治家的合作与协调，否则自身就失去了存在的意义和价值，而且官僚制在人和物意义上的"法律平等"，拒绝"特权"，对抽象规则性的坚持，在一定程度上推动了民主的发展。另一方面，民主也需要官僚制发挥其作为国家统治与社会治理的作用，以达到其所主张和倡导的民主价值和目标，而且民主的发展间接地支持和促进着官僚制的发展。官僚制与民主是相互联系、相互依存、相互促进的。

四 一个趋势

从古典宪政理论主张保障人民民主权利到现代宪政理论主张突破三权分立，诉诸社会政治的多元权力，官僚制与宪政、民主的发展一直交织在一起，有着千丝万缕的联系。在后工业时代信息化、知识化所带来的冲击下，官僚制失去了其在工业社会下存在的合理性，各种变革官僚制的理论纷纷出台，民主主义者们重新审视"民主"在公共行政领域的地位，在理论研究和实践领域里出现了一种将民主与官僚制相融合的趋势。

20世纪60年代以来，在西方行政实践和理论研究发展的背景下，作为与管理主义理论相互对立、此消彼长地发展的民主行政理论日益受到人们重视。该理论认为公共权利和利益应高于政府，政治民主必须体现在民主的行政过程之中，在其对作为管理主义核心要素的官僚制进行审视时，也不是简单的否定，而可以看做是一种扬弃。期间新公共行政运动主张用民主行政来超越官僚制行政的限度，尊重人民主权和意愿，实现社会正义和社会公平，反对滥用权力和行政无能，强调以公共性为逻辑起点，以公共利益为导向，寻求具有灵活性的官僚组织形式，将分权、组织发展、责任扩大等概念融入分析组织问题之中，第一次向官僚制注入了参与、回应、责任等民主因素。

20世纪80年代，以加里·L·万斯莱为代表的黑堡学者提出了一种"重建公共行政"（Refounding public administration）的"黑堡宣言"，指出官僚制只是一个工具，对于民主国家而言，公共行政应该有民主式的官僚制，主张将民主的哲学——公共利益融入官僚制行政组织中，通过对行政人员民主意识培养、行政民主文化培育来实现对官僚制的改造，进一步加深官僚制与民主的融合程度。黑堡学派指出行政人员是各部门知识、经验、智能与共识的受托者，所以应在具体语境里以动态的、更多元的观点去衡量问题、考虑决策结果的利弊得失，做好执行与捍卫宪法的角色和人民受托者的角色，在行政实践过程中去体认公共利益[①]。为顾及广泛和深层的公共利益，创造适当的沟通方式，确保有效参与成为行政人员的努力目标，通过改进官僚制技术主义的路线，使行政官僚以其专业知识和职业要求成为公共利益和民主参与治理的保证者，以此来重建民主式的官僚体制。

20世纪90年代以来，以奥斯特洛姆教授为代表的一些学者认为，由于行政决策和危机治理中对参与、公平的需求，使得公共行政应建立起"民主制行政"的目标模式。奥斯特洛姆教授认为在继承官僚制合理成分的基础上，在有限而非无限政府的前提下，民主制公共行政的建立主要包括以下内容：建立参与型的公共行政决策制度，采用协商性的公共管理手段，推动行政等级系统中决策权力下移等。

理论是实践的先导，在理论的指导下，现代社会政治实践中官僚制与民主也在一种张力的状态下结合起来，构成了一种管理国家和社会的体

[①] 张康之、程倩：《民主行政理论的产生及其实践价值》，《行政论坛》2010年第4期。

制。从 20 世纪 80 年代以来的新公共管理运动中各国政府改革可以看出，不管是从日本桥本大部制改革到小泉民营化改革，还是从美国克林顿"重塑政府"运动到奥巴马"新政"，抑或从英国布莱尔"合作政府"到卡梅伦"大社会计划"，在政府职能转变中的决策权下放，政府机构设置调整上的压缩、简化、再造，组织使命的重新界定、机构程序的合理化等举措，都是在现有组织模式——官僚制基础上，融入新时代民主、自由、平等元素而进行的一种改造和完善。在我国公共行政实践中也出现了两者相融合的趋势，如听证会、行政咨询等为实现公民意志的表达提供了途径，行政承诺、民主评议等实现了公民在公共行政中的主导作用。在决策模式方面，参与式决策一方面提高了行政质量，另一方面也为社会孕育了浓厚的民主氛围。如近些年乡镇蓬勃发展的基层民主，通过动员群众参与、完善政务公开、村务公开制度，实现了政府行政管理与基层群众自治有效衔接和良性互动，政策制定不再是官僚高层的独享特权，在官僚制框架内引进的下级主动参与的决策模式，进一步促进了官僚制与民主的融合力度。

总之，这种理论与实践的趋势源自官僚制不可或缺、民主不可独当一面的现实，也取自官僚制和民主可相辅相成的依赖性。我们在追求和实施良好的治理制度时，要用辩证的思维来看待官僚制和民主。诚然，官僚制确实存在着一些问题，但由于国情不同，而且历史上西方国家社会发展历程也证明，工业文明时代需要一个理性的官僚制度来为其服务。所以作为一个发展中国家，我们仍然可以批判地吸收官僚制的有益成分，官僚制所坚持的在理性精神支配下的法制观念、契约观念等秩序化价值，仍应被看做是政府运作的逻辑规范，对政府有效管理具有决定性作用，官僚制所追求的组织科层秩序及稳定，对现今行政发展依然有十分重要的指导作用。同时对处在转型期的我国来说，公民社会的兴起促进了民主的深入发展，公共行政作为国家权力的核心，在当代不应只是政策、法律执行与管理的工具，还应承担起维护公共生活的根本价值、目的、伦理的责任，满足公众对政府有效性与民主的双重要求。在这样的情况下，所要考虑的应是如何将民主注入行政权力中，将民主与官僚制合理地结合起来。

五 结束语：走向一种民主的官僚制

20 世纪在谈到有关官僚制的未来时，韦伯认为"官僚体制统治的顶峰不可避免地有一种至少是不纯粹官僚体制的因素"。① 民主机制在治理能力和手段上的先天弱势要求有官僚制知识技术和治理能力的优势进行保障，官僚制权力膨胀的弊端也要求通过民主机制的运行来对其进行制约，同时民主要求的回应性与属于官僚制特征的公平性、可预期的稳定性相平衡。所以将官僚制与民主结合起来进行优势互补，会是一种"帕累托最优"式的结合。我国对民主的诠释是顺应民意、汇集民意、维护民权、以人为本，在这一方针指导下，走向一种民主的官僚制，更多地融入民主特质，能促使政府治理结构和功能更加系统、协调。这种民主的官僚制包括专业建议的多元化和开放性、平等透明的咨询渠道、权力分离和制衡等内涵，具有人性化、弹性化、民主化的特征，具体如下：

授权下级——推进官僚制等级系统中决策权力下移，行政决策机关授权下级决策机关，使得执行人员具有更大的裁量权和灵活性，并采取协商性的公共管理手段，在"指导——信服"基础上最大限度调动下级能动性。

强化参与——一方面推行程序化管理模式，通过听证制度、申辩和质证制度、说明理由制度、资讯公开制度、通知制度等现代行政程序，实现公民对公共管理过程的参与，实现"民主精神的制度化"。另一方面推行公共服务承诺制度，在政府与公众之间建立一种契约关系，这样政府承诺就成为这种契约关系的制度化表现，有利于促进民主监督的有效性。

公开信息——打破信息垄断，在涉及国家安全等方面的保密信息之外，借鉴人本主义心理学原理，实现政府与公众更有实质意义的互动。通过电子政务、平等而透明的交流渠道、政府解释责任等相关措施，实现信息真正无缝隙的共享与覆盖。

引入竞争——"民主的核心是选择"②，应推行竞争性的公共行政服务机制，将市场的激励约束机制引入公共服务领域，打破垄断，使得公民通过选择实现自主性，进而保证民主的实现。

总之，民主的官僚制是在工具理性主义原则下吸收适度的价值理性，

---

① ［德］马克斯·韦伯：《经济与社会》上卷，商务印书馆1997年版。
② ［美］科恩：《论民主》，商务印书馆1988年版。

通过民主化途径负载一定的政治与社会价值目标，在官僚制基础上扩大参与和回应，实现效率目标与价值目标的兼顾，以使官僚制更好地服务于现代国家的政治实践。

（原文发表于《电子科技大学学报》（社会科学版）2011年第5期）

地方政府执行力：概念、问题与出路
——基于公共精神和行政伦理的分析

陈 伟[①]

摘 要： 在全面深化改革的新时期，政府执行力无疑是直接影响政府存在与发展性质以及各项改革事业成效的一个关键变量。理解政府执行力，仅有技术层面是不够的，应挖掘其精神层面的丰富内涵。政府的信念、价值观和习惯对于政府执行力至关重要。过度推崇功利主义，必然导致政府公共性迷失，而盲目迷信和依赖工具理性，又使得公务员陷入自私自利的泥潭。目前，我国地方政府存在着政策执行不力和政策执行扭曲等问题，其根源在于功利主义盛行、双重激励机制和目标置换。因此，要提升地方政府执行力，必须走出功利主义误区，积极倡导理想主义，培育公共精神，建设以人为本的行政伦理，同时还必须摒弃公务员晋升制度中的集权主义，重新确立价值理性的核心地位。

关键词： 地方政府；公共精神；行政伦理；执行力

一 引言

自伍德罗·威尔逊开创公共行政学研究之后，政府职能遂成为公共行政学一以贯之的研究主题。尽管古典时期确立的行政二分法并不被认为是一个普适性原则，而且还受到来自多方的质疑与批评，特别是受到公共政策科学、新公共行政学派以及新公共管理学派的严重挑战；但有一点是肯定的，那就是没人会怀疑执行公共政策是政府最重要的职能之一，这也正

[①] 作者简介：陈伟，男，1977年出生，安徽霍邱人，南阳师范学院政治与公共管理学院讲师，管理学博士，主要从事公共管理、公共经济和水资源管理研究。

如在我国全面深化改革的新时期,中共十八届三中全会的《关于全面深化改革若干重大问题的决定》在加快转变政府职能战略任务中所强调的,"要创新行政管理方式,增强政府公信力和执行力,建设法治政府和服务型政府"。①

分区域和分级设置政府是地域性国家的基本特征,这就意味着一国之内会有全国性政府和地方各级政府。不同层级的政府,在国家政治生活中的作用肯定会有所差异。就我国的政府职能而言,尽管所有层级的政府均有政策制定与执行的职能,但它们的职能重心不可能整体划一,层级越高的政府政策制定功能越突出,而地方政府尤其是一线的基层政府,政策执行职能则更加明显,因而不同层级政府的政策制定与政策执行职能,呈现出一种连续统一体形态(如下图所示)。

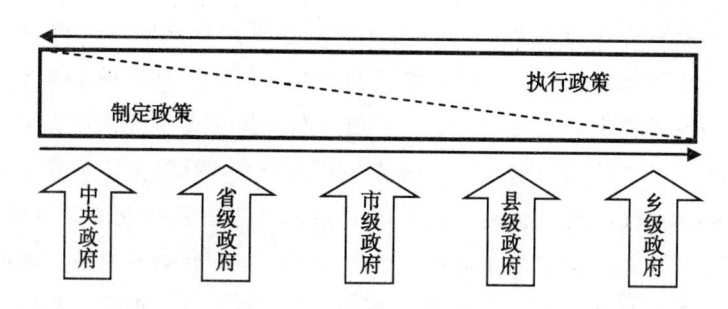

中国各级政府的政策制定与执行连续统一体示意图

在这个连续统一体中,市县乡三级政府直接面向公众,它们承担着大量的政策执行任务。然而,任务是一回事,完成任务又是另一回事,地方政府能否真正地贯彻和落实中央或上级政府的政策,关键在于它们的执行力如何,而且执行力也是决定政府存在和发展性质的一个关键变量。政策执行与政府执行力密切相关,高质量的政策执行,离不开高水平的政府执行力。就此而言,只要有政府决策存在,就不能忽视对政府执行力的研究。那么,何为政府执行力、地方政府执行力现状如何、其是否存在问题、如何提升地方政府执行力等诸多重要问题,是研究我国地方政府执行力首先必须解答的。因此,本文以公共精神和行政伦理为视角,从政府执行力概念入手,通过对概念的阐释,确立基本的研究框架,接着从经济政治学的视角,分析我国目前地方政府执行力的问题及其根源,探讨提升地

---

① 《中共中央关于全面深化改革若干重大问题的决定》,人民出版社2013年版。

方政府执行力的有效途径，从而为在全面深化改革的新时期，如何增强地方政府执行力以更好地发挥地方政府作用提供一些思路。

二 概念剖析以建构基本分析框架

"执行力"一词最先在行政法学领域中使用，意指行政权的执行性、强制性、权威性和法律效力。后来，它被工商界广泛使用，并被视作企业的一项竞争优势，如托马斯和伯恩认为"执行力是一整套行为和技术体系，它能够使公司形成独特的竞争优势"[①]。2006年，"政府执行力"术语进入我国国务院政府工作报告，之后其便成为国家治理中的热门话题，获得了较为广泛的研究。但就整体而言，现有的政府执行力研究仍没有突破"能力"的范畴，即多数学者认为，政府执行力属于技术层面的东西，是政府某些能力的综合体现，包括理解判断力、领导力、控制力和应变能力等。例如，徐珂在《政府执行力》一书中，就是从领会力、预测力、计划力、服从力、组织力、创新力、评估力、问责力和调整力等九个方面来揭示政府执行力的内涵[②]。此外，政府执行力的这种综合能力还体现为以下两个层面：广义上，政府执行力是指政府的一切行政能力；狭义上，它是指政府的政策执行能力。

本文认为政府执行力不仅包含技术层面的内涵，还包含非技术层面上的含义。技术层面的政府执行力涉及的是政府能力和执行环境。其中政府能力既包括个人能力，即政府工作人员的基本素质和各种能力；还包括集体能力，即政府组织的优化程度，如机构设置、职能划分、领导集体的构成以及领导方式等方面的科学合理性程度。执行环境是指影响政府执行的外部因素，包括政策本身的科学性、政府可动用的资源以及政治与经济的大环境等内容。

政策执行还必然涉及组织和人员的价值观念和伦理道德。就此而言，政府执行力在非技术层面上的含义是指政府在执行政策时的自觉性或执行意愿、内在动力等。政府政策执行的自觉性越高、动力越大，执行力度就越强。在此意义上，政府执行政策的意愿和内在动力与政府的能力无涉，

[①] ［美］保罗·托马斯、［美］大卫·伯恩：《执行力——没有执行力，就没有竞争力》，中国长安出版社2003年版。

[②] 徐珂：《政府执行力》，新华出版社2007年版。

而主要来自政府及其成员的信仰、价值取向以及相应的动力培养机制。信仰是对某种主张、主义的极度相信和尊崇,成为自己行动的指南或榜样。信仰决定着信念和价值追求,坚定的信仰会产生坚定的信念和特定的价值追求。在某种信念和价值观的引领下,人的行为就会有高度的自觉性和持续的动力;相应地,有信仰的政府和官员,其行动也才会有高度的自觉性和不竭的动力。因此,现实中存在政府执行力不足的种种现象和问题,根本原因在于多数政府缺少应有的信念和价值取向,而并非主要是现代政府能力上的欠缺,因为现代文官制度下政府的能力与早些时候的政府已经不可同日而语了;也并非主要是组织结构或外部环境的问题,因为现代政府组织结构也较以前大为改观。

此外,政府执行政策的内在动力与其培养机制关系密切。形成动力培养机制的关键,在于通过适当的激励机制激发政府及其成员的某种行为动机,动机越强烈,内在动力就越充分,行动就越坚决,力度就越大。反之,则不然。因此,对于政府普遍存在的执行不力问题,必须超越技术层面,从非技术层面寻找根源与对策。就此而言,在一定程度上,政府执行力的非技术层面的内容,比技术层面的内容更具深层次意义。

三 地方政府执行力的问题及其根源

(一)地方政府执行力的问题

地方政府虽然在政策执行中扮演着非常重要的角色,但我国地方政府执行力却一直不能尽如人意。对此,学术界进行过较为广泛的探讨,如徐珂认为我国政府执行不力的主要表现包括抗令不行、有禁不止、逃避执行、歪曲执行、附加执行、盲目执行、选择执行、机械执行、被动执行、越位执行、虚假执行和错误执行等[1];钮菊生认为我国地方政府执行力存在着有令不行、有禁不止,照搬照套、机械执行,上有政策、下有对策等方面的问题[2];唐铁汉则将其概括为滥用权力、不作为或乱作为、有法不依、效率低下等[3]。本文认为目前我国地方政府执行力问题的主要表现形式是政策执行不力和政策执行扭曲,其中前者是指有令不行、消极执行、

---

[1] 徐珂:《政府执行力》,新华出版社2007年版。
[2] 钮菊生:《论政府执行力的概念、问题与对策》,《学习论坛》2012年第3期。
[3] 唐铁汉:《努力提高行政执行力》,《中国行政管理》2007年第10期。

不作为和执行低效等问题，而后者是指有禁不止、执行滥权、执行越权、乱作为、"擦边球"以及"上有政策、下有对策"等问题。

（二）地方政府执行力问题的根源

导致地方政府的政策执行不力和政策执行扭曲问题的根源在于，一方面功利主义在地方政府组织中日渐盛行，而应有的理想信念开始迷失；另一方面，双重激励机制下地方政府官员的人格裂变与目标置换。

1. 地方政府的功利主义盛行

功利主义哲学与市场经济模式相伴而生。功利主义哲学从人的自利本性出发，认为趋乐避苦是人们行为的唯一动力和原则，同时人都有追求自己幸福的权利，而政府的目的只在于为私人谋取福利。市场经济理论则认为，市场中的人始终以谋取个人经济利益最大化为目的，而市场经济条件下的无私，不过是自私计较的结果。公共选择理论更是把功利主义的逻辑和市场规则引入公共行政领域。在公共选择学派看来，必须抛弃政府会一心为公的神话，无论在经济市场还是在政治市场中，人都致力于追求效用最大化。政治家也是理性人，他们自身利益的最大化就是政治支持最大化，即选票最大化。同样，政府官僚也是效用最大化的追求者，薪金、机构的规模、社会名望、权力和地位等是影响他们效用最大化的主要变量，而这些变量又直接与预算拨款规模正相关，因而追求最大预算规模就成了政府官僚的直接目标。在公共选择学派眼中，公共利益似乎并不存在，公共领域被降格为这样一种场所，在这种场所中，人们出于自身利益最大化的需要而相互竞争，而政府只是争议的仲裁者和竞争规则的提供者。新公共管理运动所主张的政府企业化改革，强调政府的效率与经济，相信科学和技术能够问答和解决一切问题等，均与功利主义哲学如出一辙。

在功利主义哲学之下，政府和官僚没有被寄予厚望，而是被视作必要的"恶"。立法者和决策制定者的主要任务，不在于取缔政治家和官僚们的利己行为和动机，而在于建立一个受制约的有限政府。如此一来，对于政府和官僚来说，既然被定格为"小人"，一切自利行为也被认为是合理的和可以理解的；那么，就没有必要煞费苦心地试图去做什么"好人"，反倒是做一个理性经济人来得容易和心安理得。因此，在某种程度上，功利主义是导致政府崇高信念丧失的重要因素。

自改革开放以来，西方功利主义哲学对我国政治思想和实践产生了极其重要的影响，西方各种揭示市场经济规律的学说，尤其是经济学理论在我国广为传播。在过去的几十年时间里，我国各大院校几乎无一例外地开设了西方经济学专业和相关课程。在实践中，执政当局也在不遗余力地借用市场规律来引导人们的经济行为。正如上文提到的，市场经济模式与功利主义哲学相伴而生和一脉相承，这也就意味着，市场经济越是繁荣，功利主义必然越有市场越会盛行。伴随着经济体制改革，我国政治体制和行政体制改革也在深入推进，提高地方政府效率、降低执政成本、改善政府绩效等，开始受到重视，而采用的具体举措也正如新公共管理学派所主张的——在政府中引入市场竞争机制，结果导致地方政府之间、政府与企业和其他非政府组织之间、政府官员之间不得不像理性"经济人"那样为组织或个人的收入、职业生涯、地位、权利和社会名望等而相互竞争。如此一来，我国长期倡导的集体主义、毫不利己专门利人等革命传统和精神在地方政府中慢慢消失殆尽，取而代之的是个人主义和功利主义。这样，正如弗雷德里克森所言："对个人的欢乐或所得、个人效用或成本收益的斤斤计较，取代了为了更大的善而治理的集体努力。"①

政府作为公共利益的维护者，如果不建立在某种信念和价值取向的基础上，是不可想象的；而缺少崇高信念和价值观的政府，也是不可能被给予太多的希望的。如果每个人都是追求个人利益的理性人，如果地方政府和社会秩序只是为个人的自由选择提供一个稳定的环境；那么，他们执行上级政策时发生效用权衡下的选择行为将是必然的，进而也将导致地方政府执行不力的各种现象和问题。

2. 地方政府官员的双重激励机制

改革开放以后，我国采取了一系列的改革措施，其中在经济方面的主要举措是地方分权，尤其是财政分权。分权化的过程事实上是产权在不同层级政府间重新界定的过程，而分权化的结果是各级地方政府成了其辖区内公有经济的真正剩余索取者和实际控制者，地方政府变成了一个类似股份公司的企业或集团，而地方官员就好似企业家或董事，如学者戴慕珍就称中国地方政府为"企业家政府"或"地方政府法团化"②。地方政府利益主体地位在被合法化了的同时，获得了中央和上级政府某种可信承诺，

---

① [美] H·乔治·弗雷德里克森：《公共行政的精神》（中文修订版），中国人民大学出版社 2013 年版。

② Jean C. Oi. Fiscal reform and the economic foundations of local state corporatism in China [J]. World Politics, 1992, (1).

这种可信承诺限制了中央或上级政府对自己的随意干预和"任意调拨",也增加了惩罚地方经济失败的可信程度,地方政府负责的支出事务也只能像企业一样自负盈亏和责任自负。这就意味着,经济分权一方面使得地方政府取得了追求自身利益最大化的合法性和自主性,另一方面也加大了地方政府发展地方经济的压力和责任,从而形成了地方政府尽可能地发展本辖区经济的激励机制。

此外,如果说我国经济方面进行了类似财政联邦主义式的改革,那么在领导职位晋升制度方面则进行的是锦标赛式的尝试。所谓晋升锦标赛,是指在等级组织中,高级别的职位数量是相对固定的和有限的,组织成员只有取得较其他竞争对手相对较高的工作业绩,才能获得这些高级别的职位。因此,这种锦标赛也被称为"相对位次锦标赛""淘汰锦标赛"或"赢者通吃竞赛"。周黎安运用锦标赛理论来分析我国地方政府官员的行为,创立了政治锦标赛模型[①]。政治锦标赛模型采取的是多层级、逐级淘汰的方式逐级提拔地方官员,其规则是:进入下一轮的选手必须是上一轮竞赛的优胜者,每一轮被淘汰出局的选手自动地失去了下一轮竞赛的资格;而竞赛的项目通常必须是可以衡量的和可观察的,如 GDP 和财政收入等。我国正是通过这种建立在经济绩效考核基础上的政治晋升锦标赛,在地方政府中成功地引入竞争机制,从而使得地方官员获得了非常强劲地促进地方经济增长的动力。

对于中央政府来说,无论是经济分权还是晋升竞赛,其出发点都在于借助地方官员逐利动机,以调动他们积极性,最终达到发展经济、造福人民的目的。然而,这种嵌入在经济分权之中的晋升激励机制,使得中央政府设计这些机制的目的,到了地方政府却成了地方官员用来实现自己目的的手段。由于受职业性质的决定,地方官员尽管也是经济效用最大化者,但与经济利益相比,他们更看重的是权力、地位、晋升机会和荣誉等。只有当他们意识到自己在晋升竞赛中获胜无望时,才会转而求次之,此时对经济利益的追逐才可能成为其主要目标,并将追求经济利益作为未来继续谋取权力、地位和晋升机会等的一种手段和途径。因此,官员在官场中会投入大量的精力和财力用于对权力、地位和荣誉的角逐。在晋升竞争中,地方官员不仅要保证 GDP 的增长,还要保住 GDP 的相对位次。标尺竞争

[①] 周黎安:《转型中的地方政府:官员激励与治理》,上海人民出版社 2008 年版。

则放大了地方官员促进本辖区经济增长的动力,官员们不仅激励去做有利于本地区经济增长的事情,而且也有同样的激励去做不利于竞争对手的事情;特别是"对于那些利己不利人的事情激励最充分,而对于那些既利己又利人的'双赢'合作则激励不足"[1]。因此,在地方政府层面,发展地方经济、改善地方福利,并非是主要目的,而是达成其目的的手段。改革开放以来,我国地方经济的快速增长,在某种程度上可以说是地方逐利行为的副产品;同时,也在一定程度上说明了地方政府为何会不计成本地推动地方经济增长。

3. 地方政府官员的目标置换

具体到政策执行上,目标置换现象也在所难免。对于政策执行者(地方政府)来说,执行政策的底线在于不能损害本辖区或自身的利益,不影响自己的政绩,如若不然,就会有选择地执行。这意味着,政策执行者的目标与政策目标很难保持一致,甚至发生执行者的目标替代政策目标的情况,最终使得类似于"委托—代理"问题的政策执行扭曲就会发生。由于目标的不一致或被置换,作为代理人,地方政府就会凭借委托代理关系中的优势地位采取选择性的策略行为,对于但凡有利于本辖区经济增长,尤其是有利于任期内出政绩的政策,他们会积极主动地执行,执行力自然不用怀疑;但对于国家调控政策,或者事关本辖区未来长远发展而要牺牲近期利益的政策,或者不利于任期内出政绩的政策等,就难免会发生诸如上有政策、下有对策、擦边球、部分执行等政策执行扭曲现象。这就不难理解为何有关的房地产调控政策、环境保护政策和可持续发展政策等在地方政府难以真正落实。

四 提高地方政府执行力的主要出路

(一) 积极倡导理想主义和培育公共精神

理想主义在当代似乎已经被遗忘,然而,理想主义对于提升地方政府执行力并非可有可无。政策意图的实现、目标的达成,均不可能一帆风顺,而政策执行过程难免会遇到各种难以预料的困难和挫折,这就意味着政策执行者要有战胜一切困难与挑战的无比毅力和勇气,而崇高的理想与

---

[1] 周黎安:《晋升博弈中政府官员的激励与合作——兼论我国地方保护主义和重复建设问题长期存在的原因》,《经济研究》2004年第6期。

坚定的信念能够锻造出政策执行者坚定的毅力,并为其提供源源不断的动力和攻坚克难的勇气。

公共管理本身就是一项崇高的事业,它之所以崇高,是因为其肩负着价值权威性分配的重任,履行着对公众的承诺,负有使社会实现公平和公正的责任,并最终要向人民负责,这实质上就是公共精神,其实质是社会成员在公共生活中对人们共同生活及其行为的准则、规范的主观认可并体现于客观行动上的遵守、执行①。公共精神不仅重视效率与经济等价值,还更加强调公平、公正、正义、回应性等价值与信念。它要求公共管理者,不仅要知道如何做事,更要知道应该做什么和为什么这样做。公共精神对于提升地方政府执行力至关重要。政策执行首要的因素是人,其次才是物质资源。面对纷繁复杂的环境,政策的制定者必然会给执行者留下不小的自由裁量空间,因而也正如新公共行政学派所认为的,政策执行者"除在执行政策中尽职尽责外,更应以主动的态度设计政策议程并善于运用裁量权来发展公共政策,使政策能够更加有效地解决社会问题"②。这就需要执行者不仅具有自我思考和预期分析的能力,尤其是面对突发事件的应变能力,而且要有不计个人得失、不墨守成规、敢于做主的魄力③。因此,行政人员应该具有为民解忧、公心在上的人格精神。正因为如此,"在宪法之下的公共管理者不仅要在专业技术上是能胜任的,而且还必须对宪法承担道德上的责任,而这种道德的责任必须是超越行政绩效的技术要求的"。④ 具有公共精神的政府组织,其执行力才可能是强大的,而"要提高政府的执行力必须大力弘扬公共精神,使政府的行为真正以公平正义为宗旨,以公共利益为取向,以公共责任为依托,以公民参与为支撑"⑤。

崇高的理想与信念以及公共精神不会自然生成,需要大力倡导与培育。人的内心是复杂的,甚至是充满矛盾的。人是社会性动物,自然还保留着与其他动物相同的自私本能,有对物质利益无限占有的欲望,但人的社会性又决定了人不仅仅是自私自利的,还有同情或仁慈之心,甚至是自

---

① 肖飞飞、戴烽:《公共领域中的公共精神》,《求实》2012年第11期。
② [美] H·乔治·弗雷里克森:《新公共行政》,中国人民大学出版社2011年版。
③ 王骚:《公共政策学》,天津大学出版社2010年版。
④ [美] H·乔治·弗雷德里克森:《公共行政的精神》(中文修订版),中国人民大学出版社2013年版。
⑤ 王春福:《公共精神与政府执行力》,《理论探讨》2007年第1期。

我牺牲精神，即利他之心。这种利他之心首先体现在家庭成员之间，在特定条件之下也会在同伴之间、邻里之间甚至在社会中扩展和蔓延。人有太多的私欲，私欲使人蠢蠢欲动，而利他之心又使人不至于变成脱缰的野马。自利与利他动机，在人的内心深处是一对矛盾的统一体，这对矛盾统一体不会自动地保持平衡，而影响平衡的因素与外部环境条件和刺激有密切关系。如果外部环境过于重视和强调人的动机的某一方面，就会掩盖和抑制其他方面。当今社会可谓物欲横流，追富、炫富、慕富、仇富等风气日浓，而利他主义行为却被视为另类，所有这些都与当今社会过于倡导功利主义、重视个人利益，并试图通过利用人的自利动机达成功利目的有关。同样道理，人的价值观、信念和行为方式，虽是内隐的，但更是外显的，并与不断变化的社会环境和社会实践息息相关。因此，理想信念与公共精神的培育，必须从外部环境入手，大力倡导利他主义，广泛开展公民教育，努力营造有利于彰显人性的崇高价值的环境氛围。

（二）努力建设以人为本的行政伦理

在全面深化改革的新时期，使市场在资源配置中起决定性作用，是加快完善我国现代市场体系的基本方针，尤其是深化经济体制改革的主线。这就意味着市场机制也会在政治与社会的各领域有更深入的扩展和影响，从而其供求机制、竞争机制和价格机制等也就不可避免地更加广泛地影响着政治和社会各领域人们的思想与行为方式，极易使政府的行为和人们的各类社会活动都被贴以价格的标签，成为可以交易的商品。因此，在缺乏完善的外在制度和内在行政伦理约束的情况下，地方政府难免会出现大量的政策执行不力和政策执行扭曲的问题，甚至会滋生和助长设租、寻租、权钱交易、权色交易等腐败之风，最终导致政府公信力和有效服务公共利益职责的沦丧。

美国著名行政理论学家库珀认为责任是行政伦理角色的关键要素，这种责任可分为客观责任和主观责任，前者来源于法律、组织机构和社会对公务员的角色期待，后者则根植于我们对忠诚、良知和认同的信仰，而实际上"推动我们行为的不是上级或法律的要求，而是信仰、价值观和被理解成禀性的个性特征等这样一些内部力量"[①]。对于政府而言，行政体

---

① ［美］特里·L·库珀：《行政伦理学：实现行政责任的途径》（第五版），中国人民大学出版社 2010 年版。

系所注重的服务精神和服务原则,只有转化为公务员的道德信念和道德标准,才能转化为实现,这时公务员也才能获得自由和自主,他们的行为才"不再是受着某种外部力量驱使的行为,而是由他自己的意愿主使的行为"①。当然,在完成这种转化之前,为使公务员能够忠诚地履行其所应承担的主观和客观责任,"必须施加充足的外部控制以防止个人沉溺于自私自利;还要有充足的内部控制来鼓励更多的社会性建构、理想主义、利他主义以及以成功为导向的创新精神"②。

以人为本是我国政府服务于公共利益的基本要求和政府工作的出发点与落脚点。为提升地方政府的执行力,以更有效地维护和保障公共利益特别是公民的利益,特别是更有效地满足人民群众日益增长的物质文化需求,当前急需加强以人为本的行政伦理建设,而建设的有效之道,不能完全依赖各种外在的制度与规范的强制,还必须从责任意识、服务意识和公共精神等方面努力提高公务员的心理认同度,培养乐于服务公共利益的思想境界,使公务员都以服务公共利益为荣,"从而不再把从事公共行政工作仅仅当做一种谋生的手段,而是作为一项伟大的事业,自觉地把自己从'行政经济人'的层次提升为'行政道德人'的层次"③。因此,必须积极建立行政伦理的内部控制和外部控制的协调机制,以能够实现两者有效的融合、互相补充和形成合力;同时,由于行政伦理问题几乎总是发生在行政组织之中,因而还必须使公务员个人道德品质集中体现的内部控制,在总体上与行政组织结构、行政文化以及公众和社会对公务员的期待保持一致,从而增强对公务员履行主客观责任的控制力,促进公务员尽职尽责地实现和维护公共利益。

(三)以淡化实用主义与工具理性为重心深化改革公务员晋升制度

我国现有的公务员晋升制度本质上也是功利主义的。我国地方官员晋升竞赛制度,针对的就是官员个人的政治生涯,因而是个人主义的,而官员参与竞赛的动力机制就在于他们的自利动机,即地方官员对地位、权力和荣誉的无限欲望与渴求。可以说,这种制度不仅是对地方官员自利动机的认可,更是对他们追求自身利益最大化的鼓励,以至于地方官员应有的

---

① 张康之:《公共管理职业活动的伦理基础》,《中共中央党校学报》2005年第4期。

② [美]特里·L·库珀:《行政伦理学:实现行政责任的途径》(第五版),中国人民大学出版社2010年版。

③ 杨文兵:《当代中国行政伦理透视》,南京师范大学出版社2012年版。

公共人格和行政伦理被放到次要位置，其结果就可想而知了。此外，就手段而言，我国公务员晋升制度还是崇尚实用主义和工具理性的。实用主义与工具理性在本质上是相通的。实用主义是利己主义的，它只管行动是否能给个人或集团带来某种实际的利益和报酬，而不问这种行动是否合乎原则，只管效用和利益，不管是非对错，有用即真理。而工具理性是指行动被基于追求功利的动机所驱使，借助理性达到自己需要的目的，行动者纯粹从效果最大化的角度考虑，而漠视人的情感和精神价值。我国公务员晋升制度中的政绩考核方式是典型的实用主义，"不管白猫黑猫，只要抓住老鼠就是好猫"，政绩考核指标，包括经济增长速度、财政收入、招商引资、GDP 的相对位次等，几乎只看数据，而对于地方政府是如何获得这些数据的，使用了什么手段，以及这些手段会给公众和社会带来哪些不利后果，这些并不重要，或不是他们关注的主要问题。因此，地方官员为了让考核者满意，或避免被"一票否决"，必然会一切唯考核数据马首是瞻，为了数据甚至不择手段。同时，当今社会还是一个工具理性张扬的时代，伴随科学技术的迅猛发展，理性工具化几乎被推向极致。我国公务员晋升竞赛无不深受此影响，特别是市场竞争机制的引入和企业管理技术的借鉴，均是对工具理性的崇尚。实用主义的公务员晋升制度造成地方政府公共性流失和无暇顾及公共价值和真理的追求；而政绩考核对工具理性的无限崇尚，导致工具理性变成了支配和控制人的力量，变成了一种统治奴役人的工具，造成地方政府和行政官员行为的异化和扭曲。

改革公务员晋升制度，首先要摒弃集权主义做法。集权主义本质上是对人的不信任和怀疑，其结果是集权者必然要通过控制来达到预期需要的目的。我国公务员晋升竞赛制度的实质是中央或上级部门用来控制地方或下级政府的手段。在这种制度下，地方政府和行政官员的人格不但没有被寄予太高的期望，反而被先入为主地定格为自私自利的"经济人"。久而久之，地方政府和行政官员的行为，正如人们预期的那样，就会被引导到自身利益最大化的轨道上，导致公共精神缺失和道德失范比比皆是。摒弃公务员晋升的集权主义，有助于地方政府应有的公共性回归。作为民选的政府，理应忠于国家和人民，信奉立国精神，坚持宪法原则，而且在实践中应成为立国价值的保护者和保证人。其实，我国大多数地方政府和行政官员，并非只有自利动机，只不过由于晋升制度像无形的桎梏束缚了他们的手脚，而理想、信念和公共责任被强大的竞争压力所抑制。可以想象，如果地方官员没有如此强大的竞争压力，那么他们就可能有更多的精力去做增进公共利益的事情，毕竟人的价值和意义并非只有自身利益。既然政府的使命在于公共利益，并最终向人民负责，因而让地方和民众拥有更多的发言权和决定权，应是公务员晋升制度改革的必然趋势。此外，公务员考核制度也必须放弃过于依赖工具理性的做法，因为价值理性是根本，是一切行为的目的，而工具理性只是实现价值理性的手段，两者应该保持平衡，相互促进，相得益彰，而非厚此薄彼，更不应该允许存在工具理性的霸权。

总之，在我国全面深化改革的新时期，特别是市场在资源配置中日益起决定性作用的今天，为更好地发挥政府的作用，亟待从大力弘扬我国一贯倡导的理想主义和公共精神，积极建构以人为本的行政伦理，以及加快公务员晋升制度改革等方面来有效提升地方政府的执行力，进而为切实维护公共利益和促进经济社会可持续发展提供可靠的基础和保障。

（原文发表于《社会主义研究》2014年第3期）

论政府公信力的价值及其实现途径

杨运秀[①]

摘　要：政府公信力是党和国家领导最为关注的行政问题。其价值在于，它是社会经济运行效率的根本保证、社会管理效率的坚实基础和降低政府执政成本的唯一途径。目前我国政府职能日益由计划体制向市场体制转变，政府公共决策的整体性和系统性，以及现代行政理论中的公务员理念等为政府公信力的提升提供了必要的条件。定位政府性质、履行政府职能，依法治国、依法行政和民众监督、制度制衡，则是其提升的基本途径。

关键词：政府职能；政府公信力；价值；实现途径

政府公信力是党和国家领导最为关注的行政问题。胡锦涛总书记在党的十七大报告中指出，"要确保权力正确行使……完善各类公开办事制度，提高政府工作透明度和公信力"。温家宝总理在十届人大四次会议的《政府工作报告》和十届人大五次会议上，也多次指出，必须建立健全行政问责制，提高政府的执行力和公信力。

所谓政府公信力是政府通过自身行为获取社会公众信任、拥护和支持的一种能力[②]，它包括政府信用和政府信任两个方面的内容[③]。自从政府在历史上出现，公信力就是各国各届政府不断努力争取实现和营造的行政目标之一。

[①]　作者简介：杨运秀，女，1959年出生，南阳师范学院政治与公共管理学院教授，主要从事行政管理研究。

[②]　徐珂：《政府公信力浅说》，《前线》2007年第9期。

[③]　龚培兴、陈洪生：《信念、行为与效率——以"非典型肺炎"防治为例》，《中共中央党校学报》2003年第8期。

党和国家领导高瞻远瞩，基于对国际国内形势发展变化的科学分析，体察党情、政情、民情，吸取历史经验并立足当代我国实际，提出了促进经济社会和谐就要提高政府公信力这一重大课题。对提升政府公信力的价值功用、必要性及其基本路径予以分析，有着重要的理论和现实意义。

一 政府公信力的价值功用

（一）政府公信力是社会经济运行效率的根本保证

作为国家软实力的政府公信力，是经济社会信用中最重要也是最主要的部分，是整个社会信用体系的重心和核心。从历史上看，国家出现的本质就是政府信用的建立，亦即保障个人信用的实施并对其产生有效的约束，进而促使公众在经济交往中保持良好的信用。企业和银行的出现，促使政府信用的价值在经济生活中越来越重要。在社会主义市场经济中，政府是市场秩序的维护者、社会信用的规范者和倡行者，政府加强自身信用建设，全面履行其经济职能，维护好市场秩序，保证市场经济沿着正确的方向又好又快地发展，兑现对公众的承诺，树立起良好信用形象，是提高社会经济运行效率的根本保证。

市场经济是契约经济，也是信用经济。创造公平竞争的环境，需要政府制定和实施符合经济规律的法律及政策，市场主体间大量契约的履行离不开政府监督，维护正常的市场秩序也离不开政府对市场的监管。政府的公信力较高，就能够主动进行自身改革，依法办事，在履行监管市场职能时，遵循市场经济规律，不随意干预微观经济主体的正常交易活动。政府通过施政行为，达到促进市场发挥配置资源的基础性作用，维护经济秩序，促进经济和谐发展，使市场主体实现了利益最大化的目标，维护了国家和社会公共利益，就能得到民众的配合支持，政府执政效能提高，政府信任就得以巩固。

（二）政府公信力是社会管理效率的坚实基础

效率是社会主义和谐社会的一个特征也是一个保证。效率不单单是经济学意义上的，也包含了经济、自然、社会三者要协调发展的含义。在现代社会，依靠科技进步，能够实现生产组织和管理方式更新及生产效率的不断提高，但资源是有限的，资源的滥用和环境危机的加剧严重威胁人类的生存发展，如何把物质财富积累、经济的增长与自然环境的承受能力相协调，已经是迫在眉睫的事情。效率还指社会能够高效率的良性运作，这是建设和谐社会的一个重要指标。现阶段，政府能否全面履行职能，能否保证经济、自然、社会三者协调发展，能否有效维护和发展广大人民的根本的和长远的利益，与政府公信力有着极其密切的关系。简而言之，政府公信力是社会管理效率的坚实基础。因为只有政府制定实施的法律法规政策及政府的行政运作能够得到公众认同，政府的行政过程能够得到公众积极的配合与支持，经济社会发展的战略、规划、决策目标才能够比较顺利地得以实现，才能切实维护社会稳定发展。

（三）政府公信力是降低政府执政成本的唯一途径

在经济学意义上，政府成本分为长期成本与短期成本。长期成本是指由政府行为引起的影响社会经济发展的直接间接负担，并且影响周期超过本届政府任期的政府成本；短期成本是指政府在服务社会的活动中所发生的可在本届政府任期内完全消化的成本[①]。在现实经济社会建设中，政府全面履行职能，加强公共基础设施建设，为公众提供充足的公共服务和公共物品，势必要耗费大量经济成本，提高政府的短期成本。但是从促进经济社会协调发展和整体进步的角度而言，却是降低了政府的长期成本。由此，如何解决政府成本中的长期和短期投入问题，其关键之处，就是要充分地提升政府公信力。因为政府公信力越高，一些需要长期投入的公共项目才能够得以实施，才能分批次分时段地持续投入。所以，近年来学者们的共识在于，提高政府公信力是降低政府成本的唯一途径。它要求各级政府彻底摒弃届别主义倾向，从大局出发，依法执政科学执政，通过务实、高效的工作，保证社会公众能够切实享有公民权利，维护国家和社会的公共利益，以实际行动提高自身信用度，赢得社会公众的信任。

二 提升政府公信力

（一）完善中国特色社会主义市场经济体制的要求

计划体制下的政府是一个大管家，一切以政府权力为转移。首先，市场体制下的政府则是服务生，一切以社会民众的权利为转移。由此，如何将一个行使权力的政府转变为民谋利的政府，将一个执政型的政府转变为一个服务型的政府，最直接最简单的问题，就是政府在执政中怎样适应人民群众对公共资源和公共服务的不断增长的要求，怎样及时回应人民的利

---

① 王攀：《市民参与是减少政府成本的关键》，《中华工商时报》2007年4月12日。

益诉求，简而言之，就是如何提升政府公信力的问题。但是在行政实践中，由于市场经济体制和管理机制均不健全，产品、资源和劳务等方面的信息不能及时准确地反映出来，其资源配置不能合理有效，而其风险性、紊乱性的应对能力和措施的预计不足，等等，都需要政府采取必要的措施予以引导、监控。否则，势必引起市场主体对政府的管理能力和政府的行政效率产生怀疑。

（二）政府公共决策的整体性和系统性的要求

市场体制下政府职能的发挥必须符合市场和社会的需要，特别是公共政策的制定一定要与经济社会发展的要求相适应。因为公共政策的制定，目的就是对某一时期的社会公共利益做权威性分配，要保证公共政策的导向、调控以及分配功能的有效发挥，政策制定就必须具有整体性和系统性，即政策系统与政策系统之间，各个子系统之间，以及政策系统与外部环境系统之间都要保持动态的平衡与持续的能量交换，还要保持政策的相对稳定性与连续性。但是由于整个社会处于转型之中，公共政策的制定和执行，由于个人主义、地方主义和本位主义等观念作祟，导致决策的随机性、执行中的随意性和无计划性，使得重复决策、反复投入，甚至出现无视上级政策的行为发生，从而导致政府公信力的下降。因此，如何确保公共决策的民主化、合理化，确保公共决策执行中的权威化、严肃化，既是政府公信力提升的必然要求，也是其必由之路。

（三）现代行政理念对公务员的必然要求

在政府职能的转变过程中，要求政府的各级各类公务员必须按照现代的行政理念依法行政。但是在传统社会长期的权力至上、官本位思想的影响下，加之西方的功利主义、拜金主义、享乐主义、消费主义等思潮泛滥，致使极少数的政府公务员依然习惯于长官意志行政、统治行政、管理行政，尚未能完全树立起公仆意识和服务于民的意识。由此，加强现代行政理念的学习和落实，完全彻底地推行法治行政、服务行政，就必须使政府各级各类公务员牢牢铭记政府公信力的行政理念，咬住行政为人民服务的宗旨紧紧不放，密切党群关系和干群关系，从而树立真正意义上的现代行政理念。

三 提升政府公信力的基本路径

（一）精准定位政府职能

现实中的政府职能是由社会生产力发展水平、经济政治状况和社会主流意识形态共同决定的,政府的经济职能既可能与社会生产力发展的要求一致也可能不一致。随着经济社会的发展,民众对切身利益的关注越来越强烈,社会各阶层、团体之间的利益冲突和相互依赖性大大增强,社会对拥有协调这些矛盾的权力和功能的政府的依赖性也大大增强。民众要求政府承担更多的责任,政府为了政权的稳定和争取民众的广泛支持,总是倾向于不断扩大政府的经济职能,政府能力的有限性和政府经济职能的宽泛性就造成经济职能层次的混乱,造成的结果是一方面应该由政府履行的基本经济职能未能履行,另一方面政府却又承担着它还没有能力或还不需要其承担的经济职能。这样,不仅政府失效问题解决不了,而且政府的越位和缺位也损害着市场功能的充分发挥[①]。微观经济学假设参与市场活动的经济人都是理性的,出于对自身利益的考虑,在既定的约束条件下,每一个经济人都知道如何去实现效用最大化。换个说法,没有谁比那些做生意的人更关心自己的利益。政府不是万能的,不能够也没有必要充当一切经济事务的裁决者。市场经济的发展要求决定了政府职能的边界,也决定了政府经济行为的合理定位区间。党的十六大已经明确了我国政府的职能,建设公共服务型政府是我国政府职能的基本定位,促进我国经济的持续稳定发展,必须加快政府职能的战略性转变,在目前社会矛盾和问题日益集中的情况下,政府坚持以人为本,把解决民生问题作为工作的突破口,做好公共服务和社会管理工作,以不断巩固政府信任。

(二)依法治国与行政

我国法律是工人阶级和广大人民共同意志的体现。我国政府是人民政府,建设法治政府是政府的追求与目标,政府应该在实践上为全社会做表率。依法行政,要求政府机关和公务员在一切公务活动中坚持法律至上的原则,切实履行职能,以维护和增进公共利益为行政工作目标。美国政治思想家约翰·亚当斯认为,一个共和国的真正含义在于确立法律在国家中至高无上的地位,即建立这样一个国家,在其中所有的人,富人与穷人,管理者与被管理者,官员与民众,主人与奴仆,第一公民与最低贱者都平等地服从于法律[②]。国家是组成这个国家的所有社会成员的国家,国家权

---

① 曾国安、满一兴:《关于政府经济职能演变趋势的理论分析》,《湖北经济学院学报》2004年第5期。

② 唐士其:《西方政治思想史》,北京大学出版社2002年版。

力是属于全体人民的权力，政府手中的权杖是人民赋予的。保证权力属于全体人民所有并且为全体人民服务，是现代国家最核心的政治问题，也是最基本的制度设计。全球化时代，政府治理社会的活动以信任关系的确立为前提，政府信用是公众与政府之间的一种互动关系。在宪政体制下，政府能够依法办事，政府机关和公务员能够秉持法制精神，竭诚为社会公共利益服务，恪尽职守，一切行使权力的行为都有法律依据，保证国家权力的无害性和非任意性的行使，是政府对人民讲信用的集中体现，能够促成公众对国家和政府的基本信任。在行政实践上，政府机关和公务员应该全面实施"行政许可法"和"依法行政纲要"，依法保证人民赋予的权力始终用来为人民服务，为人民掌好权用好权，真正做到权为民所用，情为民所系，利为民所谋。

（三）民众监督

现代社会与国家关系的理论认为，社会与国家的力量应该制衡，只有社会与国家力量均衡，才能够维系二者之间的信用机制。政府信用的实现离不开社会自身的发展，在我国，自秦汉大一统封建国家建立之后，传统社会中一直是国家力量相对强大，没有独立的社会力量能够与之抗衡。改革开放以来，随着政府执政能力的提升，从国家和人民的长远利益出发，有意识地从制度上创造公平竞争的环境，营造有利于社会力量成长的环境和氛围，推动消费者利益集团形成，增强企业和消费者依法维权的主体意识，使其利益能够在规制博弈中得到尽可能充分的表达。这样，通过扶持社会力量发育成长，创造条件让人民监督政府，使政府权力处在监督之中和压力之下，使公务员更加克制、审慎和谦恭，既是实现经济社会和谐发展政治保障，也是提升政府公信力的必由之路。

（原文发表于《江汉论坛》2011年第5期）

维护政府信用　进一步提升政府公信力

杨运秀

摘　要：自我国实行改革开放以来，经济社会等领域失信现象屡屡发生，有损于政府公信力，究其原因，往往与政府信用缺失有关。现阶段，为了实现全面建设小康社会的奋斗目标，建设和谐社会，各级政府要搞准其职能定位，坚持依法行政，在全社会培育法律信仰，弘扬法治精神，加强政府诚信制度建设，维护政府信用，进一步提升政府公信力。

关键词：政府公信力；政府信用；政府职能；依法行政；法律信仰

自古以来，"政府公信力"一直是社会有识之士密切关注和研究的问题。20世纪70年代，石油危机爆发之后，西方各国出现了财政危机，政府公信力有所下降，各国被迫进行重塑政府公信力的行政改革。自新中国建立迄今，我国经济社会建设取得了巨大成就，政府公信力不断提高。现阶段，我国正处在经济社会双重转型的时期，经济运行中一些深层次矛盾、就业与分配等民生问题亟待解决，实现全面建设小康社会奋斗目标，建设和谐社会，就对各级政府公信力提出了更高的要求。胡锦涛同志在党的十七大报告中提出，"要确保权力正确行使……完善各类公开办事制度，提高政府工作透明度和公信力"。这就为我国深化行政体制改革和政府公信力研究明确了方向。我国学界对政府公信力的研究起步较晚，据对CNKI系列数据库进行跨库检索，关于政府公信力的研究文章还不多，这方面系统性的研究成果更是稀少，与当前国家经济社会发展的形势很不适应。本文拟从概念入手，分析政府信用现状，提出政府应认准其职能定位，坚持依法行政，注重培育社会公众尤其是政府公务员的法律信仰，加强政府诚信制度建设,以维护政府信用,提升政府公信力的对策建议。

一 关于"政府公信力"概念

探讨政府公信力问题,应该从基本的概念分析开始。根据社会契约论,民众成立政府的初衷是希望政府依民众意愿治理社会,造福于民。政府要用自己为民众服务的实际行动使民众相信它,相信它是真心实意为民众谋利益的组织,从而得到民众的信任。我国古代一些先贤曾把"信"提到关乎做人与治国成败与否的高度,孔子认为人"无信不立",为政在人。社会发展证明了政府机构的存续发展须臾离不开"信"字。

(一)"信"与"任"、"信用"与"信任"既有区别又有联系

"信"在汉语中的本意是诚实、真实、真诚无欺。"任"是使用、任用。我国古代典籍《说文解字》云:"信,诚也,诚,信也。"

"信用"是从属于商品货币关系的一个经济范畴,是指由二元或二元以上主体以某种经济生活需要为目的的、建立在授信人对受信人所做的偿付承诺信任的基础上的心理承诺与预期实践相结合的意志和能力。"信任",就是对他人的信任行为做出回应的期待,表示相信和托付。

(二)"政府信用"与"政府信任"也既有区别又有联系

"政府信用"就是以政府(包括国家以及中央政府和地方各级政府,或者超国家的政府组织等)为授信主体而产生的信用关系。政府信用实际上就是政府履行职能的状况及其为社会所提供的服务质量,它标示着"政府在社会管理中所具有的效能及其取得民众信任的状态"[①]。"政府信任",就是公众对政府能够代表他们利益的一种心理期待和信念。政府信任与政府信用密切相关,公众对政府的信任主要建立在政府信用上面。

政府对公众的信用表现在:政府作为政治代理人对作为委托人的公众的利益能否足够尊重;能否一切从公共利益出发、为公共利益着想和为公共利益服务;政府对委托人的意愿和期待能否及时回应以及回应程度如何。

公众对政府的信任一般来说包括这几个方面:一是公众对政府公务员的信任,公务员的业务水平、政治伦理道德素质以及价值观念、政府与公众的互动关系密切与否、公众能否积极参与社会公共事务的管理活动等。

---

① 王淑芹:《政府信用解析》,《实证研究》2006年第5期。

政府公信力的提高,毫无疑问就依赖于一支具有较高素质的公务员队伍;二是公众对政府机构的信任,如果政府机构办事拖拉推诿,行政效率低下,直接影响公众对政府的信任;三是公众对政府提供的公共品的信任,即公众对政府提供的公共基础设施、公共服务的质量和公共政策的信任。

(三)"政府公信力"是"政府信用"、"政府信任"、政府诚信、诚信政府等的综合概括

"政府公信力",是指政府依据自身的信用所获得的社会民众的信任程度,表现为政府与民众的互依、互信以及相互协同与合作的关系状况[①]。程佳琳则认为,所谓政府公信力,也就是社会组织和民众对政府信誉的一种主观价值判断,它是政府实施行政行为时的形象和所产生的信誉在社会组织和民众中形成的心理反应[②]。"政府公信力"的概念强调了政府必须对民众讲信用,政府真心实意为民众谋利益,政府才能得到民众的认可,民众对政府的认可建立在政府对民众讲信用的基础之上。"政府公信力"实际上包括政府信用和政府信任的全部内容,是"政府信用""政府信任""政府诚信""诚信政府"等的综合概括。

二 我国政府信用缺失现状

现阶段,我国经济社会领域里信用缺失现象屡屡发生的原因之一,是政府信用的缺失,表现在如下方面:

(一)一些政府部门和地方政府决策不够科学规范,削弱了政府信用

政府履行其经济职能的行为主要体现在法律政策的制定上。一般意义上,政府职能范围取决于市场与社会的需要,凡制定政策都应该按照法定程序,遵循市场规律,结合实际情况和现实需要,本着维护市场秩序及社会秩序,保护和增进民众的根本利益的精神,科学决策和民主决策。可是我国的一些政府部门和地方政府的决策,有时缺乏科学性与规范性。由于决策不够科学规范,政策缺乏连续性和稳定性,导致行政也缺乏规范性与严肃性。一些市场主体难以对政府政策走向形成比较稳定的和长期的预期,因而产生投机心理,大量机会主义行为的发生成为必然。近年来生产与流通领域安全事故和比较严重的环境问题时有发生,就是突出的反映,

---

① 吴洪彪:《公共危机状态下的政府公信力的研究》,河海大学,2007年。
② 程佳琳:《新形势下我国政府公信力研究》,大连理工大学,2005年。

使一些民众对政府的执政能力产生疑问,削弱了政府信用。

(二)政府对经济领域的干预或参与不当,削弱了政府信用和政府公信力

从经济学的角度讲,政府和市场是调控社会经济生活的两大基本手段,当由于公共产品、外部性、不完全信息等原因往往使市场不能有效地配置资源时,或者由于市场配置资源导致宏观经济波动或社会分配不公等现象时,政府就会对经济进行干预。如果政府对经济领域的干预不当,那么政府对市场的干预行为越多,政府信用受损就越严重。

宏观调控和微观管制是政府履行其经济职能的主要方面,当政府按其职能介入经济活动时,其执行政策实施管理的过程就存在信用规范问题。近年来,一些地方政府基于地方经济利益的考虑,一些地方政府官员为了取得政绩,超越自身权限,不按市场经济规律办事,直接影响了市场配置资源的基础性作用的充分发挥。一些政府部门或公务员为了部门或个人利益,或作违规担保、或瞒报虚报;尤其在土地征用、国家矿产资源有偿使用、房屋拆迁等方面,政府裁量权过大,损害市场主体和社会公众的利益。在一些竞争性领域,政府投资越位而民企缺位的现象也屡见不鲜。2003—2007年间,我国固定资产投资过快增长,其增长率超过22.5%,2007年增长24.8%,这说明政府仍然是主要的投资主体,政府居于强势地位,过度参与经济活动,与民争利,脱离了其应有的弥补和克服市场失灵的职能,会抑制市场经济的内在活力,部分民众对政府颇有怨言。一些政府机关或公务员在行政过程中的短期行为及机会主义行为,反映了一些政府功能的异化,阻碍经济发展,浊化社会风气,使政府失信于民,因此,政府信用问题不仅是经济问题也是政治问题。

(三)政府对市场监管不力,一些市场失灵现象得不到及时有效的抑制

监管市场,维护市场秩序是政府的一项经济职能,但是一些地方政府机关,对一些危害社会生产和人民生活的、扰乱市场秩序的、危害环境的市场主体的行为,睁一只眼闭一只眼,姑息迁就,对市场监管很不到位,使区域内发生的市场失灵现象得不到及时有效的抑制;在基础设施建设方面,对一些市场主体进入或退出市场行为不适当限制、对一些工程项目建设把关不严,从项目审批、项目建设过程中的监管再到最后的工程质量验收,不严格按规程办事,以至于使一些豆腐渣工程成为"合格"工程甚至是"优质"工程，既浪费了大量资源又污染了环境，直接影响了其他市场主体正常的交易活动和经济利益，更严重的是让社会公众利益受损，政府形象被玷污。在保护消费者权益、保护环境、公共卫生等方面政府欠账不少，影响了社会公众对发展社会主义市场经济的信心，削弱社会公众对政府的信任。

（四）政府机关施政行为不规范，损害政府信用

政府作为一个为社会成员提供服务的组织，其经济职能是通过政府机关及其公务员履行其职责的行为反映出来的。

一些地方政府职能定位不够准确，行政的方式或方法不当，行政的效率还不够高，使本来仍不健全的市场机制难以发挥正常作用，影响社会经济效率和社会福利的增进，还不能满足社会公众的愿望和要求。安徽省省长王金山曾批评一些掌握审批权的部门管得太多，卡得太死，该交市场的没交，能放基层的不放。一些企业不怕市场"看不见的手"，就怕政府"闲不住的手"。他指出，要管住政府"闲不住的手"。明明说是不审批，但借着备案、核准等理由，明放暗不放，放的都是一些无关痛痒、无权无利的事项，肥缺留给自己。"乱收费、乱罚款、乱摊派"，"乱检查、乱评比、乱培训"，新老"三乱"屡禁不止，因此要改革政府权力运作的模式。

从政府自身的性质来说，政府不可能要求民众相信政府，政府只能以自己的行动去争取民众的信任，政府信任建立的基础，就是政府对民众讲信用。因此，政府公信力的提升，离不开政府信用的维护与加强。

三 维护政府信用，提升政府公信力的对策建议

（一）提升政府信用，要求政府搞准其职能定位

市场经济的发展要求决定了政府职能的边界，从而也决定了政府经济行为的合理定位区间。现阶段，搞准政府经济职能定位，有利于切实解决经济社会一条腿长一条腿短的问题。保罗·萨缪尔森曾认为，政府的经济职能是确立法律体制，决定宏观经济稳定的政策，影响资源配置以提高经济效率，建立收入分配的方案等。建国以来，我国政府的经济职能几经调整，党的十六大明确提出我国政府的职能是经济调节、市场监管、社会管理、公共服务。党的十七大明确提出要加快行政管理体制改革，建设服务型政府。建设公共服务型政府是我国政府职能的基本定位，促进我国经济

的中长期增长，政府职能必须实现战略转变。

具体来说，政府的活动应从重视生产性领域转向重视收入分配领域、从经济事务领域转向社会发展领域、从重视生产性投资转向重视公共基础设施投资，加强公共基础设施建设，建立基本法律制度，维护经济秩序，保护产权，保护契约的公平履行，保证公平交易。政府首要的责任就是提供充足优质的公共服务，在服务于市场经济前提下弥补市场失灵的缺陷。

政府职能有动态性、发展性的特征，政府对经济过程的调控必须以不破坏市场机制的正常运行为前提，任何与市场竞争机制相冲突的政府职能行使方式必然有损政府信用。目前我国的社会发展指数、社会福利系数、幸福度等度量社会福利的指标与国际水平比较还较低，政府实行的宏观调控政策措施既要体现公共性，更要维护和发展人民根本的和长远的利益。

（二）提升政府信用，要求政府机关及其公务员依法行政

政府是行政主体，依法行政是对政府主体的要求。只有依法行政，才能有效维护政府形象。依法行政，要求政府机关及其公务员在一切公务活动中必须坚持法律至上的原则，依照宪法法律行使公共权力，承担相应责任，以实现政府管理国家的职能。哈耶克认为，法制意味着政府的全部活动应受预先确定并加以宣布的规则的制约。美国政治思想家约翰·亚当斯认为，一个共和国的真正的含义应该确立法律在国家中至高无上的地位，即建立这样一个国家，在其中所有的人，富人与穷人，管理者与被管理者，官员与民众，主人与奴仆，第一公民与最低贱者都平等地服从于法律[①]。实现依法行政的关键就是政府诚信。

依法行政，要求政府机关及其公务员努力做到：一是合法行政，即行政要有合法性。行政主体要合法，即行政组织的行政权必须由有关法律授予才具有合法性，取得合法性的行政组织才有资格行使行政权；行政行为要合法，作为不作为，该做不该做，都要按法律规定办；行政程序要合法，即行政的顺序、步骤及方式都要合法，要保障行政相对人与利害关系人的知情权、参与权、救济权等权利。二是平等行政，即在法律面前人民和政府的地位平等，政府机关及其公务员与普通民众所享有的权利是同等的，没有高低贵贱之分。三是限制行政，即把政府权力限制在法律规定范围内，限定政府的权力是为了保护公民的权利。无论对于国家的权力还是

---

① 唐士其：《西方政治思想史》，北京大学出版社2002年版。

对于人民的权力来说，最严格地加以限制的权力才是最好的权力。所谓受到最严格的限制，就是说只能处理很少的事务；所谓最好的权力，就是那种其行使受到完善的尽可能细致的规则限制的权力，这些规则就是法律①。四是责任行政，要明确行政和责任是联系的，政府的权力是人民赋予的，政府行政的宗旨是为民服务，如果政府没有用好权，损害了公民或国家的利益，政府就要负责任。发达国家都强调"结果导向的责任理念"，就是政府的主管部门要向结果负责，权力获取与权力行使的目标和结果密切挂钩。美国的《政府绩效与结果法》规定，如果部门行使了特定审批权或管理自主权后没有取得所期望的效果，那么该权力就被收回。这就是所谓的日落法，权力回收像日落一样是一个自动的过程②。五是诚实守信，要求行政机关公布的信息全面、准确、真实，非因法定事由并经法定的程序，行政机关不得撤销或变更已经生效的行政决定，因国家利益、公共利益或者其他法定事由需要撤回或者变更行政决定的，应当依照法定权限和程序进行，并对行政管理相对人因此而受到的财产损失依法予以补偿。六是监督行政。七是合理行政，即遵循公平、公正的原则平等对待行政相对人。公正，它意味着对同样环境中的人一视同仁，并且应使约束以同样的标准适用于所有人，而不问其阶级和身份③。

（三）提升政府信用，要注重培育社会公众尤其政府公务员的法律信仰

法律信仰，就是社会公众在对法律现象理性认识的基础上，油然而生的一种对法律的心悦诚服的认同感和依恋感，以此为基础，公众能够在坚定的法律信念的支配下自觉地把法律规则作为自己的行为准则④。

法律信仰的核心是一种内在的心理信念，它可以使人的整个精神活动以最高信念为核心形成一个完整的精神导向和价值取向。法律信仰反映了公众对法律的高度认同，是法律有效运行的心理基础。

现代社会，尽管法律可以依靠国家强制力保证实施，但这尚不足以确立普遍性的法律权威，因为法律权威的确立最终取决于普通民众与具体行

---

① 唐士其：《西方政治思想史》，北京大学出版社2002年版。
② 周志忍：《新时期深化政府职能转变的几点思考》，《中国行政管理》2006年第10期。
③ ［德］柯武刚、史漫飞：《制度经济学——社会秩序与公共政策》，韩朝华译，商务印书馆2003年版。
④ 常桂祥：《法律信仰：法治国家之灵魂》，《齐鲁学刊》2005年第2期。

使权力的官员对法律的信仰,伯尔曼说:"法律必须被信仰,否则它将形同虚设","没有信仰的法律将退化成为僵死的法条"。法律制度并非自发形成而是由人精心设计制定的,只有通过人的执法活动才能实现其作用。人作为法律制度的创设和运作主体,外在的法律规范只有转化为内心自觉时才能得到切实的贯彻执行。公务员只有从内心深处自觉接受法律,才能拒绝外来干扰,客观公正地适用法律处理社会问题和矛盾,民众只有信服法律,才会将生活中的纠纷诉诸行政或司法机关,以寻求法律的裁决和保护。如果没有一种普遍的法治意识的支撑,任何制度都不能如人们所期望的那样发挥作用[①]。

近代以来,世界上所有国家或民族建设法治社会,都需要两个条件,一是设计完备的、能够忠实反映经济社会关系及其发展规律的法律制度,二是全体社会成员(公民、法人)具有对法律制度所包含的社会伦理价值的自觉和坚定的信仰。

建设法治社会的一个关键,就是看社会公众有没有法治精神,而且最重要的是公共权力的掌握者们有没有法治精神,有没有守法的自觉性。我国传统的文化特质和现实人际关系,直接影响公众对法律的信仰,近年来经济社会生活中大量失信行为的发生,表明我们最缺少的不是法律制度,而是对法律制度的信仰和尊崇。一些人情案和所谓的摆平现象,根源就在于信奉金钱和权力的万能。

(四)维护政府信用,需要加强政府诚信制度建设

安东尼·吉登斯认为,信任结构包括人格信任和制度信任,公众对政府的信任就属于制度信任。政府信用、政府公信力的维护和提升必须建立在一系列可靠的制度基础之上。

为政最重要的一个规律是,一切政体都应订立法律并安排它的经济体系,使执政和属官不能假借公职营求私利[②],建立法律制度,提高违约代价,抑制各种违法活动,就必须要防患于未然。

西方发达国家在人民主权论、社会契约论、三权分立与制约平衡等理论的影响下,都比较重视政府诚信制度建设,制定实施了私人财产保护制度、政府采购制度、政府对经济的管理制度、国家公务员制度、政务公开

---

① 唐士其:《现代社会的法治:法律与政治的平衡》,《国际政治研究》2007年第1期。
② [古希腊]亚里斯多德:《政治学》,吴寿鹏译,商务印书馆1983年版。

等制度。美国的《政府道德法》是美国行政部门雇员的道德行为准则，美国的《政府绩效与结果法》强调管理者的自主权和管理灵活性，允许在人员编制、工资待遇、资金使用等方面突破现有法规的约束，但自主权的授予必须与结果直接挂钩[①]。这些制度对西方国家防止和摆脱经济政治危机，增强公众对政府及民主制度的信任，保持社会稳定起到了重要作用。

现阶段，我国80%的法律、所有的行政法规以及90%的地方行政法规都是由政府机关执行的。政府施政行为涉及社会方方面面，会影响到每个公民的切身利益以及国家社会的长远发展，直接关系政府信用度的高低和社会公众对政府的信任度。长期以来，我国政府行政的"人治"色彩比较浓厚，以法治国，建设法治国家还不可能一蹴而就。制度之所以能影响人们的行为选择，是因为任何正式规则都内含着对行为人权利与义务进行划分或分配的内容，都以某种社会强制力为保证。正是这两点使制度不仅能为人们提供明确的行为范式，而且具有社会赏罚功能或激励功能，使按制度行事的行为者得到应有的利益或至少不吃亏，使违者得不到利益并且受到惩罚。制度较强的客观性、稳定性、长期性、惩罚性使其具有更为可靠的预期性，因而更能对人们的行为产生导向与约束作用。

目前，我国政府在学习借鉴西方发达国家政府制度建设的经验方面进行了许多尝试，如为了保护公民参与权和预防腐败滋生蔓延，加强行政公开制度与回应制度建设等，以促进政府与社会公众之间的双向互动，及时回应人民对政府的要求，有助于维护政府信用，进一步提升政府公信力。

现阶段，我国政府尤其是地方政府公信力建设还不尽人意，建设和谐社会有赖于各级政府进一步提升公信力。如果政府机关和公务员能够始终保持清醒头脑，增强忧患意识，本着对国家、对人民高度负责的精神，兢兢业业、扎实工作，可以肯定地说，我国政府信用的维护、政府信任的加强、政府公信力的提升就能够不断满足经济社会发展的需要和人民对政府的殷切期望。

（原文发表于《学术论坛》2008年第10期）

[①] 周志忍：《新时期深化政府职能转变的几点思考》，《中国行政管理》2006年第10期。

维护和提升地方政府信用度路径分析

杨运秀

摘 要：目前从总体上看，我国政府特别是中央政府的信用度及公信力不断得到提升，但毋庸讳言，一些地方政府在经济建设领域存在信用弱化现象，如一些政府部门及其公务员施政不规范，监管效能不高。为保证市场经济又好又快地发展，促进和谐社会的构建，亟待维护和提升政府信用度，进一步提高政府公信力。为此，需要地方政府提高执政效能，坚持依法行政，建立健全公务员诚信行政激励和约束机制。

关键词：地方政府；信用弱化；执政效能；依法行政

信用是从属于商品货币关系的一个经济范畴。政府信用即以政府（包括国家以及中央政府和地方各级政府，或者超国家的政府组织等）为授信主体而产生的信用关系，实际上就是政府履行职能的情状及其为社会所提供的服务质量，它通过政府对法定职责的履行、对自己制定的公共政策的执行等方面来体现或反映，它能彰显政府在社会管理中所具有的效能及其取得民众信任的状态。改革开放以来，我国经济社会发展取得举世公认的巨大成就，我国政府特别是中央政府的公信力得到巩固和提升。但毋庸讳言，我国的一些地方政府特别是某些部门或公务员，施政行为不规范，弱化了政府信用。为保证市场经济又好又快地发展，促进和谐社会的构建，亟待维护和提升政府信用，巩固政府信任，进一步提升政府公信力。

一 提升政府信用，需要政府提高执政效能

政府肩负的使命和责任的实现，要求政府摒弃既往管制政府、统制政

府思维模式，向服务型政府转型，提高现代服务能力、服务水平和办事效率，取信于民，获得公众的广泛认同和支持，增强政府公信力。

促进经济繁荣，推动社会进步，既需要重视政府的作用也需要重视市场的作用，因此必须厘清政府与市场的关系。在社会主义市场经济条件下，实现资源的合理配置和自由流动，需要发挥市场的基础性作用，但市场固有的局限性自身难以克服，需要政府发挥好监管市场的作用，创造公平竞争的环境、维护市场秩序、保障市场主体的合法权益，保证宏观经济的正常运行。政府的归政府，市场的归市场，社会主义市场经济才能又好又快地发展。在经济学意义上，市场失灵成为政府职能的依据和方向，政府监管市场是为了弥补市场缺陷，政府与市场之间并非此消彼长的对立关系，而是有适当距离的共生关系。正如斯蒂格利茨所说的，应该在政府和市场之间保持恰到好处的平衡，因为二者之间存在着许多中间形态的经济组织。

改革开放以来，我国经济快速增长，综合国力显著增强，人民生活水平不断提高。这充分说明重视发挥市场机制的作用，就能够提高社会经济效率。但是市场经济并不必然是信用经济，根据经济人假设，无论是经营者还是消费者，在追求利益最大化的过程中，是否采取以及在多大程度上采取诚实信用的策略，主要取决于他们的社会经济状况尤其是对未来收益的预期。政府能够为他们创造一个公平竞争的市场环境，是促使他们在生产经营中诚实守信的重要前提，这取决于政府职能的准确定位和切实履行。社会主义市场经济健康持续发展，既离不开政府对宏观经济的调控，也需要政府对市场进行科学严格的监管。

当然，政府抓经济建设的着力点应该是为经济发展创造良好的环境，政府调控经济和监管市场，也要遵循市场经济规律，以不破坏市场机制的正常运行为前提，任何与市场竞争机制相冲突的政府职能及其行使，必然会损害市场效率，导致政府信用缺失。政府调控和市场机制作用相互促进，才能增强经济发展的内在活力。政府若能调控好宏观经济，监管好市场，维护正常的市场秩序，使人民安居乐业，切实体现政府对人民的诚心诚意，显示政府具有较强的办事能力，就能有效维护和提升政府信用。

二 提升政府信用，要求政府依法执政

政府信用必然与法律相关联。因为政府公务员是代表国家行使行政职

权、从事社会事务管理、履行国家公务的人员，政府信用主要通过公务员个人信用来体现。政府的施政行为能直接或间接引起法律效果，一经作出，即对行政主体和行政相对人都具有约束力，政府和人民之间的行政法律关系随之产生，因此，政府信用与法律密切相关。

政府手中的行政权力是政府对人民的一种支配，如果这种支配没有法律制约，就难免造成行政主体对行政客体的侵害。因此，要规范政府机构及其公务员的施政行为。人事部颁发的《国家公务员行为规范》规定，依法行政就是"遵守国家法律、法规和规章，按照规定的职责权限和工作程序履行职责、执行公务，依法办事、严格执法、公正执法、文明执法，不滥用权力，不以权代法，做学法、守法、用法和维护法律、法规尊严的模范"。我国各级政府能否适应经济社会发展的要求，就取决于公务员队伍的思想道德素质和业务水平，公务员增强依法行政意识，坚持依法办事，才能维护和提升政府信用。

历史经验和当代社会诸多实例表明，公共权力需要法律严格约束。我们知道，政府服务一般具有公共性、垄断性和缺乏竞争性，行使公共权力主要是进行"社会价值权威性分配"即从事人们普遍需要和关系到人们切身利益的社会有价值的事物或资源的分配工作，掌握公共权力的人，在自利动机驱使下有更多机会获得这些有价值的事物或资源。在历史和现实中，行政权力因能够支配大量资源，被其掌握者滥用以牟取私利的事例屡见不鲜。托克维尔就曾认识到，在任何情况下，都必须把限制政府的权力视为宪法的实质。他认为，国家权力是一种危险的东西，所以一个政府的法定权力越小，暴政的危险也越小[①]。政府机关及其公务员在处理经济社会问题或矛盾时基于利益考虑，不能严格依法办事，自由裁量、随意处置，不仅不能妥善解决问题，还可能加剧利益冲突，严重影响人民对政府的信任。16世纪英国的思想家胡克说过，无论对于国土的权力还是对于人民的权力来说，最严格地加以限制的权力才是最好的权力。所谓受到最严格的限制，就是说只能处理很少的事务；所谓最好的权力，就是那种其行使受到完善的、尽可能细致的规则限制的权力，这些规则就是法律[②]。政府信用意味着政府不仅必须为整个经济有效运行提供必要的财政信用支

---

① [法]托克维尔：《论美国的民主》，董果良译，商务印书馆2004年版。
② 唐士其：《西方政治思想史》，北京大学出版社2002年版。

撑，还必须对社会的法律秩序和制度环境的权威性和相对稳定性提供强有力的保证，更重要的是各级政府和公务员作为社会行为主体，必须为社会作出表率，在行使行政权力时恪守诚实守信原则。

三 提升政府信用，必须建立健全公务员诚信行政激励与制约机制

（一）提高公务员诚信行政收益，建立健全诚信行政激励机制

从经济学上看，在市场经济活动中，克服不守信用的"囚徒困境"的重要方式首先是声誉机制。建立声誉机制，激励人们守信与合作，允许当事者获取一定的激励是非常必要的。

根据霍姆斯特姆的声誉模型，在信息不充分，委托人难以监督评价代理人工作业绩的情况下，如果能够制定制度规则，使代理人的工作成果归其所有，完善的代理人市场就会对代理人起到激励作用。代理人会注重自己在市场中的声誉，因为良好的声誉意味着有良好的未来。"代理人能遵守一般规则。这些规则创造出激励，使代理人出于其自身利益的考虑而追求委托人的利益（间接控制）……通过一些规则和激励措施，诱导代理人自愿地按委托人意志行事，从而，尽可能地诉诸代理人的自主动力"。[①]在现代社会，公众与政府的关系也是委托—代理关系，也存在信息不充分和公众难以监督代理人工作业绩的情况，因此应构建连续的、权威的委托人机制和流动的、竞争的代理人机制，在政府内部营造一个有利于公务员竞争的氛围。新加坡就有中央公积金制度和道德考核等制度，对激励公务员勤政务实和廉洁奉公发挥了不可替代的作用。我们应建立健全行之有效的行政激励制度，将公务员任期内的工作业绩与其利益要求联系起来，将他们诚信行政的工作成果与其当下的经济收入和未来的晋升紧密结合，增强他们的荣誉感和责任感，督促他们正确履行职责，忠于人民，恪尽职守。正如诺贝尔经济学奖得主诺思所说：自由市场经济制度本身并不能保证效率，一个有效率的自由市场制度，除了需要有效的产权和法律制度相配合之外，还需诚实、公正、正义等方面有良好道德的人去操作这个市场。

---

① 柯武刚、史漫飞：《制度经济学——社会秩序与公共政策》，韩朝华译，商务印书馆2003年版。

(二）增加公务员失信成本，建立健全制约惩罚机制

在市场经济条件下，政府要营造公平竞争的市场环境，维护市场秩序，需要学习借鉴国际经验，增加公务员失信成本。一方面，加强诚信行政法律法规制度建设，严格执法，严厉惩处和打击败坏党风民风、触犯刑律和政治纪律的公务员，决不纵容和迁就，发挥法治的震慑力。另一方面，随着经济发展和国力的增长，要不断提高公务员的待遇，使他们基于失信成本与收益比较，为了自己的前程和家庭幸福，自觉自愿廉洁奉公、执政为民，否则将会受到丢官去职名誉扫地的惩罚，得不偿失。增加公务员失信成本，需要营造产权清晰、硬预算约束的制度环境。向社会提供优质充足的公共产品和服务是现代政府的职能之一，政府应该健全代理人向组织委托人报告关于公共产品生产和使用过程中所发生的全部成本和回报的稽查制度，有关生产者应该提供生产成本和回报的信息，服从严格的预算控制。如果缺乏稽查，他们就会无视公共利益而追求私利。有效减少和消除地方保护主义的关键，在于对地方政府的业绩评价标准，如果能把一个地区的制假售假、环境污染与地方领导人的业绩考评挂钩，如制假售假、环境污染达到一定程度，地方领导人就要引咎辞职，甚至要追究法律责任，他们还会不重视这个问题吗[①]？

根据制度经济学理论，要减少乃至消除政府失信行为，根本措施就在于实施内部激励和外部制约，使人们将通过习惯、教育和经验习得的规则转化为个人偏好，这些个人偏好作为内化的规则就成为约束性规则。内部激励的目的在于始终如一地运用这些内化了的规则，使人们在激烈的竞争中免受本能的、短视的机会主义之害，并常常减少人们协作时的冲突。

（原文发表于《河南师范大学学报》（哲学社会科学版）2011年第5期）

[①] 陆晓禾、金黛如：《经济伦理、公司治理与和谐社会》，上海社会科学院出版社2005年版。

论农村劳动力流动对构建和谐社会的双重影响

李文安①

摘 要：农村劳动力流动增加了农民收入，促进了农民思想观念的更新，有利于缩小城乡差距，有利于加快工业化、城镇化和农业现代化，从而有助于推动和谐社会的构建。然而农村劳动力流动是一把双刃剑，农村劳动力流动过程中存在的一系列问题，尤其是农民工合法权益受损、劳资关系紧张和尖锐对立，都对构建和谐社会构成了严峻挑战和极大风险。只有解决好这些问题，重视和保护农民工的合法权益，才能化解相关的社会矛盾和社会风险，才能使我们的社会更加和谐。

关键词：农村劳动力；流动；和谐社会；影响

构建和谐社会是我们党在新的历史条件下，从全面建设小康社会、实现现代化的全局出发提出的重大战略任务。构建和谐社会，关键要消除导致社会不和谐、不稳定的因素。从农民的角度看，主要有两个因素：一是城乡差距扩大影响社会和谐，二是农民工合法权益受损影响社会和谐。贯穿于两者之中的是农村劳动力流动这一主题。农村劳动力流动对于构建和谐社会是一把双刃剑，它产生的积极效应推动了和谐社会的构建，而农村劳动力流动中出现的一系列问题对于构建和谐社会产生了极为消极的影响。

---

① 作者简介：李文安，男，1958年出生，南阳师范学院副院长，教授，法学博士，主要从事中国特色社会主义和社会学研究。

一 农村劳动力流动对和谐社会构建的推动

在中国经济社会发展中，突出的不和谐之处实际上就是农村各方面的滞后，因此建设社会主义和谐社会最重要的就是加快农村经济、社会的发展。而农村劳动力流动极大地促进了我国社会特别是农村的发展。

农村劳动力流动极大地促进了农村经济发展。农村劳动力的流动，使得原来未充分利用的剩余劳动力实现了和生产资料的必要结合，成为现实的生产力，创造了社会财富。在增加了社会财富总量的同时，他们也通过务工经商获得了收入，并以各种不同的方式将收入送回农村，从而增加了农民的收入。

农村劳动力流动有利于农民思想观念的更新。农村剩余劳动力向城市的大规模流动，必然导致城乡之间、不同地区之间的文化碰撞、交流与融合，其结果必然是先进、开放的文化代替落后、封闭的文化。在这个文化碰撞、交流与融合过程中，农民的思想观念在逐步地更新和变化。在农民流动的过程中，现代社会的观念和意识正逐渐渗入他们的大脑。此外，思想观念的更新和变化不仅仅发生在流动农民身上，外出打工的农民带回的新思想、新观念还会通过各种不同的方式影响周围的农民。因为这些影响带有现身说法的特点，其影响的深度和广度是电视、广播、报纸、杂志等大众传播媒介所不能比拟的。

农村劳动力流动有利于加快工业化。工业化是相对农业、农村、农民而言的，工业化的过程就是城市工业部门通过资本的积累增强吸纳农村人口的能力，农民通过自己的资本积累增强进入城市工业部门的能力的过程，就是"化"农民为市民、"化"传统农业为现代农业、"化"农业社会为工业社会的过程。工业化是实现现代化不可逾越的历史阶段。工业化的发展必然增加劳动力需求，使农村劳动力向城市工业转移集聚，而劳动力与资本的结合，将进一步推进工业化，使城市工业吸纳更多的农村劳动力，两者同步进行且相互促进。

农村劳动力流动有利于加快城镇化。加快城镇化是发挥城市带动作用、沟通城乡经济、发育要素市场和缩小城乡差别的必然要求。城镇化是人口向城镇集中的过程，实质是转移农村劳动力的过程，是农业人口占很大比重的传统农业社会向非农业人口占多数的现代文明社会转变的过程。这一过程必然要通过大批第一产业劳动力转向第二、第三产业来实现。农村劳动力进城就业增加了城镇基础设施、住房、教育、医疗、文化等各种需求,拉动了城镇经济的增长,推进了城镇化。反过来说,城镇是农村剩余劳动力转移的主要载体,城镇化带来了市场的扩大、生产要素的聚集、第三产业的发展,不仅能够吸纳更多的劳动力,使劳动力资源得到优化配置,还有利于实现农村剩余劳动力的永久、彻底转移。

农村劳动力流动有利于推进农业现代化。我国是一个典型的农业国家,我国农业是一种资源约束型农业,人均耕地只有一亩多,这就决定了农业生产终将受到耕地资源的制约。农业要发展,必须大量转移农村劳动力。只有农村人口城镇化,农业才能企业化,农业生产方式才能变革。农村劳动力的流动有利于解决当前农村突出的人地矛盾,加快农户之间土地使用权的流转,促进土地向种田能手集中,提高农业劳动生产率和规模效益;农村劳动力流动还有利于提高农业的机械化、电气化水平,便于实行科学种田,为实现农业现代化创造基本条件。今后,农业越发达,需要流出的农村劳动力越多;从农村流出的剩余劳动力越多,农业现代化水平就会越高。有人说,在现有情况下,就算政府不向农民要一分钱,光靠种地,农民能富到哪里呢?这话不无道理。现实情况表明,只有减少农民,才能富裕农民;只有解放农民,才能转移农民;只有跳出农业,才能发展农业;只有大量农民走出土地,才能改变农村贫穷落后的面貌,使我国从农业国进入工业国,实现真正意义上的现代化,进而跻身世界发达国家行列。我们必须采取更加有力的措施,促使更多的农村劳动力从传统的自给自足的小农经济中解放出来,从困守在少量的承包土地上解放出来,开辟更加广阔的生产空间。

总之,农村劳动力的流动增加了农民收入,促进了农民思想观念的更新,有利于缩小城乡差距,有利于加快工业化、城镇化和农业现代化,从而有助于推动和谐社会的构建。什么样的社会才是和谐社会?笔者认为,如果从社会结构的角度来认识和谐社会,那就应该是有更多的人进入中等收入者阶层,使社会结构从目前两头大、中间小的"哑铃型"转向两头小、中间大的"橄榄型"。而要培育和扩大中等收入者阶层,当务之急是要让更多的农民进入这个阶层。然而与 20 世纪 80 年代和 90 年代初相比,当前农民的创收路径越来越窄。农业收入对农民收入增长的贡献,不但没有扩大,反而在缩小。受人均土地资源的限制,农业所能给予农民的毕竟有限,更不可能让更多的农民成为中等收入者。从根本上来说,要增加农民收入，使更多的农民逐步向中等收入者阶层靠拢，关键的问题还是要千方百计让农民向非农产业转移，从农村向城市转移；要从制度和政策上赋予农民、农民工与其他群体同等的国民待遇；加大对他们的培训力度，提高其在非农领域和城镇的竞争能力。农民工从事的是非农产业，伴随的是非农化、工业化、城镇化的发展进程，越来越多的农民工融入这个进程的同时，也减轻了人口对农业资源带来的超负荷压力，使农业资源的配置有了较大空间。这些都为提高农民收入，使更多的农民逐步向中等收入者阶层靠拢以至于进入这个阶层，提供了有利条件。

二 农村劳动力流动中不利于和谐社会构建的因素

第一，就业受到严格限制。农民工在城市的就业空间极其狭窄，就业机会十分稀少。他们只能去竞争那些为数不多的个体户、私营企业、三资企业提供的工作岗位，或者去角逐国有企业、集体企业中那些苦、累、脏、险、毒性质的报酬低、待遇差的临时工作岗位，除此之外，就是摆地摊、串街巷、当保姆等。

第二，收入低下，同工而不同酬。同工不同酬主要出现在国有企业和集体企业。在这些公有制企业中，正式职工工资待遇优厚，还有劳保和各种福利待遇，如养老保险、医疗保险、失业保险和失业救济等。而在这些企业中劳动的农民工，干的活最劳累、最艰苦、最危险，但工资待遇却往往是正式职工的一半。而且，农民工不能累计工龄，不得评定技术等级，没有晋级升职的机会，无资格参加单位的住房分配，也领不到住房补贴，没有失业保险和失业救济，除非工伤事故一般得不到单位的医疗救济。

第三，合法权益遭受侵犯。农民工从进入城市劳动力市场、同雇主形成事实上的劳动关系之后，合法权益受损的问题就接踵而至，或被扣压身份证、暂住证，或被迫缴纳押金，或加班加点而得不到加班费，或被任意压低和克扣工资，或工资被拖欠甚至劳累一年分文未得。一些雇主拒绝同农民工签订劳动合同或强迫农民工签订不平等的劳动合同，有些合同甚至成为农民工的"卖身合同"、"生死合同"，不但剥夺了他们的休息、休假权，还限制他们的人身自由，甚至"发生意外一切后果自负"，有些雇主还单方面解除劳动合同；一些雇主随意斥骂、恶意侮辱或殴打民工；民工在劳动中缺少必要的劳动保护设施与用品，隐患多而防范措施不力，劳动安全得不到保障；民工因劳动而伤残后，一些雇主拒不支付医疗费用，或象征性支付一少部分之后就不予理睬，使得受伤的民工无法得到有效治疗；一些雇主不提供伤残补偿金并且随意解雇因工伤残的职工，等等。

第四，子女就学困难重重。凡夫妻一同外出打工的，除极少数把子女交给父母外，大部分孩子随父母一起流动，子女就学问题成为一件大事。由于公办学校收费太高，相当一部分农民工的子女上不起公办学校。许多农民工子女不得不进入打工子弟学校，但这些学校大都位于城乡接合部，规模小、环境差、教室拥挤、教师总体素质低、教学质量差。

第五，农民工还经常会遭到来自城市市民的日常生活中的社会歧视，如在乘车、消费、购物等方面受歧视等。农民工受着制度和市民的双重歧视，经历着体力和心理的双重压力。特别是在劳资矛盾、劳资冲突的博弈中，农民工始终是弱势群体。反抗是必然的，在法律途径和非法律途径之中，不少农民工选择了后者，以铤而走险的方式捍卫自己的合法权益。近年来，广东、福建、浙江等沿海地区非公有制领域农民工与雇工者之间的劳资纠纷呈多发态势，并向群体性、突发性的方式转变。愈来愈多的劳资冲突、劳资矛盾蕴含着极大的社会风险，给构建社会主义和谐社会带来十分消极的影响。

三 解决农民流动过程中存在的问题的路径

解决农民流动过程中存在的问题的一条重要路径是，通过户籍改革，逐步实现居民不分城乡、不分行业的身份平等和社会平等，促进社会和谐。

改革二元户籍制度只是为农村劳动力向城市的流动创造了基本条件。城市对农民的吸引力不完全取决于户籍制度，而取决于有没有活干，有没有饭吃，有没有经济收益。所以，农村劳动力流向城市，能否找到工作，是一个关键的问题。就业是民生之本。在推动农村劳动力流动的过程中，必须高度重视并切实解决好他们的就业问题。必须统筹城乡劳动就业，加快建立城乡统一的人力资源市场，进一步改革现行的人事劳动制度，平等对待城乡劳动者。

城市民工是城市中最不稳定、最容易失业的劳动者。城市职工在失业后可以到有关政府部门领取最低生活保障费，可以享受政府提供的再就业的种种优惠政策。然而对于为城市建设作了很大贡献、失业概率最大、安全系数最低的城市民工来说，却没有最低生活保障费，没有失业保险为他们遮风挡雨,这是不公平的。民工因为受教育水平低,缺乏一技之长,只能从事体力劳动,最容易发生工伤事故,而他们却没有工伤保险和医疗保险,只能小病自己抗,大病自己治。要构建和谐社会,就必须建立和完善主要包括失业、工伤、医疗等险种的民工社会保障制度,扩大农民工工伤、医疗、养老保险覆盖面,尽快制定和实施农民工养老保险关系转移接续办法。

要加强农民工权益保护,逐步实现农民工劳动报酬、子女就学、公共卫生、住房租购等与城镇居民享有同等待遇。在全社会宣传农民工为城市建设洒下的汗水,为企业发展付出的努力,为经济腾飞作出的贡献,使全社会尊重农民工,把农民工当作自己的亲人,从而营造一种温馨和谐的社会氛围。目前要重点解决好拖欠农民工工资的问题,避免农民工工资清偿工作取得阶段性成果后,又陷入"边清边欠"的误区。

必须摒弃把农民工子女拒于公办学校大门之外的教育上的不公平。随着城市化进程的加快,农民工子女正成千上万地递增,搞好农民工子女教育已是一个刻不容缓的问题。解决进城农民工子女接受义务教育问题,要以全日制公办学校为主。无论是从落实义务教育的责任来看,还是从保证这些儿童受教育的质量来看,全日制公办学校应该是主要的渠道。同时,以打工子弟学校为补充,并加强管理和扶持。

温家宝总理在十届三次人大会议上所作的《政府工作报告》中指出:要"着力建设和谐社会……要妥善处理各方面利益关系,让全体人民共享改革和建设的成果"。只有让为城市的发展作出了重大贡献的农民工也分享城市发展的成果,而不仅仅是成果面前的旁观者,农民工才能真正融入城市,才能化解一系列社会矛盾和社会风险,才能使我们的社会更加和谐。

(原文发表于《当代世界与社会主义》2008年第6期)

社会管理中的"第三方治理"与政府职能转变

杨景涛①

摘　要：社会管理任务的公共品属性意味着政府对于社会管理具有义不容辞的责任，然而，伴随着社会问题复杂性和民众社会诉求多元性日益增强，政府垄断社会管理的模式已经难以为继，由政府组织与非政府组织合作共治是现代社会管理的内在要求和必然趋势。"第三方治理"的加入促使政府社会管理职能，必然要从治理理念到社会实践进行根本性转变。

关键词：社会管理；社会组织；第三方治理；政府职能转变

一　政府社会管理的理论依据及其活动范围

（一）社会管理任务及其公共品属性

社会管理的落脚点在于保持社会稳定、促进社会发展。为此目的，社会管理一方面要及时化解各种社会问题，另一方面要适时提供社会发展所需要的各种社会服务。

社会问题，是指社会关系失调，影响社会大部分成员的共同生活，破坏社会正常活动，妨碍社会协调发展的社会现象。在社会上流行一时，同时又使个人深感其害的问题不一定就是社会问题。只有超出个人特殊生活环境，与人类社会生活、制度或历史有关的，威胁社会多数成员价值观、利益或生存条件的公共问题，才具备形成社会问题的条件②。我国目前正

---

① 作者简介：杨景涛，男，1975 年出生，南阳师范学院政治与公共管理学院讲师，政治学博士，主要从事当代中国政治方向研究。

② ［美］莱特·米尔斯、塔尔考特·帕森斯等：《社会学与社会组织》，何维凌、黄晓京译，浙江人民出版社 1986 年版。

面临着人口与老年化问题、腐败问题、贫富分化问题、就业问题，还有食品安全、拆迁、社会治安、生态环境等问题。这些问题涉及多数社会成员甚至全社会成员的切身利益，是影响或危及社会秩序和社会稳定的重要因素，因而是社会问题。它不仅是一种客观存在的状况，还是人们主观构造的产物；是被人们感知、察觉到的状况；是由于价值、规范和利益冲突引起的，需要加以解决的状况；是社会实际状态与社会期望之间的差距。而社会管理中为了促进社会发展而提供的社会服务，主要包括教育事务和服务、健康事务和服务、社会保障与福利、住房、供水、文化娱乐事宜等[①]。

在某种程度上，社会问题和社会服务本质上是一致的，它们既同时具有外部性，又均属于公共物品的范畴。社会问题具有明显的负外部性特征，例如，污染问题、腐败问题。另一方面，它还具有公共物品的三大属性，即"消费"的整体性、非竞争性和非排他性。只不过这里的消费是指人们不得不承受社会问题所带来的危害或成本。例如，环境污染对某地区产生的影响或损害是整体性的，凡是在此范围内的所有居民无一例外，均会受到差不多同等程度的危害，不会因为某人已经受到某种损害因此而减少了对自己的损害程度；而腐败成本无论是有形的还是无形的，其对社会的危害都是整体性的、非竞争性和非排他性的。反过来也一样，治理环境污染问题或是治理腐败问题，就相当于在向社会提供特定的公共物品，因为治理环境污染和治理腐败会给社会带来福利的增加，而受益的是整个地区或国家。

社会服务基本上属于公共物品范畴，它涉及到千家万户的切身利益，社会性和公共性明显，而公共物品又是外部性的特例，它无例外地具有正的外部性，例如，义务教育、公共卫生、社会养老和社会救济等，具有显著的正外部性。

就此而言，社会管理的任务就在于提供公共产品和公共服务。那么，社会管理中公共产品和服务的实现机制问题是我们接下来需要进一步讨论的问题。

（二）政府社会管理的必要性及其活动范围

当今社会有两大机制用来满足消费者的多数需求，即市场机制和公共

---

① 亚洲开发银行：《公共支出管理》，财政经济出版社2001年版。

选择机制。市场机制是通过自由竞争与自由交换来满足消费者需求的。然而，在具有公共物品和外部性的领域，市场机制却力不从心。由市场提供具有外部性的物品或公共物品，很难达到理想状态，因此，必须寻求市场以外的途径。公共选择机制为我们的选择提供了另一种途径。

正是由于社会管理任务同时具有外部性和公共品属性，意味着无论就外部性来说，还是就公共物品来说，社会管理任务如果交由市场来完成都是不理想的。因此，市场机制之外的公共选择机制成为社会管理的必然选择。从现实情况来看，如今政府机制是公共选择机制的最主要形式，在某种程度上，公共选择机制就是政府机制。由此推断，政府就理所当然地成为社会管理主体，弥补"市场失灵"是政府义不容辞的责任和合法性的基础。

尽管如此，市场对于社会问题和社会服务的无能为力，只是为政府的社会管理活动留下了可能性和活动空间，至于在此空间或范围之内，政府如何活动，且效果如何，则是问题的另一方面。因为，尽管政府可以借助于公共权力，降低市场交易费用，例如强制征税可以避免不必要的讨价还价等，但是，政府使用公共权力的过程也不是没有成本的，事实上，在有些场合下成本非常之高而显得得不偿失。与市场机制一样，政府也同样会失灵，不仅如此，事实上，还存在着市场与政府同时失灵的可能性。正因为如此，政府活动范围限于市场失灵之处，政府社会管理职能只能定位在市场失灵范围之内而又要避开政府失灵之处发挥其作用。就此而言，政府的不作为或过度作为均是不合理的。传统上认为政府是全知全能且负有无限责任的观点和做法以及在经济体制改革过程中那种只关心 GDP 的增长而忽视民生的做法，均是不可取的。

二 社会管理主体多元化趋势与社会管理中的第三方治理

我们正处在一个思想、利益多元化发展的时代，因而公众诉求必然也呈现出多元化特征。可以断定，面对日益复杂的社会问题和多样化和个性化的社会服务需求，社会管理主体不应该只有政府一家，多元主体协同管理是现代社会管理的必然要求。而经济社会的快速发展使得"第三方治理"[①] 加入社会管理的格局具有了现实可能性。

---

① Salamon Lester M. Rethinking Public Managemennt: Third-Party Government and the Changing Forms of Government Action [J]. Public Policy, 1981, 29 (3).

（一）社会管理主体多元化与政府社会管理

正是源于社会生活的丰富多样性和社会系统的复杂性，由此带来的公众诉求的多元性，决定着社会管理体系必然走向一个由"第三方治理"加入的社会治理网络。如今，政府代表国家垄断和分配社会所有资源的模式已经终结。尽管政府在社会管理中的角色不可完全替代，但它也只是多元主体中的一元，它主要发挥着"掌舵"和"导航"的作用，而大量具体的和"划桨"类事务应当通过社会化的机制来处理。政府不再是唯一的主导者，而是与社会一起共同治理社会，尤其要借助社会组织的能量。相互依赖，使得它们彼此之间不是此消彼长的零和关系，而是共生共赢、相互合作的伙伴关系[1]。正因为如此，西方学者普遍认为，现代社会管理体系的基本架构由国家、市场和社会共同构筑而成，它们各自有不同的活动主体。在当代中国，国家活动主体包括政党、政府（立法、行政、司法）；市场活动主体，即参与市场经济活动过程及各个环节的主体；社会即公民和社会组织体系。

我国提出的"党委领导、政府负责、社会协同、公众参与"的社会管理格局是对多中心参与与合作的社会管理理论的回应。政府在社会管理格局中的作用在于：完善社会管理的政策和法律、法规，使社会管理制度化、法律化；解决社会矛盾，协调社会利益，促进社会公正；培育和发展各类社会组织，使社会管理主体多元化；健全社会突发事件应急管理机制，强化政府危机管理职能；完善社会保障体系，提供社会安全网。政府仍是社会管理的重要主体，但政府社会管理的重点应该是对那些家庭、社会团体与社会自治所不能解决的社会事务的管理。

（二）社会组织的发展与社会管理价值

作为"第三方治理"最自然的候选人，社会组织出现在国家与市场之间。当国家体系中的政府不能有效的配置社会资源（政府失灵）、市场体系中的企业不能或不愿提供公共物品（市场失灵）时，社会组织便产生了。我国市场化改革、经济体制转轨以及政府职能转变，为社会组织快速发展提供了机遇和较适宜的外部环境。据民政部的统计，截至2009年底，登记注册的社会组织总量接近43.1万个。其中社会团体23.9万个，

---

[1] ［美］莱斯特·M.萨拉蒙：《公共服务中的伙伴——现代福利国家中政府与非营利组织的关系》，天凯译，商务印书馆2008年版。

民办非企业单位19万个，基金会1843个①。但如果把未注册的大量草根社会组织归入的话，总量将会大大超出民政部的数字，估计在200万—300万个之间。

社会组织活动范围涉及社会服务、调查研究、行业协会、学会、文化艺术、法律咨询与服务、政策咨询、扶贫、防灾救灾、环境保护、养老院等领域，均属于社会管理领域。一方面，社会组织向社会提供的竞争性公共物品，一类是提供整个社会不特定多数成员的所谓"公益性公共物品"，例如，污染治理和环境保护等；二类是提供给社会中某部分特定成员的所谓"互益性公共物品"，例如行业互助和会员福利等，也均是社会管理需要解决或提供的。社会组织提供的竞争性公共物品，例如环境保护、防灾救灾、扶贫等，往往是政府不能而企业不愿做的事。市场的"优胜劣汰"法则导致市场机制难以带来社会公平，而政府由于官僚主义和竞争的缺乏，导致政府机制的效率低下，而社会组织的志愿性和非营利性，使得社会组织在社会公平方面具有比市场机制明显的优势；另一方面，社会组织的非政府性，决定了社会组织的非官僚化和灵活性，因而在效率方面，政府又是无法比拟的。此外，与政府社会管理相比，社会组织参与社会管理的意义还在于：

1. 为政府社会管理提供了缓冲地带

在两大部门之间加入"第三部门"，使得政府在社会管理中能够有更多的选择，可以进退自如，避免那些自己管不了又不得不管的尴尬处境。例如在社区管理中，在治安管理、环境卫生、化解矛盾和纠纷、计划生育、流动人口管理等方面，如果没有社区组织的加入，政府就会处在一个不得不管而又无力管好境地，出力不讨好的情况经常发生。相反，社区内的社会团体、中介组织、志愿者组织参与社区事务管理，有着政府所没有的优势，他们在自我管理、自我发展、自我服务中，能够减缓日益复杂公共问题所导致的政府与公众之间的紧张关系。而此时的政府则处于一个相对超脱的状态，可以从琐碎的具体事务中抽身，将主要精力投向制定社区发展所需的政策和法规之中。

2. 以协商民主取代行政命令

社会组织的志愿性特征，决定了协商民主是其本性。一方面，社会组

---

① 民政部2009年民政事业发展统计报告。http：//www.mca.gov.cn/article/zwgk/mzyw/201006/20100600080798.shtml。

织在社会管理中通过沟通、协调、调节、评判等手段，处理政府、市场、个人间的关系，协调和平衡各种利益。随着社会的发展，民众的公民意识和权利诉求日益高涨，协商民主是社会进步的必然要求；另一方面，社会管理中的利益协调、矛盾化解等需要的是各方彼此民主协商、沟通、说服、劝导、谅解等，而强制和命令很难达成共识，甚至会适得其反，激化矛盾。政府组织与其他组织的区别在于拥有公共权力，并能合法使用暴力。因此，使用公共权力，采取行政命令，是政府在管理中最习惯和最便捷的手段。然而，事与愿违，如今某些地区干群关系紧张，社会矛盾加剧，与政府在管理过程中的手段单一、粗暴不无一定关系。社会组织的协商民主传统恰恰能够弥补政府在社会管理中因手段单一而产生的失灵之处。

3. 弥补政府失灵，助推政府职能转变

政府天然地要在政治、经济和社会领域中履行某些基本职能。政府职能转变实质上是指政府职能重心在政治、经济和社会领域发生位移，在职能重心位移的过程中，一方面，政府要将自己的部分职能移交给政府以外的组织或部门；另一方面，随着职能重心的位移，政府要相应地承担起部分新职能。如果政府不能适时地转变职能，就会出现我们通常所说的政府职能错位和缺位的情况。政府职能转变的适时性，取决于国家政治、经济和社会发展阶段。随着经济社会的发展，政府职能的重心会从政治领域转向经济领域，再到社会领域，当一个新政权建立之初，统治者为了进一步巩固政治统治地位，必然将政府的政治职能放在首位，而经济和社会职能则处于相对次要的地位；随着统治者统治地位的逐步稳固，政府职能重心必然向经济领域位移，政府经济职能遂成为政府的首要职能，而社会职能还没有成为政府关注的重点；随着市场经济的发展，社会问题会越来越凸显，此时政府必然要加强社会职能。在此过程中，政府要不断地担负起新的职能，同时也要不断地将原有的职能转移出去，但条件是，一方面政府必须具备承担新职能的能力；另一方面，政府转移出去的职能要有人能够担当起来。如若不然，必然会出现政府不得不管，而又无力管好的情形，政府职能错位、越位和缺位也就难以避免。可见，社会组织的发展以及对社会管理的参与，正是为政府职能转变创造条件，在一定程度上，推动了政府职能的快速转变。

三 我国政府社会管理职能存在的问题及其对策

（一）我国政府社会管理职能的问题

1. 经济中心主义导致社会管理空心化

经济建设为中心与经济中心主义有着本质上的差异，以经济建设为中心是我国党中央在汲取过去的经验教训基础上，确立的正确的发展战略。以经济建设为中心并不是说只有经济建设，而是强调发展是解决中国所有问题的关键、基础和"总钥匙"，只有经济发展了，社会的基本矛盾才能得到有效解决，才能为进一步解决其他矛盾创造条件。没有政治建设、文化建设和社会建设，就无所谓经济建设中心。而经济中心主义则不同，它把经济建设同政治建设、文化建设，尤其是社会建设割裂开来，把发展仅等同于经济发展。

经济中心主义在我国地方政府那里表现得十分明显。改革开放以来，市场化背景下的分权化改革，使得地方政府获得了一定自主性和相对独立的利益主体地位。它一方面要继续维护和服从国家的整体利益；另一方面还要代表地方利益，谋求地方和自身利益的最大化。对于地方官员来说，自身利益最大化就是获得职业上的成功。分税制改革导致地方财政在很大程度上必须自给，使得地方政府产生强大动力发展地方经济，以增加税收；干部考核制度将官员的经济报酬和晋升机会同业绩相联系，而GDP是衡量经济绩效的关键。与此同时，地方政府还被要求在教育、计划生育、基础设施建设和公共秩序等方面提供最低限度的公共物品，而对这些最低限度公共物品的要求，中央通常是采用"无资金授权"的方式，最终在某种程度上增加了地方政府税收的压力。这些都使得地方政府行为被强有力地引向发展工业，一切为工业让路的轨道上。

在此背景下，社会管理空心化，随着经济的不断发展而越加明显。一方面，教育、医疗、公共卫生和社会性基础设施投入被维持在最低水平，经费被挤占也是常有的事；而社会公共秩序则被定格在以"不出事"为原则。社会管理存在许多空白和盲区，结果使得医疗卫生体制、社会保障制度改革举步维艰，教育不公、贫富两极分化突出，社会矛盾愈加尖锐。另一方面，由于地方政府把主要精力投向经济领域，以至于违背群众意愿的强征、强拆频发，干群矛盾和冲突不断，群体性事件和集体上访难以遏制。

2. 单一中心主义导致社会管理低效

中国几千年的封建君主专制制度，一方面使得我国社会组织发展缓慢，民众对政府有极高的依赖性；另一方面，使得政府非常熟悉以至于习惯于"单中心"治理方式。在实践中，这种单中心治理方式，也被延伸到了社会管理领域，政府几乎是社会管理领域中的唯一主体，结果造成社会管理领域不仅存在诸多空白和盲区，而且还由于政府垄断社会管理而产生许多政府失灵的后果。政府失灵在社会管理中最突出的表现在于社会管理低效和公共服务质量不佳。

尽管政府社会管理具有优势，也是政府取得合法性的基础，然而如果政府垄断社会管理，其效果肯定达不到理想程度。虽然社会管理中的事务均具有公共物品属性，但是并非全是纯公共物品，其中仍有不少是属于介于私人物品和纯公共物品之间的具有一定程度排他性或竞争性公共物品，例如，职业教育与培训、医疗服务、社区服务等。如果让政府包揽所有社会管理事务，不管政府意愿多么美好，也会由于财力和治理能力所限，要么留有大片空白和盲区，要么忙于应付，致使管理效率和服务质量难以保障。长期困扰人们的看病难、看病贵的问题，症结在于公立医院垄断大部分医疗资源，进行垄断经营。而农村社会保障制度建设进展缓慢，其原因在于政府在社会保障中承担过多责任，以至于在农村社会保障问题上，心有余而力不足。

3. 社会管理的政府垄断化导致政府社会管理碎片化

单一中心主义必然带来政府垄断社会管理，而政府垄断社会管理的直接后果是社会管理的碎片化。社会管理碎片化表现为，在政府内部，社会管理由不同层级和不同部门分别实施管理。社会管理碎片化存在资源重复配置、规模不经济、浪费和低效等风险。仅就社会保障来说，管理部门不仅有不同层级的政府，而且有不同部门。例如社会保障基金管理，由于我国目前仍存在不同层次的社会统筹，有省级统筹、市级统筹和县级统筹等，因此管理机构有省政府、市政府和县政府，而社会保险管理由人力资源与社会保障部门管理，社会优抚、社会救济和社会福利等则由民政部门负责管理，这是2008年大部制改革之后的情形；在此之前，情况更加复杂，社会保险管理不仅涉及到劳动与社会保障部门，而且还有民政部门、卫生部门、财政部门等。"块块"加"条条"管理，不仅存在资源分散而难以实现规模经济的问题,而且在职能划分与衔接方面,很难避免职能划分不清、职能重叠、争功诿过、相互扯皮等问题,由此可能带来社会服务质量低劣、资源浪费和管理低效等后果。在公共安全管理方面同样存在碎片化问题,我国公共安全管理体系是一个分部门、分行业的分散型管理体系,不同部门管理着不同的灾害和公共安全事件,条块分割现象非常严重。例如,公共安全管理涉及到食品药品监督管理部门、交通部门、林业部门、水利部门、地震部门、卫生部门等,各部门均实行垂直管理。一旦面临跨部门、跨地区综合性公共安全事件时,部门之间往往缺乏协调和联动机制,各自为战,分兵把守,结果既不利于问题的应对,又会发生资源浪费或闲置等问题。

4. 社会管理"不出事"原则导致政府社会管理消极化

由于发展经济对于地方政府来说的突出地位,经济职能成为地方政府的首要职能,而社会管理职能仅限于完成中央或上级部门下达的"最低限度"的任务。在所有"最低限度"任务中,维护社会稳定是地方政府必须完成且最易引起广泛关注的工作。长此以往,"不出事"慢慢成为地方政府社会管理的潜规则①。一旦"不出事"成为政府社会管理原则,社会管理消极化就会顺理成章。社会管理消极化,在管理动机上,缺乏主动性和积极性,在管理手段上,缺乏耐心,简单粗暴。社会管理消极化不利于疏导、化解社会矛盾,相反,会造成干群关系紧张,社会矛盾积累,最终不利于社会稳定。在对于群众上访和群体性事件上,地方政府社会管理消极化现象表现得非常明显。群众上访和群体性事件在多数情况下是群众的无奈之举,既然地方政府不能为其"做主",他们只能另寻途径,这与地方政府社会管理消极化不无关系,而一旦出现此类事件,地方政府则又通过消极化方式处理,例如,有些地方政府对于上访者不惜采取拦截、拷打、押返、拘捕、劳教等手段。这既不利于矛盾化解,也会耗费大量社会资源。

(二)政府职能转变的对策与建议

1. 转变政府社会管理理念:从"恩赐"到"责任",从"管制"到"服务"

政府职能转变重在观念转变。观念是内心深处的东西,是行为的动力

---

① 钟伟军:《地方政府在社会管理中的"不出事"逻辑:一个分析框架》,《浙江社会科学》2011年第9期。

来源，观念转变为职能转变开辟道路并提供内在动力。政府有必要，从"恩赐"到"责任"；从"管制"到"服务"。历史文化传统和长期以来的"官本位"做法，造就了我国政府官员的自我优越感和高高在上的习性。官员在履行职责时往往持着一副"恩赐"的心态，由此导致"门难进、脸难看、事难办"的结果是必然的。政府职能转变首先就要彻底摒弃"恩赐"心态，将政府解决社会问题、提供公共服务回归到政府的责任和义务上来。政府责任意识的确立，有利于增强政府职能转变的自觉性和主动性；同时，政府只有以履行相应的责任和义务为前提，才能真正获得合法性。

管制不应成为政府社会管理的唯一手段。然而，长期以来的经济中心主义和政府垄断管理模式，使得政府非常倚重管制来履行社会管理职能。事实上，社会问题如果仅靠管制来解决，其效果不但可能不理想，而且可能会积累社会矛盾。相反，如果能加强服务，更能从源头预防和化解社会风险和矛盾。而社会服务更需要提高服务意识，加强服务供给。因此，从"管制"到"服务"，不仅要从理念和意识上，而且要在实际行动中切实进行转变。

2. 培育多元社会管理主体，实施包容性发展，并拓宽公共参与渠道

成熟的社会组织是建立多元社会管理体制的基础，而社会组织则是需要精心培育的。政府首先要破除独家治理的习惯和心理，要能从内心深处容得下其他主体参与进来，增强包容性，不仅如此，还要切实地为其他社会管理主体发展与壮大在政策上、经济上创造条件、提供帮助。社会管理主体多元化虽然是一种不可逆转的趋势，尽管我国社会组织发展也非常迅猛，但仍面临诸多急需解决的问题，其中，不利的外部环境问题多数缘于政府，只有政府才能加以解决。例如，在我国现有的制度环境下，有许多社会组织（草根组织）面临"非法"的境地，而合法的社会组织行政化色彩严重，致使社会组织在社会管理中，难以发挥其应有的作用。要尽快修订促进社会组织发展的法律、法规与各项制度，保证社会组织的健康运行和有序发展。

建立并适时地拓宽公共参与渠道是多元主体参与社会管理的前提。为此，要健全和完善多元主体参与社会管理的制度，比如重大事项集体决策制度、决策评估制度等。此外，还要拓宽多元参与渠道，多元参与的方式不仅有听证，还有社区会议、公民评审团、公共调查、公众辩论、焦点小组、电子会议等。

3. 从经济中心主义到科学发展观，从经济建设型政府到公共服务型政府

摒弃经济中心主义，并不是要放弃以经济建设为中心，而是要以科学发展观引领经济社会发展。发展仍是解决我国所有社会问题的基础和前提，但是发展不只是经济的发展，而且经济发展也不能违背客观规律盲目发展，必须在科学发展观指导下，使经济、社会、自然全面协调可持续发展。

从财政支出方面来说，从经济建设型政府到公共服务型政府，就是要将公共财政更多地投向社会建设和社会服务领域，至少要做到，最大限度的减少和避免因经济建设投入而挤占和挪用社会投入的资金份额。

城乡一体化进展中的政府基本
公共服务标准化

陈 伟 白 彦

摘 要：党的十八大明确提出了推动城乡发展一体化的战略任务。在我国城乡二元体制依然存在和城乡基本公共服务不均等的背景下，实行政府基本公共服务标准化，能够提升政府的基本公共服务质量与效能，促进服务型政府建设和经济结构转型，并有助于破解城乡二元体制和形成城乡一体化新格局。但是，目前由于基本公共服务的供给主体较单一，以及标准化的区域不均衡、资金缺乏和监督机制不完善，因而为有效推行基本公共服务标准化，需要尽快制定基本公共服务的供给制度和标准体系，积极探索并完善基本公共服务标准化的原则、多元化主体、复合型人力资源、资金投入和考核机制，从而在推进公共管理改革的同时，保障满足人民群众日益增长的基本公共服务需求，促进城乡发展一体化和实现社会和谐。

关键词：城乡二元体制；城乡一体化；基本公共服务；均等化；标准化

一 问题的提出

协调的城乡关系是保障我国经济社会发展中一对重要的关系，但长期的城乡分治，使城乡差距越来越大，城乡矛盾日益突出，已成为制约我国城乡经济社会可持续发展的重要因素。为此，党的十六大明确提出了统筹城乡发展的思路，认为统筹城乡经济社会发展是全面建设小康社会的重大任务；十七大强调缩小区域发展差距，必须注重实现基本公共服务均等化，并要求加快统筹城乡发展，形成城乡经济社会发展一体化新格局；十八大提出要推动城乡发展一体化,加大统筹城乡发展力度,逐步缩小城乡差距,促进城乡共同繁荣。将城乡一体化作为发展目标,就是要构筑平等、协调和相互融合的新型城乡关系,使城乡居民在政治权利、收入分配、社会福利等方面逐步趋于平衡、公平和均等,共享改革发展成果,从而破解导致目前社会矛盾和社会冲突的重要根源①。城乡发展一体化是统筹我国城乡经济社会发展思路的嬗变,成为指导新时期城乡关系的基本方针。

标准化是为在一定范围内获得最佳秩序,对现实或潜在问题制定共同使用和重复使用的条款的活动,具有标准明确、质量清晰、方法规范和流程优化等特性。它作为人们在长期生产实践过程中创建的科学管理的有效手段,随着我国服务型政府建设的推进,也被各级政府逐步积极引入公共服务领域。鉴于当前我国经济社会发展和服务型政府建设的水平,重点推进基本公共服务标准化,将有限的公共资源用于保障全体公民生存和发展需要的基本公共服务,应是现阶段各级政府进行公共服务标准化的重心。基本公共服务标准化是运用标准化的原则与方法,制定和实施基本公共服务标准②,实现服务的数量指标化、质量目标化、方法规范化和过程程序化,保障公民享有优质与有效服务的过程。基本公共服务标准化是一系列活动过程,包括运用标准化原则与方法编制基本公共服务标准的标准制定过程,有效执行标准以实现预定目标的标准实施过程,以及收集与分析标准实施过程的信息并采取纠正措施的信息反馈过程。

为改变城乡二元体制、缩小城乡发展差距、解决"三农问题"和实现城乡经济社会可持续发展等重大现实问题,我国先后提出了基本公共服务均等化、统筹城乡发展、城乡发展一体化的任务。为厘清这三个紧密相关的理论研究和实践的热点,我们这里做一假设和推断,认为虽然在提出这三者时存在背景、内涵、模式和过程等不同考量,在现实中对三者也存在不同的理解,但它们之间存在着一个较强的逻辑关系,即实现城乡基本公共服务均等化具有缩小区域、城乡和社会差别,促进城乡协调发展,保证社会公平正义和保障人民群众共享改革发展成果等作用,成为推动和实

---

① 陆学艺:《城乡一体化的社会结构分析与实现路径》,《南京农业大学学报》(社会科学版) 2011 年第 2 期。

② 为简化表述,后文的"服务"均指的是基本公共服务。

现统筹城乡发展的重要手段，而统筹城乡发展的高级阶段就是城乡发展一体化。基于这一理解，我们认为推进基本公共服务标准化，将标准化作为一种技术手段既能够规范政府管理和服务行为，又可促进政府提供优质的基本公共服务，是实现城乡基本公共服务均等化的基础和有效手段；进而由基本公共服务均等化推动统筹城乡发展，最终实现城乡发展一体化。因此，推进基本公共服务标准化已成为能否有效实现这诸多战略任务特别是城乡发展一体化的突破口和关键推手。

二 政府基本公共服务标准化的重要性

标准是当今政府处理政府与市场、国家与社会关系的重要规则，当代政府治理模式也主要依靠法律规则、经济规则和标准规则来共同规范政府管理和社会秩序[1]。作为政府基本公共服务标准化的结果，基本公共服务标准已是国外公共管理、公共财政理论与实践的基础和核心，是保证基本公共服务水平、范围和均等化程度的基本参照系[2]。在当前我国政治和经济体制改革的攻坚阶段，以推动城乡发展一体化为目标，实行基本公共服务标准化具有重要的时代迫切性和现实意义。

（一）提升基本公共服务的质量和效能

新公共服务理论认为，公共管理者在其管理公共组织和执行公共政策时应该将公民放在首位，注重服务于公民和授权于公民的职责，并帮助公民明确表达和满足他们的共同利益需求[3]。为有效的服务于公民，政府除需要具有以民为本的服务理念之外，更需要以基本公共服务标准化作为提升基本公共服务质量与效能的有效手段。这是因为，一是由于标准和标准化是使行为、行动和观念具有相似性、一致性和连续性的规则[4]，能够提供一致性的活动，而一致性又可以提升服务效率，使控制过程相对容易，

---

[1] 黄恒学、张勇：《政府基本公共服务标准化研究》，人民出版社2011年版。

[2] 李洺、孟春、李晓玉：《公共服务均等化中的服务标准：各国理论与实践》，《财政研究》2008年第10期。

[3] [美]珍妮特·V. 登哈特、罗伯特·B. 登哈特：《新公共服务：服务，而不是掌舵》，丁煌译，中国人民大学出版社2004年版。

[4] P. A. David, G. S. Rothwell. Standardization, diversity and learning: strategies for the coevolution of technology and industrial capacity [J]. International Journal of Industrial Organization, 1996, (2).

并促进公民对服务质量的真实感知①，因而通过基本公共服务的标准制订和发布等活动，能够增加基本公共服务政策的透明度，使公众知晓法律法规和政策文件的要求以及各服务部门的职责和服务流程，最大限度降低服务供给中不合理的操作弹性②。二是城乡居民能够通过服务标准实施过程，从切身利益的变化中感受到政府在努力缩小城乡差距，从而提高居民对政府工作的满意度，并能更主动配合政府各项政策的有效实施③。三是通过建立完善的服务标准化体系，能够以标准的形式界定服务部门的职责，规范各类服务行为，缩短工作时限，优化服务流程，以及节约行政成本，从而提高政府服务效能和服务质量。

（二）促进服务型政府建设

服务型政府是改革我国政府治理模式的归宿，这就要求政府在公共服务的程序、方式和方法等方面应以公民的意志为转移，为公民提供亲切、方便、快捷和优质的服务，最大限度的满足公民的服务需求。推进基本公共服务标准化，通过以公民为导向的标准制定和标准实施过程，既能够以标准的形式规范政府管理行为，促进各级政府优化组织结构，并使事权与财权得到合理配置，也能够规范政府基本公共服务行为，使政府更有效的履行为公民提供优质基本公共服务的"天职"，改善城乡和区域之间的基本公共服务不均衡现状，切实维护公民的生存权和发展权。由于建设服务型政府的根本标志是看政府提供的公共产品和公共服务是否到位，是否能不断满足人民群众日益增长的物质文化需要④，因而基本公共服务标准化能够极大地推动服务型政府建设的进程并保障建设的实效。

（三）破解城乡二元体制和促进形成城乡一体化新格局

长期的城乡二元体制和城乡基本公共服务供给的失衡，使得城市相比农村拥有更完善的基础设施、基础教育、公共医疗和社会保障等服务，这些差异直接造成农村生产基础条件差、生产与消费成本高和收入增长缓

---

① Mustafa C. Ungan. Standardization through process documentation [J]. Business Process Management Journal, 2006, (2).

② 徐雷：《标准化提升公共服务质量与价值》，《质量与标准化》2011年第1期。

③ 王国华、温来成：《基本公共服务标准化：政府统筹城乡发展的一种可行性选择》，《财贸经济》2008年第3期。

④ 唐铁汉：《建设服务型政府与基本公共服务均等化》，《国家行政学院学报》2008年第2期。

慢，进而导致城乡居民生活差距日趋扩大。如最近十年，在收入水平方面，虽然城乡居民收入都有较快增长，但绝对差距非但没缩小反而呈逐年扩大趋势，从 2002 年的 5227.2 元扩大到 2011 年的 14832.5 元，相对差距也在 3.10 倍以上①；在消费水平方面，由于收入水平是决定消费水平的重要因素，使得城乡居民消费水平也有着与收入水平相似的差距特征。

阿马蒂亚·森的"可行能力"理论，认为贫困的通行标准是贫困必须被视为基本可行能力的被剥夺，而不仅仅是收入低下②；同时，约翰·罗尔斯的正义理论认为一个社会体系的正义，本质上依赖于如何分配基本权利义务和在社会的不同阶层中存在着经济机会和社会条件③。因此，在当前公民基本公共服务需求快速增长、政府基本公共服务不足和城乡基本公共服务不均等的形势下，推进基本公共服务标准化，通过制定明确的服务数量与质量标准，并在城乡间统一实施，一方面能够保障农村、贫困地区和社会弱势群体获得与城镇居民相同水平的基本公共服务，保证城乡居民之间的初始平等和分配正义，增强他们摆脱贫困的能力，从而熨平城乡收入差距；另一方面，能够促进城乡在政治、经济、环境和社会公共事业等方面发展的一体化，逐步缩小城乡和区域发展差距，实现统筹城乡发展，从而有利于破解城乡二元体制和构建城乡共同繁荣的现代化新型城乡关系。

（四）拉动内需并促进经济结构转型

随着当今全球经济危机的深化和欧美需求增长的趋缓，外向型的发展战略已不可能为我国经济高速增长提供充足动力，因而我们需要适应国内外经济形势新变化，加快培育和形成以内需的投资与消费为主的经济发展方式。推进基本公共服务标准化，通过多元服务供给方式特别是市场机制的引入，能够促进多元服务主体间的充分竞争，有利于提高基本公共服务的生产和创新能力，而且标准化本身作为人类社会实践的产物，受生产力

---

① 根据《中国统计年鉴—2012》第 344 页的城镇居民家庭人均可支配收入和农村居民家庭人均纯收入计算而得。

② ［印度］阿马蒂亚·森：《以自由看待发展》，任赜、于真译，中国人民大学出版社 2002 年版。

③ ［美］约翰·罗尔斯：《正义论》，何怀宏、何包钢、廖申白译，中国社会科学出版社 1988 年版。

水平的制约，又为生产力的发展创造条件、开辟道路①，因而能够促进经济和生产率的增长，从而为拉动内需和经济结构转型奠定坚实的经济基础。此外，前述分析了基本公共标准化有利于破解城乡二元体制和促进形成城乡一体化新格局，而随着城乡二元体制的破解和城乡一体化的发展，一是将会增加农民收入和改变农民生活方式，并且由于社会最低生活保障的建立而逐渐消除低收入家庭的后顾之忧，从而必定会引起内需的大突破，而全世界最大的待开发市场就在中国的农村②；二是各类市场主体发展的活力得以激发，特别是能够培育和激发广大农村所蕴藏的大量人才，使经济和社会发展能够更多依靠科技进步和劳动者素质提高，更多依靠城乡区域发展协调互动；三是能够促进各类生产要素在城乡间和区域间的合理流动，推动产业升级和结构优化，从而能保障经济平稳较快发展和财政收入不断增加，进而有利于我国新型工业化、信息化、城镇化和农业现代化的同步发展。

三 政府基本公共服务标准化的主要问题

公共服务标准化起源于20世纪下半叶的西方公共服务领域，80年代开始逐步得到广泛应用和发展。90年代初，我国地方政府也开始探索公共服务标准化，2000年之后标准化进程明显加快，并开展了具有各地自身特点的标准化实践，如成都市在推进规范化服务型政府建设和统筹城乡发展过程中，探索建立劳动保障标准体系；杭州市上城区率先在国内设计完成了区、县的政府管理和公共服务标准化体系的框架与结构；北京市东城区探索城市公共服务标准化和区域公共服务建设新模式。2012年，我国出台了《国家基本公共服务体系"十二五"规划》（下文简称为《规划》），明确了基本公共服务的范围、标准和工作重点，成为政府履行公共服务职责的重要依据。现有的国家政策和各地实践，为城乡发展一体化中的基本公共服务标准化提供了前提和基础，但由于受到现有理论研究不足、专业人才缺乏、领导者重视不够和城乡二元体制等多种因素的制约，使得目前基本公共服务标准化存在诸多问题。

（一）基本公共服务供给主体和供给方式比较单一

由于受基本公共服务属性和市场主体发育不全的影响，政府几乎承担

---

① 柳成洋等：《服务标准化导论》，中国标准出版社2009年版。
② 厉以宁：《论城乡二元体制改革》，《北京大学学报》（哲学社会科学版）2008年第2期。

了基本公共服务从安排、生产到交付等所有工作，其他供给主体与方式特别是市场主体和市场机制的利用明显不足。这种基本公共服务的政府垄断、集中管理和政府直接生产的模式，以及该模式衍生出的思维定势和政府文化带来了许多弊端，比如政府对基础设施的垄断提供，导致缺乏优胜劣汰的竞争机制，加之对提供机构及其公务员监督不足，不仅导致服务质量和供给效率低下，还加剧了社会不公平[①]。为改善这种政府垄断的弊端，并为缓解因政府财力和人员有限所导致的服务供给不足问题，我国在20世纪90年代初也曾加快医疗卫生、基础教育、城市公交等基本公共服务领域的市场化改革，但后来却出现了诸如"看病难、看病贵"，"上学难、上学贵"等诸多问题，使得市场化改革面临大量责难和质疑，许多改革被取消，服务又回到政府垄断供给的模式。对于基本公共服务是否能够引入市场机制，美国学者E. S. 萨瓦斯在区分了公共服务的生产与安排的基础上，认为对于基本公共服务，政府本质上是一个安排者，但这并不意味着必须依靠政府雇员和设施来直接生产这些服务，而完全可以通过市场化的途径，由社会组织或私营部门来完成，然后政府通过付费方式从市场中购买这些服务来提供给公民[②]。基本公共服务领域的市场化改革也被国际经验反复证明是一条成功做法和未来发展趋向，之所以在我国"水土不服"，最根本的是政府为减轻财政负担，把"分内职责"推向市场进行"卸载"，而管理体制和服务提供机制的市场化却明显不足[③]。

（二）基本公共服务标准化的区域不均衡

标准化的区域不均衡主要表现在两个方面：一是区域间基本公共服务保障水平不均衡。由于受各地经济发展水平、地方财政实力和服务型政府建设水平等的影响，区域间基本公共服务的范围和标准没有统一的标准，使得基本公共服务保障水平长期不均衡。如2003—2009年，基本公共服务总体保障水平得分持续靠前的省份是北京、天津、上海、辽宁、江苏和浙江，而得分基本保持后四位的是安徽、广西、甘肃和贵州，保障水平总

---

① 北京师范大学管理学院：《中国基本公共服务均等化发展报告（2011）》，经济管理出版社2011年版。

② ［美］E. S. 萨瓦斯：《民营化与公私部门的伙伴关系》，周志忍等译，中国人民大学出版社2002年版。

③ 周志忍：《医疗服务市场化改革辩》，《健康报》2007年4月5日。

体呈现东部地区高于中部地区、中部地区又高于西部地区的阶梯特征①。基于这种长期的区域差异,在全国范围内推行《规划》所确定的标准,也将有较大的难度,特别是中西部一些经济落后地区恐难"达标"。二是区域间标准化实践的不均衡。当前我国基本公共服务标准化尚处在探索阶段,各地标准化实践也千差万别,有的地区在全省展开,如海南省在省、市、县三级全面推进标准化实践;有的地区在乡镇(街道)基层稳步推进;而有的地区已经延伸到社区和村,如杭州余杭区推行的首个《农村社区公共服务标准化规范》②。这种地方多元化的实践,也会给全面推行标准化带来诸多阻碍因素。

(三)基本公共服务标准化资金不足

1994年,我国的分税制改革划分了中央和地方的财权,在财权和财力不断向上级集中的同时,事权却被层层向下分解,形成了基本公共服务供给的"中央请客、地方买单"的制度,而地方政府往往因财力不足和对农村基本公共服务重视程度低,造成服务的数量和质量不足,有的甚至是零提供,特别是中西部地区因财力普遍不足,农村居民更是难以获得应有的基本公共服务,加剧了城乡服务的差距③。同时,现有的转移支付制度也未对经济欠发达地区和农村给予足够的支持,比如在一般性转移支付中,均衡性转移支付由于考虑了地区间支出成本差异、收入差距和财政困难等因素,而有利于均衡地区间财力差距和促进地区间基本公共服务均等化,但在目前的转移支付制度中,均衡性转移支付所占比重较低。如2011年中央对地方转移支付和税收返还39921.21亿元,其中均衡性转移支付只有7487.67亿元,仅占总数的18.8%④。另外,在各地经济发展不平衡、财政资金紧张以及标准化又非强制实施的情况下,一些地方政府标准化管理也缺乏可靠的资金保障,难以支持标准研制人员正常的学习、交流以及实地调查和深入研究等活动,从而难以制定出科学、合理和有效的标准体系。

---

① 卢洪友等:《中国基本公共服务均等化进程报告》,人民出版社2012年版。
② 杨梅:《中国地方政府公共服务标准化探索与思考》,《北京行政学院学报》2012年第3期。
③ 樊丽明、石绍宾等:《城乡基本公共服务均等化研究》,经济科学出版社2011年版。
④ 财政部:《2011年中央对地方税收返还和转移支付决算表》。http://yss.mof.gov.cn/2011qgczjs/201207/t20120710_665277.html。

(四) 基本公共服务标准化监督机制不完善

标准化的效果取决于标准能否得到切实的执行，而实践中标准往往因缺乏服从甚至抵制和篡改而未能得到执行①；同时，由于标准化作为一项公共管理改革，在没有外在强制推行的压力下，政府部门也可能仅对现有工作流程、服务环境和服务态度等进行一些改善，而惰于积极改变基本公共服务不均等的现状，最终使标准化的形式远多于实效，因而对标准化进行有效的监督就成为必要。但是，我国目前还没有专门的基本公共服务标准化监督机制，这里结合现有的行政监督机制问题予以分析。我国的行政监督以内部监督为主，外部监督为辅，政府往往既是基本公共服务的提供者也是监督者，难以对服务提供的数量和质量给予客观、公正的评价。在政府绩效评价方面，一些地方政府过于注重 GDP 增长而忽视基本公共服务的数量和质量，有的甚至片面的把经济指标等同于绩效评估指标；对于政府和公务员的绩效评价，也几乎完全由上级政府或主管领导说了算，这既影响了评价的客观性和公正性，也会形成政府部门及其公务员只对上级负责、不对下级负责的错误导向②，从而忽视了作为政府服务对象的人民群众对服务质量与效果等的评价与监督权。此外，现有的行政问责实际上是一种消极问责制度，目的主要是防范公务员的违法违纪和腐败行为；而随着社会和民主的进步，更应推行积极问责制度，促进公务员绩效优良并进行前瞻性的决策，若他们的行为和决策没有产生有效的政策结果，仅要求其遵纪守法和不受贿是没有积极成效和益处的③。

四 政府基本公共服务标准化的现实路径

享有基本公共服务属于公民的权利，提供基本公共服务则是政府的职责。为促进城乡发展一体化，需要按照标准化发展的一般规律，采取切实有效措施推进基本公共服务标准化。

(一) 创建城乡一体化的基本公共服务供给制度

基本公共服务标准化的瓶颈是现有的城乡二元的基本公共服务供给制

---

① Stefan Timmermans, Steven Epstein. A World of Standards but not a Standard World: Toward a Sociology of Standards and Standardization [J]. Annual Review of Sociology, 2010, (36).

② 叶晓玲:《城乡基本公共服务均等化问题研究》，西南交通大学出版社 2011 年版。

③ Samuel Paul. Accountability in Public Services: Exit, Voice and Control [J]. World Development, 1992, (7).

度，加快公共管理体制改革和创新，逐步建立城乡发展一体化的体制机制，特别是城乡统一的基本公共服务体制，是推进标准化的首要因素。一是深化行政体制改革，在清晰界定各级政府基本公共服务职能的基础上，逐步建立地方政府为主、统一与分级相结合的城乡一体化的各类服务管理体制和供给制度。二是结合农村土地管理制度改革，改变城乡二元的户籍制度及以其为基础的劳动用工、人事档案和生活资料供应制度，实现全国统一的公民身份，消除城乡居民因户口属性所导致的不公平服务待遇。三是按照城乡一体化的要求，打破城乡界限和统筹空间布局，对城乡基本公共服务进行一体化规划，并建立促进区域服务一体化的体制机制，促进基本公共服务资源在城乡和区域之间均衡配置，实现区域间基本公共服务范围和标准基本一致。四是在各地基本公共服务实践和借鉴国外基本公共服务法制建设经验的基础上，探索并制定我国《政府基本公共服务法》，对基本公共服务的主体、标准、提供方式、资金保障、责任机制等进行详细界定，并修订于1989年实施的《标准化法》，加入政府基本公共服务标准化的相关内容，从而尽快完善标准化的法制体系，为可持续的推进服务标准化提供法制依据。

（二）明确基本公共服务标准化的原则

作为一项探索性的系统工程，基本公共服务标准化需要以如下原则为指导，并以这些原则保障标准化的实效：一是公正公平原则。标准化致力于改变现有城乡基本公共服务不均等现状，在服务的范围与重点、服务标准的制定与实施以及公共财政支持力度等方面实现城乡之间的公平与公正。二是分阶段实施原则。标准化目前不可能在全国全面铺开并一次到位，各地政府应结合自身社会经济发展水平和公民基本服务需求，依据国家基本公共服务标准，制定短、中、长期标准化发展计划，有序推进。三是可行性原则。标准化应具有科学性、合理性和前瞻性，各环节最好经过多部门的论证，由内行的专业人员全权制定，避免领导者的"拍脑袋"；同时，服务标准也要随着经济社会和公民服务需求的变化做相应的调整和完善，确保实践中能够被执行并取得实效。四是法制原则，依法行政是现代民主社会对政府的基本要求，标准化也需要以相关法律法规为依据，以保障标准化的权威性和有效性。

（三）构建基本公共服务标准体系

推进标准化的顶层设计和重要基础性工作，是制定一套促进城乡发展一体化的服务标准体系，并以其为标杆来比较、检验和提升服务的质量与水平。服务标准体系是政府提供服务的各项标准，按其内在联系形成的有机整体，它的构建主要包括三方面工作：一是制定基本公共服务标准，这是建立标准体系的基础。由于服务标准的宗旨是维护公共秩序、保护公共利益并为全社会服务，需要确保标准的公正性、科学性、前导性、适用性和可行性①，因而国务院近期应依据十八大报告精神和《国民经济和社会发展第十二个五年规划纲要》确定的服务范围与重点，结合城乡发展一体化的需要和公民现实与潜在的服务需求，对《规划》进行完善，在现有九类服务范围的基础上，增加基础设施和环境保护，使《规划》所确定的服务范围更有利于改善城乡发展差距和保持城乡可持续发展，实现十八大"五位一体"的总体布局；各级地方政府也需根据《规划》，制定不低于《规划》标准的本地服务标准，并注重各级政府标准间的协调。二是建立服务标准体系。现代标准是以系统方式存在并发生作用，因而需要运用系统科学的理论与方法，对制定出的各类服务标准，进行简化、统一、协调和选优，把大量无序的标准映射为有序的子体系，使各子体系和标准之间形成支撑和协调关系②，形成一个确保满足公民服务需求的完整标准系统。三是编制服务标准体系表。将服务标准体系内的标准按其内在联系排列起来，用服务标准体系结构图和服务标准明细表的形式予以直观的展示，并配以服务标准统计表和编制说明，作为对制定标准、编制修订计划和完善现有标准体系的指导性文件。

（四）建立基本公共服务标准化多元化的主体和服务供给方式

治理理论认为，在现代多元社会中，传统的政府单极公共服务供给模式已无法满足公众日益增长的多元化公共服务需求，需要发挥社会公众的力量，建立多元治理主体；推动当今各国公共管理改革的核心理念也认为，公共服务政策制定者与服务提供者的角色分离，能够最大化的实现公共资金的社会效益③；此外，美国学者斯蒂芬·戈德史密斯等人认为传统等级式政府管理模式正在被网络化治理模式所取代，这种模式注重高程度

---

① 李春田：《标准分类理论研究新进展及其意义》，《中国标准化》2012年第1期。
② 岳高峰、赵祖明、邢立强：《标准体系理论与实务》，中国计量出版社2011年版。
③ A. Ancarani, G. Capaldo. Management of standardised public services: a comprehensive approach to quality assessment [J]. Managing Service Quality, 2001, (5).

的公私合作和政府对公私合作网络的管理能力①。因此，在政府承担标准化责任的前提下，建立政府主导、社会参与和公办民办并举的多元服务供给模式，以充分发挥标准化各参与主体的优势与作用。

这些主体及其供给方式主要包括：一是政府。政府无疑是标准化的核心主体，标准化过程中的具体工作主要由各级标准化行政主管部门和承担基本公共服务职责的各级政府部门来完成；政府领导者亲自领导和发动也是标准化成功的关键，如英国公民宪章运动和美国的顾客服务标准，都是由首相或总统亲自发动并领导。二是公民。在良好规划和管理的基础上，公民参与能够提高政府决策的质量，促进决策的有效执行，提升公共服务的效率与效益并增加对政府部门的信任②。公民作为标准化最直接的影响者和受益者，直接决定着标准化的成效，因而应赋予其对服务需求的表达与反馈权利，以及对服务供给决策与实施的知情权、参与权和监督权，保障公民有效参与标准化。三是私人部门。对于住房保障、社会保障和环境保护等政府直接生产效率较低的服务项目，可通过招标采购、特许经营、政府参股、补助、凭单等形式，交由私人部门来承担，这既有利于缓解服务供给不足的现状，也有利于营造公平竞争的市场环境。四是非政府组织。它具有非营利性和自愿性等特点，既能够以项目的形式建立与政府的合作伙伴关系，提升服务供给的效率，也能够以志愿组织直接供给一些服务，还可进行广泛社会动员以促进公民参与标准化。五是社区。作为基层组织的社区，不仅是服务的接受者和使用者，也是服务提供的参与者和服务生产的协同者，可以有效整合社会资源，提供就业培训、养老服务、公共卫生医疗服务等，以更好的满足本社区居民的服务需求，提高服务的可及性和均等化水平③。六是智囊机构与新闻媒体。与标准化有关的智囊机构中的专家学者，具有丰富的专业理论与实践经验，能对标准化提供"外脑"作用，保障相关决策的合理性；新闻媒体也由于能及时反映公民的服务需求和监督标准化中的问题，而有利于提高标准化的成效。

---

① ［美］斯蒂芬·戈德史密斯、威廉·D. 埃格斯：《网络化治理：公共部门的新形态》，孙迎春译，北京大学出版社 2008 年版。

② ［美］约翰·克莱顿·托马斯：《公共决策中的公民参与》，孙柏英等译，中国人民大学出版社 2010 年版。

③ 温俊萍：《城市基本公共服务社区化探析》，《河南师范大学学报》（哲学社会科学版）2009 年第 3 期。

（五）培养基本公共服务标准化复合型人力资源

标准化是以"人"为中心的管理和服务工作，需要有专业技术知识和标准化知识的复合型人力资源，但目前我国缺乏与标准化有关的正规教育和标准化人力资源资格制度，而且随着标准化的推进，对标准化人力资源的要求也更高。因此，在短期内，为应当前之需，可加强对标准化相关人员的专业技术和标准化知识的培训，重点学习城乡一体化、公共服务、标准化管理和国家相关战略与政策等知识；同时，加强标准化人员的工作和学习交流，使其也能有机会参与不同行业、不同专业的标准化活动，从而增强他们的综合素质。在中长期内，为适应未来标准化人力资源需求并做好充分的人力资源储备，可通过学科规划，在高校的公共管理或相关专业的本科阶段系统开设标准化管理课程，或者在少部分高校设置标准化管理专业硕士教育，设立公共服务与社会管理，以及金融业、房地产业和教育等国民经济服务业的标准化管理方向。总之，在标准化人才培养方面，必须尊重知识、科学、人才和创新，提高全社会的创新意识，并不断完善创新机制，以激发全社会的创新活力，使人才脱颖而出[1]，为标准化提供可持续的人力资源。

（六）保障基本公共服务标准化的资金投入

在标准化资金紧缺和现有财政紧张的情况下，需要加快以城乡一体化为导向的财政体制改革，建立与经济发展和标准化相适应的财政支出增长机制：一是合理划分各级政府标准化的事权与财权。综合考虑法律规定、受益范围、成本效率、基层优先等因素，合理界定中央政府与地方政府以及地方各政府之间标准化事权和财权，逐步增加中央和省级政府的事权和支出责任，并逐步通过法律形式予以明确。二是改革公共财政支出结构。采取有效措施降低一般性公共服务支出，保障更多的财政资金投向基本公共服务领域；同时逐步取消中央财政对地方的税收返还，提高对地方一般性转移支付比重，特别是提高均衡性转移支付的规模与比重，保障中西部地区和农村的基本公共服务需要。三是推进财政支农专项资金整合。增加财政对农村的投入力度，对资金用途和性质相近的进行合并与归类，使支农资金相互配合、统筹安排和集中投入，发挥财政支农政策与资金的整体

---

[1] 厉以宁：《走向城乡一体化：建国 60 年城乡体制的变革》，《北京大学学报》（哲学社会科学版）2009 年第 6 期。

效应①。四是优化公共投资结构。以城乡发展一体化为目标，把提高基本公共服务的基础能力和硬件建设作为公共投资的重点，着力改善居民的生产与生活条件和社会福利水平②。五是建立多元化的资金供给机制。各级政府预算应优先安排用于基本公共服务领域，确保服务预算增长幅度与财力的增长相匹配、同服务需求相适应，并积极引入和利用外国资本、社会资本和民间资本，重点投向服务基础设施。

（七）完善基本公共服务标准化的考核与监督机制

公共权力缺乏有效监督就必然导致腐败盛行。为约束和激励各级政府有效推进基本公共服务标准化，也必然需要结合行政管理体制和人事制度的改革，建立标准化的考核和监督机制：一是绩效评价机制。组建由公务员、城乡居民、各类社会组织代表、新闻媒介和专家学者组成的标准化绩效评价委员会，负责标准化绩效评价指标体系和评价方案的制定和具体评价工作，把考核结果作为政府和干部政绩考核的一项内容，以政绩考核驱动各级政府尽职尽责的推进标准化。二是监督机制。在政府部门自我严格监督的基础上，建立由关心标准化的城乡居民、各级人大、公检法、审计机构、社会团体和媒体网络等组成的广泛监督主体，在明确各类主体监督权力和责任的基础上，依法对标准化进程和效果，特别是建设工程质量和专项拨款使用情况进行严格的监督③。对标准化过程的评价和考察，归根结底是要看它是否通过标准的实施达到预期的目的④，考核与监督的结果应及时反馈给标准化决策和标准制定机构，使其掌握标准实施的效果和具体问题，以便采取相应措施保障标准化的推进。三是问责机制。针对标准化问责的条件、主体、对象、内容、方式和程序等，建立一套标准化积极问责机制，及时追究没有达到预期效果的相关者责任，严格防范服务工程建设中各类腐败及其导致的劣质工程，促使标准化各方关心建设的质量与效益。

除上述七项之外，加强基本公共服务标准化的理论研究，借鉴国外公

---

① 韩俊：《"十二五"时期推进城乡基本公共服务均等化的政策要点》，《理论学刊》2011年第7期。

② 岳军：《基本公共服务均等化与公共财政制度创新》，中国财政经济出版社2011年版。

③ 安应民等：《构建均衡发展机制：我国城乡基本公共服务均等化研究》，中国经济出版社2011年版。

④ 李春田：《标准化概论》（第5版），中国人民大学出版社2010年版。

共服务标准化经验，以及提高基本公共服务信息化水平等都对推进标准化有着重要作用，这里限于篇幅不再论述。

五 结论

在城乡发展一体化的背景下，把在企业管理中广泛运用的标准化思想和方法引入政府基本公共服务领域，推动并加快基本公共服务标准化，既能促进行政管理体制改革，也能满足人民群众日益增长的基本公共服务需求，从而有利于实现城乡基本公共服务均等化，推进统筹城乡发展，进而推动城乡发展一体化。这个"政府基本公共服务标准化→城乡基本公共服务均等化→统筹城乡发展→城乡发展一体化"的路径，其最终成效既依赖于各环节建设与发展的实效，也依赖于从环节的起点至终点能否形成推进的合力。为实现城乡发展一体化与构建和谐社会，当前首先需要积极探索并加快基本公共服务标准化进程，尽快缩小城乡差距，切实维护每个公民的生存权与发展权，保障人人共享改革发展成果。

（原文发表于《政治学研究》2013年第1期）

城管形象的危机致因及重塑路径

黄 闯[①]

摘 要：城市管理综合行政执法部门（简称城管）在城市管理中所作出的贡献与其在工作中的整体形象不协调。城管形象危机的主要原因在于其自身的执法理念落后，人员综合素质不高、过多地使用强制力等。重塑城管形象必须更新执法理念、提高队伍素质、调整执行方式、建立沟通机制、完善绩效评价机制。

关键词：城管形象；危机；重塑

一 引言

"城管"，通常是对各地城市管理综合行政执法部门的一种简称。城管主要依据1996年颁布的《中华人民共和国行政处罚法》和与城市规划、环境、污染、道路等相关的法律法规，以及各地城市根据自身特点情况制定的地方性法规进行执法、管理城市。城管执法的目的是维护城市秩序、提升城市文明，但一些城市城管执法的实际效果却并不理想，不但未能通过有序管理消除城市乱象、促进城市和谐，反而事与愿违平添矛盾冲突、损害城市形象。城管执法队伍执法行为的不文明、态度生硬、行为粗暴、以罚代管、人性化差，甚至采取极端的掀摊子、扒建筑、抢物品等"以邪治邪"的执法手段，引起民众反感，导致城管形象严重受损。由于城管是政府实施城市社会经济发展相关政策的一个主体，在政策实施中依据的是政府制定的相关法律规定，代表政府对城市的相关方面进行管理，

[①] 作者简介：黄闯，男，1981年出生，南阳师范学院政治与公共管理学院讲师，管理学硕士，主要从事社会保障理论与实践研究。

其如果形象不佳，出现一定的信任危机，在一定程度上也会影响到政府在民众中的整体形象。近年来，各地方政府开始重视城管形象问题，着手制定一些措施重塑城管形象，如：重庆市制定《重庆市市政管理监察行为规范》，对城管队员提出了"十禁止、三必须、七严格"的要求；北京市城管着重从衣着仪容、媒体形象角度重塑城管形象；成都市选择美女城管，试图从性别上来改变城管形象。但笔者认为，这些仅从规范、仪容、媒体、性别等方面试图重塑城管形象的做法，并没有从根本上解决导致城管形象危机的内在问题。欲真正在民众心目中重塑城管形象，解除形象危机，则必须通过分析导致城管形象危机的内在原因，进而针对影响形象的各种因素采取相应对策重塑城管形象。

二　城管形象危机致因

（一）城管的政策执行理念落后

城管形象危机的一个重要原因在于其政策执行理念过于落后，没有真正地践行以人为本、科学发展的执法理念。城市是人口集中、工商业发达的政治、经济、文化中心，其中不同的生活群体有着不同的生存方式和生活需求。诚然，城市的有序运转需要规范的管理，但城管在执行城市管理政策时，更多关注的是城市的社会秩序、城市的干净整洁、城市的面子，因此没有很好地践行以人为本、科学发展的执行理念，也没有关注不同生活群体特别是社会底层人员的生存权利和生活便利性。我们通常看到的城管作为是施行强势管理，而不是提供柔性服务；在管理街容市貌、小商小贩的时候行使的是生硬无情甚至粗暴的管理，而不是提供人性化的指导服务，导致被执行对象不服，民众不解和质疑，城管自身形象受损。

（二）城管政策执行人员综合素质不高

任何一项政策最终都要由执行者来执行，执行者的素质、能力等都会影响到政策执行的效果和执行能动性的发挥。由于城市管理越来越复杂，任务越来越重，城管队伍就需要更多的人员来充实壮大。各地城管由于编制有限，大都采用招聘雇用编外人员充实队伍的做法来执行越来越重的城管任务，使得城管队伍人员复杂、素质参差不齐。由于部分城管人员文化水平不高、知识素质低下，因而沟通能力、人际交往能力、灵活应变能力、组织管理能力等均较差，既不能很好地理解相关法律法规、城管政策的精神实质和内涵，也不知如何与被执行对象进行有效的沟通和交流，导致其执法常常出现行为偏差，招致非议，甚至引致街头巷尾并不鲜见的城管与被执法者的肢体冲突乃至流血事件发生。

（三）城管政策执行行为不当

由于部分城管人员综合素质不高，导致其在执行政策的过程中执法的行为方式过于简单、粗暴。比如对待小商小贩，经常采取掀摊子、强行没收物品、围追堵截、穷追猛打等不正当的执法行为。在政策执行过程中更多的是依赖于强制性的行政权力，采取行政、经济惩罚的手段，甚至偷袭的方式执法；而不注重思想教育宣传手段的运用以及民众的参与。实际上思想教育宣传手段对于城市管理具有积极的作用，既能使被执行对象在平和的氛围中提高法律意识，认可理解城管的执法行为；又能使执行人员在合法、合理、有序中完成执法行为。而由民众和城管共同参与执法对城管本身是一种无形的监督，既能使城管在具体执行时不至于行为过激；又能让民众了解感受城管工作的难处，进而支持城市管理各项政策的执行。

（四）城管与被执行者权力地位的不对等

政策执行主体在执行政策时势必会影响政策对象原有的生活行为方式，如果改变原有行为方式的同时又不具有其他的权益救济方式时，政策对象就很难配合执行者的行为。由于城管的对象更多的是城市社会的弱势群体、底层人员，如果城管采取一刀切的方式执行城市管理的政策，艰难求生的社会弱势群体、底层人员中的很大一部分人可能就会失去赖以生存的谋生手段和方式。因而当现有的城管执行方式不具有正常的渠道来反映弱势群体、低层人员利益诉求时，他们只能采取各种反抗方式来维护即将丧失的权益，表达个人的利益诉求。如果这些被执行对象与城管具有同等的地位，具有参与政策制定的机会和能力，那他们就具有了谈判的权力和沟通的可能性，就不需要采取种种对抗的方式来表达对城管执行的不满，也不至于使得城管的形象在一次次与被执行对象的较量中丧失。

（五）城管政策执行的绩效评价机制扭曲

城管政策执行行为的偏差与现有政策执行的绩效评价机制密切相关，绩效评价机制对城管的政策执行行为将产生一定影响。在评价城管工作绩效时，上级是以各种量化指标及对市容市貌的感官认识对城管工作进行评价，即城管只对上负责，以上级的好恶为标准，而民众对城管的具体执法行为并不具有评价发言权。城管政策执行的目的是维护城市的社会秩序、环境卫生、市容市貌，打击小摊贩、黑车、黑导游等，而城管对这些管理任务如果达不到具体要求就很难取得上级的认可，因此城管在被执行对象和上级之间的利益权衡中，只能采取一些牺牲被执行对象的不合理行为，以获得上级正面的绩效认可。显然，缺乏民众参与评价的城管政策执行绩效评价机制是苍白无力的，难以起到促进城管工作让民众满意的积极作用。

三 城管形象重塑路径

既然城管形象非常重要而且其形象又存在危机问题，在我国城市管理需要城管部门存在的情况下，城管自身就必须通过一定的方式努力重塑形象，以得到民众的认可，更好地在现代城市的管理中发挥作用。

（一）更新城管政策执行行为的理念

更新理念就是树立以人为本的政策执行理念，将所有城市生活群体的生存权利置于城市形象之上。以人为本就是在制度设计和具体操作过程中，综合考虑社会各方面和各层次的需求，统筹兼顾各个阶层的利益主张。比如，对待街头巷尾的商业摊点，城管在执行城市管理要求时，既要维护城市街容街貌，又要考虑民众生活便利，同时还要提供商贩们的生存空间。城管与商贩发生冲突的根本原因是城管维护城市公共秩序职责与商贩生存保障权之间的矛盾。城管政策执行行为的目的是缓释社会矛盾，而不是增加社会矛盾，因此城管必须从以人为本的角度为被执行对象提供服务，妥善处理好秩序与民生之间的矛盾，而不是老想着如何处罚被执行者。应该认识到，在困难群体的生存权与秩序等的价值取向之间，生存权应当是第一位的，秩序应当处于第二位。即使在维护秩序等所必须的情况下，也应当遵循比例原则，即最小侵害原则，尽可能选择对困难群体的生存权影响较小的方式、手段来执法，一味地依靠强压、暴力的方式执法，是与政府建立和谐社会的目标背道而驰的。

（二）提高城管队伍的素质

在更新政策执行行为理念后，还需要具体的人来进行执行，人是组织中最能动、最活跃的因素，完善政策执行队伍的素质非常必要。首先是严格控制城管队伍"入口"关，即要解决谁能成为城管政策执行人员的问题。如果确认城市管理中需要城管组织，那在城管队伍建设中就必须根据工作需要给予一定的人员编制，按照国家相关的人员招聘要求，通过职业资格考试，把素质高、能力强、有正义感、真正具备执法能力的优秀人员吸收进来；而不是像目前许多地方那样，多是临时雇用协管员或者志愿者从事城管工作。其次是加强对城管人员的职业道德、法律素养、执行政策能力的培养。作为执行相关政策法规的城管人员，必然要求其具有较高的职业道德和一定的法律素养，因为其面对的是千千万万的民众，民众及被执行对象对城管的形象认识实际上与城管执法时表现出来的职业道德、法律素养和执法能力有着重要的关系。只有加强对城管人员的培养，提高其理论知识水平，不断优化改进其工作方法，并培养其形象意识，才能使其日常工作的表现维护着组织形象。

（三）调整城管的政策执行方式和手段

许多城市的城管在政策执行中因粗暴行为而成为民众和媒体关注的焦点并引起社会的诟病，从而使其形象大损，处境尴尬。城管粗暴式的政策执行行为严重影响了城管的形象，造成城市管理者与被执行对象之间关系的紧张。要想改变城管形象就需要调整其政策执行行为。首先城管在政策执行中要给予被执行对象更多的人文关怀，设身处地地为对方着想，应该认识到被执行对象是具体的人，只有人的积极配合才能达到城市管理的理想效果。其次要减少强制性的政策执行或者罚款等硬性的行为方式，尽量多用思想教育宣传等软性的政策执行手段等。强制和罚款的方式一般而言难以使被执行对象心悦诚服地接受城管的政策执行行为，反而可能使其在周围群众的同情下理直气壮地用各种方法手段对抗城管的执行行为。政策执行手段运用的恰当与否直接关系到政策目标的能否实现，关系到执行主体执行力的大小。在具体的执行中可以采取堵与疏相结合的方式，不得不使用强制性手段时最好要向周边群众做政策宣传告知，并请民众协助参与其执行行为，让社会理解城管执行政策的难处所在。

（四）建立有效的沟通机制

城管正常的政策执行行为不能被民众、媒体和被执行对象理解的原因主要是缺乏有效的沟通机制，有效的沟通是政策执行成功的重要条件之一。首先是重视与被执行对象的沟通，让被执行对象认识到城管执行政策的必要性。从执行者和目标团体之间的关系来看，目标团体对政策接受与否以及接受的程度在很大程度上取决于他们之间的沟通。其次是加强与民众的沟通。在社会贫富差距悬殊的情况下，民众在具有强制性权力的城管与生存能力差的被执行对象间更容易将同情的天平倾向于他们心目中的社会弱势群体——被执行对象。城管执行政策应该考虑到民众的社会心理，对必须执行的政策法规要在与普通民众进行宣传沟通、取得理解的基础上再具体执行，以避免民众对政策执行的反感。最后是注意与媒体的沟通，重视媒体的宣传作用。可以经常邀请相关媒体参与执法行动，让媒体认识理解城管工作，公正地宣传报道城管的政策执行行为，不至于因小部分城管执行者的负面形象而否定城管整体对城市管理所作出的贡献。

（五）完善城管绩效评价机制

部分城管工作中处置方式不恰当甚至使用粗暴手段，与城管绩效评价机制存在缺陷有一定关系。应该建立更为科学的城管绩效评价机制，在原有的考评指标体系中应该增加民众及被执行对象对城管政策执行行为进行评价的相关内容指标，让民众参与对城管政策执行行为的监督和考核。只有使民众及被执行对象对城管政策执行绩效的评价有一定的发言权，才能对城管不正当的政策执行行为形成一种外在的约束力，缓解由于政策执行行为所导致的城管形象危机。

四　结语

城管形象危机主要是由于自身不正当的政策执行行为所导致的，所以城管形象的重塑需要其更新执行行为理念、提高执法队伍素质、调整执法方式和手段、建立有效沟通机制和完善绩效评价机制。此外，也还需要政府相关部门的关心、支持和配合，以及媒体、民众及被执行对象对城管工作的理解、支持和监督。重塑城管新形象，对于城管部门在我国城市社会管理工作中发挥更大作用具有重要的现实意义。

参考文献

[1] 范时杰：《城管制度中主客体二元对立的困境与突破》，《江苏行政学院学报》2010年第2期。

[2] 刘志仁、徐炯：《城管执法难的法律根源及其路径创新》，《理论导刊》2009年第5期。

[3] 李艳征：《重塑城管执法形象的价值与途径分析》，《成都行政学院学报》2008年第3期。

[4] 吕燕：《权利均衡、流动的风景与走出城管困境》，《理论与改革》2010年第2期。

（原文发表于《福建行政学院学报》2011年第1期）

基层民主中公民参与的理性审视

刘晶晶

摘 要：基层民主是公民参与的制度空间与实践平台，公民参与是基层民主的衡量尺度与实现形式。民主政治的发展、市场经济的完善、信息技术的支撑、文化环境的熏陶成为推动基层民主生活中公众参与发展的动力。但在基层政府观念、参与制度、公民能力方面仍存在着诸多问题，为此应从转换观念、公开信息、完善制度、提高能力等方面进一步推动基层民主中公民参与的完善。

关键词：基层民主；公民参与；关系阐释；参与现状；对策建议

基层民主是社会主义民主政治的重要内容与基础工程。发展基层民主最根本的是要依法保证人民群众在基层政权机关、基层自治组织、企事业单位中依法直接行使民主权利，管理基层公共事务和公益事业，对干部实行民主监督。公民参与是公民政治权利在社会主义民主政治中的行为表现，维护并推进民主政治的发展运行。厘清基层民主与公民参与的关系，审视基层民主中公民参与的现状，对完善参与实践，推进基层民主建设的意义深远。

一 内涵界定

（一）基层民主

基层民主作为民主的一个重要方面，其含义是建立在对民主理解的基础上。科恩认为，民主是一种社会管理体制，在这种体制中，社会成员大体上能直接或间接地参与影响全体成员的决策，它本质上是以社会为范围的自治①。在此基础上，可以认为基层民主是一种基层社会管理体制，其内容涵盖基层政权与基层社会中的民主制度与民主生活，在这种体制中，所涉及的问题包括基层政权的民主选举与民主管理、城市的居民自治、农村的村民自治、企事业单位的民主管理等。由于这些都是民众日常生活中经常遇到的、相对关心与熟悉的事项，所以基层民主由广大人民群众在基层政治、经济、文化和社会生活领域直接行使民主权利，可以看做是一种社会形态的民主，具有大众性和直接性。在中国特色社会主义民主体系内，基层民主是参与主体最为广泛，涉及与群众利益关系最直接、最丰富的实践和民主政治建设的基础性工作。目前我国的基层民主的空间为职代会、居委会和村委会，主体为人民群众，内容要求为民主选举、民主决策、民主管理与民主监督。

（二）公民参与

公民参与可以看作是社会公众试图影响政治决策和公共生活的一切活动的总称。国际公民参与协会（IAP2）对公民参与的定义为：公民在影响其生活的政策制定过程中（主要是行政决策）有发言权；公民对政策制定能够产生实质性的影响；参与过程中所有参与者的利益能够得到充分沟通，而且该过程能够满足参与的需要；参与过程具有的开放性便于潜在受影响群体的参与；参与过程能够清晰定义公民参与的机制和方式②。

改革开放以来，随着我国经济体制由计划经济转向市场经济、政治体制由集权转向分权、价值观念由单一转向多元、社会形态由传统农业化转向现代工业化、我国公民的权利意识也日益觉醒，公民参与主体不断扩大，参与领域涉及民主选举、民主决策、民主管理、民主监督方面，既包含对行政行为合法性授权的民主选举与民主监督，也涉及对社会管理、公共服务中的与群众切身利益相关问题的民主决策与民主管理。参与渠道既包括国家政策和法律保障下的制度化参与机制，也包括民众在实践过程中的非制度化参与机制。国内较早进行公民参与研究的学者俞可平认为公民参与又可称为公众参与，是指公民试图影响公共政策和公民生活的一切活动，包括有投票、竞选、公决、结社、请愿、集会、抗议、游行、示威、

---

① ［美］科恩：《论民主》，商务印书馆1988年版。
② ［美］塞缪尔·亨廷顿：《难以抉择——发展中国家的政治参与》，琼·纳尔逊、汪晓寿等译，华夏出版社1989年版。

反抗、宣传、动员、串联、检举、对话、辩论、协商、游说、听证、上访等①。

二 关系阐释

从理论层面来说，民主是参与的目的，参与是民主的形式。公民参与需要基层民主提供相应的制度保障与实践空间，同时若得不到公民自下而上的参与实践，基层民主也仅仅只能停留在制度构建的层面，并不能实现发展目标与任务。从实践层面来看，在我国将基层民主纳入民主建设与发展的战略平台，经历了一个历史演进过程，期间也实现了党和政府对公民参与的认可、提倡与规范，也是公众参与实践得到政治依托和空间的发展过程。

1992年中共十四大第一次划定了基层民主的三大组成部分，报告指出："加强基层民主建设，切实发挥职工代表大会、居民委员会、村民委员会的作用。"② 2000年10月，中国共产党十五届五中全会通过的《关于制定国民经济和社会发展第十个五年计划的建议》中指出："加强民主政治建设，推进决策的科学化、民主化，扩大公民有序的政治参与。"这是中国共产党首次在党的文件中明确指出"公民有序政治参与"这一概念。

2002年中共十六大指出扩大基层民主，是发展社会主义民主的基础性工作。而扩大基层民主，主要是指"健全基层自治组织和民主管理制度，完善公开办事制度，完善村民自治、城市居民自治、职工代表大会和其他形式的企事业民主管理制度"。2007年中共十七大将基层民主作为2020年实现全面建设小康社会奋斗目标的重要内容和坚持中国特色社会主义政治发展道路的重要方面，报告沿用了"要健全民主制度，丰富民主形式，拓宽民主渠道，依法实行民主选举、民主决策、民主管理、民主监督"，并指出基层民主涉及到四个主体——人民群众、基层群众自治组织、基层政权和社会组织③。报告同时指出"从各个层次、各个领域扩大公民有序政治参与，最广泛的动员和组织人民依法管理国家事务和社会事务、管理经济和文化事业"，并明确提出"保障人民的知情权、参与权、

---

① 贾西津：《中国公民参与——案例与模式》，社会科学文献出版社2008年版。
② 《十四大以来重要文献选编》（上），人民出版社1996年版。
③ 《十七大以来重要文献选编》（上），中央文献出版社2009年版。

表达权、监督权"的要求。报告在论述社会建设部分时,还把公民参与作为社会管理的一种体制安排,提出"要健全党委领导、政府负责、社会协同、公众参与的社会管理格局,健全基层社会管理体制"。

2012年中共十八大报告对基层民主的性质和内容作出了新的阐释,认为基层民主是"实行群众自我管理、自我服务、自我教育、自我监督",是"人民依法直接行使民主权利的重要方式",主要包括"城乡社区治理群众自治、基层公共事务群众自治、公益事业群众自治和企事业单位职工代表大会制度"[①]。在公民参与方面沿用了"保障人民知情权、参与权、表达权、监督权",并提出"凡是涉及群众切身利益的决策都要充分听取群众意见,凡是损害群众利益的做法都要坚决防止和纠正。"

(一) 基层民主是公民参与的制度空间与实践平台

基层民主发展带来了政府管理模式的变革,增强了政府管理的透明性与回应性,为公民参与提供了实践平台与制度空间。

在我国现阶段,公民参与主要有间接的代表制民主和直接的基层民主两种形式。由于基层民主所涉及内容与人民群众生活息息相关,成为了目前公民参与人数最多,范围最广的领域,是公民参与的第一场所。公民通过以民主选举、民主决策、民主管理、民主监督为主要形式的基层民主实践,熟悉了民主的基本运作方式和过程,并依托于基层民主所提供的制度化参与途径,在社区自治、村民自治、政府决策等具体环节中实现自我管理、表达政治诉求、行使民主权利,维护自身权益,所有这些参与行为都依托于基层民主的相应制度安排。而且随着基层民主的发展,民主主体的增加有利于扩大参与主体的范围,民主形式的创新也在不断更新着参与方式,拓展着参与渠道。可以说基层民主决定着公民的参与机会与参与程度,成为公民真实有效地参与政治生活的重要制度空间与实践平台。

(二) 公民参与是基层民主的衡量尺度与实现形式

基层民主的实施离不开社会主体的广泛参与。公民参与是公民的政治权利在国家生活中的行为表现,它直接体现和实现民主。多元民主论的代表人物罗伯特·达尔在论述什么是民主时,对民主界定标准的重要一点就

---

① 胡锦涛:《坚定不移沿着中国特色社会主义道路前进 为全面建成小康社会而奋斗》,人民出版社2012年版。

是参与[①]。参与是民主的价值表现形式，是民主政治精神与实践的体现，是现代民主政治的重要标志。

公民在参与行为中践行着基层民主所提倡的主权在民、自由平等、公平正义等价值理念。在具体实践行为中，公民参与的广度和深度是衡量基层民主发展水平的核心指标，参与广度是指公民参与政治生活的普遍性，参与深度则是指公民参与政治生活的有效性[②]，也就是说衡量着多少社会成员能够参加到政治过程中来，同时参与能够解决哪些政治问题，这就体现着基层政府行政的民主化和有效性的程度，从范围和程度入手成为衡量基层民主发展水平的重要尺度。

公民在参与实践中不断积累的参与技能和参与知识，有利于民主素养的积淀；不断增长的参与意识和参与热情，有利于公共精神的培育。通过公民角色观念的确立、民主品格的积淀、参与效能的提高，为基层民主发展培育了理性合格公民，使得抽象民主在日常实践中变得日益具体而真实。

三 参与现状

公民参与是社会主义民主政治建设的必然要求，也是基层民主发展的重要动力。公民参与基层民主的主要内容有村民自治、居民自治、职代会等方面，参与领域包括民主选举、民主决策、民主管理、民主监督四方面，目前已实现了县乡人大代表的直接选举、城乡基层社会自治，建立了社情民意反映制度以及与公民利益密切相关的重大事项社会公示制度、社会听证制度等。在基层民主发展过程中，公民参与的有利条件与实践困境并存。

（一）有利条件

改革开放30年来我国基层民主取得了巨大发展，基层政治生活中的公民参与程度也有了很大的提高，特定的政治、经济、技术、文化因素成为推动基层民主生活中公民参与发展的动力。

1. 民主政治的发展

政治环境包括政治体制、政治权利、国家结构、政府机构、政治制

---

① [美]罗伯特·达尔：《论民主》，商务印书馆1999年版。
② [美]科恩：《论民主》，商务印书馆1988年版。

度、公共政策等方面①，决定着公民参与可能感受到的政治压力或政治支持的程度。我国是社会主义国家，《宪法》规定人民是国家的主人，人民当家做主，这是社会主义民主政治的内在本质。近些年来，在我国民主政治建设过程中，党和政府颁布的如《中华人民共和国政府信息公开条例》《中华人民共和国行政许可法》《信访条例》等有利于公众参与的政策法规，赋予了公众参与合法性，为公众参与创造了有利的政治条件和制度支持，成为了公民参与的政治基础。

2. 市场经济的完善

经济基础决定上层建筑。马克思指出："人们在自己生活的社会生产中发生一定的、必然的、不以他们的意志为转移的关系，即同他们的物质生产力的一定发展阶段相适合的生产关系。这些生产关系的总和构成社会的经济结构，……物质生活的生产方式制约着整个社会生活、政治生活和精神生活的过程。不是人们的意识决定人们的存在，相反，是人们的社会存在决定人们的意识。"② 改革开放以来，社会主义市场经济制度的确立和发展带来了利益结构分化重组、利益主体多元化、产权明晰化等一系列结果，多元的社会利益主体为切实维护自身利益，都希望更多地参与公共事务的管理，"内输入"的主体多元化为公众参与提供了主体基础。

3. 信息技术的支撑

随着信息化时代的到来，网络论坛、博客、播客、手机、数字电视等种种大众媒介新形式为公众参与创造了多样化的形式和无限广阔的前景。当下信息技术的发展使民众之间的联系日益方便快捷，大大节省了公众参与的组织化成本，有利于民众利益表达与聚合平台的搭建，增强民众的凝聚力及影响力。同时为公民更为广泛的参与提供了有效的途径与工具，有利于政府与民众之间的交流互动，为公民参与提供了技术基础。

4. 文化环境的熏陶

"任何政治体系及其中的政治活动都是处在一定的文化氛围之中的，并要受到这种文化氛围的熏陶和影响"③。文化环境的基本要素主要包括认知、价值、意识形态、行为规范、道德传统等方面④。这些要素决定了

---

① 陈振明：《公共管理学》，中国人民大学出版社2005年版。
② [德] 马克思、恩格斯：《马克思恩格斯选集》（第二卷），人民出版社1995年版。
③ 陶东明、陈明明：《当代中国政治参与》，浙江人民出版社1998年版。
④ 陈振明：《政策科学——公共政策分析导论》，中国人民大学出版社2003年版。

个人、群体与社会的特定行为方式和价值观念，影响着社会成员的政治态度、主观判断和权力意识。随着民众权利意识的增强、文化程度的提高、民众个人意识开始觉醒，政治态度取向积极，民主平等的观念日益深入人心，公民参与热情提高，这就构成了公民参与的心理基础。

（二）实践困境

但就我国目前基层民主中的公民参与实践来看，在政府观念、参与制度、公民能力方面还存在诸多问题，阻碍了公民参与完善和基层民主的推进。

1. 政府观念方面

基层政府的民主意识不够，尚未充分认识到公众参与的重要性和必要性，忽视了公民的主体地位。一些地方乡镇认为自己是村（居）委会的上级直接领导，经常借口对基层社会的领导和指导，把官方意志强加给基层自治组织，利用行政手段干预其工作，让基层自治组织无力按照自己的意愿行事，对公民主体资格认识不清，造成公民在基层社会自治活动的话语表达不受重视或者直接被屏蔽的情况，公众监督权、知情权等基本性权利未得到政府的充分尊重和有力保障，从而让人民当家做主在基层层面被虚化。

2. 参与制度方面

目前我国现行的法律对公民的参与权利与原则做出了明确规定，在参与制度方面也建立了社会协商对话制度、基层群众自治制度等，但相关制度建设还不完善，特别是在市、县、乡的层面上，政府为公众提供的可参与公共事务管理和政府决策的渠道和途径非常单一，部分地区甚至在重大决策的制定过程中排斥公众参与。同时在关乎具体的参与程序、参与方法方面还不够细化，且参与形式缺乏创新、参与渠道狭窄，造成具体实践中的参与流于形式的多，有实际效果的少，妨碍了公民有效地参与基层政治生活。

3. 公民能力方面

在参与实践中，公众的参政议政能力较弱。阿尔蒙德将公民能力划分为公民的主观能力和客观能力。主观能力是指公民对自己影响和参与政府决策、参与行政的能力和认知、情感和态度。客观能力是指公民影响和参与政府决策、参与行政的实际能力[①]。在目前基层公民参与实践中，由于

---

① ［美］加布里埃尔·A. 阿尔蒙德、G. 宾厄姆·鲍威尔：《比较政治学——体系、过程和政策》，曹沛霖等译，东方出版社2007年版。

基层政府精英式治理结构与管控式制度文化，使很多城乡民众习惯了管制和服从，导致主观能动性的缺乏。同时因与政府互动交流不足，缺乏充足的信息支持，公民在参与中大多基于感性认识或个人经验，缺乏理性思考与批判精神，容易出现人云亦云、缺乏主见、不善于表达自己见解的现象，使得公民参与效果与沟通效能耗损严重，客观能力也较低。

四 对策建议

（一）转换观念

民主行政理论关于公共行政精神的论述中提到要强化公民精神的理念、对集体和非集体的公共利益做出回应、乐善好施[①]。为此，政府相应地逐步引入民主管理、科学管理、参与管理等一系列具有民主参与价值取向的管理观念，不再将公民看做是接受与服从政府的被管理对象，而是对公众参与持有开放的态度，以求真务实的精神，在以人为本的理念通过培育典型、示范引导等多种形式，积极探索公民参与基层民主的有效途径。同时实现政策过程公开，基层政府人员在处理重要公共问题、制定公共政策以及执行公共政策的过程中，应主动培育沟通、聆听、合作等素质能力，不应一味地抱有说服与辩护的态度，而应本着公平公正的价值取向，倡导与民众进行民主对话、沟通交流，对民众的权益及诉求，要尊重和顾及。

（二）公开信息

公开是民主过程的基本要求，是公民参与基层民主生活的前提，所以要进一步健全基层公开制度，保障公民的知情权。一是要明确公开的内容、规范公开的形式、时间和基本程序，设立公开监督小组，听取处理群众意见。要在合理的时间范围内确保民众能够获取尽可能多的相关信息，在内容方面要确保信息的可读性，政府公告应尽量以浅白语言呈现，减少专业术语。二是要运用科技手段，建立政府决策的公众意见征集和处理信息系统，保证民众享有获取充分资讯的渠道，并且公布民众的质疑与意见以及政府对此所做的回应内容与依据。

（三）完善制度

在公民参与的制度方面，一方面要明确与细化现有参与机制、渠道、

---

① ［美］乔治·弗雷德里克森：《公共行政的精神》，中国人民大学出版社 2003 年版。

方式等方面有具体制度保障，如规范基层民主决策的程序，完善基层民主决策会议议事规则，对于涉及公民利益的重大事项，建立健全代表联系户制度，确保真正代表民意。同时必须按照决策程序提请有关会议讨论决定，对提交村民、居民、职工各会议讨论决定的事项，会前要发布公告以广泛收集意见，会后要及时公布表决结果，自觉接受群众监督。完善社会协商对话制度。确立协商过程中的陈述与讨论规则、再次协商的间隔时间、协商结果的公示制度和听证制度，保证程序公正与结果公平，以此促进民众参与的有效实现。另一方面要积极推动公众参与的制度创新，如在参与范围、参与程序、保障机制等方面，基层政府应针对已经出现的典型实践，吸收借鉴有关公民参与的制度程序设计、配套措施、激励办法等经验，为当地公民参与实践创新寻找突破口。

（四）提高能力

公民能力的提高是参与基层民主生活的关键。社群主义者认为公民美德是教育和培养的结果，而只有国家才有能力担负起培育公民美德的责任[1]。为此，政府一方面应教育公民熟识参与选举、参与政府决策、监督政府行政行为等方面的法律法规，在社会公众和其他组织中开展公众参与理论知识的教育培训活动，普及相关知识，使各社会群体了解并运用公众参与知识解决问题。另一方面鼓励公民参与社区建设和公共事务管理实践，在关乎民众利益的参与实践中提高自身语言文字功底、道德伦理素质和参政议政、沟通表达的能力，增强民众的民主意识、主体意识与参与能力。

---

[1] 程立涛、曾繁敏：《社群主义与集体主义之比较》，《河北师大学报》2005年第5期。

公民网络参与的意义、障碍及发展路径

乔成邦[①]

摘　要：公民网络参与具有便捷性、广泛性、互动性、高效性等特点。它有利于拓宽参与渠道，满足公民日益强烈的参与需求，也有助于推动政府与公民的直接互动，改善公民参与的效果，但网络存在的安全隐患、网络参与的自由与无序以及网络可能加剧公民参与的不平衡影响了公民网络参与的发展。推动公民网络参与的主要途径为：促进农村互联网的发展，推进电子政务建设，提高政府与公民的网络素质，加强网络参与的法制建设和网络伦理建设。

关键词：公民；网络参与；意义；发展途径

随着信息时代的到来，网络作为一种标志性的信息传播方式，改变了信息传递的时空界限，促进了人类社会的信息交流，同时也推动了公民参与方式的转变，开拓了公民参与的广阔空间。网络参与将成为公民参与的主要方式之一，在社会政治活动中占据重要地位。在我国，随着网络的日益普及和电子政务的深入实施，积极推动公民网络参与的发展将具有重要的意义。

一　公民网络参与的特点

网络参与是指公民通过电子邮件、电子论坛等网络形式，参与或影响政府公共政策或公共事务的行动过程。网络参与是信息化发展的产物，是

[①] 作者简介：乔成邦，男，1980年出生，南阳师范学院政治与公共管理学院讲师，管理学硕士，主要从事行政管理研究。

信息时代公民参与的主要方式之一。与其他参与方式相比，网络参与具有以下特点。

（一）便捷性

首先，网络的开放性使每个拥有网络终端的公民都可以自由地参与公共管理。他们足不出户，只需要移动和点击鼠标就可以浏览政府网站上的各种公务信息，针对某项即将出台的公共政策发表见解，与政府官员进行在线交流、完成对政府部门各项服务的评价，从而使公民参与公共管理变得十分便利；其次，网络传播信息的高速特性，使政府与公民之间能够以光速进行双向交流。每个拥有网络终端的公民都可以通过电子邮件、专题、论坛等渠道，在瞬间完成诉求的表达，而且在很短的时间内，公民便可以得到政府部门对自己参与活动的答复，包括邮件接收时间、反映情况内容、涉及的部门、办理情况和办理结果等，从而使公民参与公共事务管理变得更加快捷。

（二）广泛性

网络参与的广泛性体现在两个方面。一是参与公民的广泛性。网络以及有上网功能的手机等日益普及，使拥有网络终端的公民日益增多，而这些拥有网络终端的公民都可以通过电子邮件、网上电子公告牌、视频会议、网络听证会、电子市政厅等多元化的渠道，自由地表达自己的意见和利益要求，从而大大扩展了参与的公民范围；二是参与事务的广泛性。网络使公民全面、深入地了解政府各个方面的信息成为可能。对于政府的每个工作环节，每项公共政策，公民都可以进行评价，从而大大扩展了公民参与公共事务的范围。

（三）互动性

网络就像没有守门人的论坛，被称为"自由的信息公社"①。在网络上，任何人都可以自由地交换各自的信息、知识和经验，独立地发表和传播自己的言论。当政府以电子方式广泛而深入地伸向机构、公众和所有服务对象时，相关的服务对象也能以电子方式方便而直接地伸向政府内部。这样，就实现了传播中最为实质的传播者与受众之间的直接互动，大大地提高了政府公共管理的民主化程度。公民将以极大的热情投入"数字化政治行为"中，从而形成良性互动，结果是公民的信息反馈速度以及政

---

① 马刚：《网络管理：管理科学的伟大革命》，《技术经济与管理研究》2001年第1期。

府对问题的回应速度都大大加快。可见，网络架起了政府与公民之间相互沟通与对话的电子桥梁，推动了公民与政府官员直接对话①。

（四）高效性

公民参与也是有成本的。对政府而言，对公民进行的参与技能培训，请专家为公民参与选举提供建议，努力提高参与选举的公民的代表性，统计公民的选票，综合、回复公民的意见和投诉等都需要付出大量的时间、人力、物力和财力；对参与的个体而言，花费一定时间通过各种途径去收集关于某公共问题的资料、往返的交通费用、损失的劳动收入等，这些都是传统形式下公民参与的成本。然而，通过网络参与的方式，这些成本将会大为降低。由于网络使用者往往见识更广，懂得更多的参与技能技巧，这就免去了对公民参与的组织培训；对参与公民的意见回复通过电子邮件快捷而方便，使这项工作不再让人烦躁；信息技术扩大了政府决策的参与范围，使公共政策满足了更多公民的需求，得到了更多公民的支持，从而加速了政策执行，减少了政策实施中的费用开支；使用电子投票，众多选票的统计分析工作都可以交给计算机去完成。对参与者而言，只需要在家中点击鼠标就可以与政府官员直接进行对话和交流，不再需要花费大量时间去查找有关某公共问题的资料，也不再需要损失一天的劳动收入，还省去了来去的交通费用②。因此，从成本—效益的角度分析，网络参与更加高效。

二 公民网络参与的意义及障碍

（一）公民网络参与的意义

1. 有利于拓宽参与渠道，满足公民日益强烈的参与需求

社会主义市场经济的发展改变了生产资料所有制结构形式，从而造就了许多新的经济利益主体，每个经济利益主体都有追求最大利益的原始性冲动和保护自身合法权益的需求。这就打破了公共管理权力由政府一家独揽的局面，越来越多的经济利益主体为保护自身的合法权益，寻求公平竞争的机会，要求参与公共管理，参与公共政策的制定与执行，希望在公共

---

① 韩兆柱、王磊：《网络环境下政策制定与公民参与分析及对策》，《人大研究》2006年第1期。

② 张晓莲、胡正燕：《基于信息技术的公民参与效果分析》，《贵阳市委党校学报》2006年第3期。

政策过程中体现他们自身的利益和价值。可以说，社会主义市场经济的发展，改变了我国公民的传统思想和行为方式，使公民的权利意识、主体意识、私有财产意识、平等意识和参与意识等都得到增强，参与需求日益强烈。发展网络参与，大大拓宽了公民的参与渠道，使公民除了通过信件、上访和面对面的交流等传统途径外，还可以通过电子邮件、网上电子公告牌、视频会议、网络听证会、电子市政厅等网络途径积极参与公共管理，从而满足公民日益强烈的参与需求。

2. 有利于推动政府与公民的直接互动，改善公民参与的效果

在我国改革开放以来的 20 多年中，伴随社会的开放、经济水平的提高、公民社会的逐步成熟，公民参与获得了长足的发展。但是，总体上当前我国公民参与还存在许多问题，公民参与的实践效果并不理想。比如：长期以来，一些政府官员对公民参与敷衍了事，导致公民逐渐失去了对参与政府决策和管理的信任和信心，出现了参与冷漠；一些公民对参与政府公共管理过程的权利和义务缺乏了解，对政府的信息缺乏了解渠道或对了解渠道认识不足；选举、村民自治等传统的公民参与机制存在许多不完善的地方，存在"走过场"的现象，而公示制、听证制等新的公民参与方式执行效果不佳，大多流于形式；官方社团对政府的依赖性强，所提出的意见很难代表民意，而民间社团组织分散、利益表达组织化不足，公民认同度低，公民社团参与受到局限；宪法和法律对公民参与的具体制度、程序、方式及渠道缺乏具体的可操作性的规定等。发展网络参与，使政府可以在网络平台上直接面向公民，实现政府与公民的在线交流和直接互动。公民可以从政府的积极回应中感到自己参与行为的重要性，从而以积极和认真的态度参与政府管理，大大改善公民参与的效果。

3. 适应信息化的发展趋势

信息化是充分利用信息技术，开发利用信息资源，促进信息交流和知识共享，提高经济增长质量，推动经济社会发展转型的历史进程。它是当今世界发展的大趋势，是推动经济社会变革的重要力量。大力推进信息化，是覆盖我国现代化建设全局的战略举措，是贯彻落实科学发展观、全面建设小康社会、构建社会主义和谐社会和建设创新型国家的迫切需要和必然选择。美国学者约翰·奈斯比特 1984 年曾科学地预测，信息时代的政治形式是"共同参与制"。在这种参与制下，政府原有的金字塔式的权力模式被打破，政府权力将部分甚至大部分下放给公民和社会，公民可以凭借自己所拥有的知识、信息和技术通过上网对城市规划、政策实施、公共服务的提供充分发表意见、维护自己的权利。因此，发展网络参与，是适应信息化发展趋势的需要，同时某种程度上也能够推动我国信息化的发展。

（二）公民网络参与的障碍

1. 网络参与的自由与无序

网络超越了时空的限制，突破了传统媒体信息传播的障碍，培养了公民独立、平等、参与的民主意识，带来了公民参与方式的革命性变化，公民通过网络更加广泛、及时、便利地参与政府管理，享受充分的参与自由。但是，由于网络的虚拟性、隐蔽性、匿名性等技术原因和管理原因，一些非政府网站极有可能被别有用心的人利用，发布虚假的政策信息，编造政策谎言，制造假新闻，从而蒙骗广大公众，导致网上参与的失序与失范，这种状况如果得不到有效地控制与规范，将导致思想的混乱和社会的失控，后果极其严重[1]。

2. 存在着安全隐患

在网络参与的方式下，政府与公民主要依赖网络进行信息的存储、利用与传输，以达到双方的直接互动。而这种高度的依赖性往往使网络参与过程变得十分"脆弱"。因为信息网络系统是一个开放的系统，本身存在着许多的安全隐患，在全球范围内，计算机病毒、网络攻击、垃圾邮件、系统漏洞、网络窃密和网络违法犯罪等问题日渐突出。而我国的网络安全防范技术相对来说还比较落后，信息网络系统极易受到不法分子的蓄意攻击。一旦网络受到攻击，不能正常运转，甚至全部瘫痪时，整个网络参与系统将陷入危机之中。

3. 可能加剧公民参与的不平衡

一方面，我国在网络普及程度不断提高的同时，与先进国家相比还存在较大差距。国内不同地区、不同领域、不同群体的网络普及程度很不平衡，城乡、区域和行业的差距有扩大趋势，成为影响协调发展的障碍。另一方面，少数知识精英掌握着网络技术知识和管理知识，控制信息的输入与输出，逐步融入政治体系并按自己的意愿影响政治体系的发展，最终可能加剧信息富人与信息穷人之间参与政府管理的不平衡。

---

[1] 孙永怡：《我国公民参与公共政策过程的十大困境》，《中国行政管理》2006 年第 1 期。

三 公民网络参与的发展路径

(一) 促进农村互联网络的发展

随着信息化发展的不断推进,我国互联网的普及程度不断提高。但是与先进国家相比还存在较大差距,其中最根本的原因是农村互联网络发展的严重滞后。2007年1月中国互联网络信息中心(CNNIC)调查数据显示,城乡之间网民普及率及上网时间差异巨大,城镇互联网的发展水平明显要高于农村。城镇网民普及率是农村的 6.5 倍,农村网民平均每周上网时间为 13.2 小时,与全国平均水平 16.9 小时差异较大,少 3.7 小时[①]。要想使中国的互联网发展大幅度的提升,还需要加强互联网在农村的发展建设,减小互联网发展的城乡差异。

要促进农村互联网络的发展,保证农村地区公民网络参与渠道的畅通,关键是政府主导作用的发挥。政府应该加大对农村地区的支持力度,一方面可以逐步在行政村和城镇社区设立一些免费或低价接入互联网的公共服务场所,另一方面,可以利用公共网络,采用多种接入方式,以农民普遍能够承受的价格,提高农村网络普及率。而且,政府还必须加强对农民网络应用技术的培训,提高他们的网络应用水平。

(二) 着力推进电子政务建设

电子政务能够为有序的网络参与提供许多技术支持和便利条件,能够提供一条制度化的途径,把公民的网络参与纳入到政府规范管理的范围内。因此,对于推动公民网络参与的发展具有重要意义。经过 20 多年的发展,我国电子政务建设已经取得了突出的成就。这主要表现为,政府网站普及率显著提高,公众参与的渠道建设受到普遍重视,网上办事成为热点,在线行政审批和服务功能不断增强;跨部门信息共享和业务协同稳步推进;"金盾""金税""金审""金关""金财"等重点业务系统建设成效显著,信息技术手段在增强政府行政监管能力、改善公共服务等方面发挥了重要作用;电子政务信息安全保障工作进一步加强;各地电子政务建设扎实推进,越来越多的电子政务应用系统开始显示出良好的经济和社会效益[②]。今后,我们要继续深入推进电子政务建设,为公民积极的网络参

---

① 中国互联网络信息中心:《中国互联网络发展状况统计报告》,2007年1月。
② 胡红军:《我国电子政务建设总体框架初步形成》,《中国改革报》2006年3月21日。

与提供制度化渠道。为此，我们可以从以下几个方面努力：

1. 改善公共服务

逐步建立以公民和企业为对象、以互联网为基础、中央与地方相配合、多种技术手段相结合的电子政务公共服务体系。重视推动电子政务公共服务延伸到街道、社区和乡村。逐步增加服务内容，扩大服务范围，提高服务质量，推动服务型政府建设。

2. 推动政府信息公开

规范政务基础信息的采集和应用，建设政务信息资源目录体系。整合电子政务网络，建设政务信息资源的交换体系，全面支撑经济调节、市场监管、社会管理和公共服务职能。

3. 保障网络安全

积极跟踪、研究和掌握国际网络安全领域的先进理论、前沿技术和发展动态，深入开展网络防漏洞、防病毒研究，掌握核心安全技术，加快网络安全人才的培养，促进我国网络安全技术和产业的自主发展，增强国民的网络安全意识。

（三）提高政府与公民的网络素质

网络素质的高低是政府与公民进行双向信息交流的根本性影响因素，发展网络参与，实现政府与公民之间的直接互动，必须不断提高政府与公民的网络素质。

1. 提高政府的网络素质

一方面要转变政府管理理念、组织结构、管理方式和服务方式，创新政府管理体制，提高政府管理效能和服务水平，提高政府对网络信息的获取、加工、处理能力；另一方面，要强化领导干部的网络化知识培训，普及政府公务人员的网络技能培训，全面提高公务员的素质和能力，以适应政府管理网络化的需要。

2. 提高公民的网络素质

大力加强公民的网络知识教育，使公民了解网络的基本发展概况、体系架构和工作原理，提高公民的网络应用能力，从而使广大公民在网络社会中有充分的"发言权"，积极参与和监督政府管理。

（四）加强网络参与的法制建设

要改变网络信息传递的无序状态，减少非规范性的网络参与，制定相关法律是当务之急。既要规范网络秩序，又不能妨碍公民参与的自由，在秩序和自由之间，网络立法体现的是两者之间的协调和平衡。需将政治、经济、法律、管理、信息资源建设、安全、技术等诸多领域的专家加入到网络立法研究中来，通过跨学科、跨领域的研究和实践，保持健康、文明、有序的网络环境，共同建设完整的网络法律规范，真正做到依法治网，保障公民的有序参与。

（五）加强网络伦理建设

1. 制定合理的网络伦理规范

网络开放、自由、平等的特性带来了"网络伦理危机"，从国家层面来说，网络时代可能会出现民族文化的异化，对国家安全构成了威胁；从个人来说，多元文化和价值观念的充斥，使网络活动主体失去了价值选择的理性判断，造成了公民道德失范，影响公民理性的政治参与。因此，制定一个合理的网络社会所要遵循的社会性伦理规范迫在眉睫。为此，我们应秉承我国优秀的传统伦理文化，在实践中不断探索，尽快制定出符合国情，真正深入人心的伦理规范，以期引导并规范公民的网上言行，保证他们有序、理性地参与政府管理。

2. 宣传和开展网络道德教育

网络时代，人们可以通过信息网络高谈阔论，可以随心所欲的宣扬自己的思想，每个人都是平等的主体。因此，每个人也都成为网络伦理道德的责任主体，应该对自己的网络行为所产生的社会影响负责。宣传和开展网络道德教育，也就是让网络活动主体提高自己的网络道德意识，从而对自身所应承担的道德责任有一种发自内心的认同感。网络道德教育特别是对青少年的道德教育应该成为互联网普及教育的一个方面得到充分的重视。通过网络道德规范的学习，提高道德主体自身的修养，真正做到自警，慎独，严格规范自己的行为，以积极向上的态度来参与政府管理。

随着信息时代的到来，发展网络参与是我国必然的趋势。要应对这一挑战，政府应该积极主动，发挥自己不可替代的主导作用，推动我国网络参与的发展。

（原文发表于《许昌学院学报》2008年第3期）

法治化进程中我国信访工作权力关系的重构

杨景涛

摘　要：文章以我国信访工作中各权力之间的关系为切入点，对行政权与司法权、人大监督权与其他权力的关系及其在法治化进程中所面临的困境进行了探讨。在此基础上提出，要重构我国信访工作权力关系，应"分流"信访变"堵"为"疏"，构建以人民代表大会监督同级一府两院为核心内容的"人大信访"机制，建立人大信访委员会、信访服务中心、信访信息流机制和人大信访终结制度，从而使信访工作走上法治化的轨道。

关键词：信访工作；权力关系；"人大信访"机制；信访分流；法治化

信访制度是中华人民共和国成立后在中国共产党的领导下建立的。作为密切联系群众，化解人民内部矛盾的一种重要工作方式，信访制度一直以来深受党和国家领导人的高度重视，并在长期的实践中形成了独特的工作机制及创新性的工作方法，如协调各有关部门的信访联席会议、选拔自群众中的信访联络员制度、利用网络等新兴媒体的"市长信箱"电子信访等。但随着我国现代化和法治化进程的不断深入，现有的信访制度及其内部运行机制日益显现出它的不足，并在很多方面与法治化进程相冲突。此外，最近"黑监狱截访案件"① 不断被曝光，也在一定程度上暴露了我国信访工作中存在的严重问题。2013年全国政法工作会议在北京召开，

---

① 黑监狱截访事件是当前发生在信访工作领域中最大丑闻。http：//news.ifeng.com/society/1/detail_ 2012_ 12/03/19758945_ 0. shtml。

其中"涉法涉诉信访工作改革"①被定为政法工作重点推进"四项改革"之一。因此，在法治语境下探讨信访工作改革，不仅关乎民意表达渠道的重塑，也直接影响到我国社会主义民主政治的制度改进。

一 现行信访工作权力关系分析

信访案件的受理和解决涉及多个公共权力主体，这些权力主体之间的关系构成了信访工作的运行机制。我国信访工作涉及行政权、司法权、监督权和党的领导权等多种权力，比较重要的权力主体有行政机关、司法机关、人民代表大会、党委和信访机构，分析各权力之间的关系有利于厘清现行信访工作的内在机制，发现其错位之处。

（一）行政权超越司法权

在我国，行政权属于行政机关，司法权属于法院和检察院，它们均由同级人民代表大会产生，行政权和司法权二者理应处于平等地位各自独立运行，但在实际的信访工作中，二者却产生了极大的交错。一方面，绝大部分对具体行政行为不服的公民或者法人没有采取行政诉讼的方式，而是进行了信访，即便对复议后的结果仍然不服也是再次信访而非寻求司法权的公力救济，行政权挤占了司法权的作用空间。另一方面，在涉诉信访中集中反映了行政权的越位和司法权的软弱。涉诉信访是2004年最高人民法院在全国法院信访工作会议上提出的概念，涉诉信访的对象本是法院，实际上类似于诉讼法中的再审制度，但受我国古代行政司法合一的传统政治文化影响，大量涉诉信访涌向了政府部门，而行政权固有的扩张性使政府部门也乐于以受理信访为借口干预司法审判结果，行政权以它特有的强势地位超越了自己的边界。

（二）人民代表大会监督权在信访工作中行使乏力

按照《中华人民共和国宪法》规定，人民代表大会对同级政府、法院和检察院享有监督权、审议权和质询权等"先天优势"，把人大监督权放在信访工作中行使，发挥其监督作用顺理成章。但我国出于经济建设的需要和对效率的追求，长期以来行政权处于主导地位，人民代表大会的监督权让位于行政权，无法形成对政府的有力监督，向人民代表大会申请的信

---

① 习近平要求政法机关顺应人民新期待每个案件都要公平正义。http://roll.sohu.com/20130109/n362862517.shtml。

访案件很难得到有效解决,人民代表大会的弱势地位在不断的现实重复中得到强化。行政权的主导地位也体现在公共政策制定中,地方人民代表大会有权制定地方性法规,但实际上各地的公共政策多是政府制定的政府规章,同级人民代表大会对这些公共政策的制约性较小,如果公民或法人要对公共政策提出建议,向政府信访显然要比向人民代表大会信访见效大。

(三)各级党委在信访工作中的特殊地位

我国的各级权力机关都是在党的领导下开展工作的,信访工作也要坚持党的领导,各级党委作为地方的最终领导机构,对当地信访案件的处理享有最终决定权,党委处于信访工作中的特殊统领地位。正是这种特殊地位使得党委一直处在信访浪潮的风口浪尖。信访人的行为符合"理性人"假设,他们总要向那些能够给自己带来最大希望的机构信访,权力最大的党委部门也就成了他们的首选,因此各地发生群访事件时,往往是县委、市委被群众围堵。在我国,党委的另外一个重要特点是它与行政权的结合,不少党委部门与行政部门合署办公或者"两块牌子,一套人马",各地行政首长同时兼任党委第一副书记,形成了对其他部门领导事实上的领导关系,党委对行政权的强化无疑增加了行政机关在信访工作中的强势地位,也使行政机关对法院和检察院形成了"隐形"领导。

(四)纪检部门对其他权力的介入

纪检部门主要受理公民或法人对党政人员尤其是领导干部违法违纪行为的揭发检举,一旦立案便可能形成对行政权和司法权的介入,这是党为了保持自身活力而设置的一种内部自我监督。自我监督具有天生的惰性,纪检部门首先是党政机关的下属部门,充其量只可以对平级的其他职能部门进行监督,而根本无法对上级党政领导形成有力制约,任何非独立的监督都是苍白无力的。因此纪检部门作为信访受理机构,往往需要得到有关党委领导的支持才能有效解决信访案件。

(五)信访机构责大权小

目前我国各级政府都设有专门的信访机构作为信访案件的负责部门,根据《信访条例》的规定,各级信访机构的职能共有六项:受理、交办、转送信访人提出的信访事项;承办上级和本级人民政府交由处理的信访事项;协调处理重要信访事项;督促检查信访事项的处理;研究、分析信访情况,及时向本级人民政府提出完善政策和改进工作的建议;对本级人民政府其他工作部门和下级人民政府信访工作机构的信访工作进行指导①。信访机构承担着解决人民群众内部矛盾的重大责任，而《信访条例》却没有赋予信访机构相应的权力，信访机构既没有质询权，也没有独立调查权，只是充当协调部门，唯一有点权限的"督促检查信访事项的处理"一项也由于没有对其他部门的处罚权而停留于条文之中。信访机构受理了大量信访案件，却因为权能有限无法及时处理，如此难免会积累矛盾，最终甚至造成恶性事件，这是信访制度设计本身的一项缺陷。

二 现行信访工作权力关系面临的困境

信访工作中各权力之间现有关系带来的影响是深远的，不仅决定目前的信访工作格局，还直接影响到我国法治化进程，其面临的困境主要有：

（一）强化"全能政府"思维，各类矛盾向政府部门集中

在我国古代，行政司法合一的政治体制使行政首长成为百姓的"父母官"，当代计划经济时期政府对人民生活的包揽，亦造成了我国群众头脑中根深蒂固的"全能政府"思维，无论是行政事由还是涉诉事项，群众都倾向于找政府部门解决问题。在市场经济大潮中，剥离部分政府职能，建设"有限政府"是实现现代化的必由之路，但政府部门在信访工作中的权力扩张却进一步强化了"全能政府"的思维。在实际工作中，不少群众在"青天情结"的推动下总希望"海清河宴有圣人出"，凡事都要找党政领导解决，大量的信访案件涌向政府部门。作为社会管理者的政府部门，面对群众的固有思维习惯，本应该因势利导，将群众引导向法治化程序，按照法治社会的制度架构解决相关问题。但在实践中，政府部门因合理引导的缺乏和行政权的扩张却进一步加剧了信访案件向政府部门的集中。在蜂拥的信访案件面前，政府为了减少受理的信访量便会要求下级政府将本地信访量控制在一定指标内，下级政府慑于指标考核即会对当地信访人采取"堵"的措施，对上访人员进行围堵，以至于信访人对于政府的希望变成了失望，信访人和政府之间的矛盾就这样不断积累，陷入"越激烈越堵，越堵越激烈"的恶性循环怪圈。

---

① 《信访条例》，2005年。

（二）行政权干预司法权，削弱了司法权威

涉诉信访向党委和行政机关的靠拢，为行政权干预司法权提供了机会，本应付诸于行政诉讼的行政信访也使行政权越位代替了司法权，这些都成为我国法治化进程的阻碍力量。行政机关做出的决策和行为不可能永远是正确的，尤其是其对自身的自我监督比较脆弱，这就需要其他权力对其进行监督和制约，纠正其所犯的错误。一个民主法治的社会，未必是各权力主体从来不犯错误的社会，但至少是拥有有效、及时纠偏机制的社会，司法机关就为行政机关提供了一种纠偏的力量。司法活动的原则是只对法律负责，因此它要求高度的独立性，独立的司法体系是一个法治国家的基本标志。当然，我国目前司法从业人员素质参差不齐，司法不公现象也时有发生，这是不可否认的事实，但不能因此而将司法裁判权交给行政机关，使信访成为行政权僭越司法权的借口。也许这种信访可以实现某个信访人的个体正义，但是它摧毁的是一个法治社会的制度基础。在这里有必要重申孟德斯鸠那句古老的格言，"如果司法权和行政权合二为一，法官便握有压迫者的权力"[①]。

（三）人民代表大会对一府两院的监督关系无法理顺

政府、法院和检察院都由同级人民代表大会产生，并受同级人民代表大会监督，这是由我国宪法所确定的，也是我国宪政的基本原则，只有充分发挥人民代表大会对一府两院的监督作用，人民才能真正成为国家的主人，中国特色的社会主义民主政治才能落到实处。但在我国的信访工作中，这种监督关系无法理顺，一是人民代表大会自身功能得不到有效发挥，对同级一府两院监督不力，无法有效处理涉及一府两院的信访案件；二是行政机关的强势在一定意义上将人民代表大会置于附属地位，监督与被监督的关系本末倒置。

（四）党委领导的最终决定权带有"人治"色彩

我国目前的信访制度程序不够规范，权责不够明确，这种情况下，党委领导的个人素质就成为影响信访案件及时有效解决的重要因素，这也是很多群众"清官情结"在今天还不能完全消除的客观原因，"清官情结"是"人治"下的必然产物。一个社会稳定的基础是能够通过明确的制度规范给予社会成员相对比较确定的预期，如果个人因素在社会中所起的作

---

① ［法］孟德斯鸠：《论法的精神》，商务印书馆2007年版。

用取代了制度规范,社会成员将陷入恐慌和投机中。很多地方的信访工作依赖领导的批示,当地群众只能寄希望于拥有一个好领导,这种现象实际上阻碍了我国的法治化进程。

三 信访工作权力关系的重构

目前我国信访工作中的部分权力关系已经在一定程度上阻碍了法治化的进程。在政治民主化和法治化的时代要求下,结合我国的宪政设计,重构适应法治化的信访权力主体关系,应当从以下四个方面入手。

(一)"分流"信访,变"堵"为"疏"

"信访内容的广泛性及复杂性使社会矛盾集中体现在信访中,信访工作已经不堪重负。"① 当前比较可行的做法是按照"不同事由应由不同权力主体受理解决"的原则,采取分流措施,积极引导信访案件通过正常的司法、复议等途径解决,减轻行政权的压力,使社会各权力主体承担起各自的责任,引导权力走上良性运行轨道。这样做不仅可以保证各权力主体的权威,又实现了各权力主体之间的制衡。

1. 引导涉诉信访走司法途径

涉诉信访本身就是法律问题,行政权要对自己的涉足采取谨慎态度。涉诉信访的缘由是案件未受理或者对司法裁判不服,对于这种情况我国法律制度已经设计了相应的司法救济程序,当事人可以对案件的处理结果申请法院复议,对判决结果不服可以提起上诉或者申请再审,对二审结果不服的还可以向检察院申诉。而在目前的信访工作中,这些原本可以通过司法途径得到解决的信访案件为数不少,却都挤到了政府部门,闲置了司法资源,浪费了行政资源。

2. 引导行政信访走行政复议和行政诉讼途径

《中华人民共和国行政诉讼法》和《中华人民共和国行政复议法》分别规定,公民或者法人认为行政主体的具体行政行为侵害了自身合法权益的,可以向有关部门提起行政复议或直接向法院提起行政诉讼。这是对行政行为侵犯行政相对人合法利益的公力救济。行政复议和行政诉讼已经具有了相对比较规范的程序,可以通过明确的制度规范来制约行政权力,具有现代法治的精神,所以当行政信访案件可以通过行政复议和行政诉讼得

---

① 周梅森:《理性求解中国信访的制度困境》,《半月谈》2004 年第 7 期。

到有效解决时，也就标志着我国法治建设的完善。与涉诉信访相同，这类信访经过复议和诉讼之后也可能还无法得到解决，这时信访作为最后一条救济渠道启动。

3. 引导揭发检举类信访走纪检举报途径

揭发检举类信访是对党政工作人员的检举，可以由纪检部门单独受理，对群众反映事由认真开展调查，决定立案与否，并及时回复信访人或定期公开。纪检部门受理这类信访，可以通过信访事由及时掌握党内矛盾，防患于未然，纪检信访还是观察党风的一个窗口，纪检部门通过对来访者的了解可以监测党风动向①。当然，纪检部门也不可能对所有违法乱纪人员做出严肃处理，这种党内和政府内部的自我监督具有自身的局限性，因此还应该有一个更加权威、权限更大的综合信访机构。

4. 原各部门信访机构保留对批评建议类信访的受理

对信访案件的分流并不意味着对现行信访制度的废除，也不意味着对原有各信访机构的撤销，各部门所设立的信访机构仍然有其存在的必要性，这主要体现在三个功能上：一是对内部问题信访的处理。任何部门都拥有大量的工作人员，工作人员在工作和生活中也会产生各种摩擦，部门内信访机构的保留为他们提供了一个缓冲地带；二是对涉及本部门行政行为的初步信访受理。公民或者法人对本部门的行政行为提起复议和诉讼，但对最终结果仍然不服，可以向该部门信访，尤其是作为政府职能机构的专门信访部门，仍然需要受理涉及其他职能部门的行政信访，但对于应该提起行政复议或者行政诉讼的不予受理；三是受理公民或者法人向本部门提出的批评建议。批评建议往往比较具体，而且与相关部门的工作性质直接相关，带有较强的专业性，只能由原部门自己受理，并尽快给予信访人明确答复。

（二）构建"人大信访"的大信访格局

解决信访部门责重权小的问题，重点在于理顺信访工作中各权力之间的关系，应在我国现行的政治制度框架内构建"人大信访"的大信访格局。

1. 在人民代表大会设立一个地方的终极信访机构

终极信访机构是指一个地区拥有最高权威的信访机构，也是权力最大

---

① 罗炎卿：《浅论新形势下的纪检信访工作》，《求实》1986年第5期。

的信访机构，这样的机构当然要设置在最高权力机关之下。信访其实是一种权利监督方式，通过保障信访人的合法权益对公共权力形成制约，在拥有最高监督权的机构下设置信访机构必然是最有效的。全国及地方人民代表大会是国家和地方的最高权力机关，在人民代表大会设立统一的信访机构受理那些通过正常司法、复议、检举途径仍得不到解决的案件，是最符合我国宪政实践的方案，如此设立的信访机构也拥有足够能力监督行政权和司法权，促使信访案件得到有效解决。

2. 建立信访服务大厅，统一受理信访案件

在人大信访机构建立信访服务大厅，对人大信访统一受理，将信访转至各相关单位并督促其落实。通过信访服务大厅，可以有效减少信访人的信访成本，且以监督者的身份将信访事由转至相关单位，更有利于解决问题。当然，人大信访也只受理符合条件的信访案件，对于不符合信访的事由要向申请者解释清楚并告知其应该采取什么途径和程序。

3. 成立人大信访委员会，成员由选民选举产生

即便是处于监督地位的人民代表大会，也同样具有惰性，也需要另外一种力量——民意的监督，任何失去了监督的机构必将成为一个不履行职责的空壳。制度设计有时经常陷入一种"监督怪圈"，即为了监督一种权力又增加了另外一种权力，以此类推，最终的监督者也失去了监督。其实很多时候只需要把这些监督者再次还原回民众问题就可以迎刃而解了。人大的信访机构由信访委员会领导，信访委员会成员实行任期制，由当地选民选举产生，当地选民拥有罢免权，这样才能确保人大信访机构切实为当地人民群众服务。

4. 提高人大代表参政议政水平，促进人大代表专职化

人大信访机构能否正常发挥作用取决于人民代表大会对它所产生的一府两院的监督力度，人民代表大会目前的弱势地位不利于人大信访机构开展工作，需要不断提高人大代表的参政议政水平，不断增强人民代表大会对一府两院的监督，促进人大代表专职化，因为只有专职化的人大代表才有充裕的时间思考公共议题和联络选民。

（三）完善信访回复制度

信访回复对于信访人十分重要，信访人只有在得到明确回复之后才能确定自己的信访事项的处理结果，否则信访人就会寻找门路重复上访，这样既不利于信访事项的解决，也不利于社会稳定。我党领导人从信访制度建立之初就非常重视对信访人的回复，毛泽东在延安的时候就曾经多次给青年回信，建国之后毛泽东也对来信来访十分重视，经常催促办信同志[①]。完善信访回复制度可采取三个措施：第一，建立信访信息流机制，信访机构由信访人输入信息后输出给相关部门，并动态监测获得相关部门的反馈，再予以输出，对整个信息流程严格管理；第二，定期公开信访内容和处理结果。信访机构要建立严格的工作责任制，规定受理信访一定时限内必须予以答复，并公开信访内容和处理结果，以供信访人监督；第三，实行问责制，信访人可以对不按时间答复的部门或个人追究责任。

（四）制定《信访法》，从基本法的高度确立相关权力关系

立法是执法的前提，是执法的基础，没有立法，无法可执，无从谈执法，因此，解决信访工作立法问题是理顺当前我国信访权力关系的重要举措。信访制度由来已久，从新中国成立之初就已具雏形，但到今天为止尚没有一部相应的法律，只有一部国务院颁布的行政法规，信访工作长期处于不规范、不科学中。因此，我国急需出台《信访法》，以法律的形式规定信访的体制和程序，这不仅是推进信访工作权力关系走上良性循环的需要，也是我国社会主义事业法治化建设的需要。

（原文发表于《理论导刊》2013年第7期）

[①] 游和平：《毛泽东与人民信访工作》，《党史博览》2009年第2期。

青年农民政治参与的制约因素与对策

时树菁[①]

摘　要：青年农民政治参与是农村基层民主政治建设的重要内容，现阶段青年农民政治参与出现政治参与和政治冷漠并存，参与意识强但参与能力低，制度参与和非制度参与并存，参与的政治取向和利益取向并存等一系列特点。影响青年农民政治参与的因素包括经济因素、政治因素和文化因素。提高青年农民政治参与必须大力发展农村经济，深化农村改革；转变政府职能，完善参与机制；加强农村文化和法制建设，充分发挥广大传媒的作用。

关键词：青年农民；政治参与；特点；制约因素

党的十七大明确将基层群众自治制度纳入我国民主政治制度范畴，提出要健全基层充满活力的群众自治机制，扩大基层群众自治范围，完善民主管理制度。基层民主制度的完善是以农民充分的政治参与为基本前提的，而作为农村社会的未来和希望，青年农民是政治参与的主力军。但目前我国青年农民的政治参与还不能适应基层民主政治建设的要求，因此，分析青年农民政治参与的制约因素，及时提出解决问题的对策，是推进青年农民政治参与的需要，对加快基层民主政治建设进程具有重要的现实意义。

一　青年农民政治参与的制约因素

（一）经济因素

西方政治学家马丁·利普塞特在比较了第二次世界大战后世界各国经

[①] 作者简介：时树菁，女，1965年出生，南阳师范学院政治与公共管理学院院长，教授，法学硕士，主要从事农村基层治理研究。

济与政治发展的关系之后指出：经济增长虽然只是民主化的因素之一，但显然是举足轻重的一部分，……国家如果能够提高公民生活水平和教育程度，便为民主结构打下了基础，使争取民主的努力制度化和合法化的可能性增加①。我国是一个经济文化相对落后的发展中国家，这必然对农民有效地参与政治造成客观的负面影响。而且，现阶段中国社会正处于转型期，农村利益的分化、多元化必然带来民众参与政治的能力、水平以及程度的差异性。同时，改革开放以来，市场经济意识对青年农民也产生了强烈影响。经济收入、经济利益对青年农民有着非同一般的意义，而这种经济收入与经济利益的获得主要是靠青年农民的自身努力，如外出打工或做小本生意，青年农民难以如其父辈那样把自己的利益获得归结为政府的领导或者归结为集体的力量。而决定人们政治参与的关键，是参与行为和参与结果之间有利益关系，真正的政治参与之所以激烈并有竞争性，并不是因为参与者有多高的政治热情和政治技巧，其根本原因在于政治参与和人们之间的利益不可分割。因此，从理性角度看，部分青年农民的政治冷漠就不难理解了。

（二）政治因素

首先，在市场经济体制下，权力下放，财政自负，各级公共权力机构都有自己的经济利益，自利行为有了表现机会，出现了利益部门化趋势，结果导致侵犯农民利益，造成农民负担过重，政府对经济的过度干预等。其次，目前我国农村大多数干部是好的，然而也确实存在着基层干部素质不高及行为失范的现象。如：有些基层干部对有关政策法规认识、贯彻和执行的水平不高，损害了农民利益；一些基层干部官僚主义严重，不关心群众疾苦，对群众反映的问题推诿扯皮；有些乡村干部作风粗暴、态度蛮横；有些基层干部以权谋私、贪污腐化、违法乱纪。再次，虽然我国公民在政治参与方面有以人民代表大会为核心的一系列制度，但是这些制度在实施过程中还存在一些偏差和问题。如：人大选举中候选人提名制度不完善，选举走过程；在村民自治中，一些地方出现村委会职能异化，缺乏独立性，无法真正起到保护村民利益的作用；在信访中，由于信访制度不健全，农民反映的问题久拖不决等。凡此种种，直接导致农民丧失对基层政治的信心，感到在现有状况下参政成功的希望渺茫，使有着更宽阔选择空

---

① ［美］马丁·利普塞特：《民主的再思考》，社会科学文献出版社2000年版。

间的青年农民丧失对乡村政治参与的热情转谋政治参与其他出路，或者干脆以非制度的形式进行政治参与。

（三）文化因素

以儒家政治思想为主线的政治文化传统在我国广大农民中影响颇深，青年农民的政治心理也有明显的传统文化烙印。一方面，传统中国农民的形象是善良、忍耐和朴实，还有些保守和封闭。反映在政治文化上，农民对政治的态度往往是冷漠和不关心，既无权参与也不愿参与，认为政治是政府、政府官员和政治家们的事情，对于政府和官员，表现出极端的顺从和恐惧，不敢有任何异议，也没有任何的权利意识。另一方面，中国农民传统的追求正义，崇尚真、善、美的品质，又使得他们具有潜在的抗争意识，尤其是青年农民，当出现社会不公时，极易引发"官逼民反"式的极端参与。这种双重性的文化反映在政治感情上表现为政治冷漠和政治急躁并存，表现在现实中，一方面，青年农民有着政治冷漠与疏远的一面，另一方面，个体利益受到侵害时，缺乏政治历练的青年农民就倾向于采取过激的非制度参与方式来实现自己的利益和要求。另外，农村深厚的家族色彩对青年农民的政治参与带来极大的负面影响。传统的中国社会基本上是一个宗法社会，家族文化是中国传统文化的一大特色。人们还习惯于以血缘和地缘为纽带来保护自己的利益，而介入公共事务的往往是宗族的头面人物，青年农民由于其年龄、身份等很难成为宗族的领袖，也很难在宗族中处于核心地位，青年农民在村庄权力结构中处于的这种劣势地位难以激发他们对政治参与的兴趣。

（四）环境因素

随着农村大量剩余劳动力的出现，大批农村青年，尤其是青年精英进城务工创业，寻求发展。许多农村剩余的多是老弱病残幼，留乡青年人数越来越少，青年作为一个群体，在农村形不成气候，必然影响到他们在村庄的发言权，这就打击了青年农民政治参与的积极性。

另外，农村信息闭塞，形成相对封闭的环境，尤其缺乏现代信息沟通渠道，无书报、杂志，更缺乏网络，少数落后的农村，甚至连广播、电视等最基本的传媒手段都没有。农村青年即使有文化也难以接触、了解外面世界，难以及时把握政府政策、法律及社会导向等，导致青年农民政治参与能力弱化，政治博弈资本降低，造成其政治参与信心不足。

二 促进青年农民政治参与的对策

(一) 大力发展农村经济,深化农村经济体制改革

当前,要提高青年农民政治参与水平,根本出路在于大力发展农村经济。农村生产力发展了,经济落后的局面改变了,青年农民才能够有足够的时间和精力去参与政治,才不至于为赚钱而大量外出务工或者无暇顾及政治。也只有经济发展了,才有足够的财力和物力用于政治制度和设施方面的建设。

另一方面,大力推进农村经济体制改革,培育和健全农村的市场经济。因为经济的市场化必然呼唤政治的民主化,市场经济是民主政治的基础。如果经济的发展水平低,市场程度低,那么,农民的自主能力也低,反之,市场经济越发展,作为市场主体的农民的权利意识越强。政治学家亨廷顿曾就经济发展与政治参与程度做过相关性分析,提出:社会、经济的发展促进政治参与的扩大,造就参与基础的多样化,并导致自动参与代替动员参与①。

(二) 转变政府职能,完善参与机制

切实转变政府职能,减少政府对经济的过度干预,精简政府机构,减轻农民负担。在市场经济条件下,政府对经济的管理职能应该属于宏观管理,即制订宏观的经济政策和社会发展目标,为经济发展创造良好的社会环境。青年农民作为微观市场的经济主体,对自己的生产经营活动有自己的决定权,如果政府进行干预,只会增加与农民之间的摩擦,导致政府与农民之间的利益冲突。所以,政府应当着眼于对农民尤其是代表农村新生力量的青年农民的扶植和支持,从农民利益出发而不是从政绩出发,顺从民意,才能赢得青年农民的信任。

进一步完善以人民代表大会和村民自治为核心的基层民主制度,使农民制度化参与渠道更加畅通。扩大基层民主,是发展社会主义民主政治的基础性工作,青年农民只有投入到民主政治建设的实践中,并从中获得切实利益,他们的政治参与意识和热情才能够真正调动起来,政治参与能力才能得到锻炼而逐步提高,并在程序化和规范化的民主实践的基础上逐步

---

① [美] 塞缪尔·P. 亨廷顿、琼·纳尔逊:《难以抉择——发展中国家的政治参与》,华夏出版社1989年版。

培养民主、法律的基本素养。通过不断完善法律法规，拓宽农民政治参与的正常渠道，从而达到减少农民非正常参与的目的，维护农村社会的稳定。

加强农民政治参与的有关法律法规的建设。我国《宪法》和《村民委员会组织法》已经规定了公民所享有的政治权利和自由，为农民政治参与进行合理定位。目前，在承认农民主体地位的前提下，还要制定相关的法律、法规和政策，对农民政治参与的方式、程序、参与的广度和深度进行相应的规定。严格把握和控制，对于超出政治体系承受能力的参与和要求，不当的参与方式和行为应及时、果断地予以纠正和制止，这样才能使农民政治参与有法可依。

（三）加强农村文化和法制教育，充分发挥大众传媒的作用

列宁说：文盲是处于政治之外的，必须先教他们识字，不识字就不可能有政治，不识字只能有流言蜚语，谎话偏见，而没有政治[①]。在中国农村，由于农民的文化素质普遍低下，加上地理位置偏僻、信息闭塞、政治舆论宣传力度不够，无论是家庭、学校、初级社会群体、传播媒介还是个人实践活动，都不能切实有效地传递政治文化。所以在农村要充分发挥家庭、学校、初级社会群体、传播媒介和个人实践活动的功能，让政治规范和文化把农民尤其是青年塑造成政治人，从而提高农民的政治素质，使他们进行有效的政治参与。同时也要不断提高青年农民的文化素质，提高其参与技能，从而使青年农民积极而有效地进行政治参与。

加强农村的法制教育。青年农民较之他们的父辈有较强的法律意识和维权意识，但通过制度化的程序参与政治生活，表达自己利益的能力还普遍较低。他们或是在权利受到侵犯时无动于衷，或是头脑发热、感情用事，采取过激行为。同时农民的义务观念也比较淡漠，造成诸如计划生育、税收等农村工作难度加大，甚至导致冲突事件的发生。因此，要减少青年农民非制度化政治参与，提高其政治参与的水平，就要求我们在推进农村法制建设的同时，也要利用多种形式和方法，在青年农民中广泛开展普法教育，使青年农民充分认识自己的权利和义务，不断提高其政治参与的理性程度；有效约束非理性的情绪性政治参与，使青年农民知道如何进行合法的政治参与。

---

① 列宁：《列宁全集》（第42卷），人民出版社1987年版。

充分发挥大众传媒的作用。村庄相对闭塞，必须与外界、与城市建立广泛联系，才能扩大农民的知情权，提高其参政能力和博弈资本。青年农民比他们的父辈更易于接受新生事物，在信息时代，农村青年接触的最多的是大众传媒，通过大众传媒了解外面的世界，获取信息，不断进行自我的社会化，这一渠道是其他渠道不可比拟的。它是农村青年获取政治信息、政治知识、政治技能的重要渠道。大众传媒是政府的喉舌，是社会舆论的控制机关，是政策的"传声筒"，也是青年农民政治表达的渠道之一。因此，大众传媒应充分注意到青年农民这一广大的受众群体，深入农村社会，把宣传党的政策、方针、路线与发生在农民身边的事结合起来，与解决农民的实际困难结合起来，与切实减轻农民负担结合起来，使青年农民切实感受到党的政策，这样才能激发他们的兴趣，主动走入"家事、国事、天下事，事事关心"的政治境界，跳出"事不关己、高高挂起"的小农意识。这是一项潜移默化的系统工程，但随着信息化的不断深入，它的作用将越来越重要。

（原文发表于《南阳师范学院学报》2008年第5期）

农村女性参政的困境与出路
——以河南省南阳市为例

时树菁

摘　要：农村女性参政是推进基层民主政治建设的重要内容。本文以河南省南阳市为例，通过大量调查和走访，对农村女性参政的现实困境及原因进行分析，并试图寻找走出农村女性参政困境的出路。

关键词：农村女性；参政；困境；出路

农村社会的发展离不开农村女性包括参政在内的各方面积极参与。农村女性参政的内容包括农村女性选举和被选举为各级人大代表、村民委员会成员以及对村、乡、县党委和政府进行民主监督。就农村女性参政问题，笔者在南阳市进行调查和走访，并在19个村33个村民小组发放调查问卷405份，回收有效问卷389份。

一　农村女性参政的困境

（一）现阶段农村女性参政的特点
1. 呈现出经济利益倾向

经济地位是政治地位的物质基础。今天的农村女性在经济上日益独立，她们拥有比以往更多的平等参与机会，也更加关注与自身利益直接相关的经济问题。调查中，68%的农村女性认为"只有积极地向政府反映意见和要求，才能使自己的利益得到满足，才能使政策制定地更加合理"，"如果政府做了损害您利益的事儿"，76%的女性选择"向有关政府部门反映"，6%的女性选择"通过党组织向上反映"，反映了大部分农村女性会为自身利益而参政。农村女性对于公共事务和基层政权建设也多是从经济角度去关注，如，76%的女性选村干部的标准是"能带领村子致富"。

2. 呈现出组织倾向

作为党联系女性群众的纽带，南阳市妇联十分注重通过宣传来增强农村女性的参政意识，发挥农村女性的民主参与和民主监督作用。南阳市卧龙区蒲山镇妇联建立了女性人才信息卡，组织妇女干部政治思想和业务知识的培训，积极促进发展女性党员工作的开展。调查中，55%的农村女性认为妇女组织在政治方面的工作"作用很大"或"有点作用"。

3. 当选女干部呈现中青年化和知识化趋势

农村女性参政的一个重要表现是被选举为村委会成员。在南阳市2005年村委会换届选举中，当选女性的年龄有87%集中在26—45岁，25岁以下和46岁以上的女干部分别占4%和9%，反映了女干部的年龄结构呈两头小、中间大的特点。因为，在26—45岁这个阶段，女方出嫁后已融入男方所在地的社会生活，这个阶段可以说是农村女性参政的黄金年龄段。调查中，当选农村女性文化程度在初中毕业以上的占77.8%，普遍反映，"有文化"是当选村干部的重要条件，"不识字""文化水平低"会直接限制其参政能力。

（二）农村女性参政存在的问题

1. 参与意识强，当选比例低

南阳市2005年村委会换届选举，女性的参选率达93%以上，说明农村女性的参与意识强。调查中，57%的女性知道"现任国家主席是胡锦涛"，64%的女性知道《村委会组织法》，78%的女性知道"选举村委会干部的程序"，45%的女性"很关心村务，并经常提出建议和意见"，41%的女性"比较关心村务，偶尔提出建议和意见"，56%的女性认为"参加村委会选举是我的权利"，只有14%的女性对村务毫不关心。说明随着我国政治体制改革的深入，农村女性有了更为广阔的政治舞台和不断扩大的自由，一些法律观念也深入农村女性心中。

阿尔蒙德和维巴指出："个人确信他应当参与共同体或国家的政治生活，并不意味着他将在事实上这样做。"[①] 人们的政治观念和政治行为之间有一段距离，政治行为的改变往往滞后于政治参与意识的提高。所以，

---

① 杨明：《四县农民政治参与研究》，《社会学研究》2000年第2期。

在调查农村女性对于当干部的看法时，有74%的女性"从未想过要当干部"，原因是认为自己没有这个能力。41%的女性选择"如果选我做村干部，就一定干好"，19%的女性选择"如果选我做村干部，就服从安排尽力干好"。说明农村女性参政行为存在着很大的被动性，如果被"逼"到村干部的位置上，大部分会干好本职工作。2005年南阳市村委会换届选举，4622个村委会中女性成员所占比例为10.6%①，这一数字远低于全国女性参政20%以上的平均水平。调查还显示，经济越发达，距离中心城市越近，农村女性参政比例越高。2005年村委会换届选举中，位于南阳市郊区、经济发达的卧龙区蒲山镇女性当选比例为15.3%，距离南阳市远、经济落后的社旗县城郊乡女性当选比例仅为10.4%。

2. 在村庄政治中女性明显处于配角地位

调查显示，农村女性虽然对村务比较关心，但参加村民会议次数多的女性仅占23%，总是参加村民会议的只有12%，更多情况下，女性愿意支持丈夫参与村庄事务而自己则处于辅助角色。92%的女性认为，"丈夫的成功就是妻子的成功，所以妻子应全力支持丈夫"。在已当上村干部的女性中任正职、负责全面工作的也少，任副职、负责某一方面工作的较多，使农村女干部结构呈"金字塔"状，高层女干部人数偏少。在调查的19个村中，当选村委会成员的女性有36人，担任正职的有2人，担任副职的有5人，加起来也仅占当选女性的19.4%，而且当选为副主任和委员的农村女性大多负责妇女工作和计划生育等单项工作。

3. 农村女性参政议政的综合素质还不适应基层民主政治建设的要求

一般的，文化程度和自身综合素质成正比，女性的文化程度低则参与政治的能力相对就低，反过来社会为她们提供的参与机会和参与面也少而且狭窄。部分农村女性文化素质、能力素质较低，缺乏基本的参政意识和技能，比如尚有14%的女性对村务毫不关心，对公共事务比较冷漠，不参与或很少参与民主选举等公共活动，49%和55%的女性对《村委会组织法》和村委会干部的选举程序都是"知道一点"，她们在参与村庄事务中发挥的作用是有限的。部分女性干部独立自主能力差，在选举、决策、管理中容易被他人左右，不能坚持己见，在带领群众致富、解决复杂矛盾等方面能力不足，影响了农村女性有效参政。在西峡县双龙镇，现任女村

---

① 《南阳市2005年村级体制改革工作总结》。

干部中具有高中及高中以上文化程度的占了极少数,大部分是初中文化程度。南阳市近郊的蒲山镇,经济文化相对发达,女性参政的比例明显高于南阳市女性参政的平均水平,但现任女村干部中具有高中文化程度的也只占女干部总数的17.6%,而具有小学文化程度的女性也有17.6人。文化程度偏低严重地影响了农村女性参政的自觉意识和参与能力。

二 影响农村女性参政的诸因素分析

(一) 传统观念

今天,虽然"男主女从"的封建意识已经失去了其赖以存在的经济基础和上层建筑,但它仍然作为有着强大影响的社会意识形态,渗透到社会生活的各个领域,尤其是广大农村。这种观念导致人们接受男性作为社会强势力量、主导力量的代表,面对女性,往往要用比男性更苛刻的标准来衡量,从而增大了女性进入政治、经济等社会领域的难度,造成男女从政不平等的社会环境。调查中,农村女性虽然在经济活动中和男性获得了平等的参与机会,但占主导地位的仍然是男性至上的价值观。即使女性意识到自己有平等的政治权利,这种意识首先也只是作为一般"人"的自我意识启蒙,而不是作为"女人"的政治意识启蒙。相对于封建社会和计划经济时期来说,女性作为"人"的政治意识觉醒的确是个体意识的启蒙,这是历史性进步,是女性政治意识的前提,但还不是完全意义上的女性政治意识,而只是男性意识形态的折射。

调查显示:赞成"妇女有权对村里的大事发表意见"的女性占93%,反对"只要日子过得好,何必去管国家大事"的女性占76%,但认为"丈夫的成功就是妻子的成功,所以妻子应全力支持丈夫"的女性占92%。说明虽然农村女性意识到像"男主外女主内、妻子不能比丈夫强"等观念是封建残余思想,但在实际做法中,农村女性的思维方式仍然是守旧的。正如列宁所说"只有那些已经深入文化、深入日常生活习惯的东西,才算作已达到的成就"[①]。新观念在理论上取得优势,并不等于在社会生活中占了上风。

(二) 农村女性在家庭中的经济地位

从丈夫的绝对主导中独立出来,逐步摆脱对丈夫"主权"的依附,

---

① 《列宁选集》第4卷,人民出版社1995年版。

这对女性独立地位的形成有至关重要的作用。在生产队时期，每一个家庭中的男人代表女性商议集体事务，女性没有商讨与谈判的地位，也就没有真正的政治地位。而农村"责任制"把家庭还原为基本生产单位，女性获得与丈夫商讨家庭生产与经济事务的权利，这是女性参政的重要基础。尽管多数家庭在重大决策中，仍然以男性为主导，但女性在家庭中的"发言权"，客观上使女性逐渐成为与丈夫商量家庭事务的独立主体。而作为民主政治的重要前提条件，自由商讨的主体之间必须是一种平等的关系。在村民自治中，与男性共同关心与谋划家庭经济活动，为女性学习政治参与提供了极好的机会，为了保障自己的利益，她们需要关注村官们是否有助于实现她们的利益，这是她们认识选举意义与选择村官的直接依据。

在调查"你家里由谁当家"时，54%的女性认为家庭事务是由"夫妻共同决定"，21%的女性认为家庭事务是由"自己"当家。说明今天的农村女性在经济上、家庭事务的决定权上已经慢慢具有和男性平等"对话"的权利。但是非集体化对农村女性既有正面影响，也有负面影响，农村女性在家庭中经济地位的提高，是以女性同时担负着生产和家务两种重负为代价的。访谈中了解到，农村男性一般不做家务，这就从时间上限制了农村女性参与农村公共事务。

（三）农村女性的参政意识

参政意识是参政思想、观点和心理的总称，主要包括政治认知、参政的情感态度、参政的行为素养等。政治认知是参政意识的基础，政治态度是参政意识的内在制约机制，参政行为则是参政意识的外显。农村女性的参政意识是其参政的主观条件。调查显示：57%的女性知道"中国现任的国家主席是胡锦涛"，15%和49%的女性对村委会组织法"非常了解"或"知道一点"，23%和55%的女性对村委会干部的选举程序"非常了解"或"知道一点"，23%和12%的女性参加村民会议的次数多或总是参加村民会议，31%的女性家里"谁有空谁去参加村民会议"，19%的女性"家里人一块去参加村民会议"，24%和51%的女性参加村委会选举的态度是"非常认真"或"比较认真"，74%的女性"从未想过要当村干部"，41%的女性"如果被选为村干部，就会一定干好"，19%的女性"如果被选为村干部，就服从安排，尽力干好"。

以上数据表明：大部分农村女性对国家事务比较关心，有一定参与意识。但是对于竞选村干部，农村女性就呈现出被动状态。这是由于长期缺乏参与机会及传统文化中不利因素的影响，使大部分农村女性缺乏积极的主体参与观念造成的。满足于当好家庭妇女，对公共政治生活缺乏了解、缺少兴趣，依附性较强，在选举中容易受他人左右，政治效能感差，忽视自己的价值，对选举持"无所谓"态度，同男性选民比，女性的公民意识缺失更明显。根据社会性别理论，性别之间的生理差异并不足以导致两性之间地位的不平等，这种不平等的性别关系秩序是被男性建构和维持的。它充斥在人们生活的各个层面，是一种最基本的、最持久的社会制度。但是，这种社会性别的差异是可以改变的，这需要女性主体意识和全社会平等意识的觉醒。

（四）女性的受教育程度

女性文化素质既是影响女性参政的主要因素，也是提高女性参政的条件。某种意义上，在男性主导的社会中，女性要同男性竞争，必须显示出比男性更高的素质。而文化素质一般与受教育程度成正比。研究表明，现代社会受教育程度的高低对农村女性的政治态度和政治行为有直接的影响，受教育程度高的女性对政治信息有更清楚、更深刻的了解，具有更强的政治效能感。

调查显示，南阳市农村女性13%不识字或识字很少，37%是小学文化程度，39%是初中文化程度，9%是高中以上文化程度。而教育比年龄、收入等更能决定其政治态度，只有具备一定文化素质的人才会对参政感兴趣。南阳市卧龙区蒲山镇是经济文化相对发达地区，女性受教育程度也相对较高，因此其参政水平明显优于其他地区。可喜的是，虽然大部分农村女性的文化程度不高，可她们极重视对子女的教育，且在教育方面的性别平等意识很强。"如果一女孩因家里没钱供她上学而面临辍学"，78%的农村女性选择只要孩子愿意，"借钱也要让她读书"，可见女人读书无用的陈旧观念已渐渐退出历史舞台。随着农村经济的发展，发展教育的物质条件将逐渐提高，尤其是人们教育观念的可喜进步对农村女性参政的发展将是极大的促进。一个受过教育的农村女性更有条件争取平等，更有能力使自己充分地参与国家和社会公共事务。

（五）妇女组织的宣传作用

妇女组织是党联系女性群众的桥梁，可以利用"自己"的特殊身份去影响同级政府的决策，她的职责是向广大农村女性群众宣传党和国家的方针政策，推广实用性科学技术，发现、培养女性干部，并向各级党政部门推荐。如，南阳市卧龙区蒲山镇妇联针对农村女性存在的思想状况，开展解放思想大讨论，利用妇女之家，开展形势教育。在农村女性中开展"学文化、学技术、学法律、比成绩、比贡献、比守法"的"三学三比"竞赛活动，以提高农村女性的科学文化素质。配合司法部门对广大农村女性进行《妇女发展纲要》《妇女权益保护法》以及《选举法》等宣传教育，使农村女性参政意识和法律观念、政治素养明显提高。

三 走出农村女性参政困境的现实选择

（一）大力宣传男女平等国策，培养及提高农村女性的参政意识

各级政府及社会舆论应大力宣传男女平等国策，宣传农村女性从政对实现农村男女平等的重要意义。彻底批判封建社会的"男尊女卑"思想，消除人们对农村女性从政的偏见和阻力，在全社会形成有利于女性从政的舆论环境。各级领导要打破传统的思维定势，善于从性别的角度观察社会和现实，从而促进男女两性的协调发展，避免两性差距的扩大和加深。

农村女性参政宏观意义上是历史进步、农村社会文明的必然结果和重要标志，微观意义上则是农村女性主体意识觉醒的一种内在要求，就是对农村社会发展具有一种强烈的历史使命感。各级妇联和乡镇部门要积极鼓励广大农村女性破除封建思想和世俗偏见，强化其参政意识，提高其参政能力，唤醒农村女性权利意识，增强其主体意识、参政意识和竞争意识。

（二）从政策上向农村女性倾斜，建立健全农村女性干部的选拔、任用、监督机制

《村民委员会组织法》第九条中规定，"村民委员会成员，妇女应有适当的名额"。从执行结果来看，"适当的名额"并没有实质性地提高农村女性政治地位。为了确保这一目标的实现，需要从政策上向农村女性倾斜：首先，要细化法律规定，为确保农村女性当选制定相应的保护性政策。比如规定村民选举委员会成立时必须有女性成员，提名村委会候选人时必须有女性名额，在确定正式候选人时，同等条件下女性优先，妇女成员缺额单独补选等。其次，引导选民的投票倾向，保证村委会成员中至少有一名女性。

各级组织和领导应为发现、培养、推荐女性人才，制定切实有效的措施，把培养选拔农村女干部工作纳入干部队伍建设规划中，根据农村女干

部的分布和工作需求以及预测情况,制定选拔农村女干部的规划及制度,积极推荐和选用女干部,对在任女干部定期进行评议、监督。

(三) 充分发挥妇女组织的优势,提高农村女性干部的素质

充分发挥妇女组织的组织优势。在体制改革中,妇联应密切关注、及早准备,与党政同步调整组织设置、工作职责,制定相关政策,保证妇女工作渠道畅通。在农村继续把妇代会纳入以党支部为核心的村级组织建设整体规划中统一部署,以提高农村女性参政议政水平。充分发挥妇女组织的宣传优势。以开展群众性精神文明创建活动为载体,通过参与活动对农村女性进行爱国主义、社会主义和形势政策教育。善于从农村女性的实际出发,把为农村女性排忧解难作为思想政治工作的切入点,进一步提高思想政治工作的实效性。

农村女性干部素质的高低决定着农村女性干部的领导水平、领导能力以及领导技巧等。必须不断提高农村女性干部素质,提高其文化水平,培养其参政能力和参政技巧,使她们走出家门,敢于在男人面前讲话,勇于同男人在政治领域竞争,参与村中公共事务的管理。各乡镇要加强对农村女性干部的岗前培训,使女干部对农村各项方针政策有系统的了解。及时举办法律知识讲座、财会人员学习班、农业等各种技术培训班等,通过各种形式的培训和参观学习,提高广大女性干部的政治素质、理论水平、业务能力和适应新时期要求的能力。

(原文发表于《社会主义研究》2008年第1期)

完善农村先富群体参政的行为机制

时树菁

摘　要：近年来，先富群体参政逐渐成为农村基层政治中的普遍现象，这一现象是农村民主政治发展的必然趋势。在社会主义新农村建设和构建农村和谐社会中，先富群体参政将产生重大的积极意义，但也存在一些问题亟待解决和规范。因此，必须建立和完善行之有效的行为机制，对先富群体参政加以正确引导和规范，充分发挥其积极作用，减少其负面影响。

关键词：农村；先富群体；参政；行为机制

农村的"先富群体"是指一批种植大户、养殖大户或私营企业主、建筑包工头、运输专业户等在改革开放以来率先走上致富道路的相对富裕阶层。这些人凭借他们的经济地位以及社会影响力，争相当选为村官，致使农村先富群体参政成为一个越来越普遍的现象。

一　先富群体参政的积极意义

（一）先富群体参政是建设社会主义新农村的重要途径

经济发展是社会主义新农村建设的核心和基本前提。所以，增加农民收入，加快农村生产发展，是当前农村的中心工作。村官是村民致富的领头雁，只有村官自己富了，才能带领大家致富，才有说服力号召大家。先富群体是农村先进生产力的代表，是农村经济发展中最重要的人力资源。他们思想解放，有经济头脑，他们先富起来的过程就是在市场经济的风风雨雨中摸爬滚打的过程。他们承受挫折能力强，心理素质好，熟悉经济工作；他们头脑灵活，善于抓住机遇，敢冒风险，敢担责任；他们思路灵活，应变力强，善于适应市场需要；他们不守旧，不僵化，善于学习，接受新生事物快。所以,先富群体以他们成功的经验、丰富的阅历、广泛的社交、活跃的思想、开阔的视野等,赢得村民的尊敬和信赖。能够以自身的榜样作用带领大家致富,能够帮大家出主意、想办法,给其他村民指引一条致富奔小康的道路。

经济发达地区的实践证明,先富群体参政在发展经济、改善村情村貌方面成绩斐然,整体上产生了良好效果。富人担任村官后,发挥先富带后富的带动扩张效应,拉长致富链,把致富经验、技术传授给群众,使农民在较短时间内摆脱贫困,而且使农民的组织化程度有了较大提高,改变了以往"各自为战"、不适应市场的小生产状况,推动了农民致富增收,同时壮大了集体经济实力。在富人村官的带领下,广大农民的思想观念发生了很大转变,他们跟着致富能人学,跟着致富能人干,大力调整产业结构,加快了农业产业化经营的步伐。

(二)先富群体参政符合广大农民新型的政治理念

经过十几年基层民主的训练,广大农民萌发了一定的民主意识,他们并不简单地对待选举,在投票背后是他们对村庄经济的发展以及自身利益的一种期待与要求。"村官不能只收钱不办事",这是农民的普遍心声。农民需要一个为他们提供经济活动方面服务的组织,需要有能力、有经验、有热情为农村的发展出谋划策,能带领他们致富的领头人。而先富群体的榜样示范效应,以及他们在"施政纲领"中强调让大家富起来,在竞选中对村民的种种许诺,都能对村民产生巨大的吸引力和号召力。农民坦言:"穷人当村长,说话也不响。"在这种认识下,先富群体对普通村民来讲无疑是更具有竞争力和当选资格的群体,这就必然要把先富群体推向农村政治舞台的前沿。随着基层民主的推进,农民在参政议政方面的知情权、参与权、决策权逐步落实,极大地提高了选举的民主程度,农民完全可以根据自己的意愿,选择自己信得过的人。这就使得富人当选村官成为一种越来越普遍的现象。选择富人为自己执政,说明了农民新的政治理念正在形成,从单纯追求"道德权威"转变为道德风尚与经济发展共求,越来越多的经济能人代替道德权威执掌村政正是这种新型理念的必然结果[1]。

(三)先富群体参政是构建农村和谐社会的多赢之举

在农村政治中,存在着农民、村干部和乡政府等几方利益主体。村干

---

[1] 周挺:《对"村官"富人化现象的思考》,《行政论坛》2005年第2期。

部是联系农民和政府的桥梁、纽带,村干部必须是上下都满意的人选才能承担起这一角色。而富人治村能保持各方利益平衡,符合多方面愿望,是多赢之举。对于村民来说,选择富人为村官,首先是从经济上考虑,先富群体在竞选村官时往往采取一些经济方式,如捐资兴办公益事业;承诺当选期间不要报酬;个人掏钱增加村民福利;以个人资产作抵押发展集体经济等①。其次,是出于对先富群体致富能力和水平的认可。这些人经过多年商海搏击,基本完成了资本的原始积累,显示了他们高于一般农民的聪明才智,由他们担任村官更可能带领大家致富。几方面综合考虑,选择富人为村官成为村民们的主流意向。对于先富群体本身来说,致富以后,处于多种愿望,积极关心政治、参与政治,越来越成为一种趋势。出于经济利益考虑,只有拥有权力,才能为自己和别人谋得更多利益,才能使市场活动通过稳定的政治规则降低其不确定性,以保证投资获利的稳定预期。并通过政治平台,进一步获得政治资源和社会资源,更好的保护和扩大既得利益。出于心理需要,富人参政一个很大的心理推动力是求得名誉,实现个人抱负。通过当选村官在政治舞台上展示自己才能,找到成就感,取得更高的社会地位。部分先富群体是出于公心,为改变家乡落后面貌,造福乡民,希望以自己的财富、能力回报社会,引领村民共同致富。

对于地方政府而言,富人由于经济实力较强,在农村生活的各个领域中比其他人更为活跃。在完成上级交办的任务时能起带头作用,在集体公益事业建设中能起关键作用,在群众中有知名度、影响力,因此先富群体就成为地方政府认可的理想村官人选。事实上,选拔先富群体当选村官有利于乡村治理。特别是有利于乡镇政府布置任务的落实,富人舍得投入,特别是对公共事业的人力、财力投入,这是治疗乡镇政府财政入不敷出问题的良药。

二 建立和完善先富群体参政的行为机制

(一)进一步完善村民民主选举机制,从源头上保证村干部队伍的纯洁

实践中,富人参选最大的弊端是利用经济手段拉选票,导致贿选。先

---

① 李小芳、吴晓琴:《共同富裕视角下的当代中国先富群体》,《南京工业大学学报》2003年第4期。

富群体中的部分人把自己在商战中运用娴熟的经济公关手段用到选举中：有的采取捐赠的形式，承诺如果当选，可以捐出多少钱来办村级公益事业，这对村民颇有吸引力，在很大程度上起到了助选作用；有的采取发放东西、请客吃饭、事后图报的形式，拉拢村民为其投票；还有的成立竞选班子，有组织地开展游说和拉票活动。有几个富人联袂参选并组阁，形成一损俱损，一荣俱荣的局面。先富群体的竞选活动和经济手段的利用在大多数情况下是分不开的，一部分当选者本人对此也不再遮掩，公开表示自己在竞选中花了不少钱。一些人把这当成竞选村官的成本，把花钱当成一种投资，当权后大捞一把再赚回来。这是引起群众最大反感的地方，破坏了基层选举的公正性、公平性和严肃性①。

因此，建立公平的选举机制，把好先富群体成为村官的入口，这是从源头上保证村干部队伍纯洁的关键环节。在选拔、任用、考核村干部时，要坚持选举事务公开，把村委会选举的制度和程序明明白白地告诉群众，把选举办法的自主权交给群众，让村民真正懂得如何选村委会，同时细化村委会选举规则，强化村委会选举制度的可操作性，建立科学规范、易于操作、切实可行的选举机制。要加大力度，规范选举行为，营造公平竞争的选举环境。

（二）建立村干部定期培训机制，不断提高先富群体素质和参政能力

先富群体中大部分是好的和比较好的，他们头脑灵活、目光长远、懂经营、会管理，综合素质比较高，但不可否认其中有的是钻了社会新旧体制转型的空子而富起来的，这些人的政治素质和综合能力是令人担忧的。因此，先富群体当政后，对他们的教育和培训十分必要。首先是通过教育促使先富村官道德信念的形成，促使制度规范在当政的先富群体身上内化。只有激起先富群体道德伦理观念，使这些道德和规范内化为主体的内在素质，实现刚性约束和软性约束、外在约束和内在约束的结合，才能真正克服先富群体依靠非制度形式攫取利益的行为。因此，必须以系统的教育和培训着力提高村干部的思想政治素质。这样的培训可以通过宣传部门、组织部门，依托地方各级党校完成，可以根据当地实际，形成年度定期培训计划，并把此当作考核村级干部的必备条件。其次，要加大农村实

---

① 周挺：《试论"村官"富人化对农村基层组织建设的影响》，《党政干部论坛》2005年第8期。

用技术知识、市场经济知识、领导艺术和管理才能等方面的培训力度，切实提高其管理村务和带领群众致富的本领，使这些先富者从出色的经济人成长为合格的村干部。

（三）建立村干部激励机制，充分发挥富人治村的积极性

无论出于何种动机，先富群体参选的积极性往往十分高涨，执掌村政后也会有一段时期热心村务，但时间长了，因为各种原因，部分人就可能产生厌倦情绪。因此，保证先富群体参政的工作热情不减，就必须建立有效的激励机制，保证富人治村的积极性。一方面，可以尝试建立对优秀村官的选拔制度，村官政绩突出，群众满意度高的，通过国家公务员考试，推荐选拔担任乡镇干部。另一方面，村官带头办集体企业，把自己企业的技术传递给集体企业或村民，吸收村民到自己企业中工作，可以划分产权、责任、股权，制定相关利益分配办法，保证村官、村民、集体利益分配公平，都不受损害，无论企业盈亏，各方利益共享，责任共担。

（四）建立和完善村干部行为约束机制，对先富群体参政中的非制度行为进行规范

一些先富者当选为村官后，急功近利，由于缺乏长远眼光，只想自己的政绩，结果却导致瞎折腾，导致村庄更加贫穷。还有些人，凭借村官的身份，假公济私，中饱私囊，把村官的政治经济优势集中在自己的私人事业上，甚至利用手中职权，牟取私利，贪污腐败。因此，必须完善约束机制。首先，建立"协议村官"和"村干部过错行为民事赔偿制度"。这在浙江等比较发达的农村已经过尝试，收到良好效果。参选前，候选人先承诺，后签订协议书，协议书将"村官"有可能违法行政的问题列举清楚。如果村官就任后，暗箱操作，违规决策、管理，造成集体经济损失，他将承担赔偿责任。这就把因经济问题引起的村民和村干部的矛盾纳入法律诉讼程序，有助于促进村民自治制度的发展，维护农村社会的稳定。其次，坚持村务公开和村民代表大会制度。村民自治的核心在于"民主决策，民主管理，民主监督"，村干部进行的是阳光政治，那么自然就不会有任何机会私吞或侵占集体财产和资源，也不会出现违背民意的决策。村民代表大会制度化，凡关系全体村民利益的大事都经表决决定，使之制度化、规范化，减少非法交易和非制度因素的危害，真正坚持下来，定会是获得群众满意的有效之举。再次，加强和贯彻《村民委员会组织法》的实施，这是村民自治制度最根本的保障。对于大家选举出来的村干部，村民既有

监督权，也有罢免权，而这是村民通过合法渠道纠正可能出现问题的关键途径。因此，一定要加大力度宣传和培训，使广大村民明确村民委员会组织法中这个条款的存在，并且各级政府一定要疏通组织监督渠道，保证在村民面临实际问题时，可以依法罢免不合格的村干部。

（原文发表于《农业经济》2008年第8期）

培育社会组织改善基层治理的意义和思路

牛田盛

摘　要：培育发展社会组织对于改善基层治理有着极其重要的意义，加快发展社会组织可以克服基层治理中公共物品供给不足等问题。促进社会组织参与基层治理可借鉴的新思路有：社会组织应积极将基层民众组织起来；社会组织应兼具自主性与嵌入性；应明确社会组织与基层政府各自的治理权责；坚持与基层政府寻求合作；以提供多种公共服务为旨归。

关键词：培育；社会组织；改善；基层治理；意义与思路

党的十八届三中全会指出，全面深化改革的总目标是完善和发展中国特色社会主义制度，推进国家治理体系和治理能力现代化。基层治理是整个国家和社会治理的基础。作为基层治理的重要主体，社会组织参与基层社会治理是大势所趋。要提高基层治理水平，必须大力培育和发展社会组织，努力推进多元主体协同治理，充分发挥社会组织在基层治理中的重要作用。

一　培育社会组织对于改善基层治理的必然性和必要性

从理论层面，加快发展社会组织之所以能够改善基层治理，其原因在于，它既能在一定程度上弥补政府治理失灵，又能在一定范围内弥补市场治理失灵。而社会组织所以能起到这样的作用，则是因为它所具有的民间性、公益性、自治性等特点。社会组织相对于政府组织来说，是非政府组织，相对于市场组织来说，是非营利组织。因而相对于前者，社会组织能够降低社会管理的成本；相对于后者，社会组织能够更好地保证社会公益的目标。此外，社会组织还以其草根性更能满足民众多样化、多方面、多层次的社会需求。

从实践角度,培育发展社会组织对于改善基层治理有着极其重要的现实意义。加快发展社会组织可以克服基层治理中存在的治理绩效低下、公共物品供给不足、治理权力结构失衡以及基层冲突等问题。

当前我国基层治理状况到底如何?《经济观察报》记者从2010年起,在3年内调查了多个省市的基层治理状况,所得出的结论是:"当下中国的基层治理,频现危机,已成不稳乱象。在面对土地等稀缺资源市场化带来的重大利益冲突与争议时,基层原有的治理结构,无法应对和化解矛盾,且常导致矛盾激化,表现整体无效、崩溃。"①

中国的乡村治理在经历60多年的发展后,取得了相当大的成就,尤其是2004年以来实施的取消农业税、实施建设社会主义新农村国家战略等一系列"三农"新政,显著缓解了乡村治理危机。但毋庸讳言,当前我国基层治理中仍存在着诸如治理绩效低下、基层治理权力结构失衡、公共物品供给不足以及基层冲突等种种问题。贺雪峰用"乡村治理内卷化"概括税改以后随着国家治理转型与乡村社会基础变迁而出现的治理困境。贺雪峰的研究表明,取消农业税后,乡村出现了多元行动主体,一方面,国家投入基层的大量资源被吞噬,一个越来越肥厚的地方政府与地方势力结盟的集团开始长成;另一方面,大量的存量资源被结盟的地方分利集团不理性地变成流量资源,农村社会未来的发展可能性因此被破坏掉。农民落单成为一盘散沙,农民缺少了力量感,丧失了正义感和是非观,国家失去了可以从农民那里获得支持的力量②。桂华、李祖佩等学者进一步提出基层治理内卷化。认为城乡基层治理都陷入困境,止步不前。基层治理内卷化困境主要表现在基层资源的流失、基层治理灰色化以及基层政权权威和合法性的丧失等方面③。

从治理主体视角,基层治理困境根源在于基层政府、市场等基层治理传统主体的失灵。

就乡村治理困境而言,其根源在于乡镇党委政府和村"两委"等传统治理主体的双重失灵。乡镇党委政府和村"两委"的双重治理失灵

---

① 刘建锋:《长治久安:扩大公权还是还权于民——中国基层治理现状与改革路径选择调查之一》,《经济观察报》2012年6月11日。
② 贺雪峰:《论乡村治理内卷化》,《开放时代》2011年第2期。
③ 李祖佩:《基层治理内卷化》,华中科技大学,2010年。

主要表现为基层公共服务的供给失灵。首先作为基层治理最重要主体的乡镇党委政府，存在着公共服务供给失灵。乡镇党委组织本应在农村社区治理中发挥领导核心作用。但是周飞舟的研究表明，取消农业税后，农村出现了基层政权的"悬浮"。最典型的表现就是乡镇财政的"空壳化"与乡镇政府的"空壳化"，结果导致乡镇政府处于"半瘫痪"状态，政府不是能够更加完善、周密地提供公共服务、维持一方平安，而是在国家和农民中间造成一种"真空"状态，从而导致了以乡镇政府为中心的基层政府行为的"迷失"，也使整个国家政权"悬浮"于基层社会之上①。贺雪峰也认为税费改革在减轻农民负担的同时，也加剧了基层政权的财政困境，削弱了基层政权的治理能力，基层政权在无法做坏事的同时，也丧失了为农民提供公共服务的动力②。不少学者还发现，税改后因基层政权治理能力弱化、农村公共品供给缺失导致农民上访数量急剧增加③。

其次是村"两委"公共服务供给失灵。村"两委"（村支委、村委会）本应是党和政府与广大农民联系的纽带和桥梁。但现实中一些基层党组织涣散，村"两委"悬浮于村民之上，从而致使村"两委"治理失灵。

党的基层组织是团结带领群众贯彻党的理论和路线方针政策、落实党的任务的战斗堡垒。但由于一些基层党组织软弱涣散，致使基层治理中党组织的作用日渐式微。据2014年6月30日中央电视台《新闻1+1》节目披露，截止到2014年4月底，全国共排查确定软弱涣散的基层党组织57688个，占到总量的9.6%，将近10%。排查的社区党组织，软弱涣散的占到了5222个，占到总比例的5.6%。基层治理中党组织的作用渐微，更容易使其他力量介入到基层治理中去从而引发基层治理的危机。

从治理的视角，村民自治制度的推行，改变了原有的治理结构，标志

---

① 周飞舟：《从汲取型政权到"悬浮型"政权——税费改革对国家与农民关系之影响》，《社会学研究》2006年第3期。

② 贺雪峰：《税费改革的政治逻辑与治理逻辑》，《中国农业大学学报》（社会科学版）2008年第1期。

③ 田先红、杨华：《税费改革后农村治理危机酝酿深层次的社会不稳定因素》，《调研世界》2009年第3期。

着村"两委"作为基层政府以外的治理主体登上历史舞台。但是村民自治组织的行政化,导致行政权与自治权发生冲突,不仅使其偏离了自治的本质并弱化了公共服务的功能,还疏远了普通村民与村干部的关系。特别是税费改革之后,一些村民自治组织在村级治理中越来越无所作为。王会指出,取消农业税后,作为政权末梢的村级政权与农民间的互动遵循"不得罪"逻辑,表现为干群中盛行的和稀泥、不作为的理性行事风格[①]。其结果则导致治理责任的丧失,基层治理资源的严重流失和消耗。李祖佩进一步提出,村治主体的"老好人"化。村治主体的"老好人"化导致村级组织悬浮、干群关系疏远、基层矛盾凝聚、村庄秩序瓦解等一系列政治社会后果[②]。特别是近年来不断曝光的"霸痞霸村"现象更是暴露了基层治理的乱象。

不仅乡村治理中存在两个失灵,城市社区治理中也同样存在着基层政府失灵的问题[③]。在传统基层治理主体失灵的情况下,为了实现有效的公共服务供给,必须培育社会组织作为治理的新主体,以克服传统基层治理主体在公共服务供给方面的缺位。

二 促进社会组织参与基层治理的新思路

面对基层治理危机,近年来,一些地方纷纷积极探索社会组织参与基层治理的全新路径,逐渐形成了多种基层治理的新模式。例如浙江慈溪市依托和谐促进会化解新老村民冲突,广东云浮市依托乡贤理事会推动农村公共事业建设,重庆市巫溪县和湖南长沙县在农村成立以"五大乐和"为主要职能的乐和协会广泛参与乡村治理等。从中可以归纳出一些社会组织参与基层治理的新思路。

(一)积极将基层民众组织起来是社会组织参与基层治理的基础

一方面,如前所述,现实中由于基层行政化造成基层干群关系疏远,民众和基层政府联系断裂。一些基层政府、村(居)两委不仅未能真正

[①] 王会:《乡村治理中的"不得罪"逻辑》,《华南农业大学学报》(社会科学版)2011年第3期。

[②] 李祖佩:《村治主体的"老好人化":因分析与后果呈现》,《西北农林科技大学学报》(社会科学版)2013年第3期。

[③] 赵守飞、谢正富:《合作治理:中国城市社区治理的发展方向》,《河北学刊》2013年第3期。

发挥其联系政府与民众的桥梁和纽带作用，反而悬浮于民众之上。另一方面由于缺少社会组织作为联结，当前我国基层民众呈现原子化状态，对公共事务的冷漠，并且由于缺失了利益表达的渠道，民众越级上访不断。社会组织以其草根性、自主性可反映并满足基层民众在经济、政治、文化、社会生活多方面的需求，因而获得群众的认同。特别是兼具自主性和嵌入性的社会组织能够同时获得群众和基层政府双重认可，从而可以有机地沟通群众与基层政府，起到联系基层政府与人民群众的桥梁纽带作用。故此，通过各种城乡基层社会组织把民众组织起来是社会组织参与基层治理的前提。

如浙江省慈溪市的"基层组织和社会组织协同治理"模式。2006年4月，慈溪市率先在坎墩街道五塘新村创设基层社会组织村级和谐促进会，同年10月在全市推广。目前，慈溪324个村（社区）都建立了和谐促进会，18个镇（街道）建立了和谐促进联合会。村级和谐促进会在促进慈溪市新老村民融合，维护社会和谐稳定中发挥了十分重要的作用。近年来，该市刑事案件发案数逐年下降。为此，慈溪市的"基层组织和社会组织协同治理"模式还获得 2012 年度"第六届中国地方政府创新奖"。江苏省张家港市永联村"五位一体、共融分治"的治理模式中，把农民组织起来是永联村治理模式的重要内容。在永联村，除了社区服务组织、经济组织外，还发育出来各种各样的社会组织和文化组织，如建设了文化活动中心、永联戏楼、图书馆等文化设施，有锣鼓队、舞蹈队、合唱队等文艺队伍，为民基金会、爱心互助志愿者联合会、"五老"志愿者协会等社会服务组织得到充分发育。大力培育和发展基础社会组织。必须成为一种社会管理创新的新举措。国家在进行社会管理的顶层设计时决不可忽视基础工程的建设。山东省青岛市南区八大湖街道创新型社区管理模式之所以取得成功，社会组织的工作重心放在了社会最小的单位——社区与楼院。在辖区所有敞开式楼院，建立起邻里协会，即楼院邻里协会。把居民的民主自治职能延伸到了楼院，这样就形成了街道级的和谐社区促进会、社区级的和谐社区促进会分会、楼院级的邻里协会三个层级上下联动。

（二）兼具自主性与嵌入性是社会组织有效参与基层治理的前提

有学者把当前中国社会组织与国家关系的争论归纳为"自主性"与"镶嵌性"两种对立观点，前者以公民社会理论为基础，主张社团具有自主性；后者则以国家统合主义为核心，论证社团依然镶嵌于国家体制之中①。而据陶郁、刘明兴的研究，兼具自主性和嵌入性的群众社团更能同时获得群众和基层干部认可，不仅能够更好地消解集体上访等制度外的群体冲突，还能更好地消解抗缴税费等制度外的个体冲突②。

因此，在我国现阶段，要想有效参与基层治理，社会组织具有自主性与镶嵌性有其必然性。首先，任何一个社会组织都要有健康的独立发展意识。一方面自主性是一个社会组织生存并发挥作用的关键。具有自主性社会组织容易获得群众的认同。在自主性社会组织中，成员能够对社会组织的事务进行决策，这不仅可以明确他们的归属感和认同感，更能促使他们在社团内互动，从而加深信任。信任可以促使社团成员形成共同价值，并将社团目标内化为自身行动目标。但另一方面，镶嵌性具有能够包容基层干部的社会组织则容易获得基层政府的认同。而兼具自主性和嵌入性的社会组织能够同时获得群众和基层政府双重认可，从而可以有机地沟通群众与基层政府。

在当前社会组织参与基层治理的几种创新模式中，其中的社会组织大都兼具自主性与嵌入性。例如，在湖南长沙县"乐和乡村"模式中，强调坚持"党委领导、政府主导、村民主体、社会参与"原则，在具体的组织领导方面，县委成立"乐和乡村"示范村建设领导小组，由县委主要领导任组长，并在县委宣传部设置专门办公室，负责项目实施协调。各镇党委在示范村成立村级社工站，由镇党委副书记担任站长，村支部书记担任副站长。浙江慈溪的"基层组织和社会组织协同治理模式"中，同样坚持"党委领导、村委主导"原则，如社会组织和谐促进会由村党支部书记担任会长，由外来务工人员中服务意识强、社会威望较高的精英人物担任专职副会长，并根据外来人口居住分布情况设立片、组，由他们中的优秀分子担任片长或组长。广东云浮市乡贤理事会模式中村"两委"在培育乡贤理事会的过程中，采取多种措施确保对乡贤理事会的控制。除了理事会成员均需党委把关以外，又通过村民小组组长兼任理事长，理事会接受驻村干部的指导等措施，确保理事会不会对村委会权威构成挑战。

（三）明确各治理主体的权责是社会组织参与基层治理的核心

在多元主体参与基层治理中，一定要厘清基层政府、村"两委"与

---

① 郁建兴、徐越倩：《地方政府创新与公民社会发展》，《国际学术动态》2008年第3期。
② 陶郁、刘明兴：《群众社团与农村基层冲突治理》，《政治学研究》2014年第1期。

社会组织等治理主体的边界。湖南长沙县"乐和乡村"模式中明确各治理主体权责的具体途径是推行"三事分流",实现责任共担。通过调查研究、实证分析、多方讨论、反复论证,我们将涉农公共事务,根据其运行特点提出"三事清单"(大事、小事、私事),探索"三事分流"(大事政府办、小事村社办、私事自己办)。但"三事分流"并非三事分离,只是通过公私、大小的分流方式明确基层政府、村支"两委"、互助会、村民等各方责任,使之能够各尽其职、分工协作。

江苏省太仓市政府在"政社互动"创新实践中,明确各治理主体权责的主要做法是制定"两份清单",实现"政社分开"。编制形成《基层群众自治组织依法履行职责事项》和《基层群众自治组织协助政府工作事项》两份清单,基本划清了基层政府和社区自治组织责权边界[①]。江苏省张家港市永联村"五位一体、共融分治"的治理模式中,永联村的基层治理结构中存在五个治理主体:社会管理服务中心、永和社区、永联村经济合作社、永钢集团和社会组织(包括永联为民基金、爱心志愿者联合会、惠民服务中心等)。五个治理主体相对独立,责权明确。南丰镇社会管理服务中心永联分中心负责永联村区域内的公共事务管理和服务;永合社区以永联小镇的居民为主体设立,是社区自治组织,承担计划生育、民事调解等社会管理职能;永联村经济合作社是永联村村民以集体土地、集体资产、集体资本为纽带的经济联合体,主要职能是确保集体土地、集体资产、集体资本的保值增值,实现所属成员利益的最大化;永钢集团是股份制企业,采用现代企业管理制度,独立经营,自负盈亏;社会组织主要有爱心互助志愿者联合会、为民基金会等,成为政府公共服务供给体系和基层民主治理体系的有益补充。

(四)坚持政社合作是社会组织参与基层治理的关键

社会组织的权威学者萨拉蒙认为处理好和政府之间的关系是社会组织发展的关键。社会组织要在基层开展治理,要积极地去寻求同基层政权在相互尊重和平等的基础上建立起合作伙伴关系。在近年来社会组织参与基层治理的几个创新模式中,社会组织都采取了和基层政权合作的态度。长沙县"乐和乡村"模式中开展政社合作的主要途径是召开联席会,搭建共

---

① 民政部:《关于江苏省太仓市"政社互动"探索实践的调研报告》。http://www.mzj.suzhou.gov.cn/szmz/infodetail/?infoid=6d8575e2-dc7e-4b4a-bdd7-9292007f8473。

治平台。联席会是由村"两委"主导、乐和互助会为主体、社工组织等多方参与的共治平台；定期由村支部书记召集，商议村社的公共事务；其程序由各方汇报、交流、讨论、决议几个环节组成。重庆巫溪在县城推行"乐和社区"，在农村推行"乐和农社"，强调"乐和治理、乐和礼仪、乐和生计、乐和养生、乐和人居"五个维度，在基层以村（居）委会—党支部、公益组织、乐和农社（社区）和对口网格单位的四方联席会议的方式实行"自治、共治和法治"。广东云浮市乡贤理事会中，村"两委"与乡贤理事会构成一种相互合作的协同关系。乡贤理事会不是外生的，而是在村"两委"的有意扶持和培育下产生的。乡贤理事会在基层治理中发挥辅助村"两委"的作用，不是对其权力的分割，而是弥补其治理能力的不足。特别是给外出经商、见过世面的经济精英提供一个参与平台，把他们由"对手"变为"帮手"，把潜在的威胁转化为政府的支持者，既满足他们参与家乡建设管理的需要，又能借他们的力量搞好社会公益事业，缓解了基层自治能力缺失的问题。简言之，村"两委"培育和扶植乡贤理事会，乡贤理事会协同村"两委"处理基层事务。

应明确的是，在社会组织发展初期，社会组织同基层政权所建立的合作伙伴关系是一种不对称的合作关系，而不是真正平等的合作伙伴关系。如山东省青岛市南区八大湖街道创新型社区管理模式就是一种"政府为主、社会组织为伴"的"伴生"模式，这一模式直接明确了政府与社会组织各自在基层治理中的主次地位。根据一些学者的调查发现，大多数情况下政府与社会组织的互动合作是一种不平等关系下的"合作"，是有主次之分的合作，在这种合作中，政府为主，社会组织为伴[1]。社会组织与基层政权之间之所以形成这种不对称的合作关系，其主要原因在于双方所控制的治理资源是不同的。由于基层政府所控制的治理资源远甚于社会组织，因此，在这种互依关系中，政府总体上处于优势，而民间组织则更多地处于依附地位，双方的互依关系本质上是非对称性的[2]。

不仅如此，社会组织还要妥善处理与基层政权和村"两委"之间可能的冲突问题。有学者通过研究指出，社会组织和基层政权之间既存在着

---

[1] 刘传铭、乔东平、高克祥：《政府与社会组织的互动模式——基于北京市某区的实地调查》，《经济社会体制比较》2012年第3期。

[2] 徐勇、朱国云：《农村社区治理主体及其权力关系分析》，《理论月刊》2013年第1期。

合作关系,也存在一些冲突的因素,冲突来自二者各自的组织原则和文化关怀的不同。再加上社会组织在自身监督,财务管理上面的缺陷。因此,在基层治理中需发挥二者功能性的合作,融合二者之间的冲突①。

(五)提供多种公共服务是社会组织参与基层治理的旨归

诚然,社会组织在经济发展、民主政治以及文化建设等其他方面也发挥着重要作用,但其发挥作用的主要领域还是社会公共服务领域,其主要价值是弥补基层政府公共物品的"供给失灵"。山东省青岛市南区八大湖街道创新型社区管理模式社会组织"伴生"模式,为了提供公共服务,建构起街、居、院三级联动的服务网络,根据居民需求,提供医疗保健、综合维修、青少年教育、法律援助、劳动就业、婚姻介绍、心理咨询等12大类便民利民服务,并通过各个渠道筹集资金,最大限度地整合社区物质和人力资源,采取低偿、无偿的服务方式进行市场化运作。促进会还主动承担街道、社区计划生育、救灾捐赠、养老服务等20多项社会事务工作。广东乡贤理事会以村民自治和公共服务为主要职责。职能也逐步向多个领域扩展,包括动员村民广泛参与村庄公共事业建设事务、推动乡村文化资源开发、促进乡村和谐建设和协助村庄经济发展等,解决了当前乡村治理面临的诸多问题。

---

① 黄波:《论非政府组织与乡村政权的关系》,《宁夏社会科学》2004年第2期。

粮食主产区新型农业经营主体发展的困境和出路

黄 闯

摘 要：粮食主产区新型农业经营主体的生成发展对于加快推动农业发展现代化，促进农业适度规模经营，增强农业综合生产能力，确保国家粮食安全和重要农产品有效供给有着重要的促进作用。不过囿于人地关系紧张、土地流转规模比例小、农业转移人口市民化程度不高，新型农业经营主体抵御风险能力弱以及地方政府的行政性错位干预等导致粮食主产区新型农业经营主体的发展总体上发育不良。新型农业经营主体的生成发展必须解决新型农业经营主体发展需要的农业适度规模经营与农业人口数量过大的矛盾，新型农业经营主体的经营管理能力不足与农业经营风险增大的矛盾以及地方政府行政性行为错位和合理归位的矛盾。

关键词：粮食主产区；新型农业经营主体；规模经营；发育不良

一 引言

党的十八大报告提出："发展农民专业合作和股份合作，培育新型经营主体，发展多种形式规模经营，构建集约化、专业化、组织化、社会化相结合的新型农业经营体系"，以及 2013 年中央 1 号文件对构建新型农业经营体系作出了系统部署的情况下，新型农业经营主体作为构建集约化、专业化、组织化、社会化农业经营体系的关键，已经得到长足的发展，农业产业化龙头公司、农民专业合作社、种粮大户和家庭农场等不同类型新型主体大量涌现。粮食主产区①作为我国重要的商品粮生产基地，是国家粮食安全的基础，在中国粮食生产中具有重要的战略地位，为国家粮食安全作出了重大贡献。粮食主产区新型农业经营主体的生成发展对于推动我国农业发展现代化，促进农业适度规模经营，增强农业综合生产能力以及确保国家粮食安全和重要农产品有效供给有着重要的促进作用。但是目前我国粮食主产区新型农业经营主体在发展过程中仍然面临着新主体数量少、经营管理技术与水平偏低、内在质量不高等诸多"发育不良"问题②，新型农业经营主体生成发展中仍然面临着一系列发展困境。

二 粮食主产区新型农业经营主体生成发展中面临的困境

（一）粮食主产区新型农业经营主体生成发展过程中面临着适度规模经营与土地资金等生产要素约束的困境

1. 粮食主产区农户对土地的依赖性制约新型农业经营主体的生成发展。粮食主产区一般是经济社会发展水平比较落后的地区，大多数粮食主产区人多地少，人地关系紧张，农户仍然是从事农业生产的最主要主体，农户对土地的依赖性比较高。农户对于土地的依赖性较高导致农户土地流转的意愿普遍相对较低，直接影响了新型农业经营主体生成发展所需的适度化规模经营。据有关统计发现，目前我国不同地区土地流转的比重差别很大，大都市上海、北京最高，分别达 59.3%、46.3%，属于第一梯队；而浙江、重庆、江苏分别是 38.9%、36.2%、34.2%，属于第二梯队；第三梯队的湖南为 21.4%；第四梯队的湖北、安徽、江西、河南分别为 14.6%、14.2%、13.76%、13.39%，而第五梯队的山西为 5.77%③。从中可以发现，土地流转的比例与地区经济发展水平密切相关，而对于河南、安徽、湖南、湖北、江西、山西等经济发展水平相对比较低的传统粮食主产区的土地流转比例都相对较低，农户普遍对土地流转持有一定的保留态度，因此在粮食主产区将很难实现大规模土地流转以适应于新型农业

---

① 我国粮食主产区包括辽宁、吉林、黑龙江、内蒙古、河北、山东、安徽、江苏、江西、河南、湖南、四川、湖北 13 个省区，粮食产量占全国粮食总产量的 75%，提供了全国 70% 的商品粮和 95% 的增产粮，粮食主产区是保障口粮绝对安全的关键。《粮食主产区支持政策的现状与对策》，《宏观经济管理》2014 年第 1 期。

② 郭远明等：《新型农业经营主体"发育不良"》，《经济参考报》2013 年 2 月 4 日。

③ 郑风田：《谁适合发展家庭农场》，《中国经济周刊》2013 年第 7 期。

经营主体生成发展所需的适度规模经营。

2. 粮食主产区对土地用途的严格管制限制了配套设施用地规模。配套设计用地是新型农业经营发展的必备要素，诸如农民专业合作社和农业企业的办公设施用地、农机大户和农机合作社的机具存放用地、农民专业合作社的产品晾晒仓储加工用地等，但是由于粮食主产区的粮食生产关乎国家的粮食安全，政府实行对土地更加严格的用途管制政策，而且由于现有的政策实践中并没有明确的政策规定支持新型农业主体发展所需配套设施用地，导致部分新型农业主体没有足够的地方办公、放置农机具以及晾晒粮食，影响新型主体的整体经营规模和经营绩效。

3. 粮食主产区新型农业经营主体面临着资金要素不足的制约。新型农业经营主体发展面临的困境不仅在于土地流转比例小、配套设施用地紧张，还在于土地流转的租金成本高和缺乏政策性的金融支持。一方面，在国家惠农支农政策支持下，最近几年粮食主产区新型农业经营主体生产发展异常活跃，然而由于土地流转的整体比例并没有明显增加，新型农业经营主体为了流转更多的土地资源以适应于土地规模化经营，竞相采取增加土地流转价格的方式，一路拉高了土地流转要素的整体市场租金。根据笔者在农村实地调查发现，土地流转的价格从自发土地流转时期的零租金到现在每亩租金高达500—700元，并且大多数的农户在土地流转开始就需要提前支付土地流转租金，这直接加重了新型农业主体经营初期的成本负担。而农业生产经营本身就属于弱质产业，很难获取较高利润，在土地流转价格不断走高的趋势下，势必影响了新型农业经营主体的积极性。另一方面，新型农业经营主体缺乏国家政策性的金融支持。新型农业经营主体由于采取的是适度规模化经营，在农业生产经营过程中需要的资金缺口将会不断增大，除了土地流转费用以外，购买种子、化肥、农药、柴油等生产资料支出和春种、田间管理、秋收等雇佣农业机械和雇工的佣金支出，以及耕地整理、购置大型农机具的费用等都亟须政府的政策性金融支持。据调查，大部分种植业现代农业经营主体的贷款额度需求都在100万元左右，多者甚至达到500万元、上千万元[①]。然而新型农业经营主体从国家金融部门获得的金融支持非

---

① 葛鹏、杨海军：《满足粮食主产区农业经营主体融资新需求》，《金融时报》2014年6月5日。

常有限。调查发现,在农业专业大户和农民专业合作社等新型农业经营主体中,分别有77.6%和55.4%的样本,其农业投入资金主要靠自有资金,从银行或信用社贷款的比例分别为16.4%和26.7%[①]。从中可以发现,当前新型农业经营主体发展所需资金仍然主要依靠个人积累,政府补贴和扶持资金以及金融支农资金在所有融资渠道中所占比例较低,这同样不利于新型农业经营主体的健康快速发展。

(二)新型农业经营主体生成发展中面临着经营风险增大和经营能力不足的困境

1. 粮食主产区的农业生产基础设施薄弱,防范自然灾害能力弱。当前我国粮食主产区的农业生产基础设施依然薄弱,农田水利基础设施投入严重不足,农业生产的自然禀赋条件差,抗干旱洪涝等自然灾害风险的能力不强。例如,产粮大省河南,其水利骨干工程完好率不到50%,近40%的耕地为靠天田,每年旱涝灾害造成的粮食损失都在40亿斤以上;黑龙江省普遍缺乏江河大型控制性工程,有效灌溉农田面积不到全国平均水平的一半[②]。随着自然灾害和极端气候的频繁爆发,农业基础设施脆弱对我国粮食主产区农业发展构成极大威胁。而且由于新型农业经营主体主要采取的是规模化经营方式,一旦遭遇自然灾害,其导致灾害面将会更大,比一般农户将要承受着更加严重的自然灾害风险。

2. 新型农业经营主体面临着严重的市场化风险。正如前文指出,新型农业经营主体采取的主要是适度规模经营,所生产的产品主要用于市场交易,必须按照市场需求与市场对接安排农业生产活动,新型农业经营主体的经营行为受外部市场供需影响较大。尤其是近几年,受生产资料、劳动力价格上涨和市场拉动等多重因素影响,粮食等主要农产品价格持续高位振荡运行。然而在国家宏观调控力度不断加大、物价指数持续回落以及国外农产品市场的共同影响下,农产品价格下行风险加大,农产品价格将会处于持续不断波动状态。特别是对于粮食主产区的新型农业主体,由于其所处区域经济社会发展相对落后,市场化经营意识普遍不足,将会面临

---

① 黄祖辉、俞宁:《新型农业经营主体:现状、约束与发展思路》,《中国农村经济》2010年第10期。

② 蒋和平:《粮食主产区亟待解决的五大问题》,《中国发展观察》2014年第2期。

着更加严重的市场化波动风险。

3. 新型农业经营主体的整体经营能力不足。新型农业经营主体不仅面临着自然灾害风险、市场化风险,且面临着经营能力不足的风险。随着粮食主产区和主销区发展差距的拉大,粮食主产区的农村社会精英不断外流,老人农业现象明显,从事农业生产经营的主体一般年龄较大、文化程度不高、农业职业技术教育明显欠缺。根据国务院发展研究中心的调查发现,家庭(或大户)农场经营者普遍处于依靠经验种植养殖阶段,从文化程度上看,初中和小学学历占90%以上,高中以上学历者不多。从经营者年龄上看,30岁以下的不足5%,50岁以上的将近一半[1],这就意味着大多数新型农业生产经营者的素质明显不足,农业生产的科技素养有待提高。

(三)粮食主产区新型农业经营主体生成发展中面临着地方政府行为错位干预的困境

1. 地方政府在新型农业经营主体的选择上存在越位。新型农业经营主体的生成发展是主体理性自然选择的结果,市场化条件下,微观农业主体的经营组织形式选择与创新,说到底是农民基于效用最大考虑对其土地等要素的自主经营安排[2],但当下粮食主产区新型农业经营主体生成发展中却面临着地方政府的越位性政策干预的困境。一方面,地方政府对新型农业主体的选择存在独特的主体偏好,没有能够平等对待不同类型农业经营主体。由于粮食主产区一般是经济社会发展水平相对落后的区域,地方政府为了打造经济发展的增长点或者为了招商引资的需要,一般比较喜欢打造大型的农业生产龙头企业,喜欢工商资本从事农业生产。早已有学者在调查中发现,地方政府为了完成招商引资任务、打造规模经营的政绩工程,不惜投入大量奖补资金、出台多项扶持政策吸引工商企业流转土地进行规模经营[3]。然而不同地方的经济社会发展水平存在明显差异,不同地方应该根据实际情况,选择与地方经济社会发展相适应的新型农业经营主体,但现实却是地方政府的独特偏好性取代了新型农业主体的自然生成发展过程。另一方面,地方政府依靠行政强制力推动新型农业主体的发展。

---

[1] 郭远明等:《新型农业经营主体"发育不良"》,《经济参考报》2013年2月4日。
[2] 王春平:《关于培育新型农业经营主体的几个问题》,《新农业》2013年第9期。
[3] 孙新华:《农业经营主体辨析》,《农业部管理干部学院学报》2013年第6期。

正如前文指出，新型农业经营主体的发展是一个自然生成的过程，是经济社会发展到一定阶段的必然结果，政府在新型农业经营主体的作用只能是引导，而不能采取强迫命令的方式在客观条件不允许的情况下，助推新型农业经营主体飞跃式大发展。毕竟各地农业发展情况千差万别，比如东北粮食主产区人少地多，人地关系不甚紧张，发展新型农业经营主体的条件比较成熟，而对于河南粮食主产区人多地少，人地关系矛盾突出，农业转移人口市民化进程缓慢，在推动新型农业经营主体发展的步伐上就应该有所谨慎。然而地方政府在中央政策的宏观导向和错误政绩观的诱导下不切实际，不分客观情况差异一窝蜂式助推新型农业经营主体生成发展。更有甚者，个别地方政府对新型农业经营主体从事农业生产的占有比例等定指标、下任务，变相强迫命令，存在着求大、求快的倾向异常明显，这就违背政策的本意，侵犯了农户的土地权益，缺乏给予农业经营主体更多的自主选择权。

2. 地方政府在新型农业经营主体生成发展中存在缺位。首先，缺乏完善的关于新型农业主体发展的配套性政策支持。在中央政策的激励引导下，地方政府在缺乏相关政策配套措施和细化标准的情况下加速推动新型农业经营主体的生成发展。新型农业主体发展所需的配套性措施是配合新型农业经营主体健康发展的必备要素，比如完善农业基础设施的配套性政策。然而当前粮食主产区农业基础设施薄弱，农田水利设施严重老化失修，农田灌溉设施不配套，农业综合生产能力下滑。在地方政府行为缺位下，农田水利等农业发展基础设施只能由新型农业主体自己提供，不过由于农业发展基础设施投资大、见效慢，新型农业经营主体的私人提供面临着严重的资金困境。即使新型农业经营主体具有经济能力提供农业发展基础设施，然而由于缺乏相关的政策激励规定和明确的产权性质归属势必影响到新型主体经营的生产积极性或因产权归属不清遗留各种社会矛盾。其次，地方政府对新型农业经营主体发展的相关政策落实执行不到位。新型农业经营主体的发展虽然得到国家中央层面的政策支持，但是各种政策支持性措施的落地需要地方政府的有效执行。然而当前关于新型农业经营主体发展的金融政策、税收政策、农业补贴政策等难以在地方层面完全得到有效落实，无法真正维护从事农业生产者的新型农业经营主体的利益。比如新型农业经营主体优先承担涉农项目的倾斜政策没有得到落实，新型农业经营主体贷款难、担保难等问题没有得到有效解决，针对新型农业经营主体所得税、营业税的优惠政策没有得到解决等①。再者，地方政府缺乏对新型农业经营主体经营行为异化的监管。新型农业经营主体行为异化主要体现在某些经营主体以新型农业经营主体为名义非法套取国家财政补贴，获取私人利益或者以新型农业经营主体的名义圈占土地，进行非农非粮生产活动。有名无实的新型农业经营主体不仅影响了国家农业生产资金的有效使用和土地资源的有效配置，而且伤害了真正从事农业生产的新型农业经营主体的利益，这就需要政府进行有效的政策监管防止新型主体的行为异化，但实践中地方却缺乏对新型主体经营行为的有效监管。

三 粮食主产区新型农业经营主体健康发展的对策

为了促进粮食主产区农业发展现代化、确保国家粮食安全，维护农民的土地财产利益、促进农村经济社会发展，必须采取有效措施保障粮食主产区新型农业经营主体的健康持续发展。

（一）完善农村土地流转、加快推动农业转移人口的市民化是粮食主产区新型农业经营主体生成发展的前提和基础

由于新型农业经营主体生成发展的核心是推动农业的适度规模化经营，农业规模化经营就必须解决与大量农户分散经营之间的矛盾，持续不断推动土地流转。但是对于经济社会发展水平相对落后，以农户农业经营为主的粮食主产区新型农业经营主体的发展来说，将会面临着更多的土地生产要素约束。因而新型农业经营主体的生成发展要想解决农业适度规模化经营和农村土地家户经营之间的矛盾，就必须进一步加快推进农业转移人口的市民化，减少人地关系紧张的矛盾，进一步规范农村土地流转机制，维护分散农户和新型农业经营主体的经营权益。

1. 粮食主产区新型农业经营主体的生成发展需要加快推动农业转移人口的市民化。推动农村土地流转是新型农业经营主体大量涌现实现适度规模化经营的前提条件，而粮食主产区农户对土地的依赖性约束了土地流转的规模和质量。当前需要加快推动农业转移人口市民化，减少农户对土地的依赖，缓解人地之间的紧张矛盾，为新型农业经营主体生成发展的适度规模经营创造良好条件。只有逐步实现农业转移人口的市民化，减少农

---

① 张道明、乔宝建：《河南省新型农业经营主体发展情况、存在问题及建议》，《农村·农业·农民》2013 年第 10 期。

业人口的数量，才能推动土地流转，才能解决新型农业主体发展适度规模经营与土地农户分散经营的矛盾。而推动农业转移人口市民化的关键因素是市民化意愿、市民化能力和政府政策[①]。当前需要采取有效措施提升农民工市民化意愿，增强其市民化能力以及完善国家的政策支持。具体来说，就是要通过改革完善城乡二元户籍制度、完善农业转移人口社会保障制度，持续加强对农业转移人口免费职业培训等基本公共服务体系，增强农业转移人口在城市稳定就业的能力。

2. 粮食主产区新型农业经营主体的生成发展需要规范农村土地流转、提高土地流转质量。为了减少粮食主产区新型农业主体与从事家户经营生产的农户之间因土地流转而产生的矛盾，维护农户的土地财产权益，增强新型农业主体的长期经营预期，亟须规范农村土地流转。在土地流转的过程中需要尊重农户的主体性意愿，减少地方政府的行政性干预行为，保护农户的土地财产权益。遵循土地流转的主体是农户而不是干部，机制是市场导向而不是行政干预，目的是发展现代农业而不是搞非农产业。要坚持依法自愿有偿原则，尊重农民的意愿，政府主要搞好指导服务，绝不能包办代替，更不能强迫命令[②]。在土地流转的过程中还需要不断增强农民的契约意识，建立起与新型农业主体之间的长期稳定的土地流转关系，这样才能增加新型农业主体长久经营预期，维护新型农业主体的经营权益。

（二）提升新型农业主体的经营管理能力，加强风险管理是促进粮食主产区新型农业经营主体发展的关键

1. 为了减少新型农业主体生产经营的市场化风险，需要不断提升新型农业主体的整体素质，不断强化其风险意识，增强其抗风险能力。当前亟须培养一批"有文化、懂技术、会经营"的新型职业农民，新型职业农民作为专门从事农业生产经营的群体比一般的农户有着更强的经营能力、技术能力、管理能力和市场敏感性。但是我国新型职业农民数量有限，无法跟上新型农业经营主体的快速发展需要，这就需要政府进一步加大对新型农业经营主体的职业化技术培训，不断培养现代农业发展需要的农业科技人才、管理人才、物流人才、市场营销人才。在培训的过程中可

---

① 刘洪银：《新生代农民工内生性市民化与公共成本估算》，《云南财经大学学报》2013年第4期。

② 韩长赋：《积极推进新型农业经营体系建设》，《人民日报》2013年8月7日。

以通过农业院校、农业技术推广下基层的方式，也可以让愿意从事农业生产的群体进入国家高等农业院校接受免费教育。但是无论哪种方式，对新型农业主体的培养一定要注意以农业经营主体为本，以农业生产实际需求为导向，贴近新型主体需要和农业生产经营实际，不断增强培训的针对性和实效性，进而提高新型农业主体抗市场化经营风险的能力。当然地方政府也可以创造有利条件，吸引愿意从事农业生产经营的新生代农民工，尤其是大学生农民工返乡创业投身于农业经营，利用其在城市获取的经营管理经验服务于农业生产经营管理，不断提高新型农业经营者的整体素质。

2. 为了减少新型农业经营主体的自然灾害风险，必须强化国家的政策支持，加大农田水利基础设施投入，大力发展农业政策性保险。粮食主产区的农业生产担负国家粮食安全的重要责任，完善国家粮食主产区农业生产利益补偿机制是提高新型农业主体从事农业生产积极性的重要条件。当前国家要不断完善整合支农惠农富农强农政策，加大对粮食主产区从事农业生产的新型农业经营主体的财政补贴力度。需要不断加大国家对农业基础性设施的投入，改变农业生产的自然禀赋条件，需要不断完善国家的政策性农业保险，提高政策性农业保险的覆盖率，通过国家的政策性保险减少新型农业主体在农业生产中的自然灾害风险。

（三）地方政府行为的合理定位是粮食主产区新型农业经营主体生成发展的重要保障

1. 地方政府要完善落实新型农业经营主体生成发展的相关政策。一方面，要进一步完善支持粮食主产区新型农业经营主体发展的政策。由于粮食主产区的特殊地位，需要国家在进一步加大支农惠农强农政策的过程中向粮食主产区倾斜，加大对粮食主产区新型农业经营主体发展的政策扶持力度。另一方面，贯彻落实现有的关于新型农业经营主体发展的政策。由于农业生产本身的弱质性，必须有国家的政策性支持才能保障新型主体农业生产的健康发展，然而当前农业生产领域中的支农惠农强农政策的落实不到位影响了新型农业主体从事农业生产的积极性。因此当前地方政府需要进一步完善落实新型农业经营主体的相关政策，特别是完善新型主体金融支持、税收减免、财政补贴和人才培训引进等政策多维度全方面支持粮食主产区新型农业主体发展。

2. 地方政府需要平等对待各种类型的新型农业经营主体。地方政府在新型农业主体生成发展过程中，不应该有着独特的组织偏好（比如偏好工商企业经营或者在新政策的话语体系下偏好家庭农场），应该充分尊重保障不同主体在农业生产经营过程中的自主性选择，平等对待所有类型的新型农业经营主体，让各种不同类型的新型农业主体在市场竞争环境下实现多元化发展。特别是由于不同区域自然资源条件、经济社会发展水平和农业发展基础各不相同，因此各个区域中的现代农业经营与建设主体的结构和模式也有很大差异，地方政府应该针对各区域主体运作环境的不同特点，实施差异化的引导和扶持政策[1]。

3. 地方政府需要加强对新型农业经营主体行为的监管。为了防止新型农业经营主体的行为异化，需要进一步明确界定新型农业主体的准入资格，加强对新型农业经营主体经营行为的监管。一方面，制定新型农业经营主体的准入标准。无论是家庭农场、农业合作社、种粮大户还是其他类型的农业主体都要有着明确的范围界定，谨防各种空壳化新型农业主体的存在。另一方面，加强政府的政策监管。对于新型主体在农业生产经营过程中的违规行为进行严格监管，特别是要严厉打击以新型主体的名义侵犯农户土地权益以及改变土地用途进行非农非粮生产的经营行为；地方政府在粮食主产区要执行更加严格的土地用途管制政策，严格管控非农非粮生产行为，确保国家粮食安全战略实现。

四　小结

粮食主产区新型农业经营主体的生成发展对于加快推动我国农业发展现代化，促进农业适度规模经营，增强农业综合生产能力，确保国家粮食安全和重要农产品有效供给，有着重要的促进作用。但是由于粮食主产区经济社会发展相对比较落后，农业转移人口市民化程度较低，从事农业生产的人员大量存在、人地关系紧张等因素的影响，新型农业经营主体的生成发展将是一个长期的过程。新型农业经营主体的生成发展需要纳入到城乡一体化的进程中进行，需要进一步推动农业转移人口市民化，减少土地要素对适度规模经营的约束；需要进一步提升新型农业经营者自身经营管理能力，增强其抵御自然灾害风险和市场化风险的能力；需要地方政府合理定位其在新型农业经营主体发展的责任，平等对待所有的经营主体，尊

---

[1] 于亢亢：《现代农业经营与建设主体的交易成本与效率》，《经济理论与经济管理》2013年第4期。

重新型主体的主体性选择,决不能违背农民意愿,背离市场规律,超越发展阶段强行推进新型农业经营主体发展。

(原文发表于《地方财政研究》2014年第10期)

农村土地股份合作模式：潜在问题及对策
——以"龙头企业+合作社+农民"模式为研究对象

傅广宛[①] 韦彩玲

摘 要：随着农村土地流转的深化，"龙头企业+合作社+农民"模式在实践中暴露出一些不容忽视的问题，包括风险防范机制不健全、农地非农化建设、农民难以得到入股土地经营的股权和农地土壤质量遭到破坏等。解决这些问题的对策主要有：健全农村社会保障体系、规范农地流转、重视农村剩余劳动力转移、加强入股农民权益的法律保护以及加大对合作社的扶持力度等。

关键词：农村；土地；流转；模式；问题

近年来，我国土地流转规模逐渐加大，"2007年全国农村土地承包流转总面积为6372万亩，仅占家庭承包耕地总面积的5.2%。截至目前，全国农村土地流转面积已达1.5亿亩，超过全国承包耕地面积的12%。"[②] 我国土地流转的承接主体呈现多元化态势，越来越多的工商企业、农民专业合作组织等较大经济规模的经营主体参与土地流转的承接或合作经营。各地在土地流转模式方面进行了大量的探索，使得土地流转模式也呈现多元化态势，土地股份合作模式即为这种农村土地流转的探索形式之一。所谓土地股份合作模式，是指农民以土地的承包经营权折合为股份，入股到一种新型的经营合作体中，与工商企业、农民专业合作组织等所持有的其

[①] 作者简介：傅广宛，男，中国政法大学教授，博士生导师，研究方向为公共政策量化分析。

[②] 金丽馥、冉双全：《农村土地流转的风险及防范机制研究》，《理论与改革》2011年第5期。

他股份一起合并进行合作经营，以进行土地流转，实现土地规模化效益的一种形式。"龙头企业+合作社+农民"模式是土地股份合作模式的一个类型，能够集中反映土地股份合作模式的基本特征。这种模式为土地流转的深化及现代农业的发展开辟了一条新的道路，但在实践中也暴露出一些值得注意的问题，本文将"龙头企业+合作社+农民"模式作为研究对象，对农村土地股份合作模式存在的潜在问题进行一些探索性研究。

一 "龙头企业+合作社+农民"模式的主要运作机制

新兴的"龙头企业+合作社+农民"模式有别于其他股份合作社。其大致形式是在保持原承包关系不变的前提下，村集体以机动地经营权、农户以所承包的土地经营权、龙头企业以货币、农机具、技术或其他要素折合为股份组成合作社，实现规模经营，提高生产效益。"龙头企业+合作社+农民"模式在实践中的主要运作程序是：土地折股、设置股权、进行产权界定、明确分配方式、确定组织管理机构。主要运作内容是：村集体和农户以土地经营权折资入股；合作社用现代农业理念取代传统农业理念，用规模化经营和机械化作业取代分散经营，通过这些措施获得土地的较高效益；在组织机构方面，现代企业制度所蕴含的组织架构基本具备，包括股东代表大会、理事会、董事会、监事会等；在利益分配上大都采取"保底租金+盈余分红"的模式。

"龙头企业+合作社+农民"模式是我国农业生产力和生产关系发展到一定阶段的产物。随着经济体制改革的深化，以家庭为单位的分散经营无法满足现代农业发展要求的弱点逐渐显露出来，使得现有土地制度的非均衡性日益突出，亟待进行完善和维持平衡发展。目前，土地制度已经由于外部利润的存在而处于一种典型的非均衡状态，土地制度的非均衡性导致与土地相关的各利益主体之间权益分配的不均衡。由于长期施行工业优先发展的战略和城乡二元经济结构，农民的权益保障在长期的经济发展中并没有获得充分的保障，通过土地流转提高农民权益保障的力度势在必行。目前，制度已经成为决定经济增长和农民权益保障的重要变量之一，因此对于经济增长和农民权益保障的预期将部分建立在制度创新和制度变迁的基础上。这种制度变迁必须能够充分发挥各利益主体的积极性，改变利益格局的不均衡状态，更加高效地进行资源配置。为此，必须找到一种既能保护农民利益，又能盘活存量土地资源，以适应现代农业发展要求的运作机制，这是由促进经济增长与维护农民土地权益的双重动因所决定的。

作为土地股份合作模式的类型之一，"龙头企业＋合作社＋农民"的农村土地股份合作社模式正是为了适应政策环境的变化所做的制度变迁之一。这种制度变迁旨在通过改变土地生产活动中各利益主体的行为规则和交易规则，产生新的激励和动力机制，形成新的权益格局，推动以土地为基础的农业经济的增长。其主要的效果在于，通过土地产权流转部分缓解了农民对土地的依附，使得部分农民不至于因外出打工而将土地撂荒；使土地的集体所有权得到强化，重构了农村集体在产权上的主体地位，既有利于规范管理，也有利于实现农民的共同富裕和更好地保障农民的土地权益及其享有公共产品的权益；对于土地资源的优化配置，促进农村生产要素的合理流动和组合，推动土地的规模经营也大有裨益；这种制度变迁的最终效益在于农业生产力得到提高，使农业走上集约化的发展道路。应该说，无论是这种模式的内涵还是外在形式，都是为了适应制度创新所做的一种探索，其积极意义值得充分肯定。

二 "龙头企业＋合作社＋农民"模式存在的隐形问题

"龙头企业＋合作社＋农民"模式已经在不少地方进行了实践和探索，由于没有现成的模式和经验，所以必然存在有待完善的地方，也必然存在一些不可忽视的隐形问题，这也符合事物发展的必然规律。就当前的实际情况来看，对于"龙头企业＋合作社＋农民"的土地流转模式在发展过程中存在的问题，如果不加以注意，势必会影响土地流转的整体效果。

（一）"龙头企业＋合作社＋农民"模式的风险防范机制不健全

"龙头企业＋合作社＋农民"模式在实践中，为了促使制度的推行，实现土地连片，一般都有对农民保底分红和浮动红利的承诺，这种做法实际上是由企业承担了主要风险。然而"土地规模化经营带来的风险远大于家庭承包经营。这种风险主要来自于生产过程中不可预料的自然灾害、交易过程中市场供求关系变化导致的价格风险、规模经营中的契约风险。"[①] 因此当合作社因经营不善而出现亏损，资不抵债，或因为自然风

---

① 邱道持：《论农村土地流转》，西南师范大学出版社2009年版。

险无法实现经营收入等情形下,合作社对农民的承诺将很难兑现,入股农民的生存状态就会面临很大的不确定性。同时,土地有保障农民生活的功能。其"实现途径取决于农民对土地的直接生产经营活动,与土地使用权的享有密不可分。"① 但是由于城乡二元经济结构的存在,我国城乡社会保障状况严重不平衡,农村社会保障体系还不健全,国家对农村社会保障的财政支出依然不能满足需要。当龙头企业的承诺无法兑现时,很多农民就无力缴纳养老、失业、医疗等社会保险,国家的社会保障领域就将面临许多不确定性因素。从这个意义上说,"龙头企业+合作社+农民"模式的风险防范机制是有待健全的。

(二) 存在隐蔽性的农地非农化建设,导致农地严重流失

土地入股后,决定土地用途的往往是企业。追求经济利益最大化是企业的天性,一些企业为了追求利益的最大化,存在强烈的将农用地用于非农建设项目的动机,以谋求"农转非"所带来的超额利润。其表现手法一般是借合作社之名规避法律,将大量已流转的土地开发为农产品加工基地、休闲农业、乡村旅游和乡村酒店等,农用土地转为非农用地,导致耕地的"非粮化"和"非农化",农地严重流失。入股农民成为"农转非"的被动接受者。在这一过程中,一些地方政府既扮演管理者的角色又扮演参与者的角色,这必然使得地方政府在管理权限和经济利益方面都追求利益的最大化。为了吸引企业参与土地流转,一些地方政府不仅对企业改变土地用途的行为视而不见,甚至还规定企业接受流转的土地达到一定规模后可把一部分耕地改为建设用地。土地流转过程中,政府应该为保障农民的土地权益提供制度保障,以维护农民的合法权益,为土地承包经营权入股提供正常的运行环境。

(三) 农民难以真正得到土地承包经营权入股的全部权利

土地是一种稀缺资源。要提高土地的产出效力,需要规模经济的支撑。形成规模经济的途径之一就是通过放开土地承包经营权,鼓励农民土地使用权的流转,以实现土地的规模效益。企业对已流转的土地进行统一规划、连片整理,实行大规模机械化生产,能不断降低农业生产成本,实现资源的优化配置。虽然实现土地的规模经营,能够大大提升土地收益,获得超额的经济效益,但是现实中农民难以享受到农地规模经营的收益。

---

① 贺书霞:《土地保障功能及其转移路径》,《农村经济》2011年第4期。

在实践中"有可能出现农民实际分得的股红收益与其土地权益价值不对等的倾向。"① 其原因是,农民的土地承包经营权折资入股时,大多数农村土地股份合作社并没有按照现代企业制度的精神按股权份额给农民应有的分红回报。一般的做法是合作社与入股农民签订保底协议,即不管公司是否盈利,都要分给农民一定数额的红利,这种"保底红利"虽然给农民吃了"定心丸",但却模糊了按照股权分红的概念,给公司以较低的数额进行分红(分红远小于依股权份额给农民的合理的长期回报)造成了口实。股权红利是由公司的经营状况决定的,而农民享有的与经营状况脱节的"红利"其实只是一种租金,在很大程度上仅是一种单纯的福利分配权。租金的获取是一个不需要与经营状况挂钩的概念,所以从本质来看,农民只是得到了最低的保障,而没有真正取得股权。农民入股分得的主要是租金,股利成分很小,这就容易掩盖另一个问题,即对于企业可能获得的超额收益,入股农民也难以充分享受到。

(四) 农地土壤质量遭到破坏,农民的长远利益得不到保障

从实行"龙头企业+合作社+农民"模式的实践来看,一些"龙头企业+合作社+农民"模式的投资行为具有比较明显的短期化倾向,在缺乏有效监管的情况下,既缺乏保护和改善土壤质量的动力,也缺乏长远的规划。一些企业在接手土地以后,在缺乏长远科学规划的情况下,对土地进行大举改造,甚至修建道路、水渠、管线、厂房等设施。"有的农业产业化龙头企业在政府支持下追求农业形象,盲目扩大农地流转规模,热衷打造样板、塑造典型,超越实际需求修建高标准的生产道路、现代化养殖圈舍、仓储设施和绿化工程等,不仅耗用大量耕地,而且因改变土壤结构而难以复耕。"② 这必然对土壤结构产生很大的副作用。原先的土壤结构、生态结构等被破坏后,再想要复耕就十分困难。这将带来一个很大的隐患,若干年以后,一旦"龙头企业+合作社+农民"的模式发生变化,一些农民就有可能面临土地无法种植的风险,进而带来一定的社会问题。

三 "龙头企业+合作社+农民"模式的完善建议

农村土地流转特别是土地规模经营是一个复杂的社会经济问题,包括

---

① 蒋三省、刘守英:《土地资本化与农村工业化——广东佛山市南海经济发展调查》,《管理世界》2003 年第 11 期。

② 郭晓鸣、徐薇:《农地规模化流转潜在风险及对策选择》,《农村经济》2011 年第 9 期。

"龙头企业+合作社+农民"模式在内的农村土地股份合作模式存在的问题,亟待我们采取相关措施着力解决,不然很难实现土地流转的预期效果和进一步保障农民权益。

(一) 建立健全农村社会保障体系

"土地家庭化分割经营,其核心价值在于以公平正义之名寻求农民的基本生存条件,并借此维系社会主要是广大农村社会的长期稳定,而非最大程度发挥土地的效益价值。"[①] 但目前,农村土地承包经营权的流转发展到一定程度后,在各种不确定因素的作用下,很有可能出现失地农民的社会保障功能弱化倾向。所以,农村土地承包经营权流转制度虽然初衷良好,但是在实践中必须以建立完善的农村社会保障制度作为可靠的依托,以弱化土地的社会保障功能。在建立和完善农村社会保障体系过程中,政府应健全法律环境,为农村社会保障体系的完善提供法律意义上的政策工具,并给予财政支持,加强管理和监督,加快建立覆盖面广、受益面宽的农村社会保障体系,在推动土地流转实现规模经营的同时,保障农民生活水平稳定,维持困难群众的基本生活。

(二) 规范基层政府和龙头企业的农地流转行为,控制土地用途的改变

土地承包经营权流转从某种意义上说是各方求得利益均衡的过程,政府应公正地行使行政权力,维护市场秩序,充当公正的裁判者。正确定位基层政府的导向作用,既要坚持农业产业化和规模化经营的基本指向,又要加强土地用途监管,杜绝打着农地流转和产业互动的幌子对农用地进行非农开发和经营。对企业通过大规模土地流转进行非农业产业化的经营行为必须严格禁止。农村土地承包经营权流转后,在承包土地上进行的应该是直接的农业生产,而不是非农业的活动,土地承包经营权流转不得改变土地用途,用于非农建设。接受土地转入的合作社应受严格约束,不能改变土地用途。在合作社的设立、运行、终止的全过程中,政府应承担更多的监管职责,以维持合作社的稳定与持续发展,确保农地不流失,保证参股农民的权益。

(三) 充分重视农村剩余劳动力的转移问题

发展现代农业,必须以解决农民的就业问题为前提。对于继续留在土

---

① 伊媛媛:《土地承包经营权流转中农民权益的保护》,《社会主义研究》2007年第4期。

地上工作的农民,应通过与公司签订合同条款将农民的"土地承包权出让人"和"农村土地股份合作社工人"的双重身份体现到农民权益的保护上,明确各方利益及其救济措施,将农民利益的保护上升到制度化层面。对于脱离土地的农民要提供就业帮助。农地股份合作制实行之后,有效解决农村剩余劳动力的转移就成为一个必须要解决的问题。地方政府一方面要加强对农民的技能培训,提高农民素质,组织劳务信息交流,扶持职业中介机构等;另一方面要利用地方政府的优势积极拓展农村剩余劳动力的就业信息来源和就业渠道,为农村剩余劳动力的释放创造更多的机会。

(四)加强土地承包经营权入股中农民权益的法律保护

目前国家关于农村土地承包经营权折资入股的规定不是很具体,主要体现在保护农民权益的价值取向不清晰。《农村土地承包法》第二章第五节第三十二条规定"通过家庭承包取得的土地承包经营权可以依法采取转包、出租、互换、转让或者其他方式流转。"① 但迄今为止,我国还没有一部专门规定农村土地财产权利的法律制度。没有法律保障的土地入股将使农民"土地承包经营权"向资本的转化无法真正实现,农民也难以对抗强势力量。目前亟待解决的就是将"农民土地入股"的方式进行法律化与规范化。加强并完善土地承包经营权入股的立法,实现社会权益的公平配置,进而保障广大农民的合法权益。必须进一步明晰土地承包经营权入股中农民的权利,对作为弱势群体的农民利益进行特殊保护,尤其对农民土地承包经营权入股权利进行细化规范,既要有保底的规范,也要按照现代企业制度的精神进行规范性分红。此外,应该考虑制定《农村社会保障法》和《农村社会保险法》,从法律的层面上规范农民享受公共产品的权益,建立农民规避风险的长效机制。立法的意义不仅在于实现社会保障制度的权威规范化,更在于实现社会保障责任的合理担当与权益的均衡配置。

(五)加大对农村土地股份合作社的扶持力度

农业生产比非农产业经营风险大,投资回报率低,机会成本高,还容易遭受自然灾害,致使生产不稳定,经营效益难保证。农村土地股份合作社的健康成长不仅仅是一个经济发展问题,也不仅仅是一个企业的存亡问

---

① 《中华人民共和国土地法典》,中国法制出版社2012年版。

题，它事关农民权益的保障。工商资本大举进入农业领域是一个快速提高劳动生产率、发展现代农业、实现专业化和规模化的便捷之路。但是，"如果现代农业的发展以农民的破产和边缘化为代价，那么这种现代化注定是一种失败的现代化。"① 在稳定压倒一切的社会历史条件下，农业的社会效益远大于其经济效益，政府对于农村土地股份合作社的扶持是责无旁贷的。因此，在政策的完善上，应当以保障农民主体地位和增进农民权益为政策取向，建立土地流转保证金制度和土地流转风险基金制度，考虑到社会稳定的需要，保证金应由土地受让者缴纳。风险基金应该由政府财政和土地受让方共同出资，防止企业破产而损害农民利益，保障土地流转中农民的收益权。此外，还可以考虑利用农业发展银行的政策性贷款等项目增加对农村土地股份合作社的资金扶持，建立对"龙头企业＋合作社＋农民"模式的风险损失补偿机制，抵消一部分自然风险与市场风险的影响，并在农村积极发展相关的保险事业。

(原文发表于《学习与实践》2012年第8期)

---

① 苑鹏、杜吟棠、吴海丽：《土地流转合作社与现代农业经营组织创新——彭州市磁峰皇城农业资源经营专业合作社的实践》，《农村经济》2009年第10期。

河南农业土地规模经营模式及效益分析

李文安　马文起

摘　要：河南存在的农业土地规模经营模式主要有：家庭联合规模经营、种粮大户规模经营、农业龙头企业规模经营、股份合作规模经营、村委会集体规模经营以及农民专业合作社规模经营。农业土地规模经营不仅能产生规模效益，还能产生个体效益；不仅能产生经济效益、生态效益，还能产生社会效益。发展农业土地规模经营要根据当地实际，适度发展；要把发展农业土地规模经营放到促进农业增效、农民增收和农村稳定上来；要加快培育农业土地规模经营的主体，特别是要大力扶持农业龙头企业，重点培育种粮大户，鼓励发展各种股份合作规模经营和家庭农场规模经营等模式。

关键词：河南；土地规模经营；模式；效益

我国农业土地规模经营出现于20世纪80年代初期，邓小平在1990年指出："中国社会主义农业改革和发展，从长远的观点看，要有两个飞跃。第一个飞跃，是废除人民公社，实行家庭联产承包为主的责任制。这是一个很大的前进，要长期坚持不变。第二个飞跃，是适应科学种田和生产社会化的需要发展适度规模经营，发展集体经济。这又是一个很大的前进，当然这是很长的过程。"[①] 从此，农业土地规模经营得到不断发展，党的十七届三中全会召开以来，农业土地规模经营模式层出不穷，目前处于快速发展阶段。作为农业大省的河南，承担着国家粮仓的重要任务，发展农业土地适度规模经营是大势所趋。

---

① 邓小平：《邓小平文选》（第3卷），人民出版社1993年版。

一 河南农业土地规模经营模式

经调查，河南农业土地规模经营处于快速发展时期，像在驻马店、漯河、南阳、信阳、许昌、周口、商丘、新乡、安阳、开封等地的平原农区快于山区，豫南地区快于豫北地区，豫东地区快于豫西地区，这些地区存在的农业土地规模经营模式主要有家庭联合规模经营、种粮大户规模经营、农业龙头企业规模经营、股份合作规模经营、村委会集体规模经营以及农民专业合作社规模经营。

（一）家庭联合规模经营

家庭联合规模经营模式是在废除人民公社，实行家庭联产承包责任制的条件下出现的，由农民自发组织将分散经营的土地，按照自愿、就近、连片的置换原则，达到土地规模耕种、规模管理、规模灌溉、规模收获和规模受益，这是农业土地规模经营的初级形式。该模式当初在唐河、柘城等个别地方存在，规模一般在6—20亩之间，有的至今还按原有规模经营着，有的通过发展已演变为种粮大户。

（二）种粮大户规模经营

种粮大户规模经营是指种田能手、村干部、返乡民工或比较富裕的人，通过租赁、承包等形式实行集中成片，实现适度规模经营。这类经营模式的规模一般在50亩以上，它是当前农业土地规模经营的主要形式，是发展现代农业的一支重要力量，对节约种粮成本，提高粮食产量，稳定国家粮食安全等方面都具有十分重要的作用[1]。驻马店西平县宋集村60多岁的农民洪福林10多年来一直承包过去林场历史遗留给乡政府的400亩土地。在他的田地里，不仅每隔30米都有自己新建的灌溉设施，而且在品种的选择、机械化程度、田间管理、投资上都有很大差异。他们家的小麦不入粮仓在田间就可以原地消化，大豆没开镰就已被预订。在共同享受国家种粮补贴的同时，他们家卖粮时的单价要比普通农户高些[2]。从2006年起，南阳市卧龙区青华镇后所村农民吕玉太开始承包250亩撂荒土地种粮食。2011年夏天，他种的180多亩小麦总产量达16万斤，卖了

---

[1] 陈洁、罗丹：《种粮大户：一支农业现代化建设的重要力量》，《求是》2012年第3期。
[2] 《河南种粮大户：科学增产增收是粮食安全的保障》。http：//www.chinadaily.com.cn/df-pd/2011 - 10/13/content 13889320. htm.

14 多万元①。2010 年邓州粮食种植 50 亩以上的农户 2046 户，面积 28 万亩，产量 122290 吨，面积和产量分别占全市粮食总面积和总产量的 7.2% 和 8.3%。其中千亩以上的大户 14 户，500—1000 亩的大户 43 户，100—500 亩的大户 160 户。裴营乡张丰奇种植小麦和玉米 15000 亩，张楼乡王德正种植小麦、玉米 8000 亩，分别被评为全国、河南省粮食生产大户②。信阳市平桥区二郎村 36 岁的种粮大户曾凡高 2010 年通过土地流转承包了 1630 余亩耕地，2011 年秋季水稻除去每亩 1000 元的成本（含每亩承包费 500 元），毛利润也有 130 余万元。信阳市农业局局长齐城说："像曾凡高这样的粮食种植大户全市已有 3904 个，带动农户 38 万人，占全市农户的比重是 24%；对于信阳北部平原地区来说，农业部门重点培养上千亩的种植大户，对于中部和南部地区，由于多为丘陵地带，成片粮田面积较小，重点培养 100 亩到 500 亩的种植户，多发展特色农业。"③

（三）农业龙头企业规模经营

农业龙头企业规模经营是指以企业为生产经营主体，将农户土地经营权以租赁形式承包过来建立原料基地；或者农户与企业合作，由企业直接统一经营。河南省仁和种业有限公司创始人丁志发从 2006 年拍下 2200 亩土地 5 年的种植权，到拥有一家集农作物种子生产、经营、推广于一体的农业高新技术企业，土地联合播种面积发展到数万亩，小麦的最高单产从过去每亩平均 750—800 斤提高到目前的 1200—1300 斤。

（四）股份合作规模经营

股份合作规模经营由种植业合作社、农机合作社、专业协会等农村各类合作经济组织以及自然人吸纳农户自愿将土地承包经营权入股，实行股份合作统一经营④。开封县从 1998 年开始，一部分农民在自愿结合的基础上，积极探索土地股份合作制。他们在家庭联产承包制的基本制度框架下，将农户承包土地评估折算价格形成股份，并将土地集中起来，由股份

---

① 《种粮大户土里刨"金"》。http://www.people.com.cn/h/2011/0827/c25408-116121146.html.

② 鲁丰阳：《河南省邓州市种粮大户发展势头强劲》。http://www.farmers.org.cn/Article/ShowArticleasp?ArticleID=90170.

③ 《信阳市平桥区种粮大户曾凡高：种稻子能赚百万元》。http//www.cnr.cn/hnfw/hngd/201110/t20111003_508575909.shtml.

④ 张新华：《新中国探索"三农"问题的历史经验》，中共党史出版社 2007 年版。

合作经济组织统一规划和经营①。2009年9月起,荥阳市王村镇西大村通过"土地返租——连片开发—规模经营"的模式,采取农民以土地自愿入股方式组建郑州瑞丰生态农业有限公司,在"依法、有偿、自愿"的基础上,与432户农户签订了土地流转合同,流转土地1000亩,建设日光温室430座,建成了河南省规模最大、标准最高的绿色蔬菜生产基地。每日为郑州、洛阳等城市供应番茄、黄瓜、芹菜、包菜等蔬菜3万公斤,日销售额达5万余元。农民喜获丰收,从事蔬菜生产的农民人均纯收入可增加3000元以上,流转土地的农户每年每亩可得到1000斤小麦等价补偿款并参与公司纯利5%分红,亩均收益达1200元左右,初步达到了公司、农户、村集体多方共赢②。

(五) 村委会集体规模经营

村委会集体规模经营由村民委员会把转移过来的土地统种统管统收,创造的效益作为村集体积累,用于发展农村社会公益事业;或村委会按照规模经营、科学种田的要求,实行统种统管分收的经营模式③。沁阳市西万村从农村发展的实际出发,在充分尊重农民意愿的基础上,从2007年9月份,依法对土地经营权进行了流转,变一家一户的单独经营,为村集体经济组织"沁阳市维德生态农业有限公司"企业化经营,并由维德公司向村民支付土地流转费。"同意土地流转的农户,村里按0至7岁每人每年250斤小麦、8至15岁每人每年280斤小麦、16至65岁每人每年300斤小麦、66岁以上每人每年280斤小麦四个标准,向村民无偿供应粮食。不同意土地流转的农户,把村内最好的耕地,按现有人口和原有分地标准足额分给。"④

(六) 农民专业合作社规模经营

农民专业合作社是发展土地规模经营的重要形式。2009年2月18日

---

① 《开封县农民合股种地进行规模经营实现增收》。http://gb2.c;hinabroadcast.cn/773/2002-12-25/84@130898.htm.

② 《荥阳建成河南规模最大、标准最高的绿色蔬菜基地》。http://www.xingyang.org.cn/news/View/20/429.htm.

③ 范中喜、石滨、张岩:《促进农村土地适度规模经营之我见》,《吉林农业》2011年第4期。

④ 黄珂:《河南一村庄关于土地经营权的人胆探索图》。http://business.sohu.com/20080626/n257751491.shtml.

上午，封丘县应举镇马房村土地流转农民专业合作社在封丘县工商局成功登记，它是河南省工商系统注册的第一家土地流转农民专业合作社。土地流转合作社是一种新型的农民专业合作社，合作社采取股份制的形式把土地集中起来进行规模化生产，农户以土地入股，实行合作社集中使用，统一管理，年底统一分红的管理模式。该社现登记会员 133 户，已实现土地流转 1476 亩，总投资额 756500 元，主要从事种植、养殖经营。合作社把农民现有土地统一进行规划，为农业规模化、产业化、科学化经营提供了必要的物质条件①。薛顺利牵头创办的滑县、农产品专业合作社 2011 年试着推行土地集约化管理"谁家土地还是谁家的，种什么作物也由农户自己决定，合作社负责免费供种、统一管理、统一收割、统一销售，只向农民收取化肥、农药的费用。"目前，薛顺利按这种模式已搞了 50 亩试验田，农户从集约化管理这种模式中受益了，认可了，明年打算将试验田扩大到 500 亩，在 3 年至 5 年时间内，力争实现村里 4000 多户村民都拿土地入股，全村 5000 亩耕地全部由合作社经营管理，不仅自己富起来，也让乡亲们都富起来②。罗山县东铺乡马店村"包工头"许玉强拿出全部积蓄，以每亩 500 元的价格，一口气"流转"了村里 1260 亩土地，马店村第一个土地合作社正式成立。因为马店分马东和马西，许玉强的合作社就叫双马农业合作社。这么多地，靠传统的人工耕作肯定不行。许玉强东挪西凑，又筹资 100 多万元，买来旋耕机、插秧机、收割机等数十台，除合作社自己耕作外，还可以帮助周边农户。于是，双龙农机合作社诞生了③。据河南省工商局在 2008 年 8 月 6 日发布消息称，河南已登记注册了 2484 家农民专业合作社，入股农户 2.3 万户，辐射带动农户 60 多万户。此外，还有没登记的专业合作社也不在少数④。

---

① 《河南省第一家土地流转农民专业合作社落户封丘》。http：//www.xxaic.gov.cn/list.asp? id =511.

② 秦名芳：《听种粮大户畅谈"种田经"》。http：//www.haagri.gov.cn/html/2011/10/28/75727.html.

③ 《河南省罗山县种粮人户许玉强的三个合作社》。http：//news.shangdu.com/dishi/616/2010/05/14/2010 - 05 - 14 438039 616.shtml.

④ 《农业专业合作社的新空间》。[EB/OL]. http：//www.st - nn.cc/china/t200810 八 20081014 - 878416 - 3.html.

二 河南农业土地规模经营效益分析

农业土地规模经营不仅能产生规模效益,还能产生个体效益;不仅能产生经济效益、生态效益,还能产生社会效益。研究河南农业土地规模经营模式及效益,对于提高河南省农业劳动效率和土地产出率,加快农村产业化步伐,合理调整农村产业化结构,促进农业规模经济快速发展,保持农村社会稳定,具有重大的意义[①]。

(一)经济效益

1. 农业土地利用率和产出率大幅提升

农业土地规模经营减少了农户土地之间的许多地界,大大提高了土地利用率。农业土地规模经营通过实行套作、间作、轮作、粮猪结合、粮鱼结合等模式,提高了复种指数。农业土地规模经营后,发展了现代农业、科技农业,农产品的产量和质量有所提高,土地的产出值大幅提升,平均每亩土地规模生产经营的纯收入一般可增长2—3倍。

2. 农民收入增加

农业土地规模经营使农业产业结构进一步优化,农民对土地的依赖性进一步降低,就业路径大大拓宽,使从事二、三产业的村民彻底摆脱了土地和农事的束缚,解决了农民的后顾之忧。农民可以完全脱离农地生产和管理,劳动力得以释放,重新就业时可以把全部时间投入到新的工作中。改革开放以来"众多农民纷纷将承包地流转给他人,进城务工、经商、经营饭店或从事规模种植和养殖,尽力施展一技之长,另辟致富蹊径;部分农民还一边流转土地收取租金,一边在原来的土地上给别人打工挣取劳务费,取得租金和佣金双收入,使家庭收入明显增加。"[②]

(二)生态效益

1. 增强耕地生产能力

农业土地规模经营使耕地作业空间显著扩大,更利于机械化操作,而机械化作业能实现深松整地,可以有效保护耕地,提高耕地抗旱涝能力;有助于科学防治病虫草害,节约水资源,保护资源和环境,促进农业可持

[①] 李雅莉:《河南省农村土地流转的现状及对策研究》,《河南师范大学学报》(哲学社会科学版)2011年第6期。

[②] 黄海棠:《海峡西岸经济区农村土地适度规模化经营研究—以沙县为例》,《赤峰学院学报》(自然科学版)2010年第6期。

续发展。

2. 降低机械油耗和土地施肥的环境污染

实行农业土地规模经营,有利于提高机械效率,机械利用科学合理,减少机械进地次数,可节约燃油,减少污染,保护环境;还有利于提高肥料利用率,减少化肥和农药施用量,增加农家肥的使用,实现种地与养地相结合,增加土壤有机质含量,提高耕地生产能力,彻底改变了掠夺性生产方式,既可节省肥料成本,又能减少肥料消耗中带来的环境污染。

3. 美化农村环境

农业土地规模经营对农村土地进行重新组合,能够整合大片土地进行规模种植作物,形成一片区域种植同一种作物,使农业土地整齐划一,改变了原来土地沟壑纵横的状况,在一定程度上改善了农作物生长环境,同时也美化了农村环境。

(三)社会效益

1. 改善农村基础设施

农业土地规模经营推动了农村道路、水利、电力等基础设施建设,改善了农村生产生活条件。同时,一些地方还通过土地规模经营促进了农村集体经济发展,而农村集体经济又可以集中力量加强村容村貌及乡风文明建设。此外,农业土地规模经营还促进了农民住房及居住环境的统一规划整治,鼓励引导偏远地方村民到公路沿线集中居住区建房,统一建筑格调。

2. 提高干群整体素质

农业土地规模经营是一种全新的经营管理模式,它不仅需要有高素质的管理人员进行统一协调指挥,也需要专业技术人员进行指导和跟踪,同时还需要广大农民积极学习新理念、新技术。因此,农业土地规模经营的实施有利于提高农村干部的管理水平和劳动者的文化技术素养。

3. 促进农村社会稳定

农村剩余男性劳动力长期外出务工,社会能力得到增强,眼界更加开阔。他们不仅学到了技术,掌握了大量的市场信息,而且还积蓄了一定资金,为返乡创业,支援家乡建设奠定了良好基础。近年来,在多种因素影响下,河南部分农民工返乡从事农业土地规模经营,带动和吸引了其他农民发展土地规模经营。河南外出劳动力发展农业土地规模经营,可以增强农村家庭功能,提高农村治安防范能力,在一定程度上缓解了农村"三留守"（留守儿童、留守妇女和留守老人）问题，有利于促进农村社会稳定。

三 结论与建议

通过上述分析得知：家庭联合规模经营能节约地界土地，便于灌溉和机械化操作，但在河南农业土地规模经营模式中所占的比例较小，规模效益也较低。村委会集体规模经营和农民专业合作社规模经营虽给农户带来了诸多便利条件，但因参与分配规模效益的人员较多，再加上某些人素质较低，往往引发农户的不满情绪，甚至冲突。种粮大户规模经营、农业龙头企业规模经营、股份合作规模经营所产生的规模效益较高，是农业土地规模经营发展的主体。从经济效益、生态效益及社会效益方面分析了规模经营效益，据此，我们提出如下建议：一是发展农业土地规模经营要根据当地实际，适度发展。二是广泛宣传开展农业土地规模经营的重要意义，通过各种途径向广大民众宣传规模经营典型事例的实际成效，要把发展农业土地规模经营放到促进农业增效、农民增收和农村稳定上来，实现农业土地规模经营的经济效益、生态效益和社会效益。三是要加快培育农业土地规模经营的主体，特别是要大力扶持农业龙头企业，重点培育种粮大户，鼓励发展各种股份合作规模经营和家庭农场规模经营等模式。

（原文发表于《南都学坛》2012年第4期）

发展老年服务型社会组织，应对农村人口老龄化

黄 闯

摘　要：完善的老年保障体系是保障老年人基本生活需要、提升老年人幸福感的重要保证。当前我国农村老年保障体系面临着体系不完善、结构不合理，忽视农村老年群体主体性，难以充分调动农村老年群体积极性等困境。人口老龄化背景下我国农村老年保障体系建设应该充分发挥老年服务型社会组织的作用，充分发挥老年群体的主体性地位，不断提升老年服务型社会组织对老年人口的服务保障和精神保障能力。老年服务型社会组织的发展需要改变农村老年服务型社会的治理方式，加强政府对老年社会组织的政策性支持培育力度，充分发挥老年群体的主体性地位，提升老年服务型社会组织的自我发展能力。

关键词：老年服务型社会组织；农村老年保障；人口老龄化

一　我国农村老年保障体系构建发展的困境

完善的老年保障体系是保障农村老年基本生活需要、提升老年人幸福感，实现老有所养的重要保证。长期以来，我国农村老年保障体系主要采取的是以孝道文化为基础的家庭保障等非正式保障方式保障老年群体的基本生活需要。然而随着计划生育政策的实施，子女数量的减少，家庭代际关系的失衡，孝道文化的弱化以及农村人口的大量外流导致我国传统的非正式的家庭保障功能日益弱化。为了保障老年群体的基本生活需要，维护老年群体的基本权益，我国开始不断探索制度化的老年保障方式，先后实行了农村最低生活保障制度、新型合作医疗保险、新型农村养老保险制度等制度化的老年保障方式。然而随着人口老龄化的不断发展，高龄化群体

的大量涌现，以及农村空巢老人、失能半失能老人数量的不断增加，老年人群需求的不断变化导致现有的制度化老年保障体系同样面临诸多不足。

（一）我国农村老年保障体系制度体系不完善、结构不合理

为了应对农村人口的快速老龄化，保障老年人基本生活需要，我国建立了不同类型的老年保障方式，但总体上，我国农村老年保障体系仍然面临着体系不完善、结构不合理、保障水平低的问题。首先，我国农村老年保障体系的构建主要侧重于物质性保障，缺乏非物质性保障的政策措施。一般来说，老年人的基本保障需求主要有经济保障、生活照料和精神慰藉三个方面。当前我国农村的老年保障体系，不论是正式制度化的老年保障制度，如新型农村社会养老保险、农村最低生活保障制度、新型农村合作医疗制度等，还是非正式的家庭保障，主要采取的都是经济性的物质保障措施，缺乏对老年人生活照料护理和精神慰藉层面的非物质性保障措施，无法回应老年人群体本身多元化的老年保障需求。特别是随着农村人口老龄化进程的加快，农村空巢老人的不断增多，高龄老人的不断增加，农村老年人的精神需求、生活照料需求相对于物质性需求则更加凸显。然而当前我国老年保障体系的政策构建仍然着眼于老年人的经济保障支持，在老年人的生活照料和精神慰藉层面存在明显缺位。其次，我国老年保障制度的保障水平比较低，无法满足老年人的基本物质保障需求。最近几年我国农村老年保障体系不断完善，老年保障制度的覆盖面不断增加，老年保障水平不断提高，但与老年群体不断增长的需求相比，我国老年保障的水平相对较低，无法满足老年群体的基本物质保障需求。比如当前保障农村老年群体基本生活需要的新型农村养老保险，虽然覆盖面不断扩大，但是保障水平较低，每月只有55元的基本保障，根本无法保障老年人口的基本老年保障需要。

（二）我国老年保障体系建构的过程中忽视农村老年人的主体性，难以充分发挥老年人在老年保障体系构建中的积极性

老年保障体系的构建是为了保障老年人的利益，老年保障体系效果的显现需要老年群体的积极参与。现有的老年保障政策体系不仅面临着老年保障体系不完善、结构不合理、保障水平有限的困境，而且基本上忽视了老年人的主体性地位，仅仅是把老年人作为一个需要保障的对象，难以充分调动老年群体在老年保障体系构建中的积极性。实际上老年人不仅仅是老年保障体系构建中的对象，也是老年保障体系构建中提供老年保障服务

的主体，不仅需要国家社会家庭为其提供各种老年保障计划支持，而且老年人本身也是老年保障体系构建中的贡献者，其本身也是可以利用的养老资源，也能够为个人或群体提供各种类型的老年保障措施。特别是在当前家庭保障功能弱化，社区支持力量不足，国家老年保障水平有限且结构不甚合理的客观情势下，充分发挥老年人群体的主体性，积极利用老年群体本身的养老资源，实现老年人群体之间的互助养老或者自养功能是保障老年多元化生活需要的重要方式。而要想充分发挥老年人的主体性，就必须提升老年人的参与积极性，改变现有的保障体系中重物质、轻生活照料和精神慰藉的问题就需要积极发展各种类型的老年服务型社会组织。

二　我国农村老年保障体系的完善需要充分发挥老年服务型社会组织的作用

老年服务型社会组织是指在某方面具有共同兴趣爱好的老年人自发成立的，为实现成员共同愿望而开展活动的组织，是老年人自我保护、自我管理、自我教育、自我服务的群众性组织。老年服务型社会组织是以老年社会成员为主体，生发于老年群体的各种老年保障需要，服务于老年群体的民间社会组织，老年服务型社会组织的发展可以弥补现有农村老年保障体系之不足，平衡老年人的经济支持、生活照料和精神慰藉之间的关系，不断提升老年人的精神福利和自我养老能力。

（一）老年服务型社会组织的发展能够弥补现有农村老年保障体系之不足，平衡经济供养、生活照料和精神慰藉的关系

1. 老年服务型社会组织的发展能够平衡精神慰藉需求和精神供给危机的矛盾，满足老年人的精神慰藉养老需要。随着我国老年保障体系的不断完善发展，老年人口的基本物质性需求基本上得到了满足，但是与物质性的经济保障相比，老年人的生活空虚、精神寂寞等精神慰藉则更加严重。特别是在高龄人口、空巢人口、失独人口、失能人口不断增多的情况下，现有的保障体系在老年人生活照料和精神慰藉层面的力量明显不足。正如有人指出，从我国温饱有余小康不足的国情现实看，社会性生存而非生物性生存是农村养老保障方面凸显的主要问题，当前农村老年人养老中面临的最大问题是精神空虚寂寞问题①。虽然在精神慰藉的支持来源层

---

① 王俊秀：《农村老年人最大的问题是精神寂寞》，《中国青年报》2014年5月14日。

面，老年人的精神保障需求可从子女、家庭、社区等外部获得，但是现有的各种条件限制了老年人从子女、家庭和社区获得精神慰藉的可能。虽然新的《老年人权益保障法》对精神养老给予了强烈的关注，明确规定"家庭成员不得在精神上忽视和孤立老人，与老年人分开居住的赡养人，要经常看望或者问候老人"，并把"常回家看看"入法，希望从子女家庭层面获得更多的精神慰藉满足，但是在独生子女时代以及远距离的工作使得"常回家看看"本身成为了奢侈品，并不具有现实的政策可行性。虽然社区也是老年人获得精神支持的一个主要来源，但是我国的农村社区正在从熟人社会向陌生人社会转型，农村社会正在经历的严重空心化以及居住格局的变换等导致老年人能够从社区内部获得精神慰藉的可能性也愈发不足。农村老年人精神空虚与老年人精神保障的缺失成为一对重要矛盾，而改变老年人精神空虚的一个可行方法是积极发展老年社会组织，让老年群体从其自身群体内部而不是群体外部获得更多的老年精神保障需求，通过构建各种类型的老年社会组织，把一个分散的个体化老年人组织化为一个群体，为老年人群体从群体内部获得更多的精神慰藉需求提供更多的精神性支持。而在实践中，各个地方老年社会组织的发展，特别农村社会发展相对比较迅速的老年人协会，在满足老年人的精神慰藉需求方面具有独特的优势，在老年人精神保障层面发挥了重要功能。

2. 老年社会组织的发展可以弥补老年保障体系中生活照料护理服务的不足。随着人口老龄化的不断发展，特别是失能老人、半失能老人群体数量的不断增加，老年人的行动能力明显不足，老年人基本生活照料护理服务需求不断增长。根据《全国城乡失能老年人状况研究》显示，2010年全国城乡部分和完全失能老年人约3300万人，占老年人口的19.0%，其中城市为14.6%，农村已超过20%。完全失能老年人1080万人，占6.23%。到2015年，我国部分和完全失能老年人将达4000万人，将占老年人口总数的19.5%，失能老年人占总人口的比重进一步提高[1]。失能半失能老年人的大量增加使得老年人生活照料成为一个基本的刚性需求，在我国的现有老年保障体系体系中，老年生活照料护理并没有得到足够的重视。政府层面的制度化生活照料供给缺位，市场化的生活照料覆盖面有

---

[1] 唐莹等：《人口老龄化视角下中国老年人的长期护理》，《中国老年学杂志》2014年第1期。

限，大多数老年人现有的生活照料仍主要依赖于家庭化的供给方式。然而由于独生子女政策的实施，人口的大规模流动以及代际关系的失衡等，对于大多数处于失能半失能的老年群体来说，能够从家庭获得的生活照料也是非常有限。而通过完善老年社会组织把不同年龄段的老年群体组织起来，密切老年人之间的联系，不断拓展老年人之间的社会支持网络，甚至可以充分利用不同年龄老年群体的人力资源差异，实施互助养老，为老年群体提供低成本高效率的生活照料服务，既可以弥补政府照料支持的不足，也可以减少家庭在生活照料上的经济和人力负担。

（二）老年服务型社会组织的完善和发展可以提升老年人社会地位，维护老年人的老年保障权益

老年人社会地位的高低与老年群体能够获得各种老年保障密切相关，老年人在社会或家庭中的地位越高，越容易从社会和家庭中获取各种老年保障待遇。当前我国老年人群体在社会和家庭中的地位都相对较低，无法充足获得各种老年保障待遇。在农村社会，由于老年人从正式制度中获得的各种老年保障待供给严重不足，导致大部分老年人需要从家庭或社会获取各种非正式的经济保障、生活照料和精神慰藉保障。然而在农村社会失衡的代际关系中，老年人地位不断降低、不断边缘化，影响了老年人从家庭中获得各种类型老年保障的数量和质量，老年群体被赡养的权利无法得到有效维护。因此要想能够真正保障老年人的各种老年权益，必须提升老年人的社会地位，而提升老年人社会地位的一个重要手段就是把老年人组织起来，建立和完善老年社会组织。

首先，老年社会组织的发展可以增强老年人的权能感。老年人社会地位相对较低与其自我弱势无权感密切相关，无权感是个体或群体对自己无权、无能力的一种主观感受，是无权事实在心里的内化过程[①]，特别是农村社会在从熟人社会向陌生人社会发展的过程中，老年人的孤独弱势无助感不断强化，影响了老年参与社会的进程，影响了老年人社会地位和生活质量的提高。而通过老年社会组织的组织化可以把处于个体化分散的老年人组织起来，减少个人化老年人生活中的弱势化、无权感，增强老年人权能感。组织化的老年社会组织在老年人陷入无权感、弱势化时，由于有其内在的组织依托，无形中赋予老年人的权能感，能不断改善无权弱势

---

① 陈树强：《增权：社会工作理论与实践的新视角》，《社会学研究》2005年第5期。

地位。

其次，老年社会组织的发展可以提升老年人的社会地位。老年人社会权益的维护需要重构代际关系，改变其在代际关系中的失衡状态。代际关系的失衡虽然是一个客观的现实，但并不是不可改变的。老年人通过老年社会组织可以重构其在失衡代际关系的位置，因为老年社会组织作为老年人的组织能够把老年人组织起来，通过群体的力量可以给予那些不履行家庭保障的家庭造成一定的无形压力，恢复和建立孝道发挥的组织体系，改变其在家庭代际关系中的不利地位，更好的实现家庭在老年保障中的功能。毕竟作为一个历经千年的伦理社会，孝道文化的传统仍然十分强大，依然是指导和约束当下农村养老的主流意识，而当这种意识与相应的组织相互衔接和配合，即可在现实的农村养老实践中发挥重大作用，并极大地改善农村老人的养老保障状况[1]。

再者，老年社会组织可以通过充分咨询收集老年人各种真实性的社会需求，把老年人的利益诉求反馈给政府部门，制定符合老年人真实性需求的老年保障政策，也可以对涉及老年群体利益的政策实施过程进行监督，维护老年群体的老年权益。比如针对当前老年人的最低生活保障等相关政策的异化，可以充分发挥老年社会组织的社会监督作用，减少政策执行中的异化，维护老年人的权益保障。

（三）老年服务型社会组织发展能够减少老年人对正式制度化老年保障的需求依赖，实现老年人的群体自养

老年社会组织的发展能够提升老年人自我精神养老保障水平。自我精神养老即精神自养，是指老年人自身凭借主观进取的人生态度，通过积极有益的活动交往，实现精神的愉悦、满足和发展[2]。当前老年人的心理与精神健康状况不断滑坡，心理社会危机严重，对精神抚慰的心理需求不断增强，通过老年社会组织提供的各种活动丰富老年人的文化生活，消解老年人面临的精神危机，提升老年人的精神福利，实现精神上的自我养老。另一方面，老年群体通过参与老年社会组织参与各种适合于老年需要的活动，在精神愉快的基础上，确保其身体机能上的健康，减少对社会化养老

---

[1] 胡宜、魏芬：《复兴孝道：老年组织与农村养老保障》，《中国农业大学学报》（社会科学版）2011年第4期。

[2] 周湘莲、周勇：《农村空巢老人精神养老问题研究》，《湖南科技大学学报》（社会科学版）2014年第4期。

服务的生活照料需求和医疗卫生需求，解决了老年人的医疗保健问题和生活照料护理问题，直接就降低了老年保障中的物质依赖。虽然老年人随着年龄的增加身体机能的降低是一个必然的过程，但是一个健康的生活方式可以延缓老年人的身体衰老过程，通过老年社会组织参与各种老年社会活动不仅能保障其精神愉悦而且能够保障其身体健康。实际上对于农村老年人来说，拥有健康的身体才是最好的老年保障方式，身体健康不仅可以消解生活照料护理供给不足危机，实现生活照料的上自我服务，而且可以继续参加各种与老年身体状况相适应的老年劳动，实现老年生活上的物质自我保障，减少对国家层面等制度化的老年保障需求。

三 人口老龄化趋势下我国农村老年服务型社会组织发展的路径选择

当前我国基层社会的老年社会组织得到了快速发展，据统计，全国基层老年人协会（社会组织）有44.6万多个，覆盖城乡60%的社区、1.1亿老年人口，但是也存在性质和法律地位不明确、管理体制没有理顺、开展活动少、老年人参与率低、经费短缺等诸多问题。这些问题，严重制约着老年人社会组织应有的自我管理、自我教育、自我保护、自我服务等重要职能的发挥[①]。未来老年社会组织的发展需要改变农村老龄社会的治理方式，大力培育农村老年社会组织发展，不断强化政府的政策性支持，不断提升老年人在老年社会组织的主体性，充分调动老年人的积极性，不断提升老年社会组织的自我发展能力，使老年社会组织发展成为我国农村多元化老年保障体系的一个重要补充。

（一）老年社会组织的发展需要改变农村老龄社会的治理方式、培育农村老年社会组织，强化政府的政策性支持

党的十八届三中全会提出"改进社会治理方式，激发社会组织活力"，为农村老年社会组织的发展提供了发展方向，老年社会组织的发展需要从宏观上改变农村老龄化社会原有的治理方式，改变原有的把农村老年人口作为一种负担的消极思维方式，要充分发挥老年人口在老年社会保障体系构建中的积极角色，深入挖掘老年社会资本，大力培育发展各种类

---

① 毛立军：《加强老年群众组织建设，探索建立中华老龄联合会》，《人民政协报》2014年3月17日第005版。

型的老年社会组织，充分激发老年社会组织的活力。长期以来我国实行的是强政府弱社会的发展格局，各种类型的社会组织发展面临着先天发展不足，后天发展迟缓，影响了老年社会组织功能的有效发挥。未来我国农村老年社会组织的培育发展，政府必须发挥主导作用。首先，政府要积极转变思想观念，重视农村老年社会组织的发展，把农村老年社会组织发展纳入到地方政府解决农村老龄问题的重要工作日程之中，建立起完善的农村老年社会组织机构。其次，政府要为老年社会组织的发展创造良好的政策社会环境，支持各种类型老年社会组织的发展，特别是互益型和慈善公益型老年组织发展。特别是在老年社会组织的准入门槛、注册登记、资金保障等层面给予更多的政策性支持。

（二）老年社会组织发展过程中要充分发挥老年人的主体性地位

老年社会组织的良性发展不仅需要国家政策的宏观规划与引导、地方政府的高度重视，为老年社会组织的发展提供政策性支持，还需要充分调动老年群体参与老年社会组织的积极性，提升对老年社会组织的认同感和归属感。

首先，老年人主体性地位的确立需要重塑老年人群体的价值观念和转变行为方式。长期以来，政府机构、社会民众以及老年人群体自身都对人口老龄化进程中的老年人持有一种否定性的评价，认为老年人是政府社会家庭中的负担，并没有真正的意识到老年人本身存在的价值，虽然当前对老年人口价值观念的认知有所转变，但对老年人的价值认可仍主要从扩大内需，发展老年服务产业、促进经济发展的角度，挖掘老年人口的经济价值方面入手。实际上老年人不仅具有经济性价值，而且具有明显的社会性价值，老年人不仅需要国家社会家庭提供各种老年保障，而且老年人群体本身也是提供老年保障的重要资源，老年人并不是只能承受社会老龄化带来的不利后果，而且能够积极参与老龄化进程，弱化老龄化对老年群体的不利影响。老年人社会价值能否实现的关键是如何充分发挥老年人的主体性、积极参与老龄化过程，因此老年社会组织的发展，老年人口参与老龄化过程中积极性的发挥，就需要改变老年人对其自身不正确的消极性评价行为，倡导积极向上、健康乐观的生活态度，激发老年群体运用老年社会组织进行自我管理、自我教育、自我服务的能力。

其次，老年人主体性地位的确立还需要政府社会价值观念的转变，从消极老龄化向积极老龄化转变。从社会来说，积极老龄化也就是"生产性的老龄化",老年人可以继续为社会创造财富。同时,也提醒制定政府决策者、政策执行者要重视老年人的尊严、价值和参与,关注行为层面的"老有所为",更要关注心理层面的"老有所用"以及价值层面的"老有所成。"① 只有政府社会老年人群体都能真正认识到老年人的价值,才能确保政府在老年保障政策的构建中充分发挥老年人的主体性地位,才能促进老年社会组织的良性发展。

(三) 老年社会组织的发展需要提升自我发展能力

老年社会组织自我发展能力的高低是老年社会组织是否能够提供服务,满足老年社会群体多元化老年保障需求的重要保障,是能否调动老年人积极参与老年人社会组织的重要手段。老年社会组织自我发展能力的提升除了需要政府社会为其创造良好的外部政策环境,提升老年人群的主体性,调动其参与老年社会组织的积极性,还需要全社会的积极参与,为老年社会组织的发展提供资金、场地、人力资源等支持。老年社会组织自我发展能力的提升需要不断提升老年社会组织的公信力,不断完善老年社会组织的内部治理结构,充分发挥民主决策机制。最重要的是确保老年社会组织提供的各种服务与老年人需求具有明显的关联性和针对性。老年社会组织持续性发展的内在动力来源于农村老年人不断增长的老年保障需求,老年人的需求是老年社会组织建立的前提和基础,只有老年社会组织提供的各种服务活动能够与老年人群的日常生活、健康养老服务等相关联,使老年人能够在老年社会组织开展的活动中受益,真正满足老年人口多元化的老年保障需求,才能确保老年社会组织的稳定可持续性发展,才能不断提升其自我发展能力。

四 小结

人口老龄化进程中的农村老年保障问题不仅仅是国家、政府、社会、家庭的问题,而且也是老年人群体自身的问题。老年群体通过积极参与老年社会组织提供的各种活动,不仅能够缩小老年人精神养老需求与精神养老危机的张力,而且能够不断拓展老年人之间的非正式社会支持网络,减少对正式老年照料护理服务的需求,不仅能够增强老年人群的自养能力,

---

① 穆光宗、张团:《我国人口老龄化的发展趋势及其战略应对》,《华中师范大学学报》(人文社会科学版) 2011 年第 5 期。

减轻国家社会家庭负担，而且能够不断改变老年人在失衡代际关系中的弱势地位，提升老年人从家庭社会获取老年保障资源的能力，能够弥补现有老年保障体系功能的缺失与不足，满足老年人多元化的老年保障需求。老年社会组织提供的老年保障服务是一个低成本、高效率、低投入、高福利的老年保障方式，是我国多元化老年保障体系中的重要补充。

农村基层层级关系现状及其治理对策

王连生[①]

摘　要：在农村基层治理的实践中，乡镇与行政村之间，行政村与村组农户之间存在着一些矛盾和问题。乡镇一级对行政村一级管理上要么太紧，要么太松；行政村一级对于村组农户一级在管理上要么包办代替，要么爱管不管。因此，必须提高思想认识，查找存在的问题，分析产生问题的原因，提出解决问题的对策，以提高农村基层治理的效果。

关键词：农村基层治理；层级关系；问题与对策

依据《中华人民共和国宪法》《中华人民共和国村民委员会组织法》和《中国共产党章程》《中国共产党农村基层组织条例》等有关规定，农村基层层级设置为乡镇政府、村民委员会和村组农户三个层级。在这些层级上分别建立乡镇党委、村党支部（村党总支部）等党在农村的基层组织。随着后农业税免征时期到来，农村城镇化建设加快，城乡居民户籍统一，社会主义市场经济进一步深化，使上述三个层级之间在实际运行过程中，存在着这样那样的问题。这些问题的存在，直接或间接地影响农村基层治理的效果。分析各层级之间存在的问题，查找存在问题的原因，采取行之有效的方法措施加以解决，破解农村基层治理的难题，以提高农村基层治理的效果。

一　查找农村基层层级关系现状及其存在的问题

《中华人民共和国宪法》第九十五条规定："乡、民族乡、镇是我国

[①] 作者简介：王连生，男，1958年出生，南阳师范学院政治公共管理学院教授，法学硕士，主要从事农村基层党组织建设研究。

最基层的行政区域，乡镇行政区域内的行政工作由乡镇人民政府负责，设立人民代表大会和人民政府。"乡镇政府是中国最基层的一级政府，是实行农村基层治理工作的第一线和最前沿，肩负着农村基层治理工作的主要职责，任务繁重，使命光荣。多年来各乡镇政府在进行农村基层治理工作中做出了很大贡献，取得了良好的效果。当前，乡镇政府在农村基层治理工作中也面临一些矛盾和问题。一是一些乡镇党委、政府对村党支部、村民委员会难以实现有效的领导和监督。一方面一些村委干部认为，自己的干部身份是党员和村民选举产生的，遇事必须从本村的利益出发，把本村的利益放在首位或者优先考虑。假若乡镇党委政府从整体利益和长远利益出发作出与村民当前和近期利益不一致的决策时，村委干部就会站在村民一边，甚至暗中鼓动村民与乡镇党委、政府对着干，如上访、闹事等。另一方面有些村委干部从争取经费、项目、补贴资助考虑，从提高本村的各项绩效考核名次考虑，对乡镇党委、政府表面上积极主动支持配合，但在暗地里消极被动另搞一套。二是一些乡镇党委、政府仍然习惯于运用行政命令的手段处理问题。他们有时会直接干预或包办代替村民自治的事情，忽视或剥夺了宪法和法律赋予村民自治的权利。具体表现为直接指挥和控制下级组织，而不会运用灵活的与市场经济相适应的各种杠杆和利益导向机制引导农民，实行间接的或富有弹性的管理和控制，致使村民自治形同虚设，违反宪法和法律规定，无法调动村民的主动性和积极性。三是乡镇党委、政府对村民自治工作不管不问，放任自流。这样，直接影响和软化了乡镇党委、政府在农村基层治理中的核心作用。"后农业税"时代，乡镇干部的工资和办公经费全部由中央财政转移支付供应后，相当数量的乡镇主要领导产生了"旱涝保收、无忧无虑"和"无事可管、逍遥自在"的思想，大多数乡镇干部成了来往于县城和乡镇之间的"走读干部"和"织布梭子"，乡镇政府机构双休日和节假日上演"空城计"，出现乡镇机关"空巢化"的现象。

《中华人民共和国宪法》第一百一十条规定："农村按居民居住地区设立的村民委员会是基层群众性自治组织，村民委员会的主任、副主任和委员由居民选举产生，负责办理本居住地区的公共事务和公共事业，调解民间纠纷，协助维护社会治安，并向人民政府反映群众的意见、要求和提出建议。"多年来，各村民委员会在上级党委政府的领导和指导下，较好地行使了村民自治的"民主选举、民主决策、民主管理、民主监督和自我管理、自我教育、自我服务"的民主权利,调动了村民参与村级事务的积极性且取得了良好的效果。但在具体工作中也出现了一些问题。一是村"两委"干部的经济补贴和办公经费全部纳入县级地方财政供给后,不少村干部便产生了"准政府官员"的思想,平时不愿意主动接近群众,不愿意主动处理问题,多一事不如少一事的"不作为"情况相当突出。工作上只听乡镇领导的使唤,"端谁的碗,受谁的管,为谁办事"。有一些村"两委"成了"无人管事,无心干事,无钱办事"的"三无"班子,严重影响了农村基层治理工作的开展。二是相当一部分村集体经济基础单薄,村级组织运转经费保障水平较低,开展各项工作都会遇到经费困难的问题。所以,村"两委"希望为村民办一些好事实事和进行一些公益事业建设也因经济实力问题而变得不可能了。这样便导致了一些村组、村民对村"两委"工作的不满意,不信任;上级乡镇党委、政府也对这样的村"两委"工作没政绩,工作无起色而不重视,不信任,使得问题更加难以改变,难以得到解决。三是一些村"两委"的民主管理和村务公开流于形式,以至于一些腐败现象难以避免。一些村"两委"公开的内容是群众了解和知晓的,是合法合规的;而群众想知道和需了解的内容,恰恰是村"两委"不愿公开和没有公开的内容,使群众无法监督和无从监督,使监督流于形式。在村"两委"选举中,不能充分体现村民的民主权利,一般会有两种情况出现:要么是上级指定候选人,村民不选也不行;要么是村中霸道之人或是强势家族之人,村民不选也不行。这样,村民很难真正表达自己的选举意愿。所以,村民对于选举工作积极性不高,使选举流于形式。

《中华人民共和国村民委员会组织法》中规定的村民的权利和义务是:"广大农民在党的领导下依法直接行使民主权利。实行民主选举、民主决策、民主管理、民主监督和自我管理、自我教育、自我服务。"当前村民在农村基层治理的实践中存在的问题主要有:一是村民的切身利益得不到合理合法的保护。主要表现在土地征用、房屋拆迁、环境保护、计划生育、丧葬办理、责任田和宅基地、村民养老和村民保障等方面。由此造成的利益纠纷和矛盾很容易引发各种上访事件,造成农村社会不稳。二是大多数村民的集体归属感弱化。中国农民最大的理想和愿望就是发家致富,致富的方法和途径也是"八仙过海,各显神通",村民从集体中获得的利益和他们的期望值相差甚远。所以,村民中相当数量的农户和农民对集体事业不热心，不主动，对公共事务不积极，不参与。农村中农民团结一心，同甘共苦的精神缺失，由此也带来一些问题。三是村民总体上文化程度不高，科技素养不够，法律意识淡薄，参与市场经济的基本知识基本规范缺失，观念落后保守，接受新生事物迟缓，运用科技手段致富的本领少，迷信活动盛行，邪教渗透严重，正气不足，邪气肆虐，遇到问题不会运用法律的手段解决，不会运用市场经济规则处理。在信息化时代，村民的信息化素质偏低，还不能充分利用现有的信息和手段，直接或间接影响着他们的生产和生活。

二　解决农村基层层级关系问题的思路及其措施

由于农村基层各层级之间存在的这样那样的问题，对于农村基层治理工作也带来了这样那样的困难。针对这些问题必须采取切实可行的方法和措施加以解决。

对于乡镇党委、政府而言，一是加强自身建设，充分发挥乡镇党委、政府在农村基层治理中的主导和核心作用。乡镇一级处在各级政府的最下层，往往容易被人们忽视和淡化。乡镇党委、政府自身建设得不到应有的重视，就会造成乡镇党委、政府难以担当起农村基层治理的艰巨任务的影响。乡镇党委、政府自身建设应包括提高对农村基层治理工作重要性的认识，包括在农村基层治理工作中充分发挥领导作用和核心作用，包括在制度上保证乡镇一级政府要有一定的财权和物权，为实现农村基层治理提供有力的财物保证，使农村基层治理工作不流于形式，取得实在的成效。二是积极主动地、合理合法地加强对村"两委"的领导和指导。乡镇党委是村党支部（党总支）的直接上级，下级服从上级，上级领导下级是党的纪律，也是党的工作原则。乡镇政府是村民自治委员会也是指导和被指导的层级关系，要对村民自治组织的工作认真给予指导，积极给予帮助。在指导过程中要理直气壮，要大大方方；对村民自治组织的工作不管不问，顺其自然是错误的，是失职和不作为。也要防止走向另一个极端，就是包办代替村民自治委员会的日常工作。这样容易挫伤村级工作的积极性和创造性，容易使村级产生依赖性对发挥村民自治组织的作用是不利的和有害的。三是要提高乡镇干部的政治待遇和生活待遇，最大限度地调动乡镇干部干事创业的积极性和主动性。乡镇干部工作在基层，工作任务重，工作压力大，工作头绪多，工作条件差，工资待遇又比较低。长此以往就会挫伤乡镇干部的工作热情和工作的积极性和责任心，就会导致乡镇干部工作不安心，工作不稳定。对长期在乡镇工作的并作出成绩的干部要给予重用和提拔，让他们有事业，有追求，能上进，敢担当。对长期工作在乡镇的干部给予经济上的补助和生活上的关怀，使他们愿意在乡镇工作，安心在乡镇工作。

对于村级"两委"（村党支部、村民委员会），一是着力加强"两委"班子建设，彻底解决一些农村基层组织"慵懒散乱"的状况。农村基层党组织是党在农村工作中的领导核心，是党在农村工作中的战斗堡垒。必须采取一定的政策、制度、方法、措施，加强农村基层组织的班子建设特别是培养选拔一批德才兼备、有致富本领、出以公心、愿意带领村民奔小康的"领头雁"和"带头人"。加强"两委"班子的思想建设、组织建设、作风建设、制度建设以及反腐倡廉建设。实践证明，农村"两委"班子建设，关键在于一把手带头人。所以，选人的视野要宽广一些，既要立足于村民中的人，也可以考虑从乡镇干部中选拔一批人到"两委"任职，还可以考虑从大学生村官中选拔一批到"两委"中任职。上级要加大对他们的教育和培训，使之能够迅速地胜任新工作，带领村民致富奔小康。二是依法行使村民的自治组织的自治权力。一方面要保证村民委员会的自治权力不受任何干扰、影响和被剥夺；另一方面要保证村民委员会的自治事务合理、合法、合情、合规，不违背自治的权限和范围。村"两委"班子一定要处理好与上级乡镇党委、政府的关系，即被领导和被指导的关系，要摆正这一关系；村"两委"班子还一定要处理好与本村党员和村民的关系，即领导和指导的关系，也要摆正这一关系。村"两委"班子把这两种关系摆正了，处理好了，村"两委"的工作就好做了。三是必须加大村民主管理和民主监督的力度，建章立制，让权力在阳光下运行。在这方面，全国农村基层摸索出了许多办法，如河南省邓州市的"四加二工作法"，河南省兰考县的"六步工作法"等，实施的效果都很好，上级党委、政府满意，村民也满意。我们应当在全国农村加以推广。

对于村民，一是一方面要加强对农民的思想道德教育、法律法规教育、民主监督教育。教育的内容要管用，教育的形式和途径要多样化，教育的对象要符合其特点和要求，教育要符合教育的规律、教育的原则、教育的方针和教育的目的。另一方面要加强对农民进行科技教育、市场经济知识教育、现代信息化技术教育。下功夫培养一支有理想、懂技术、会经营的农村建设的主力军，成为引领农村工作的标兵和榜样。二是完善农村的各项政策，建立健全各种规章制度，使农村基层治理有章可循、有的放矢。各种政策制度要切实可行，明白无误，具有可操作性，具有系统性，具有衔接性，具有前瞻性。这包括农村土地政策，农民宅基地政策，农民房屋拆迁补偿政策，计划生育政策，农民医疗保险政策，农民养老保险政策等。政府要为农民搞好服务，为农民提供各种市场信息预测、各种种植养殖的新技术新方法新工艺。三是切实保障农民的权益和切身利益，让农民有归属感，自觉主动地参与农村的各项工作。农民是农村基层治理的主体，要想保证农村基层治理工作取得成效，就必须调动农民积极参与的自觉性和主动性，农民的自觉性和主动性来自对农民权益的切实维护。我们带领农民进行农村基层治理工作要取得成效，农民是关键，只有维护农民的各项权益才能调动农民参与农村基层治理的积极性和主动性。做好这项工作要从以下几方面入手：政策要保证，制度要规范，各级领导要重视，农民要有看得到的实惠，也就是治理成果惠及农民，教育工作要跟进，多管齐下，多方努力，农村基层治理工作一定能够取得新成效。

村"两委"矛盾的成因及对策

时树菁

摘　要：村"两委"矛盾现象普遍存在。原因是制度有缺陷、干部素质低、农村非正式群体的消极影响及上级组织干预等。因此，要通过明晰"两委"权责、提高干部素质、协调农村各种势力、改进上级的领导等多种途径，从各个方面促进"两委"关系的协调，推进农村组织建设和村民自治工作的健康发展，巩固党在农村的执政基础。

关键词：村"两委"；矛盾；对策

村"两委"矛盾虽然是最基层的矛盾，但是，若不妥善解决，不仅影响农村社会稳定，还影响到党和政府各项农村政策的落实，削弱党对农村的领导。因此，分析导致"两委"矛盾的原因，探讨解决这一矛盾的途径和方法，是研究农村村级治理的重要课题之一。

一　村"两委"矛盾及成因

（一）村"两委"关系的类型及矛盾

村"两委"（村党支部委员会与村民委员会）关系问题是农村基层稳定和发展的重大问题。从目前的实际看，"两委"关系可分为以下五种类型：一是协调型。村支部书记和村委会主任素质都较高，往往志趣相投、不少方面互补，又能依法办事。二是包揽型。村支部包揽一切，完全失去监督，村委会是个摆设。三是游离型。村支书和民选村委会主任，双方各有一定势力，矛盾虽未激化，党支部的领导无法体现，支部的工作不能有效开展。四是对立型。"两委"往往依靠各自势力，互不买账，损害了党组织的形象，也影响了村民自治的有效开展，严重损害了村民的利益。五是一体型。村支部书记和村委会主任由一人担任,村支部对村委会的领导更容易、更直接,遇事不易扯皮,从而成为不少地方解决"两委"矛盾的权宜之计。但监督艰难,也容易产生"家长制"的作风,而且对个人素质要求很高。据湖南长沙、岳阳等地抽样调查500个村的资料显示:协调型、包揽型、游离型、对立型、一体型分别占调查总数的40.1%、39.8%、5.8%、3.5%、10.8%。这说明村"两委"关系存在着严重的矛盾和不协调。这种矛盾的凸显、恶化,严重妨碍了村民自治的深入开展,给农村社会政治经济带来了严重的危害。

(二)村"两委"矛盾成因

1. 制度不尽完善,职权划分不够明晰

从宏观方面看,《村民委员会组织法》(以下简称《村组法》)和《中国共产党农村基层组织工作条例》(以下简称《条例》)是村委会和党支部权力运行的基础依据。首先,必须指出,两者在大的原则方面是一致的,但"两委"关系的具体职权划分和运行机制的规定过于原则化,可操作性不强。对于一个具体的村庄来说,什么样的事情应由村支部决策,什么样的事情应由村委会决策,决策的程序如何实施,如何体现党支部的领导核心作用等,都缺乏可操作性的规范。在这种情况下,"两委"就有可能各取所需地援引制度条文,导致在某些具体职权上争执不下。

2. 干部素质较低

"两委"干部素质较低也是导致"两委"矛盾的重要原因。由于认识水平不高、个人修养不够、缺乏管理经验和工作能力等原因,一方面,部分村"两委"往往不是按照法律、规章履行自己的职责,而是单凭主观认识去工作,甚至有意为个人和亲友谋取利益,从而影响了村内工作的正常开展。另一方面,一些村"两委"干部不能适应村民自治背景下的新形势,对于村民自治体制下的"两委"关系存在一些模糊认识。这种模糊认识主要体现为:一是曲解村民自治,排斥党支部的领导。认为作为村民自治组织的村委会既然是村民直选产生,就能代表村民的利益和意志,因而在行使其职权时党支部无权过问;二是片面理解"党的领导"。认为党支部的领导核心作用是抓党建和党务,其他权限归村委会,因而在实际工作中不接受党支部的领导;三是认为党支部的领导核心作用就是包揽村内的一切具体事务,因而搞以党代政,排斥村委会行使其自治权。"两委"关系的这些模糊认识直接导致了"两

委"之间的冲突和不团结。

3. 宗族组织和黑恶势力的消极影响

宗族是我国具有民族特色的传统文化因素,伴随村民自治制度在农村的兴起,农村宗族势力也正式侵入农村公共权力体系,他们借村委会直选的机会,把持和控制农村基层社会,以大欺小、以强凌弱,把公共权力变成宗族私权,为本宗族成员获得利益和好处提供方便,宗族组织的社会危害越来越明显。同时,农村黑恶势力利用金钱、物质收买腐化当地党政领导人,寻找权力保护伞,从农村到城市,活动范围不断扩大,导致黑恶势力犯罪活动城乡一体化。在一些地方,黑恶势力分子还直接在乡镇和农村基层获取一官半职,取得政治保护色。其直接后果是:一是宗族与黑恶势力插手基层政治加剧了基层组织的腐败。因为它们插手的目的就是攫取经济利益,得逞之后必将变本加厉地搜刮钱财,并且通过不正当手段寻求权力保护。二是宗族与黑恶势力为了达到"政治"要求,往往支持"两委"中的一边,客观上加剧了"两委"之间的矛盾。三是村委会选举往往成为家族之间的势力较量,而且也容易使村民自治权发生异化,出现较为严重的"两委"关系问题。

4. 上级组织干预

村民自治制度实施初期村委会的地位和作用并不突出,乡镇有事一般都直接找村党支部。而且,乡镇党委与村党支部是上下级隶属关系,乡镇党委对村党支部可以通过党内直接任命的方式来实现其领导。而乡镇政府与村委会之间只是"指导与被指导"关系,彼此的关系并不是很密切。因此,当"两委"出现矛盾时,乡镇组织偏袒村党支部乃情理之中。另外,乡镇领导一般都倾向于"两委"合一,为了便于统一的指令性管理,甚至直接插手民选村委会干部的任免。据《南方周末》记者报道,截至2002年5月1日,湖北省某市329位选举产生的村委会主任被乡镇组织及个人违规宣布撤职(含免职、停职、降职、精简、改任他职等)的达187人(占总数的57%),被撤换的村委会副主任、委员共计432人。而接替他们职务的,无一人是经村民依法选举,全由镇党委、政府、党总支、村支书等组织或个人指定任命。上述情况涉及269个村,占全市329个村的81.7%。在该市,民选村官成了人人可欺的"鱼腩部队"。乡镇组织的深度干预,为村党支部的反向理解权利提供了强大的组织保证。

二 化解村"两委"矛盾的对策

(一) 明晰"两委"权责关系

明确规定村党支部与村委会的职责范围,使各自的工作职责与范围有清晰的界限,避免出现实际操作中的相互扯皮或相互推诿的现象,最重要的是确认村党支部和村委会之间的领导和被领导关系。党支部是党在农村的基层组织,是党在农村的全部工作和战斗力的基础,是村各级组织和各项工作的领导核心。党支部的领导主要体现在:村党支部在带领村民对日常事务的处理中体现党的意志,按照国家政策办事;带领村民积极参与村内事务的民主管理,教育党员和村干部自觉遵守《村组法》及各种法律和政策规定;搞好组织和监督,确保各项程序的合法化,同时对村委会日常管理工作进行监督。党支部的领导应是一种宏观层面的指导和帮助,而不是对具体事务的包办和代替。村委会要依法接受村党支部的领导,在党的路线方针政策和国家法律、法规限定的范围内履行职责,开展工作,使村民自治在党组织的指导和支持下健康发展。村委会行使的权力是广大村民通过选举后赋予的,村委会与村民的关系是代理与委托的关系。村民对自己的权力既拥有委托出去的自由,也有收回的权力,村委会应对村民负责。村党支部在领导村民自治中也要尊重村民的意志,尽最大的努力使党和国家的意志与村民的利益吻合起来。

(二) 加强教育,提高干部素质

要围绕村党支部与村民委员会的地位、职责、任务等,对"两委"成员进行系统的教育培训。一是要加强对村干部和党员的思想素质教育,使其树立公共责任感和村集体的荣誉感。淡化"官"念和派别意识,避免把狭隘的集团利益上升为村庄的整体利益,把思想真正统一到加快发展这一共同目标上来。二是要加强对村干部和党员的法制教育,使其熟悉和掌握有关法律法规,消除有法不依的现象,推进依法行政。作为农村的干部,必须学法、知法、用法,这是做好农村工作的重要基础。三是要加强民主集中制的教育,克服"一言堂"现象,增强民主决策的意识。四是要坚持"法治"与"德治"并举。教育村干部坚持做到"堂堂正正做人、清清白白做官、扎扎实实做事","大事讲原则、小事讲风格"。勇于吃苦、勤政为民,不断提高解决棘手问题,化解矛盾的能力以及培养不畏艰难、拼搏创新的精神。

（三）利用宗族势力，打击黑恶势力

一般来说，"两委"关系顺畅的村庄，党员干部队伍的素质都比较高，在这些村庄，村民自治工作开展得有声有色。这说明只有村干部站得直、行得正，不断廉洁自律，才能赢得人民的信任。因此加大基层反腐败的力度，是有效的开展合理利用农村的宗族势力及打击黑恶势力工作的前提。一方面，对农村黑恶势力要进行坚决打击，毫不手软。另一方面，对于宗族组织则要进行客观评价和具体分析，由于这种群体是在宗亲观念和血缘关系的基础上形成的，因此具有非常强劲的凝聚力和影响力，在维持农村稳定、调解民事纠纷以及社会保障等方面能够起到非常独特的作用，我们要通过法律法规规范其行为。由于目前农村的政治民主意识还比较欠缺，同样也需要通过有计划地选调有影响的宗族的"族长"参加由有关部门组织的思想教育，提高其思想觉悟，争取"扬其所长，避其所短"。

（四）改进上级的领导工作

在我国，村民自治是由国家自上而下地领导和推动的，上级政府对村民自治的态度和组织能力至关重要。"中国的民主化进程得以在经济较为落后的农村取得出乎意料的成就，与执政党和政府扮演的积极主动角色密切相关。"事实上，村民自治凡规范、成功的地方，政府往往发挥了积极的支持、组织和引导作用。但上面提到的问题也不容忽视，只有上级组织进一步提高认识，以"权为民所用、利为民所谋，情为民所系"的情怀关注农村和农民，才可能会在利益的选择中，作出恰当的决定。同时，根据《村组法》规定，乡镇人民政府对村委会的工作起指导作用，因此处于基层的乡镇人民政府，首先，应该加强对村民的动员和宣传，提高村民的政治参与意识。目前我国农村公民政治参与水平仍然较低，与村民自治的民主进程很不适应。因此，乡镇政治就应该积极、有序地推动农民理性化的参与。政府在引导村民进行合法的参与、建立畅通的参与渠道，选择合法的参与方式等方面的工作有重要意义。其次，乡镇政府在打破农村宗族势力、黑恶势力的影响方面，也有不可替代的作用。特别是在选举过程中，政府应该积极引导、有效遏制打击宗族黑恶势力，使得村民真正信任的、能力强、干实事的村民代表能成为村"两委"的主要成员。再次，通过乡镇政府的积极引导和政治艺术，在直接调节村"两委"关系方面也有积极的效果。当然，在村民自治和政府指导下，要防止村委会"过度自治化"和"附属行政化"的两种不良倾向。只有做到以上所说，乡镇政府的工作才是卓有成效的。由于具体地方主客观条件的不同,各地乡镇政府的转变会有早晚,但这是必然的历史选择。

参考文献

[1] 毛军杰、陈远章:《农村"两委"关系现状及对策——对湖南省500个村的调查》,《中国党政干部论坛》2001年第1期。

[2] 党国英:《村民自治的现实与未来》,《南方周末》2002年9月30日。

[3] 胡永佳:《村民自治、农村民主与中国政治发展》,《政治学研究》2000年第2期。

(原文发表于《农业经济》2008年第3期)

"4+2"工作法：党领导下的村级民主治理机制的创新

乔成邦　王　壮

摘　要：当前，党领导下的村级民主治理机制存在着诸多困境。河南邓州提出的"4+2"工作法，把党领导下的村级民主治理的主要工作归纳提升为一套简单实用的决策程序，是新形势下加强农村党的领导，推进村民自治，实现村级民主治理，推动农村经济社会发展和社会主义新农村建设的有益探索，具有重要的创新意义。推行"4+2"工作法，必须统筹安排、有序推进，加强村级组织的治理能力建设，完善配套的规章制度，严格遵守工作规程，因地制宜、注重创新。

关键词："4+2"工作法；村级民主治理；创新；保障措施

近些年，随着我国农村经济、社会的快速发展，城市化进程的不断推进和诸多惠农政策的实施，农村经济社会结构、生产经营方式和民主治理机制都发生了深刻的变革，从而给党领导下的农村基层民主建设带来了一系列新的挑战。如何把党领导下的民主制度具体化，创新村级民主治理机制，使其在实践中具有可操作性，是农村基层民主建设亟待解决的重要问题。在此背景下，河南省邓州市创造性地提出了"4+2"工作法，把党领导下的村级民主治理的主要工作归纳提升为一套简单实用的决策程序[1]，探索出了一条新形势下加强农村党的领导，推进村民自治，实现村级民主治理，推动农村经济社会发展和社会主义新农村建设的新思路。

---

[1] 刘建川：《邓州市"四议两公开"工作法的实践与思考》，《学习论坛》2010年第2期。

一 党领导下的村级民主治理机制的困境

(一) 乡村治理结构转型困难

我国 20 世纪 80 年代中期开始推行,并于 90 年代末最终形成的乡村治理结构是"乡镇政权与村民自治"模式。根据此种模式的设计,乡镇政权作为国家政权的组成部分,依法行政,而村民委员会作为村民自治组织,依法自治,乡(镇)村之间在法律规定上不再是行政管理体系中的上下层级关系,也不是直接的领导与被领导关系,而是指导与被指导的关系。这就造成乡镇在农村公共服务供给中的推脱责任和无能为力的后果,也削弱了乡镇政权特别是党对农村基层的影响能力。长此以往,还会造成党在农村的执政地位弱化①,党组织作用不能得到有效发挥,基层民主的大方向难以掌控,从而导致基层民主的发展出现因过分追求民主自治所产生的自由化倾向。

(二) "两委"关系不协调

《中华人民共和国村民委员会组织法》第二条规定:"村民委员会是村民自我管理、自我教育、自我服务的基层群众性自治组织,实行民主选举、民主决策、民主管理、民主监督。"按照此条规定,村民委员会是自治组织。第三条规定:"中国共产党在农村的基层组织按照中国共产党章程进行工作,发挥领导核心作用,依照宪法和法律,支持和保障村民开展自治活动,直接行使民主权利。"按照此条规定,村党支部和村委会是领导和被领导关系。由此可见,我国的村民自治必须以党的领导为前提,但是由于法律并没有严格地规定村"两委"各自的职责和权力范围,因此村党委的领导与村委的自治就难免"打架",这就造成村"两委"关系的不协调。在现实中,还会出现两委斗法,百姓遭殃的怪现象,进而影响党领导下的村级民主治理。

(三) 农民组织化程度较低

随着农村所有制结构、产业结构、经济利益分配格局和生产方式的变化,农民由单纯的生产者身份变为生产者、经营者、所有者等多种身份,由大集体条件下的"生产队社员"转变为独立参与市场竞争的商品生产

---

① 李中龙:《"4+2"工作法:健全完善村级组织建设机制的新探索》,《领导科学》2010 年第 16 期。

者。这些变化对农民的思想观念、价值取向造成强烈的冲击和深刻的影响。农户、农民对村集体和村级组织的依赖逐渐弱化,并逐步导致集体观念淡化和组织化程度的降低。这些变化虽然增强了农民的独立意识,但也破坏了村级民主治理的组织基层,从而影响农村基层民主的进一步发展。

(四) 村"两委"的治理能力有待提高

当前,村级治理中出现了办事拖沓,效率低下,人浮于事等种种不良现象,部分村干部工作能力差,积极性不高,甚至滑入腐败池沼,从而严重影响了村干部的形象,削弱了村级治理的权威,也阻碍了群众意愿和基层民主的真正落实,不利于农村经济社会的发展和社会主义新农村建设的深入推进。

二 "4+2"工作法的科学内涵与创新意义

(一) "4+2"工作法的科学内涵

正是由于党领导下的村级民主治理机制存在着诸多困境,所以积极探寻新的思路、方法,把党领导下的民主制度具体化,创新村级民主治理机制,使其在实践中具有可操作性,是推动农村基层民主建设和社会主义新农村建设亟待研究的重要课题。河南省邓州市在实践中探索出的"4+2"工作法,正是在此背景下应运而生的一项制度创新。该工作法由河南省邓州市率先提出,在河南广大地区普遍推广,通过推行"4+2"工作法,使河南农村基层民主深入人心,民主建设扎实推进,乡风文明日新月异,农村经济快速发展,社会主义新农村建设呈现出一派勃勃生机的景象。

"4+2"工作法即"四议两公开"工作法,是指农村所有村级重大事项都必须在村党组织领导下,按照"四议"、"两公开"的程序决策实施。"4+2"工作法的主要内容包括:村党支部提议,即对涉及村民利益的公益事业、基础设施建设、集体土地出租承包、土地征用补偿分配、退耕还林兑现、民政救济款物发放、支农惠农政策落实等重大事项,由村党支部在广泛征求群众意见基础上,提出要决策的事项;两委会商议,即对村党支部提出的重大事项,召开两委班子会议进行充分酝酿讨论,结合本村实际,拿出具体实施;党员大会审议,即对两委会班子制定的初步方案,由村党支部召开全村党员大会进行讨论,根据讨论结果进一步完善修订实施方案,使方案更具可行性和操作性;村民代表大会决议,即对党员大会审议完善修订后的方案,由村委会召开村民代表大会,由村民代表进行表决，半数以上代表同意的视为通过，否则，该方案不能实施；工作程序和决策结果公开，即在村民代表大会召开三天之内将实施方案取得的四个过程和实施方案在村务公开栏向群众张榜公布，做到家喻户晓，人人皆知。

"4+2"工作法的目的是推进农村工作的规范化、制度化、科学化；本质是在党的领导下，发扬基层民主，推动科学发展，促进社会和谐的新机制；关键是用严格明晰的程序，确保村级事务决策管理的健康有序运行；精髓是实现党的领导、发扬民主和依法办事的有机统一[1]。

(二)"4+2"工作法的创新意义

"4+2"工作法从机制上破解了农村基层党组织在推动村级民主治理机制和改革发展中遇到的新课题，探索出了一条新形势下加强农村基层党组织的领导，推进村民自治，实现村级民主治理，维护社会和谐，推动农村经济社会发展和社会主义新农村建设的新思路。

1. 加强党在农村工作中的领导核心地位

党支部会提议坚持党的领导的原则，所有村级重大事项的决策实施都必须由村党组织率先提议，在制度上为村党组织找到了服务群众、领导发展的新途径。与此同时，通过"4+2"工作法，在党组织和其他村级组织、党员、村民代表之间建立起以引导、协商、教育、示范等为主要手段的新型领导模式，村党组织由凭政治优势开展工作转变为凭综合能力开展工作，始终处于农村工作的领导核心地位，从而破解了村党组织如何领导村级治理的难题。

2. 实现党的领导与村民自治的有机统一

村党支部与村委会之间的矛盾从根本上说是村民自治权力与党组织领导权力的碰撞。在"4+2"工作法中，党支部成为决策链的第一个环节，是整个决策程序的发起者，也是整个流程的组织者、操控者又是决策的推动者。村委会在决策过程中参与商议，在执行过程中拥有充分的自主权，是执行决策的主体。这就从根本上理顺了两委的地位关系，明确了各自的权利和责任，破解了村级治理中"两委"易产生矛盾的难题，实现了党的领导与村民自治的有机统一。

3. 改善了村民自治机制

党的十七大报告指出"人民依法直接行使民主权利，管理基层公共

---

[1] 中共河南省委办公厅：《"四议两公开"：农村基层组织建设的新探索》，《求是》2010年第1期。

事务和公益事业，实行自我管理、自我服务、自我教育、自我监督是人民当家做主最有效、最广泛的途径"。在"4+2"工作法中，村民是主体，通过"四议"、"两公开"，真正让村民当家做主，让老百姓说话，自己的事情自己议、自己干，参与热情高涨，凝聚了民心，较好地解决了诸如土地征用、道路修建、宅基地审批等村级事项，农村基础设施和公益事业明显改善，新农村建设快速推进。这样，既发挥了农民群众的主人翁作用，又发挥了村级组织的主动性和创造性，充分保障村民自治权利落到实处。

4. 增进团结，促进农村的稳定与和谐

"4+2"工作法以民主、公开、透明的决策程序，有效地推进了村级党务、政务、财务"三公开"，落实了农民群众的知情权、参与权、管理权、监督权，让群众真正成为村里的主人，拉近了村干部与村民的距离，村民信任干部，干部相信村民，密切了干群关系，增进了团结，促进了农村的稳定与和谐。

三 推行"4+2"工作法的保障措施

作为一种新的工作方法，"4+2"工作法在实践中有许多需要我们去探讨的问题，在新的历史形势下，如何将"4+2"工作法全面深入的推行下去，具有极其重要的意义。"4+2"工作法是一种系统而科学的方法，在推行过程中必须有一套严格的措施来保障其顺利实施。具体来说，应该从以下几个方面进行：

（一）科学规划、统筹安排、有序推进

"4+2"工作法涉及村级民主管理、村级事务决策、村干部监督、村党委组织领导等多个领域，必须科学规划、统筹安排、有序推进。特别要把握好"三关"：一是教育培训关。既要抓好村干部的制度培训，增强他们的规则意识，同时也要加强对党员、村民代表的制度教育，使他们了解制度、熟悉制度，增强他们的参与意识；二是规范落实关。要认真落实内部监督、群众监督、上级监督等监督措施，确保村干部按章办事、民主处事、规范行事；三是监督检查关。对不按"4+2"工作法办事的村干部要严格教育，维护制度的严肃性，确保"4+2"工作法真正落实，使村级组织规范化建设有序推进。

（二）加强村级组织的治理能力建设

村级组织治理能力的高低直接决定了"4+2"工作法的实施效果。

其中党支部处于决策的主导地位,"两委"班子是关键,党员是骨干,群众代表是主体,他们是"4+2"工作法的具体推动者、落实者和实践者,是实施"4+2"工作法的组织保证和前提条件①。一要抓好党支部书记这个"核心"。要把落实"4+2"工作法的能力作为优秀农村党支部书记的一个重要标准,从提高党支部书记的综合素质和驾驭全局能力上下功夫,增强执行"4+2"工作法的自觉性,保证提议、决策事项的科学合理;二要抓好村"两委"成员这个"关键"。举办村务公开、民主管理专题培训班,就"4+2"工作法的运行程序进行详细讲解和演练。通过学习和培训,使他们熟悉村务公开、民主管理的内容和程序、方法和措施。三要抓好党员队伍这个"骨干"。保证其能够客观公正地审议村"两委"提交的审议事项,提高审议质量,为村民大会或村民代表会议形成决议打下基础;四要确保群众代表这个"主体"正确行使权利。加强对村民代表的培训和指导,通过培训和指导,使群众代表在"4+2"工作法实施过程中,能够积极、正确地行使知情权、参与权、表达权和监督权。

（三）完善配套的规章制度

要针对"4+2"工作法推行工作中存在的薄弱环节,进一步建立和完善《重大事项支部提议制度》、《两委会班子议事规则》、《党员代表大会审议办法》、《村民代表大会决议规程》等制度,通过制度建设,使"4+2"成为一种长效工作机制,并明确"4+2"工作法的主要内容、决策事项、实施步骤和有关要求,使村务公开、民主管理工作标准化、规范化、科学化。一是规范民主管理内容。将涉及村民切身利益的重要事情和村民共同关心的问题,像发展规划,集体经济经营,公益事业建设,公益活动开展,种粮补贴,合作医疗、计生、宅基指标分配与审批,各项款物发放,五保、低保户确定,推先表优等方面,必须按照"四会"进行民主决策、民主管理;二是规范村务公开环节。对经"四会"民主决策的内容和实施结果,在公开前,坚持由民主监督小组成员,对公开内容进行全面的核实,然后在公开栏进行公开,有的项目也可以通过广播、召开会议、发放明白卡等形式进行公开。公开内容明白翔实,文字归档,做到有据可查,便于村民普遍知晓,随时查阅;三是制定工作失误追究办法,对开展"4+2"工作机制中工作不到位,责任不落实,程序不规范的人和

---

① 郭献功:《"四议两公开"工作法:村级治理新机制》,《学习论坛》2010年第1期。

事，实施责任追究。

（四）严格遵守工作规程

"4+2"工作法的推广实施是一项长远的任务。一些农村干部由于受到传统思维、习惯做法、现实利益和自身能力素质的制约，稍有松懈，村干部违规操作的不良现象就会抬头，要落实推广这个好的工作机制就必须严格遵守工作规程。在村级重大事务的决策管理中，必须经过四道会议和两个公开（公示），一道程序也不能少，确保每个程序规范运作，并选择适当的方式及时将工作程序和决策结果向群众公开。这种民主的程序或者制度会产生强大的约束力，能有效地促使村干部和农民群众依规程办事①。

（五）因地制宜、注重创新

"4+2"工作法作为一项新的机制，不可能包罗万象、面面俱到，村级组织在实际执行中也不能生搬硬套、不加消化。特别是在村级事务决策中，对一些党员人数较少或党员与村民代表交叉比例较高的村，在进行村务决策时，可通过召开党员村民代表联席会议一起审议讨论，按照大多数村民代表的意见作出决议；对外出党员、村民代表较多的村，在村级事务决策中可以通过电话、信函的方式征询意见，既保证村级决策的原则性，又达到了遇事简便的效果。要注重增强工作灵活性，做到既遵守制度规定，又不拘泥于制度规定。

总之，推行"4+2"工作法，对于加强农村党的领导，推进村民自治，实现村级民主治理，推动农村经济社会发展和社会主义新农村建设具有重要意义。但作为新生事物，"4+2"工作法还有待于在实践中不断的发展和完善，使之逐步地系统化和制度化，成为符合中国国情的党领导下的村级民主治理新机制。

（原文发表于《中共郑州市委党校学报》2011年第5期）

---

① 郭献功：《"4+2"工作法：民主决策的有益探索》，《村委主任》2009年第11期。

提高村级组织的政策执行力与新农村建设

乔成邦

摘　要：推进新农村建设的关键在于提高村级组织的政策执行力。本文从人力、物质、组织、机制等方面分析了提高村级组织政策执行力的障碍因素，提出提高村级组织政策执行力，推进新农村建设的主要途径在于提高村干部的政治素质和执政能力，加大对村级组织的扶持力度，创新村级组织的设置方式，加强村级组织的法制建设，建立健全激励监督机制。

关键词：村级组织；政策执行力；新农村建设

村级组织的政策执行力指的是村级组织在准确理解公共政策目标的基础上，通过对各种政策资源的集中调控和使用，有效地执行公共政策的能力和效力。村级组织是农村社会最基层的组织单元，是党和国家在农村的组织基础和各项方针政策贯彻落实的组织者、推动者、实践者，其政策执行力的高低决定着中央各项支农、惠农政策的落实程度和农村各项事业的发展水平，是新农村建设能否顺利推进的关键。因此，提高村级组织的政策执行力对新农村建设至关重要。

一　提高村级组织的政策执行力对新农村建设的重要性

（一）村级组织政策执行力的高低是新农村建设能否顺利推进的关键

党的十六届五中全会提出了建设社会主义新农村的重大历史任务。这是贯彻落实科学发展观、构建社会主义和谐社会和全面建设小康社会的迫切需要和必然选择。要完成这一光荣而艰巨的任务，村级组织起着不可替代的作用。它是农村社会最基层的组织单元，是党和国家在农村的组织基础和各项方针政策贯彻落实的组织者、推动者、实践者。因此，其政策执行力的高低决定着中央各项支农、惠农政策的落实程度和农村各项事业的发展水平,是新农村建设能否顺利推进的关键。

(二)当前村级组织的政策执行力普遍不高,难以适应新农村建设的需要

当前村级组织的政策执行力普遍不高,突出体现在其政策执行中偏差行为的普遍产生上,这些偏差行为主要表现在四个方面:一是敷衍式执行。部分村级组织在政策执行中,只做表面功夫,把简单重复政策文件看作是贯彻执行,开了会、发了文,好像自己就是政策的忠实执行者。没有切实采取措施,创造性地开展工作,存在着消极敷衍的情况。二是选择式执行。部分村干部在执行中区别对待不同政策或政策的不同内容,对于那些符合自己利益和偏好,执行相对简单的政策或政策内容非常积极,而对于另一些无助于自己利益,执行存在一定困难的政策则消极应付。三是机械式执行。部分村级组织在执行中,更多根据的是乡镇政府指示或政策文件的字面意思,而不是政策的精神实质,或者照抄照搬其他地方的经验做法,无视当地的实际情况。四是变通式执行。部分村干部在执行中,过分强调政策的灵活性,忽视了政策的原则性,从而背离了政策的精神实质。

(三)新农村建设对村级组织的政策执行力提出了新的更高的要求

新农村建设既给村级组织基础性作用的发挥提供了舞台,也对其政策执行力提出了新的更高的要求。首先,在认知上,要求村级组织能够准确理解新农村建设的内涵,深入领会其精神实质,全面把握其时代背景,深刻认识其重要的历史地位;其次,在素质能力上,要求村干部要有带领群众发展经济、增加收入的能力,要有领导农民进行村民自治、自我民主管理的能力,要有领导村民建设自己家园的能力,要有引领乡风文明的能力,要有领导农民不断学习,成为有文化、懂技术、会经营的新型农民的能力;再次,在工作方式上,要求村干部改变过去"吹哨子"、"喊号子",搞强迫命令、行政干预的工作方式。要强化服务意识,增强服务能力,尊重农民意愿,为农民多办实事,不断恢复其在农民心目中的威信。

二 提高村级组织政策执行力的障碍性因素

执行力是一个非常宽泛的概念,它的内容非常丰富,从系统的观点出发,它可以分解为人力、财力、资源力、组织力、技术力、理解力、信息力、监控力、文化力、创新力等"分力"。执行力是这些"分力"相互作

用构成的"合力"①。结合新农村建设的实践,笔者认为当前提高村级组织政策执行力的障碍性因素主要有以下四个方面:

（一）人力因素

由于当前村干部的能力素质普遍较低且后继乏人,导致提高村级组织政策执行力的人力资源严重不足。首先,村干部的文化素质较低。据山东省鱼台县调查显示,村干部中高中以上文化程度的占36%,初中文化程度的占52%,大专以上文化程度的只占12%②,因此,村干部的文化素质明显较低。许多村干部年龄老化、知识退化、思想僵化、作风硬化,对市场经济、高效农业、管理以及法律等方面的知识知之甚少,对国家的方针政策理解能力欠缺,难以实现对农民群众高效管理和对国家政策的有效执行;其次,村干部的工作能力较差。部分村干部由于自身知识文化水平较低,思想观念保守,工作方法落后,面对新农村建设的需要,缺乏带领群众发展经济的能力,缺乏更好的服务群众的能力,缺乏利用经济、法律、思想教育等多种手段开展工作的能力,无法有效的组织农民、引导农民,致使许多地方的新农村建设流于形式;再次,村干部后继乏人。在城市化快速推进和高等教育大发展的背景下,农村人才大量流向城市,很多村级组织忽略了组织建设的发展,不注重从致富带头人、青年骨干中培养发展后备干部,村干部队伍存在着后继乏人、青黄不接的现象。

（二）物质因素

当前村级组织普遍存在着收支失衡、债务沉重的问题,致使提高村级组织政策执行力的物质基础薄弱。税费改革及全面取消农业税后,村级组织的收入大幅度减少,加之村集体经济发展滞后,村级组织的财政收支失衡问题日益凸显,尤其是中西部欠发达地区,财力大都入不敷出。很多地方由于长期以来的各种原因,还背负着沉重的债务负担。这就造成了村级组织的各项开支无法正常支出,组织生活无法正常进行,修路、架桥等公益事业无财力去办,村级组织处于有心无力的尴尬境地。

（三）组织因素

当前村级组织的设置方式不科学,"两委"关系不协调等问题,损害了村级组织政策执行力提高的组织基础。首先,基层党组织的设置方式不

---

① 黄卉、苏立宁:《公共政策执行力初探》,《科技与管理》2006年第4期。
② 王辽卫等:《农村基层组织现状及发展方向探讨》,《安徽农业科学》2006年第5期。

科学。随着农村经济市场化程度的日渐提高,农村劳动力在产业间转移和地区间流动越来越频繁,离土离乡、经商务工的农民包括农民党员也越来越多,按行政村区域设置党组织,以村、组为单位组织党的活动的做法明显不科学,难以适应新形势发展的要求;其次,新型合作经济组织发展迟缓。随着农民生产经营的自主性日益增强,跨地区、跨产业、跨所有制多种形式的生产联合或经营联合不断涌现,新的经济组织日益增多,但是这种依靠农民自发创办的新型合作经济组织,缺乏科学的管理和必要的资金支持,组织形式不规范,目前发育尚不成熟;再次,村级组织内部"两委"关系不协调,村"两委"互不买账,互相扯皮,甚至矛盾达到水火不相容的地步,严重削弱了村级组织的凝聚力和号召力。

(四) 机制因素

当前村级组织建设中,机制缺失问题严重,影响并制约了村级组织政策执行力的提高。首先,激励保障机制缺失。村级组织肩负着上传下达,传递信息,执行中央农村政策的任务,事多而杂,但却没有相应的激励机制。经济上目前村干部工资普遍很低,西部大多数地区的村长工资每月不足 200 元,由于办公经费严重不足,连正常的办公桌椅都很难提供,有的村甚至没有村委会,村干部要在自家办公。政治上自改革开放以来,国家机关已不再从村级组织中提拔干部,现行的体制制约着村干部向乡镇升迁的可能,政治上没有出路,严重打击了村干部的积极性;其次,监督考核机制不科学。一方面税费改革及全面取消农业税后,乡镇与村级组织的经济关系淡化,乡镇对村级组织管理监督力度减小。而村民忙于自家的生产经营,对村级组织的工作漠不关心,加之村民自治流于形式,村民缺乏监督的信息和途径,致使对村级组织的监督不力;另一方面村委会不是镇政府的下属机构,而是基层群众性自治组织。村干部岗位职责履行的好坏主要应由村民或村民代表来考核,担当指导角色的政府部门主要是提建议和意见。但目前实际的情况是村干部的考核基本上都由乡镇各党政部门进行,极大地影响了考核的民主性和科学性[1]。

---

[1] 钱玉英:《新农村建设背景下的苏南农村基层组织建设:问题与对策》,《苏州大学学报》(哲学社会科学版) 2007 年第 3 期。

三 提高村级组织的政策执行力，推进新农村建设的主要途径

（一）提高村干部的政治素质和执政能力

1. 拓宽村干部的选拔入口

改革和创新村干部的选拔任用制度，扩大选人视野，拓宽选任渠道，不断挖掘村干部队伍新的"源头活水"，促进农村各个方面的优秀人才脱颖而出。要注重从农村致富带头人、退伍军人、回乡青年、外出务工经商人员中选拔村干部。实施"一村一名大学生"计划，鼓励和引导高校毕业生面向农村基层就业。对于村里一时没有合适人选的，可以打破地域和身份的限制，面向社会公开招聘或选派机关干部到农村任职。

2. 加强教育培训，提高村干部的政治素质和执政能力

在培训内容上要注重实效性，除了进行日常的思想政治教育外，还要注重提高村干部的政策领会与执行、引领群众发展经济、服务群众、依法办事和解决自身问题等方面的能力；在培训方式上要注重制度化与灵活性相结合。如对村级"两委"干部的定期培训教育，尤其是在换届选举后，要及时组织对"两委"干部的培训，并形成严格的培训制度，同时还要整合科普宣讲团、支农服务团、科普示范基地、党校和行政院校等教育培训资源，广泛开展诸如办班安排学、领导引导学、党员带头学、能人带动学、自我主动学等方式，切实加大对村干部的培训力度。

（二）加大对村级组织的扶持力度

1. 加大政府支持力度

各级党委和政府要根据各地情况，按照村域规模、村级经济实力，确定村级组织正常支出的最低经费，通过财政转移支付和党费使用向农村基层倾斜等途径，确保经济薄弱村的村级组织正常运转；有关部门要争取从税收、投入、原材料供应、项目选定等方面给予优惠和优先，以利于尽快启动项目，加速农村集体经济的发展；同时还要通过政府贴息、担保、政策优惠等方式以及按照"谁投资、谁经营、谁收益"的原则，积极鼓励和引导社会资本进入农村经济领域，提高农村经济投资的吸引力。

2. 加大金融支持力度

改革和创新农村金融体制，扩大农业发展银行、农村信用合作社等政策性金融机构的服务范围，改变过去农业企业和农民"贷款难"的局面，拓宽信贷资金的支农渠道。

（三）创新村级组织的设置方式

1. 创新党组织的设置方式

科学合理地设置基层党组织，是加强基层党组织建设、发挥党组织的领导核心作用和提高基层党组织政策执行力的前提。为了适应农村经济社会发展的新形势，我们必须创新基层党组织的设置方式。总的原则是，在坚持按地域、建制村为主设置党组织的基础上，按照有利于促进农村经济社会发展、有利于充分发挥党组织作用、有利于加强党员教育管理、有利于扩大党的工作覆盖面的原则，积极探索其他的设置形式①。如"村村联建"与"村企联建"党组织，在农业产业链、专业协会和各种联合体上建立党组织，在农民工党员进城务工相对集中的单位建立临时党支部等。

2. 培育和发展农村新型合作经济组织

要根据村民自愿的原则，积极引导和加快创建那些以农产品的生产、经营、加工和服务为主体，按平等互利原则发起成立，实行自主经营、自负盈亏、自我服务、民主管理的新型合作经济组织。使农户有效连接市场，加强沟通，抵御风险，提高技术，优化生产要素，从而提高农业的组织化程度，形成规模化经营，降低风险和成本，进而增加农民收入。

（四）加强村级组织的法制建设，协调"两委"关系

首先应修订和完善《中国共产党农村基层组织工作条例》，研究制定既能够充分发挥农村党组织领导的核心作用，又具有可操作性的措施，以避免目前农村党组织在实际工作中出现的盲目性，改变工作被动的局面；其次应修订和完善《中华人民共和国村民委员会组织法》，明确农村党组织在村民自治组织换届中的职责，研究制定具有可操作性的措施，既能够充分体现农村党组织的作用，又能够充分体现村民的意愿，而且充分发扬了民主。同时应对近年来农村群众自治组织在换届中采取的"海推直选""自荐海选"与"组合竞选"等方式，进行优劣性的研究分析，进一步科学规范农村群众自治组织换届选举的操作程序、原则以及对可能发生问题的处理方式等，保证选举在公开、公平、公正的情况下顺利进行②。

---

① 贺国强：《大力推进农村基层组织建设，为建设社会主义新农村提供坚强组织保证》，《求是》2006 年第 7 期。

② 郭群峰：《如何加强农村基层组织建设》，《理论视野》2007 年第 4 期。

（五）建立村干部激励机制

1. 经济上要建立"基本补贴＋效益收入＋奖金"的村干部结构补贴机制

基础部分由区、镇财政补给；效益部分依据本村上年度人均纯收入和人均集体收入确定；奖励部分根据年终对村干部进行综合考核的结果确定。为从根本上解决村干部待遇保障问题，要逐步建立村干部养老保险制度、医疗保险制度、离职补偿制度等。

2. 政治上要建立村干部晋升机制

对连续任职15年以上的优秀村干部，由区镇授予荣誉称号。对政绩突出、议政能力较强的村党支部书记，积极推荐为各级人大代表人选[1]。

（六）健全对村干部的监督机制

1. 完善村民监督机构

设立村民理财小组，监督村干部对集体经济的财政权力的过度使用，督促村干部公布村集体财务；设立村民议事会，推行一事一议制，鼓励村民对集体事务的参与积极性，协助村干部组织村民会议，监督村干部在一事一议中是否本着对村民负责、量入为出、专款专用、讲求效益的原则，量力而行办好村级公益事业，在村干部选举中发挥监督职能，防止贿选[2]。

2. 建立科学的村干部考核机制

村干部的年度考核应在完善考核内容的基础上，引入村民民意调查实绩分析，年终组织开展民意调查，组织村民参与实绩分析，量化村干部的业绩指数，全面考核村干部素质。乡镇党政部门考核意见与村民民意调查实绩分析结果应按一定的比例进行加权，使村干部的考核更加民主化、科学化。

（原文发表于《南阳师范学院学报》2009年第5期）

---

[1] 许玲、王素玲：《围绕建设社会主义新农村，强化农村基层组织建设》，《理论学习》2006年第6期。

[2] 王辽卫等：《农村基层组织现状及发展方向探讨》，《安徽农业科学》2006年第5期。

公共政策有效执行机制建设：模式分析与路径探索

乔成邦

摘　要：公共政策有效执行机制是公共政策顺利实施的制度保障。充分吸收西方先进的执行理论和方法，立足我国国情，构建公共政策有效执行机制，从体制机制上解决制约科学发展的深层次矛盾，对未来我国的发展具有重要的理论和现实意义。要加强公共政策有效执行机制建设，应采用系统分析方法，构建系统模式，发展和完善决策、解释、组织、施用、监控五大机制。

关键词：公共政策；有效执行；机制；模式；路径

公共政策有效执行机制是指健全的、完善的公共政策执行机制，它能够推动公共政策顺利的贯彻实施，将政策观念形态的内容完全转化为实际效果，保证公共政策目标圆满实现。

一　公共政策有效执行机制建设的模式分析

系统是一组相互联系并且相关程度紧密的要素所组成的整体。系统分析即从系统的观点出发，从整体与部分之间，整体与外部环境之间的相互联系、相互作用、相互制约的关系中，综合地、精确地考察对象以达到最优地处理问题的一种分析方法，它包括静态结构和动态过程等具体分析方法。

从公共政策执行本身来说，它是一个由静态的结构和动态的过程所组成的一个系统。其静态的结构要素包括政策本身、执行机构、目标群体和社会环境四个方面。公共政策执行的组织理论阐明了组织在政策执行中的意义，通过组织分析为政策执行的研究提供了重要的思考角度。这种思考角度实际上是一种系统的静态结构分析,但是组织理论只注重对执行组织的研究,而忽略了其他三个要素。公共政策执行的行动理论则从另一个重要方面探讨了政策执行的内涵和特点,使人们认识到政策执行从一个方面来说就是一个主要由解释、组织、施用和监控四个环节所构成的行动过程,有效的政策执行要充分认识其过程的系统性,把握各个行动环节的互动影响。由此可见,行动理论实际上是对政策执行系统的动态过程分析,这种分析途径的要点是将政策执行看作是一种行为活动或行动过程,通过对这些行为或行动进行阶段性或程序化的研究,来试图发现一个统一的行为模式或行动过程。

由此,我们可以采用系统的分析方法,把静态的结构分析和动态的过程分析结合起来。从静态结构分析的角度将公共政策执行看作是一个由政策本身、执行机构、目标群体和社会环境所组成的系统,将政策执行系统看作是一个发生和发展的过程,具体说,表现为由解释、组织、施用和监控等一系列阶段或环节所组成的过程。通过这种系统分析方法,揭示政策执行系统及其运行的特性和规律,从而形成公共政策有效执行机制建设的基本模式。

在公共政策执行的解释、组织、施用和监控四个阶段中,每个阶段又有若干个具体的环节,其中,解释包括政策传播和政治社会化,组织包括组织建立和主体行为优化,施用包括沟通协调和利益平衡,监控包括控督、评估和参与。这样在公共政策执行的每个阶段和环节上,包括政策本身、执行机构、目标群体和社会环境四个方面的静态结构要素,都会对公共政策执行产生作用,从而最终影响公共政策执行的实际效果。另外,公共决策系统是公共政策执行系统的基础和起点。因此,我们可以从决策、解释、组织、施用和监控这五个阶段来建设我国的公共政策有效执行机制。

二 公共政策有效执行机制建设的路径探索

(一)完善决策机制

政策缺乏合理性、明晰性、稳定性和公平性是影响政策有效执行的首要原因,政策的有效执行是以能够最大限度地体现广大民众切身利益的高质量的政策为基本前提的,而高质量的政策则需要有科学民主的公共决策机制作保障。

1. 完善政策评估制度

政策评估是指描述各种解决政策问题的方案，陈述各种方案的优劣，旨在通过对各种政策备选方案的可行性以及优缺点的比较和分析来为决策者在制定政策过程中做出正确抉择提供依据。作为决策过程的一个关键性环节，政策评估是政府决策科学化和民主化的必由之路，是实现传统的经验型决策向现代科学化、民主化决策转变的重要一环。我国现实中一些政策之所以不能有效执行，其原因就在于这些政策未经必要的评估程序而在质量上出现了诸如政策目标模糊不清、政策缺乏可行性以及政策之间相互撞车等问题。因此，要从根本上解决因政策质量问题而导致的执行受阻，就必须进一步完善我们的政策评估制度。

2. 推广决策听证制度

决策听证是指政府在决策过程中，听取有关团体、专家学者，特别是与政策有利害关系的目标群体的意见。在决策过程中设置听证程序，通过举行听证会使政策目标群体或其代表有对拟制订的政策有充分发表意见的机会，可以在很大程度上防止决策失误，消除和化解政策目标群体对政策潜在的不满情绪，增强其对政策的认同感，减小政策执行的阻力。在我国现阶段，利益的多元化格局使得利益冲突在所难免，"为了给予不同利益和力量以制度性的表白途径，使利益冲突能达成某种程度的共识，使人民能直接参与决策机制"，对政府的政策"能有切身了解，且能基于本身之利害，或专门之学识发表意见"[①]，使政策能够最大限度地体现民意，从而增强政策的可行性，我们无疑迫切需要在完善决策机制的过程中，尽快推广听证制度。

（二）健全解释机制

1. 健全政策传播机制

政策传播机制是在政策执行过程中政策主体之间、政策主体和政策对象之间的信息传输和交流的过程与方式，它可以提高政策传播效果，促进政策执行主体和政策对象准确认知和认同政策。健全政策传播机制，首先要改变高度一元化的信息传播形式，建立现代化的信息传播网络。这不仅可以改变传统的单向传播模式，而且由于中间层级的信息传递功能被网络所取代，避免了因信息的多层过滤所导致的信息失真情况的发生，从而确

[①] 丁煌：《政策执行阻滞机制及其对策》，人民出版社2002年版。

保了信息的保真度；其次要建立政府与公众之间的互动机制。随着政治民主化、经济市场化的发展以及公民意识的日益觉醒，政府以往简单依靠强迫命令和政治动员来推行公共政策的传统做法已很难奏效，要顺利达成预期的政策目标，除了要着力改善传播的工具与手段，不断改进传播的策略与技巧外，还必须建立政府与公众之间的互动机制①。

2. 改善政治社会化机制

政治社会化是一个社会内政治取向和社会模式的学习、融合、传播、继承的过程，是个人获得"政治人"属性的过程，是政治共同体对社会成员的教育培训过程，是把政治取向模式和行为规范代际相传的过程。有效的政治社会化一方面有助于政策执行者形成正确的政策执行态度，提高政策执行水平，增强对政策执行风险的预判能力；另一方面能加强对公众的政策宣传，提高公众的政治参与热情，使公众在潜移默化中加强对公共政策的认同与支持，并进而固定为一种行为模式，从而大大减小执行的阻力。改善政治社会化机制，首先要强化政治社会化过程，为有效的政策执行创造良好的环境；其次要加强法制教育，从而以法治为基础，切实依法行政，促进政策的有效执行；最后要创新传统的政治文化，其主要是以变革传统政策执行模式为内容，通过政治学习、教育、培训等方式来改革传统政策执行的心智模式和行为模式。

（三）健全组织机制

1. 健全组织建立机制

组织建立是政策方案经合法化过程之后，为圆满实现政策目标，根据一定的组织原则和组织方式，配备人员、配置权力、制定规章等建立组织机构的过程。健全组织建立机制，首先要灵活设置组织机构。传统的常设制执行机构一部分取消，一部分保留，一部分转型。通过理顺政府内部政策执行机构之间的关系来解决执行体制的混乱问题；其次要合理配置执行权力。对纵向的权力配置，要通过立法程序，制定一部《中央政府与地方政府关系法》，以专门法的形式具体规定中央和地方的职责权限，划清中央和地方间的事权、财权、产权、立法权。对横向的权力配置，要把行政机关职能配置、内部机构设置纳入法制化轨道，建立精简、协调、高效的执行机构，给公民社会和各利益主体更多的参与公共管理和公共政策执

---

① 金太军：《公共政策执行梗阻与消解》，广东人民出版社 2005 年版。

行的权力，打破政府对公共权力的垄断①。

2. 建立主体行为优化机制

首先，要提升政府能力。政府能力是指政府以最小的社会代价采取集体行动的能力，包括国家官员的行政或技术能力、更深层次的机构性机制，以灵活性、规则和制约机制来促使政治家和公务员按照集体的利益行事②。目前我国政府能力过剩与短缺并存，结构失衡严重，我们必须通过推动政府能力向政府有效性转变，调整政府与社会的关系，创新政府职能，增强政府内外竞争压力等措施，调整政府能力结构，提升政府能力；其次，要重塑政府形象。政府形象是公众对于政府行为的总体评估，是政府的表现和业绩在公众心目中的综合反映③。政府要赢得公众的认同与支持实现其职能，必须注意处理与公众的关系，特别要注重政府形象的建构。通过培养和强化政府的公关意识和形象意识，使公务人员明确认识自身行为与政府形象的关联性，注重公众利益，为公众办实事，注重政府形象传播，向社会宣传、解释自己的实际表现和业绩等措施来重塑政府形象；最后，改进执行方式。"为了使某一项政策有效，需要的不仅仅是广泛的权威和用以支付实施代价的拨款，良好的控制和政策实施技术也是必不可少的。"④要改进执行方式，从以命令执行为主到命令执行与承诺执行、委托执行、合同执行、参与执行相结合。

（四）完善施用机制

1. 完善协调沟通机制

首先要建立专门的沟通协调机构，使沟通协调职能专业化、权威化；其次要建立畅通的双向沟通渠道，使上情下达、下情上达和横向沟通畅通无阻。如建立和改善政策热线、市长信箱、政策演讲、社区活动等途径；最后要充分利用现代网络通信技术，加快信息传递速度，减少中间环节，保证信息交流的快捷性。

2. 健全利益平衡机制

首先，健全利益表达机制。要畅通利益表达渠道，引导群众以理性合

---

① 谭英俊：《试论构建有效的公共政策执行机制》，《四川行政学院学报》2004 年第 4 期。

② 世界银行：《1997 年世界发展报告——变革世界中的政府》，中国财政经济出版社 1997 年版。

③ 李素萍：《论政府形象建构》，《西南民族学院学报》（哲学社会科学版）2002 年第 1 期。

④ ［美］詹姆斯·安德森：《公共决策》，唐亮译，华夏出版社 1990 年版。

法的形式表达利益要求，充分发挥社团、行业组织、社会中介组织的作用；其次，健全利益协调机制。要建立一个"利益相关人的意见—分析研究各方的利益要求—评估各相关人的利益性质、利益大小、利益弹性空间、利益底线—确定利益分配方案或补偿方案—开展政策游说，寻求意志一致"的程序，并从制度上保证这个程序的严肃性和可操作性；再次，健全价值引导机制。要引导人们正确看待因客观能力、条件等不同而导致利益分配差异的客观性，使广大群众的思想观念、价值取向、社会道德标准和心理状态等与时俱进；最后，健全利益冲突化解机制。要教育群众运用法律手段解决各种矛盾纠纷，要充分发挥各社会团体、民间组织、中介组织在调节社会成员利益冲突方面的作用，还要改进和加强基层党建工作，努力形成协调利益关系的强大组织网络。

（五）完善监控机制

1. 完善监督机制

首先要强化国家权力机关的监督职能。在理顺党、人大、政府三者权力关系的基础上，制定人大对政策执行监督的具体形式、程序、手段以及咨询、调查、弹劾、罢免等实施方法，使权力机关的监督落到实处；其次要完善社会监督体系。不仅要创新社会监督的渠道和方式，更要加强立法，使社会监督主体的地位、权限，社会监督的方式、步骤、程序都有明确的法律规定，确保社会监督在政策执行过程中的充分运用和社会监督行为的规范化；最后要强化责任追究机制。要把责任落实到具体的执行者身上，使政策理解偏差、执行失误，甚至违背政策、对抗政策的执行者承担本应承担的责任，以增强执行者的责任感。

2. 健全评估机制

政策执行是一个涉及众多变量的复杂过程，它不仅包括"如何去执行"，而且包括"执行的如何"。为此，我们必须通过评估机制对政策执行过程进行严格的绩效分析。首先要建立独立的评估组织。不仅要规范、健全官方的评估组织，还要大力发展民间评估组织，并逐渐使之成为政策执行评估的重点；其次要加强评估信息系统建设。建立覆盖全社会的、快速的信息反馈网络，及时收集执行信息；再次要重视评估结论的消化、吸收。评估结论必须与相关人员的奖惩直接联系起来，真正实现责、权、利相统一；最后要借鉴先进的评估理论、方法和技术，并使之迅速地本土化和推广使用。

3. 完善参与机制

在政策执行中，只有让公众充分参与到各个环节，疏通反馈渠道，倾听民意，才能获得公众发自内心的服从、遵守、认同和支持。完善参与机制，首先要让公众参与执行计划，从而提高公众对政策执行的关切度，为优化执行计划提供智力源泉；其次要让公众参与执行监督。要更多地通过行政合同的方式，来约束执行主体；最后要让公众参与执行评估。从而促进政策执行信息的及时反馈和公开，防止执行评估的"暗箱操作"和浮夸失真。

"制度好可以使坏人无法任意横行，制度不好可以使好人无法充分做好事，甚至会走向反面。"① 公共政策有效执行机制是公共政策有效执行的根本保证，对和谐社会的构建和新农村建设具有重要的理论和现实意义。但是作为一个发展中国家，公共政策有效执行机制的构建，不可能一蹴而就，一方面需要对政策执行过程的各个环节和各种因素的规律性进行研究，另一方面需要在实践中不断地创新与探索，推动理论与实践的结合。

（原文发表于《四川行政学院学报》2010 年第 6 期）

---

① 《邓小平文选》第二卷，人民出版社 1994 年版。

新型农村社区的含义、功能及建设路径研究

乔成邦

摘 要：新型农村社区是在统筹城乡发展、推进城乡一体化的新时代背景下，提出的一个新的概念，是农村发展的新方向和新思路，建设新型农村社区具有重要意义。目前新型农村社区建设尚处于一个探索、实验的阶段，人们对其认识尚不统一。因此，我们应在科学界定新型农村社区含义的基础上，准确把握其促进发展、改善服务、增进利益、整合资源的功能定位，通过科学规划建设方案、建立多元化的资金投入机制、加强政策宣传和制度创新等路径，加快推进新型农村社区建设。

关键词：新型农村社区；建设；统筹城乡；城乡一体化

新型农村社区是在统筹城乡发展、推进城乡一体化的新时代背景下，针对农村未来发展的方向、目标、路径及模式等问题而提出的一个新的概念，这一概念目前在全国许多地方的政府文件、领导人讲话、媒体宣传和学术研究中已得到普遍的使用，其中，河南、山东、四川、河北等省更是把新型农村社区建设当做重要战略而加以推进。但究竟什么是"新型农村社区"，目前并没有统一的说法，对其功能定位的认识也存在着很大的差异，这些都反映了目前我们对此问题理论研究的不足。因此，科学界定新型农村社区的含义，准确把握其功能，深入探索其建设路径具有重要意义。

一 新型农村社区的含义

（一）新型农村社区首先是一个社区，具有社区的基本属性和特征

什么是社区？"社"是指相互有联系、有某些共同特征的人群，"区"

是指一定的地域范围。所以,"社区"可以说是相互有联系、有某些共同特征的人群共同居住的一定的区域。德国社会学家滕尼斯于 1881 年首先使用"社区"这一名词,当时是指"由具有共同的习俗和价值观念的同质人口组成的,关系密切的社会团体或共同体"。从滕尼斯开始到现在,人们对它的理解发生了很大的变化。因此,关于社区的定义和解释也就多种多样。1955 年美国学者 G. A. 希莱里对已有的 94 个关于社区定义的表述作了比较研究。他发现,其中 69 个有关定义的表述都包括地域、共同的纽带以及社会交往三个方面的含义,并认为这三者是构成社区必不可少的共同要素。因此,人们至少可以从地理要素(区域)、经济要素(经济生活)、社会要素(社会交往)以及社会心理要素(共同纽带中的认同意识和相同价值观念)的结合上来把握社区这一概念,即把社区视为生活在同一地理区域内、具有共同意识和共同利益的社会群体。

(二)新型农村社区不同于传统农村社区,具有许多新的特点

传统农村社区是指聚居在一定地域范围内的农村居民在农业生产方式基础上所组成的社会生活共同体。传统农村社区具有主体是农村居民,基础经济活动是农业生产,人口密度较低,聚居规模小,家庭功能突出等特征。与传统农村社区相比,新型农村社区具有许多新的特点:

1. 新的时代背景,即统筹城乡发展、推进城乡一体化

2005 年党的十六届五中全会作出了建设社会主义新农村的重大部署,2006 年党的十六届六中全会提出了"积极推进农村社区建设"的号召,自此,建设新农村、建设农村社区的活动在全国普遍开展起来,农村的经济、政治、社会、文化由此也获得了快速发展。在此基础上,2010 年中央一号文件的名称中首次突出了"城乡统筹"这一概念,并在文件中多处提及和阐释,从此,农村发展进入了"城乡统筹"、"城乡一体化"时期,新型农村社区正是此时逐渐进入了人们的视野,它是许多地方为适应新的时代背景而采取的战略举措。

2. 新的层次定位,即新型农村社区是城乡之间的过渡形态

新型农村社区不同于过去的"新农村",从概念属性上看,它已经不是传统农村的概念,这一点目前社会上已达成共识;新型农村社区既然不是"农村",那么,它是否能够定位于"城市"?目前,很多人对此问题持肯定回答,特别是一些地方已经将其纳入城镇体系来对待,认为新型农村社区是五级城镇体系的最后一级,即国家区域性中心城市、地区中心城市、县域中心城市、中心镇、新型农村社区。如此定位，其实存在诸多不妥之处，比如新型农村社区既然是城市，社区村民就要完全市民化，就要享受与城市居民相同的住房、教育、医疗、社会保障等公共服务，这一点不但财力上政府无法负担，而且农村社区偏离中心城区，社区人数较少，规模效应低，过多投入也必然导致资源的浪费①。况且如此定位，与户籍制度、农村土地流转制度等当前的制度体系存在明显的矛盾之处，这些制度不改革，社区村民市民化就不可能实现。因此，从当前的现实来看，最为恰当的做法是暂时将新型农村社区界定为城乡之间的过渡形态，等新型农村社区发展到一定阶段，制度障碍消除之后，其最终定位必然会趋向"城市"。

3. 新的经营方式，即农业适度规模经营，协调发展工业、商业、旅游业

当前许多地方在新型农村社区规划建设的过程中，强调要统筹考虑产业规划，加强"一社一品"建设。在人口集中居住的过程中，引导农户自愿流转土地，发展适度规模经营，走农业园区化之路。同时引导富余劳动力搞农产品加工、运输、销售等，拉长做粗农产品产业链，增加农产品的附加值。宜农则农，宜工则工，宜商则商，宜游则游，让农民充分发挥其能力，让农民变成现代化的、职业化的新型农民②。由此，则改变过去单纯靠农业、小户分散经营的传统农村经营方式，逐步形成农业适度规模经营，协调发展工业、商业、旅游业的新的经营方式。

4. 新的建设方式，即通过村庄合并的方式建设新型农村社区

传统农村社区建设是以原自然村或行政村为单元，区域空间狭小，人数较少，不利于公共服务体系的延伸，不利于资源的整合、节约与优化。新型农村社区建设采用村庄合并的方式，有效解决了上述问题，取得了较好的效果。

5. 新的人际关系，即和谐、理性的人际关系

村庄合并、共同居住的生活模式打破了旧的村与村、组与组和家族、宗族的传统居住格局，消除了邻里矛盾、家族矛盾，形成了"广入住、

---

① 崔伟华：《关于新型农村社区建设中的几个重要问题》，《中国党政干部论坛》2011 年第 2 期。

② 魏垂敬：《如何建设新型农村社区》。http：//www.zgxcfx.com/Article_ Show.asp? ArticleID = 46812, 2011 – 12 – 19。

大融合、谋发展、促和谐"的新的人际关系[1]。同时，社区内的农民也可以按照市场需求结成一种"契约"，以合作社的形式或协会的形式维护集体的利益，社区成员的集体化合作将会得以加强，从而形成新的理性的人际关系。

6. 新的建设标准，即与城市社区建设的标准一致

新型农村社区虽然地处农村，但是其未来必然要实现现代城市文明的生活模式，因此，其建设要一步到位，避免不必要的反复与浪费。这就要求要真正用城市社区的标准进行建设，即以城市化的理念改造农村，以公共服务均等化覆盖农村，以现代化产业体系支撑农村。总之，城市社区有什么，新型农村社区也该有什么。

基于以上分析，笔者以为，所谓新型农村社区，是指在统筹城乡发展、推进城乡一体化的背景下，为整合社会资源、促进农村全面发展，在科学规划、合理布局、广泛参与、稳步推进的基础上，通过村庄合并、集约发展的方式，组建而成的新的农民生产生活共同体。

二 新型农村社区的功能

清晰明确的功能定位是新型农村社区建设正确方向的保证，是实现统筹城乡发展、推进城乡一体化目标的基础。笔者以为，新型农村社区的功能应定位于以下四个方面：

（一）促进发展

促进农村的全面发展是新型农村社区的首要功能。建设新型农村社区是新农村建设的新阶段，是为解决统筹城乡发展问题，制定出的一项新的农村政策。作为农村政策，必然要以解决"三农"问题为首要任务，必然要以促进农村的全面发展作为目标追求。因此，在建设新型农村社区的过程中，必然要围绕着如何促进农村的全面发展这一中心任务展开工作，任何时候都不能以偏概全，违背政策精神实质。现实中，一些地方不顾实际的经济状况，强行进行村庄合并，忽略产业调整和布局，集中居住后并没有改变传统分散经营的农业现状，农民并不能从中获取持续的经济收益，这种新型农村社区建设，从根本上无益于农村的发展，而且还会浪费

---

[1] 杨世松：《村庄合并是新型农村社区建设的一种选择》，《河南商业高等专科学校学报》2009年第5期。

资源、劳民伤财。

（二）改善服务

改善农村公共服务是新型农村社区的重要功能之一。当前，广大农村地区的基础设施和公共服务供给严重不足，之所以如此，原因有三：一是受农村经济发展水平的限制，基础设施建设投入有限；二是涉农资金缺乏统一的投放平台，撒胡椒面式的财政支出方式使支农资金难以形成合力；三是农民居住分散增加了基础设施建设成本和施工难度。而新型农村社区建设就是解决上述问题的较好选择。新型农村社区通过地域上的集中建设，实现了农村基础设施共建共享的要求，解决了各小行政村、自然村无力建设或重复建设问题，减少了公共支出，有效压缩了建设成本，为实现城乡公共服务均等化奠定了基础[①]。事实上，新型农村社区建设正是政府为解决农村公共服务供给严重不足问题，使广大农民共享改革发展成果而采取的战略举措。因此，完善农村基础设施，改善农村公共服务是新型农村社区的重要功能之一。

（三）增进利益

增进农民利益是新型农村社区不可或缺的一项功能。从广义的角度理解，促进发展和改善服务客观上也能够增进农民利益，但此处更多是从狭义的角度理解的，指的是农民最为关注的直接利益的增加。改革开放后我国取得了举世瞩目的发展成就，但是由于城乡二元体制的存在，也出现了城乡差距扩大的发展隐患，这不仅阻碍了共同富裕目标的实现，也制约了国家经济的可持续发展。因此，解决城乡差距问题刻不容缓。为此，中央出台一系列的惠农支农政策，取得了一定的效果，但要真正的解决此问题，必须要走城乡统筹、城乡一体化发展之路。因此，作为城乡统筹的对应举措，新型农村社区建设也必须要以解决城乡差距问题为己任，通过多种途径增进农民利益。现实中，一些地方采取自筹自建的方式，让农民自己投资拆迁建房，政府只给予象征意义的补贴，而节约土地的溢价却被政府占有，这些做法剥夺了农民的应得收益，违背了政策的精神实质，不但无益于城乡差距的缩小，可能还会进一步加剧农村的社会矛盾。

（四）整合资源

整合土地资源是新型农村社区的又一项重要功能。工业化、城镇化和

---

① 张颖举：《中部地区新型农村社区建设的必要性与可行性：以河南省为例》，《贵州农业科学》2011 年第 2 期。

农业现代化"三化"协调发展是我国未来发展的大趋势。其中工业化、城镇化的发展必然需要空间支撑,而为了保障国家的粮食安全和农业的现代化,依靠传统蚕食耕地的办法已行不通。因此,必须探索"三化"协调发展的新路子。而这条新路子就是在不能快速把农民完全推向城市的条件下,通过新型农村社区建设这种就地集聚发展方式(即新型城镇化)带动农村的发展,最终实现"三化"协调发展的目标。新型农村社区建设,是一个非常具有创新意义的发展思路,一方面它可以改变长期以来存在的农村住宅点多、面广等状况,节约大量土地,从而既可以复垦为耕地,增加耕地面积,也可以置换为城市建设用地,缓解工业化、城镇化发展的土地供需矛盾;另一方面也可以以此为契机,加快推进土地流转速度,将土地流转给经营大户、农业公司,走规模化、集约化生产之路,实现土地增值,增加农民收益。通过节约和集约,提高了农村土地资源的整合程度,使现有资源发挥出更大的效应。

三 新型农村社区的建设路径

作为一项公共政策,新型农村社区建设必然遵循政策执行一般规律。依据政策执行理论,在新型农村社区建设的过程中,必然会受到诸多因素的影响和制约。以此思路分析,结合上述的功能定位和一些地方的实践,笔者以为,新型农村社区的建设路径主要包括下列四个方面:

(一)科学规划建设方案

高质量的政策是政策执行的重要基础和前提,是政策执行的首要条件。在公共管理领域,许多政策达不到预期效果,执行中困难重重,在很大程度上与政策质量低劣有关。因此,保证建设方案的科学合理是顺利推进新型农村社区建设的关键,是一切工作的基础。现实中很多地方虽然也是从规划建设方案开始,但是这些规划往往整体性、协同性较差,缺乏可行性和民主性。要科学规划新型农村社区建设方案,应做好以下几点:

1. 坚持城乡统筹

要按照"城乡统筹,合理布局,节约土地,集约发展"的规划原则,打破城乡壁垒,突破区域界限,从中心城区、城郊区、产业集聚区、小城镇、新型农村社区五个层面,搞好总体规划、控制性详细规划及专业规划。

2. 因地制宜,合理确定新型农村社区的规模和住宅方案

要根据经济社会发展条件、村民意愿,按照有利生产、方便生活、减少成本的原则，合理确定新型农村社区的选址、人口规模和用地规模。社区住宅设计要符合群众愿望，引领城镇生活，做到面积大小适宜，外观美观大方，内部经济适用，基本功能完善，风格富有特色。

3. 注重文化内涵、生态优势和地方人文特色

参照欧洲农村建设的经验，不同地方的社区应该是各具特色的，社区要与周围的自然环境相适应、相协调，要充分挖掘历史文化内涵和生态优势，着力打造地方人文特色，彰显个性，避免千篇一律。建筑设计也要体现当地自然和人文特点，充分考虑当地经济发展水平和群众承受能力，形成聚散相宜、大小适度、错落有致、特色凸显的建筑风貌。

4. 规范相关制度

在规划过程中，让群众广泛参与，反复征求群众意见，规划成型后在显要位置公示，接受群众监督。规划一经确认，严格按规划搞建设，严格落实"规划一张图、审批一支笔、建设一盘棋，管理一张网"制度，建立和完善规划审批程序。

（二）建立多元化的资金投入机制

物质资源是政策执行顺利进行的经济基础。俗话说"巧妇难为无米之炊"，仅有执行政策的权威和主要工作人员的承诺是不够的，充足的经费投入也是必须的。因此，要推进新型农村社区建设，充足的资金投入必不可少。从当前的现实来看，资金投入不足已经成为各地推进新型农村社区建设的瓶颈。要解决此问题，建立多元化的资金投入机制至关重要。

1. 加大各级财政投入力度

应设立新型农村社区建设的专项资金，明确各级政府投入比例，采取以奖代补、政府贴息贷款、降低审批费用等各种形式重点支持经济条件相对落后地区。

2. 整合使用涉农资金

除有特殊用途的救灾资金、扶贫资金和各种直接补助农民的资金外，中央、省、市、县财政的所有涉农资金和农口主管部门按规定征收的行政事业性收费、基金以及政府涉农融资，都可以作为新型农村社区建设资金来源予以整合使用。

3. 采用市场化运作模式筹措资金

对于具有地理位置优势、土地具有较大开发价值的地方，筹措资金的最有效方式，莫过于市场化运作。这种运作模式重在运用市场机制，综合利用土地、信贷和规费减免等优惠政策，吸引房地产开发、工程设计、土建施工及其他企事业单位积极参与新型农村社区建设。

4. 通过城乡建设用地置换指标的有偿转让筹措资金

新型农村社区建设置换出的土地，可以以挂钩指标的形式，以县（市）区为平台，实行挂牌拍卖。拍卖收益除国家政策性收费外，其余全部返还拥有土地所有权的集体经济组织，用于新型农村社区建设。因城乡建设用地增减挂钩土地置换增加的土地级差收益，也主要用于新型农村社区建设①。

5. 加大银行信贷支持力度

鼓励银行为满足新型农村社区建设中多层次、多元化的金融服务需求，积极推出符合实际的金融产品和服务。建立健全政府、金融机构、担保公司和客户四位一体的融资服务体系，消除贷款担保瓶颈，切实改善融资环境。在新型农村社区增设服务网点，创新银行服务方式。

6. 吸纳社会公益资金

通过结对帮扶机制和社会募捐机制，吸纳更多的社会力量，动员和争取企事业单位、社会组织团体和个人以捐赠或其他形式，通过兴办公益性的服务项目参与到新型农村社区建设中来②。

（三）加强政策宣传

政策宣传就是将政策的精神和实质、政策的具体措施和实施细则等内容向社会进行宣布、传播的过程。政策宣传是执行人员和目标群体了解、认同政策的基础。据调查，大多数农民对新型农村社区建设是"只知其事，不晓其实"，政策知晓度极低，即便是一些基层县乡干部也存在着片面理解、僵硬照搬、思想保守等问题。由此可见，当前形势下最为关键是要加强政策宣传。

首先，通过培训学习、外出参观考察等方式，让基层县乡干部真正了解政策精神、政策内容和具体措施，从而解放思想、明确目标、鼓舞干劲、增强信心，调动建设的积极性；其次，发挥媒体和网络优势。在报纸、电视、广播开设专题栏目，借助网络、手机短信等渠道，采取领导专

---

① 郭立翔：《大胆尝试全力破解资金难题——解读新型农村社区建设之四》，《洛阳日报》2012年3月12日。

② 张明锁等：《新型农村社区建设的制约困境与突围路径分析——基于河南四市农村的实证研究》，《社会工作》（学术版）2011年第3期。

访、答记者问、专题报道等多种形式，及时宣传、报道新型农村社区建设的重大意义、政策措施，以及好经验、好做法、好典型，形成强大的社会舆论氛围；最后，加强与农民的协商、交流。深入村庄、农民家里、田间地头，倾听农民心声，向农民解释政策带来的实惠。举办农民座谈会、听证会，进一步加强与农民的沟通与交流，尊重农民新型农村社区建设的主体地位，尊重农民意愿，以农民的实际需求为导向，切实维护农民利益。

（四）加强制度创新

制度是政策执行程序化的基本保证，是调整政策关系的行为规范，科学、完备的制度体系可以明确政策具体推行的准则和依据，可以降低交易成本，从而提高效率。当前的新型农村社区建设基本是在既有的制度框架下进行的，其中某些制度明显已经不能适应新形势的需要，成为制约新型农村社区建设顺利推进的障碍。为此，必须加强制度创新，破除制度障碍。

1. 健全土地承包经营权流转市场

党的十七届三中全会的决定提出，允许农民以各种形式流转土地承包经营权，从而初步建立了土地承包经营权流转制度。但要推进土地承包经营权流转制度的实施，必须健全土地承包经营权流转市场。首先要搞好农村土地的确权、登记、颁证工作。明晰土地承包经营权是进行土地流转的前提，是健全土地承包经营权流转市场的基础性工作；其次要尊重农户的土地流转主体地位。土地承包经营权是农户的，流转与否、采取何种方式流转、流转价格如何确定，都要由农户说了算；再次要完善土地承包经营权流转市场服务体系，构建农村土地流转信息体系、中介组织体系和仲裁体系；最后要创造有利于土地承包经营权流转的政策环境，引导农民到市场中进行土地流转①。

2. 建立健全农村房屋产权确认制度

按照现有的农村建设用地管理办法，即使是进入新社区的居民，其住宅用地也是集体所有的，因此，其住房也是不能进入市场出售的。这显然与城乡一体化的目标，与现代身份无差异、权利均等化的公民社会还有很大的距离。要让社区居民对自己的房产拥有与城市居民同等的权利，就要

---

① 新华社：《决定解读：如何建立健全土地承包经营权流转市场》。http://www.gov.cn/jrzg/2008-11/16/content_1150451.htm.

建立农村房屋产权确认制度，为农民办理住宅房产证。农房有了房产证，就是把"死资产"变成了"活资本"，让农民有了进入市场的第一桶金，农民据此就可以变现、抵押、贷款，甚至自由流通，最终实现"同地同权"。

3. 建立健全农村建设用地市场化流转机制

在新型农村社区建设实践中，很多地方依靠城乡建设用地增减挂钩政策，将农村集中居住后节约的建设用地复耕，将增加的建设用地指标转移到城市，从而实现城乡建设用地的置换。但城乡建设用地增减挂钩目前还处于试点阶段，而且其置换严格限定在县域范围内，这就阻碍了城乡建设用地资源的自由流动，难以真正体现农村建设用地的市场价值。所以，问题的关键在于要打通流转障碍，建立完善的农村建设用地市场化流转机制。为此，必须加快农村建设用地管理制度改革步伐，借鉴重庆的"地票"制度，尽快建立农村建设用地流转新机制；扩大流转空间，由省级政府统筹管理；建立健全农村建设用地流转市场，完善相关信息、中介、裁判服务体系，组建土地交易服务机构。

（原文发表于《新疆农垦经济》2012 年第 9 期）

可持续发展视角下新型农村社区实践：
问题、原因及对策

黄 闯

摘 要： 新型农村社区建设作为统筹城乡发展的结合点、推进城乡一体化的切入点和促进农村发展的增长点，对于构建新型城镇化体系，实现三化协调发展，提高农民生活水平具有重要作用。不过当前新型农村社区发展实践中存在着社区居民主体性弱化、产业空心化、社区功能模糊化、社区组织培育边缘化等问题，影响了新型农村社区的可持续发展，因此必须采取有效措施解决新型农村社区实践中存在的问题，为新型农村社区的可持续发展创造有利条件。

关键词： 新型农村社区；可持续发展；主体性

新型农村社区建设作为新时期推进社会主义新农村建设的一项重大惠民利民工程，对于完善城乡公共服务一体化，改善农民居住环境，减少土地资源浪费和农村空心化，构建新型城镇化体系，实现三化协调发展等具有重要的促进作用。但是由于新型农村社区建设是一种全新的政策实践创新，没有现成路径可以遵循，地方政府在实践探索过程中不可避免地将会出现一些问题。本文从可持续性的角度出发，描述了新型农村社区实践中存在的问题，揭示了新型农村社区发展实践中存在问题的原因，构建了新型农村社区发展的具体对策。

一 新型农村社区发展实践中存在的问题

当前新型农村社区建设中存在一些不容忽视的问题，概括来说主要集中在"只见房屋不见人"，只见"硬件优化"不见"软件升级"，更关注当下现实问题的解决而缺乏全面协调可持续发展的前瞻性。从可持续性发展的角度来说，当前新型农村社区建设实践中存在以下几个问题：

（一）新型农村社区居民的主体性弱化

新型农村社区建设是在政府主导下推动的基层社会变迁，新型农村社区建设的最终目的就是构建农民社会生活的共同体，建设属于农民自己的幸福家园，因此在新型农村社区实践中必须保持农民的主体性。不过当前新型农村社区建设实践中，社区民众对于新型农村社区建设的功能认知不清，参与新型农村社区建设的动力不足，地方民众的认可度不高，缺乏政府部门与社区民众以及社区居民之间的互动合作。无论是在社区规划还是社区建设，农民的主体性都是缺失的，大多数时候都是作为旁观者边缘化的角色而存在。大多数社区民众并不知道何谓新型农村社区建设，新型农村社区建设又能够给他们的生产生活带来什么变化，他们的视野里只是简单的把新型农村社区建设作为一种地产开发项目。虽然现有的政策文本中都已经明确规定新型农村社区建设需要农民参与，但是参与仍处于一种文字层面，很难落实到具体的政策实践中。

（二）新型农村社区产业空心化

新型农村社区建设作为新型城镇化的重要一环，新型城镇化的良性发展需要完善的产业体系的支撑。不过对于大多数的新型农村社区来说，并没有完善的产业体系的支撑。特别是在欠发达的地区，工业化和农业现代化的水平较低，产业空心化的问题更加凸显。新型农村社区产业空心化，首先，不利于三化协调发展。政府希望通过新型农村社区建设促进三化协调发展，但是如果缺乏三化之间的有效协调互动，那么通过新型农村社区引领三化协调发展终将成为一句空话。其次，不利于改变社区居民原有的生活生产方式。新型社区能否让就地城镇化的农民减少对土地的依赖是农民能否适应社区化生活、生产方式的关键因素。农业现代化和新型工业化的发展将会改变农村原有的经济结构，减少农民对土地的依赖性，改变其传统固有的生产、生活方式。如果缺乏相应的产业配套体系的支撑，新型农村社区建设虽能及时改变农村居民原有的居住环境和居住行为，但是却很难改变其固有的生产、生活方式。再者，新型农村社区产业空心化不利于提高农村社区居民收入水平的提高。农业发展的弱质性早已成为社会的共识，如果强制改变其原有生活方式，必然会增加其生活成本支出，如果没有收入水平的相应提高，则是福利水平的净损失。最后，新型农村社区产业的空心化不利于吸引农民工返乡就业创业。要想吸引农民工返乡，减少新时期农村社会的空心化状态，就必须形成新的农村社会产业结构，如果没有新的产业体系的支撑，则难以吸引其返乡创业就业，最终将会形成新型空心化社区。

（三）新型农村社区发展功能的模糊化

社区概念是由滕尼斯于1887年在他的成名作《共同体与社会》一书中首次提出，他认为社区就是由具有共同价值观念的同质人口所组成的关系亲密、守望相助、富有人情味的"共同体"。这种共同体关系不是社会分工的结果，而是由传统的血缘、地缘和文化等造成的，从中可以发现所谓社区就是聚居在一定范围内的人们所组成的社会生活共同体，而不是物的共同体。不过在新型农村社区建设实践中，地方政府更加关注住房、道路设施等硬件环境的改变，而忽视社区内人的发展以及社区组织培育等软件环境的优化，导致社区发展功能的模糊化。特别是随着农村社区化实践，传统农村社区的熟人社会将会向陌生化社会发展，如果新型社区内部缺乏社区居民自治意识与能力的培养及良好人际关系的构建，缺乏对异质性社区内部的有机整合，那么新型农村社区建设就只是形式化的空壳，或者无非就是新型农村集中住宅区而已，根本无法凸显新型社区的核心功能。在农村社区化的过程中，正是由于社区是亲密无间、守望相助、富有人情味的共同体，是为了满足人的各种现实需要，才使得新型农村社区实践具有现实意义。

（四）新型社区社会组织培育边缘化

社区社会组织的发展能够增强异质性社区内部的有机整合，提升社区民众积极参与社区建设的动力，提升社区公共服务供给的能力以及能够形成强有力的监督体系防止基层部门在社区建设过程中的行为异化，维护社区居民的利益。不过当前新型农村社区实践中并没有着力培养各种类型的社会组织，无论是社区群众组织、社区服务组织还是社区经济组织等都没有提升到其应该具有的地位。

（五）社区公共服务供给能力有待强化

公共服务一体化均衡发展是推进新型农村社区建设的重要动因，但是当前新型农村社区建设中的公共服务供给能力不足已是不争的事实。现有的公共服务供给仍然局限在农村社区的基础设施、住房条件、生活环境改善等有限的公共服务领域，而对于农村社区居民最迫切需求的留守儿童教育，农村留守老人养老，农村文化发展，农村的就业、医疗和社会保障体系的完善等都还是一个亟须解决的问题。

二 新型农村社区发展实践中存在问题的原因

（一）新型农村社区实践的政治性特征导致政策执行异化

新型农村社区建设是政府自上而下推动的结果，本身具有明显的政治性特征。新型农村社区建设本身赋予的政治性特征虽然能够保障政策在基层社区的有效执行，但也有可能导致基层政府执行行为异化，弱化新型农村社区的可持续发展。首先，规避惩罚导致行为异化。基层政府在政策执行的过程中，为了完成上级政府下达的政治性任务，避免上级部门的惩罚就有可能在具体的建设过程中脱离原有的社区规划，更多关注能够看得见的社区硬件发展，而忽视了社区人际关系的构建和社区组织发展以及社区与产业之间的有效融合等软环境建设；或者为了应付上级政府的绩效考核要求，在不具备条件的情况下匆忙推进新型农村社区建设，导致社区建设急躁冒进乃至大跃进。在政绩考核的压力下，基层政府在推进新型农村社区建设的过程中更多考虑上级政府部门的需要，设计出上级政府部门乐意看得见的农村社区形象，不顾实际情况加快推进新型农村社区建设。其次，获得认可导致行为异化。基层政府为了获得认可奖励的需要，同样可能出现盲目攀比，在新型农村社区建设实践中更加关注其外在形象而忽视其内在功能的健全。新型农村社区建设中的奖励指标和范围就成了地方政府在社区实践中的行为选择，不过由于实际中社区奖励的标准是模糊和多元的，在多元模糊化的指标体系下，社区建设外观形象、建设数量、建设速度、入住新社区的人数、绿化情况、基础设施等可见且有着明确考核标准的硬性指标就成了基层政府关注的重点。而有些指标是软性指标，无法进行有效考核，比如社区民众的参与性，社区组织的培育和生成，社区配套产业的互动融合情况等就成了基层政府的次要选择。基层政府如果在社区实践过程中关注于软性指标的实现就有可能在压力型管理体制下难以脱颖而出，这同样也刺激着地方政府新型农村社区建设的功利性而忽视社区发展的长远性。最后，自利行为导致异化。在新型农村社区建设实践中，无论是奖励还是惩罚都会不断地刺激地方政府的行为选择，导致基层政府更加关注当下现实问题的解决，更加关注社区硬件环境的改善，而忽视软件环境与内在环境的互动协调发展。不过上级政府对基层部门的奖励和惩罚都是一种外在的压力，实际上基层部门本身仍然可能存在着一定的自利行为，期望能够从新型农村社区建设中获取一定的个人或群体利益，在缺乏严格监管的情况下就有可能导致基层政府人员行为的异化，忽视社区民众利益的实现。正如有学者指出地方政府之所以在新农村建设和城镇化建设中热衷于村改社区，其动机在于寻土地财政这个"经济租"。

（二）新型农村社区建设本身赋予功能的多元化导致具体的实践困境

新型农村社区建设作为新型城镇化的重要一环，既是引领三化协调科学发展，统筹城乡发展的结合点，又是推进城乡一体化的切入点，促进农村发展的增长点。其还被赋予了节约土地，整治农村空心化，改善农村居住环境，以及扩大内需的重要功能。而在新型农村社区建设中其本身就面临着资金匮乏，社区成员自治意识弱化以及社区组织发展相对滞后等先天不足，其又被赋予了多元化功能时，就有可能导致新型农村社区建设无法有效承载不同功能之间的协调性。

（三）基层部门的认知意识偏差影响新型农村社区的可持续发展

有些基层政府工作人员认为，在新型农村社区建设中着眼于当下存在的资金问题、土地问题等现实问题的解决对于基层政府部门来说是至关重要的。因为土地、资金等问题直接影响到新型农村社区是否能够顺利地开工建设，而新型农村社区能否按时顺利地开工建设又直接影响到社区长远的发展。特别是在有限的时间、资源约束限制下，地方政府只能着手优先解决住房、道路等硬性环境的问题，而在社区建设完成以后才能关注社区人员的主体性、社区人际关系、社区内部整合、社区组织的培育以及社区内部的产业融合等软性环境问题。

三 促进新型农村社区建设良性发展的对策

新型农村社区建设作为一种全新政策实践，由于基层部门的执行异化，本身承载功能的多元化以及基层部门的认知偏差导致新型农村社区发展实践中的困境。不过只要政府部门转变思维方式，完善绩效考核体系，充分发挥农民的主体性，强化产村互动融合，提升公共服务供给能力就能有效规避实践中的问题，促进新型农村社区的可持续性发展。

（一）转变基层政府部门的思维方式，完善其绩效考核体系，循序渐进式推进

新型农村社区建设是政府自上而下推行的一项惠民工程，是农村社会

发展的创新实践，上级政府部门不仅需要做好顶层设计，还需要有好的基层落实。因此为了促进新型农村社区的可持续发展，防止基层部门在执行中的行为异化，就需要切实转变现有的思维方式，完善基层政府部门的绩效考核指标体系，循序渐进式推进新型农村社区发展。

首先，转变思维观念。由于基层政府部门的思维方式直接影响到新型农村社区建设的具体实践行为，如果不能转变思维方式就很难突破现有的实践行为困境。虽然新型农村社区建设与农民的内在需求有很大的契合性，农民本身也希望改变现状。而且从农村长远发展来说，推进新型农村社区建设也是一个不可逆转的过程，但是建设什么，怎么建设却是一个需要不断探索的过程。随着新型农村社区不断向纵深发展，新型农村社区在解决原有问题的同时也会凸显新问题。因此新型农村社区建设更多的应该采取积极引导而不是包办替代，应该是尊重农民的意愿放手让农民自己去探索，而不是采取定指标、下命令，单纯地以行政化、运动式、一刀切的方式推进。

其次，完善绩效指标考核体系。新型农村社区建设是在上级政府的强力推动下进行的，上级政府制定的绩效考核指标和考核行为直接影响了基层政府的理性实践行为。因此需要采取多元化的考核指标，完善现有的绩效考核体系。对于新型农村社区建设的考核不仅需要考核建设的速度，还要考核建设的质量，不仅需要上级政府部门的满意还需要基层执行部门和社区民众的满意，不仅需要住房、公共基础设施等硬性环境的改善，还需要社区组织的培育和发展、社区内部的有效整合以及农村居民主体性的发挥、社区产业发展融合等软性条件的考核。

再者，加强对基层政府行为的监管。在新型农村社区建设的实践中要谨防基层部门的不当逐利行为。当前部分新型农村社区建设中所谓的"灭村运动"，就是打着神圣的名义（诸如让农民住进现代化的楼房、城乡一体化、新农村建设等）没收农民宅基地、侵害农民财产权益、破坏农民村落文化的一种地方政府强制收地行为，其实质是借助"土地增减挂钩"政策漏洞获取建设用地指标、突破国家土地管制红线、满足土地财政与开发商需要的侵民运动。

最后，循序渐进式推进。目前在我国绝大部分农村地区，农业还是农民主要的生产活动，庭院经济和家庭养畜还是重要的收入来源，土地还是主要的保障手段，传统习俗和邻里观念还比较强，以村庄为主要形式的农村居民点还是比较适合农村居民居住和从事各种生产的。因此推进新型农村社区的过程要因地制宜探索社区建设模式，稳步开展试点，切忌在不具备条件的情况下一窝蜂似地推进。

（二）充分发挥农村居民的主体性

新型农村社区建设从本质上是农村居民生产生活方式的一个调整过程，其中每一个环节都涉及农民的切身利益。为此在新型农村社区建设的过程中必须要充分了解农民的需求，尊重农民群众意愿，发挥农民主体作用，无论是新型农村社区建设聚居点的选择、新型农村社区工程建设、主导产业的发展，还是基础设施建设、公共服务配套，都必须让农民群众自主选择、自主参与、自主监督、自主评判。

首先，提升社区居民的参与意识。农村社区建设的执行者在构建新型农村社区时能否充分认识农民对农村社区建设的认知、意愿和公共需求，事关农村社区建设能否顺利推进。如果新型农村社区是农民想要的，政府不支持他们也干；若只是政府想要，农民的愿望是派生出来的，则即使政府要负担成本，农民还有可能不买账。因此要想提升农民的参与意识就要以农民为本，以农民的真正需求为本，充分尊重农民意愿，满足农民的现实需要。除此之外地方政府要充分做好群众的思想宣传动员工作，密切与群众之间的联系，要让社区民众真正知晓社区是什么，建设新型农村社区能够给其带来什么，否则农村社区建设将沦为政府的独角戏。

其次，提升社区民众的参与能力。社区居民参与能力的培养需要充分利用社区的组织化功能以及发掘社区精英力量，通过社区组织化提升其话语权，通过社区精英的动员能力带动其他社区成员的积极参与。在新型农村社区建设中可以借鉴赣南新农村建设中的理事会经验，赣南现时期已经成为新农村建设的一个标杆。赣南新农村建设的成功，很大程度上得益于理事会和村中威望较高的老年人的社会动员能力。理事会主要由村内一些威望较高、能够服众的老年人组成。这些老人有的是从外退休回村的老干部，有的是退休教师，有的是卸任村干部。他们负担轻，劳动量小，拥有较多的闲暇时间来为村庄公益事业服务。

再者，畅通参与渠道，完善参与机制。农村社区居民参与意识不足在很大的原因上则是由于其没有正常的参与渠道以及参与的无力感。因此必须构建农民自主参与的内在机制，让农民有充分的话语权，能够充分表达其利益诉求。一方面基层部门要设立相关的民意机构，能让基层农民的声音有正常的传播渠道。另一方面要加强监督，限制地方政府的不当权力。可以通过组建由基层政府代表和具有公正心的村民代表组成的监督委员会全程参与社区规划、拆迁、安置、建设和工程质量监督等，充分地保障群众的知情权、参与权、建设权、监督权和选择权。

（三）强化新型农村社区建设和新型工业化、农业现代化产业之间互动融合

新型农村社区建设作为三化协调发展的重要支点，如果只关注新型社区建设而忽视了新型社区与产业发展之间的融合互动，将难以实现三化协调发展，不利于改变农民原有的就业状态。如果政府的产业发展严重滞后，农民只是被动地往一起集中，新型社区建设就失去了发展基础，农民上了楼之后，也会变得无所事事。实现新型农村社区与新型工业化和农业现代化之间的良性互动，不仅能提高其收入水平，而且能改变其传统的生产生活方式，逐步地适应社区化的生活方式，因此新型农村社区的可持续性发展需要优化农村社区产业结构，推动新型工业化和农村现代化之间的互动融合。首先，发展新型工业化。不同社区要根据各区域的实际情况，发展适合于本地实际情况的产业格局。地方政府要充分利用东部产业转移的时机，结合本地方的地域特色，促进地方产业集聚区建设。其次，积极发展现代农业。积极创新农业生产经营体制机制，按照党的十八大要求构建集约化、专业化、组织化、社会化相结合的新型农业经营体系。再者，引导农民加快农村土地流转。不管是新型工业化还是农业现代化的发展，都需要通过土地流转才能实现土地集中。通过新型农村社区建设与农业现代化和新型工业化的互动融合实现新村让农民享受现代生活，让农民增收致富的目标。

（四）完善农村社区公共服务供给体系

城乡统筹背景下新型农村社区的建设和发展就是让农村社区居民能够享受到与城市均等化的公共服务。但是由于政府资金投入的有限性，就需要充分挖掘社区内部资源，依靠社区力量协同推进社区公共服务体系供给。首先，农村社区公共服务的供给应该从社区居民最基本、最迫切的需求出发，有重点的提供。特别是在农村社区成员之间已经存在着严重的经济差异化和不同的利益需求的情况下，政府部门不要为了面子政绩而提供一些并不适用的服务项目。比如根据笔者的调查有些地方的新型社区配套有相对豪华的路灯、喷泉等基本公共设施，但这并不是农民所能够享用得

起的。很多的时候就成为了一种纯粹的摆设而已，因此在公共服务实施建设规划中一定要以农民的内在需求为出发点，而不能以一种想象的思维，建构起与城市完全一致的公共服务。其次，借鉴城市社区的公共服务理念和机制，以社区为公共平台，整合各类服务资源，推进社区公共服务事业，让居住在农村同一区域内的所有社会成员得到平等、良好的公共服务。特别是要加强社区内部整合，通过建构社区内部人与人之间良好的社区信任机制，通过人与人互助的方式供给公共服务。再者，要壮大农村集体经济的力量，依靠农村不断生成的各种社会组织，实现多元化的公共服务供给。新型农村社会组织的完善和发展不仅可以弥补政府提供公共服务能力的不足，增强社区内部的整合，而且是农民进行社区参与和利益表达的重要方式和渠道。地方政府应该通过各种方式引导新型农村社区组织的建立和发展，特别是农村的志愿者组织、农村互助组织的发展，完善农村社区的公共服务供给体系。

四　小结

新型农村社区的可持续发展需要切实转变地方政府当前在社区建设实践中采取的"见房不见人"的发展思维。作为一项仍在持续不断推进中的政策创新，新型农村社区的全面发展将是一个必然的过程，而且在既定的政策运行过程中，各个地方政府通过不断探索也已经获得了解决现实困境的各种有效对策。因此我们不能仅仅关注眼前面临的现实困境，尽管没有新型农村社区建设完成就不会有新型农村社区的可持续性发展，但是如果仅仅停留在城市化外壳的住房居住环境等硬性条件的改善，而没有产业发展互动、社区内部整合、社区组织培育等软性条件的支撑则将最终损害农村居民的利益，造成大量资源的闲置浪费，不利于社区的全面协调可持续发展。如果缺乏长远发展的前瞻性眼光、缺乏对新型农村社区发展长期性的认识将会不利于新型农村社区的可持续性发展。实际上在城市社区建设过程中所存在的人情冷漠、社区内部整合能力不足、社区互济功能弱化问题等应该引起我们足够重视，谨防在农村社区化的过程中重新出现。

参考文献

［1］［德］滕尼斯：《共同体与社会——纯粹社会学的基本概念》，商务印书馆1999年版。

［2］吴业苗：《新型农村社区建设：如何可为》，《社会主义研究》2012年第3期。

［3］郑凤田：《未来，村庄会消失吗?》，《社会科学报》2012年10月9日。

［4］郑凤田：《迁村并居五种不良倾向剖析》，《人民论坛》2010年第10期。

［5］房方：《新村建设，让农民充分参与决策》，《瞭望》2012年第44期。

［6］袁方成、土剑虎：《社区建设中的农民：认知、意愿和公共需求》，《华中师范大学学报》（人文社会科学）2009年第3期。

［7］石破：《河南新型农村社区调查》，《南风窗》2012年第23期。

［8］田先红：《国家与社会的分治——赣南新农村建设中的理事会与乡村组织关系研究》，《求实》2012年第9期。

［9］郭晓鸣：《释放农民内生动力》，《瞭望》2012年第44期。

［10］吴卫平：《创新公共服务模式，推进农村社区建设》，《乡镇论坛》2009年第6期。

（原文发表于《地方财政研究》2013年第8期）

社会危机的社区治理机制研究

盛清才[①]

摘 要：社区在危机管理过程中起着基础性的作用，鉴于目前城市社区危机管理的现状，必须改革社区危机管理体制，建立多层次的社区危机防控体系；强化居民危机意识，健全防危信息网络；加大依法治危力度，厘清社区权限责任；完善社区应急机制，适时启动应急预案；妥善做好善后工作，严格奖惩激励机制。唯有此，才能大大提升社区防危治危的实际能力。

关键词：社会危机；社区治理；机制

一

作为一种客观现象，任何国家都不可能完全避免危机的发生。改革开放以来，我国在对社会危机的防控方面取得了可喜的成就。但是目前，我国正处于社会矛盾的多发时期，加之动荡的国际局势和自然灾害的影响，导致20世纪90年代以来，我国几乎在各个领域发生了不同程度的危机事件，其造成的损失更是惊人。据统计，2004年，全国发生各类突发事件561万起，造成21万人死亡、175万人受伤，全年自然灾害、事故灾难和社会安全事件造成的直接经济损失超过4550亿元[②]。因此，如何应对危机，特别是如何发挥社区在危机防控中的基础性作用，就成为摆在我们面前的一道亟待研究和解决的重大课题。

社会危机的治理是一项复杂的系统工程，其中社区的作用日益凸显。

[①] 作者简介：盛清才，男，1957年出生，广东海洋大学思想政治教学部教授，法学硕士，主要从事行政管理学研究。

[②] 《我国进入突发公共事件高危期每年损失惊人》。http: //news. xinhuanet. com/newscenter/ 2005－08/07/content_ 3319914. htm.

所谓社区，简言之，即聚居在一定地域范围内的人们所组成的社会生活共同体。它又分为城市社区和乡村社区，由于篇幅所限，本文仅对城市社区的危机治理机制进行探讨。实践证明，社区是化解危机的基础，依托社区进行危机管理，不失为一种明智的选择。然而，目前的社区危机管理中存在着种种不尽如人意的地方，其突出表现在以下几个方面：

首先，人们思想上普遍存在重应急、轻防范的倾向，人们关注的多是危机事件发生后的应急处置和事后恢复，而对如何防控和化解危机则重视不够；其次，危机管理的组织机构不完善，目前仍有不少城市的社区没有配齐负责社区公共安全的专（兼）职工作人员，在人力、物力、财力，特别是管理人员的综合素质等方面都不能适应新形势下危机管理的要求，也影响到对社区居民的危机应急训练；再次，社区危机管理体制不健全，社区在危机管理中的决策和协调权力有限，社区内涉及危机管理的各部门、各单位各行其是，危机管理资源无法得到优化整合，所以最终难以形成有效的防危、治危合力。

二

鉴于目前城市社区危机管理的现状，必须实施社区危机综合管理，具体有如下几个方面：

第一，高度重视社区在危机管理中的基础性作用，改革完善社区危机管理体制。作为城市危机管理的最基层单位，社区在危机应急管理中起着基础性的作用。为此，各地必须从实际出发，彻底改变过去政府"大包大揽"的做法，建立健全街道、居委会、居民小区和区内企业等有机统一的危机管理体制，明确各自在危机管理中的权限和职责范围，并按照"分工合作、条块结合、以块为主、属地管理"的原则予以认真落实。要切实加大对社区危机管理工作的支持力度，通过调整相关政策，在不违反原则的前提下，适当增加社区危机管理的行政编制和用人权限；适当扩大用于社区危机管理的财政支出；赋予社区在危机管理方面对区内的公共服务单位有一定的人、财、物的调配权；赋予社区在危机发生后对区内各政府职能部门的派出单位的综合协调权，以增强社区的防危抗危能力和管理调控能力。

第二，健全社区危机管理机构，设立多层次的社区危机防控组织。对于危机管理，多年来的通常做法是危机发生后临时成立领导小组，负责危机的处理和协调。危机结束后，该组织也就随之撤销。这种临时抱佛脚的做法，能解一时燃眉之急，但不能保长久平安。所以，建立常设的社区危机管理机构，并通过与市、区等各级应急指挥系统"并网"，形成一个反应敏捷、运行有效的危机管理网络，已是势在必行。作为一个常设机构，其基本职责就是负责社区的日常危机管理，包括制定本社区危机管理的目标、原则、方式和预案，组织实施对危机的监控与预警，选择、实施处理危机的预案，协调相关部门、组织与社区之间就应急培训、演练、保障、信息统计等方面的相关事宜，以及负责危机发生前后的宣传动员等。各地要结合本地实际，建立健全街道、居委会和居民小区三级防控体系，不断完善"纵向到底、横向到边"的社区防控网络；同时联合社区内的公安、卫生、消防、交通、市政、民政、新闻等相关部门或单位组成应急联动中心；此外，为强化志愿者的作用，还可借鉴美国的做法，以街道、居委会为基础，动员社区居民成立社区危机反应小组，为最终战胜危机奠定坚实的组织基础和群众基础。

第三，强化社区居民的危机意识，提高居民的危机应对能力。有效的危机管理需要全社会形成强烈的危机意识和治理共识。就近年来发生的一系列危机事件来看，暴露的首要问题是公众的危机意识薄弱，缺乏必要的危机处理常识与自救能力，该问题已成为我国危机管理中的一个突出问题。为此，首先要加强对社区居民的危机教育，唤醒居民的危机防范意识。当务之急是建立健全公共安全教育培训体系，积极开展对社区居民的危机意识教育、公共安全教育和防范技能培训。危机教育要从娃娃抓起，各地要像抓法制教育、计算机教育那样，对中小学生就开始进行危机教育。要利用广播、电视、网络、黑板报、宣传栏等，广泛普及相关法律法规和危机防范知识，不断增强社区居民的危机意识和责任意识；努力让居民认识和掌握危机爆发的规律、特征、危害及应对措施，以便尽可能使其做到危机来临时不信谣、不传谣，齐心协力，共渡难关。其次，积极开展反危机演练，不断提高社区居民的危机应对能力。在我国，长期的和平环境使人们的危机意识淡薄，也大大降低了社会公众应对危机的能力。对此，除了破除"太平"观念，大力开展危机教育外，还应借鉴美国、日本等国家的成功做法，以当今社会可能遭遇的各种危机为假设背景，对居民进行经常性、针对性强的应急演练。通过多形式、多层次的演练，让社区居民掌握危机来临时的避险、自救、互救、减灾等方面的基本知识和基本技能，从而切实提高居民的危机应对能力和心理承受能力。

第四，加强危机管理的法制化建设，努力做到依法治危。法治是防治危机的必由之路。由于种种原因，长期以来，我国在危机管理方面法治缺失。不但在全国范围内尚没有一部专门的《危机管理法》，各地也没有专门的危机管理的法规，而只有一些零散的针对某类危机事件的管理制度。这凸显了我国危机管理尚处于一个无法可依的真空状态。为此，笔者建议国家立法机关尽快制定《中华人民共和国危机管理法》及其实施细则，对相关的法制宣传教育、信息披露与发布、问责与奖惩、监督与救济、国家赔偿（补偿）、紧急情况下的特殊行政程序等问题做出明确的规定；特别是要对社区在危机管理中的责任与权限、应急训练、危机处置以及资金、技术、人员保障等作出明确的规定，使社区危机管理有法可依；建议进一步修订和完善《刑法》相关条款，加强对危机状态下违法犯罪行为的惩处力度；基层社区要克服等待思想，在目前情况下，各社区可依据相关法律法规精神，制定本社区危机管理的各项规章制度，使依法治危真正落到实处。

三

要最大限度地降低危机造成的损失，必须有完善周密、切实可行的社区危机治理机制。完整的社区危机治理机制包括危机预警机制、处置机制、恢复重建机制和奖惩机制。

第一，建立健全社区信息网络与危情分析机制，完善社区危机预警机制。危机治理，首在预控。"危机预控不仅包括对未发生的危机进行有效预防，还要对未来情势进行预测。"[①] 国内外实践表明，建立完善的预控机制，及时发现各种安全隐患和危机事件的先兆，并采取有效措施加以解决，就能变被动为主动，大大降低危机造成的损失。完善的危机预警机制是确保社区居民人身、财产安全的第一道防线，其核心是预警信息管理。预警信息包括突发危机的类别、预警级别、起始时间、可能影响范围、警示事项及应采取的措施等。实践证明，"信息是影响危机管理成效的关键

---

① 曾国平、许峻桦：《论公共危机管理机制的建立与完善》，《重庆大学学报》（社会科学版）2004 年第 3 期。

性因素"①。所以,要准确地识别和及时化解危机,重要的一个方面就是要建立健全街道、居委会、社区和居民楼四级防危信息网络,通过灵敏、准确的信息监测,及时收集相关信息,特别是要建立社区信息汇报制度,完善社区舆情汇集与分析机制。这样,相关部门通过对社区搜集、汇总而来的相关信息的及时分析和处理,就可采取有效的措施,对可能引发危机的事件加以及时的防范和疏导,从而将危机消除在萌芽状态,或最大限度地减少危机损害。

第二,建立健全社区危机应急机制,完善危机应急预案。笔者在调研中发现,社区一级普遍对应急机制建设重视不够,应急预案、应急组织、应急保障等应急体系不健全,应急运行机制不畅,甚至一些社区根本就没有应急预案。所以,一旦危机发生,相关部门就手足无措;或虽有预案,但因缺乏可操作性而难以有效地施行。各地必须牢记2003年抗击"非典"斗争的教训,针对可能发生的各种危机,及早动手,尽快建立健全"统一指挥、功能齐全、反应灵敏、运转高效"的危机应急机制,制定出切实可行的应急预案,对其适用范围、职责划分、培训演练、危机处置、综合保障、秩序维护、监督检查等内容尽可能地制定得详细、周密,尤其要突出组织机构和指挥中心两大平台,并根据客观形势的变化而及时调整和完善,以确保应急预案的可行性。要依法构建以政府为主导、以社区为基础的政府、企业、民间"三位一体"的危机救助体系,不断完善社区救助机制。具体来说,除政府建立专业救援队伍外,各社区要最大限度地利用自身资源,动员社区群众和区内企业组建救援队伍、心理防护队伍和志愿者队伍等应急组织,形成"多位一体"的危机应急救助体系。当危机发生后,就可立即投入战斗,协助专业救援人员展开积极的救助活动。此外,还应建立健全应急资源保障机制,尤其要做好社区应对危机所必需的重要物资、设备、资金和技术保障工作,以确保危机发生后救治工作的顺利进行,以及食品、药品、衣物、帐篷等社区群众必需的基本生活用品的供应。

第三,及时启动社区危机处置预案。一旦危机爆发,各社区应按照预案,迅速组建由社区行政首长任指挥长、相关职能部门人员参与的应急指挥中心。面对危机,指挥中心应果断决策,快速反应,组织、协调社区各

---

① 丁元竹:《应把危机管理纳入"十一五"规划》,《中国经济时报》2004年12月10日。

单位和居民迅速投入危机救治,力求在最短的时间内使危机局势得到有效控制。要注意及时发布相关信息,做好危机发生后与公众的沟通工作,这是妥善处理危机的关键。危机发生后,由于不明真相,一般民众很容易产生恐慌和焦虑心理。所以,要在最佳的时机以恰当的方式,把公众欲知、应知和须知的危机信息准确地告诉他们(最好能设置一名专门发言人),使广大居民及时了解危机的性质、范围、损失程度及发展趋势,这既是对其知情权的尊重,同时也是澄清事实、终止谣言,从而保证社会稳定的最明智做法。否则,就会谣言四起,恐慌加剧,甚至引发种种非理性行为。所以,要坚持正面的舆论引导,加强与公众的沟通,以争取居民的理解和支持。

社区居民的积极参与对战胜危机具有关键性的作用。不可否认,政府是危机管理的主导力量,但民众则是主体力量。因为,现代政府都是有限政府,而动员全体社区居民积极参与,"一方面可以使公众直接了解危机真相,消除恐惧,起到稳定社会的作用;另一方面可以增强社会凝聚力和对政府政策的支持……从而降低政府救治危机的成本"①。所以,在危机处理过程,要设法让社区居民明白,要想家庭不遭受损失,就必须充分发挥自己在危机处理中的主人翁作用,齐心协力战胜危机。要通过紧急动员,组成浩浩荡荡的反危机大军,积极开展社区自救。这样,全民参与,群策群力,就能使危机尽快得到平息,这也是美国"9·11"事件和2003年抗击"非典"斗争给我们的最大启示。

第四,积极做好善后处理工作,严格落实奖惩激励机制。危机的善后处理是指通过各种措施消除危机造成的不良影响,恢复正常的社会运行秩序。危机结束后,首先,要对危机损害程度及处置过程进行全面的评估和总结,认真分析和查找危机管理中存在的问题,并提出整改措施;要认真汲取经验教训,进一步完善危机应急预案。其次,要做好善后处理和恢复重建工作,不但要从物质上帮助受灾居民尽快恢复生产、生活秩序,从精神上安抚受灾居民,治疗危机造成的脆弱的社会心理,更要因势利导,以此进一步提升公众的危机意识和社会责任感,最终实现由危机到契机的转变。再次,严格落实奖惩激励机制。本着以人为本和"奖励有功者、鞭

---

① 马建珍、邱丽莉:《转型期中国公共危机治理模式》,《山东行政学院山东省经济管理干部学院学报》2004年第4期。

策落后者、惩罚不作为者"的原则,对在危机防治过程中作出突出贡献的集体和个人予以重奖,并大张旗鼓地进行表彰;对因迟报、瞒报、谎报、漏报重要信息,或延误时机、组织不力、失职、渎职以及其他不作为行为而造成重大损失者予以重罚,并依法追究其行政责任和其他民事责任,构成犯罪的,要依法追究其刑事责任。

(原文发表于《探索与争鸣》2008年第5期)

城市社区物业管理良性发展的路径分析

黄 闯

摘 要：城市社区物业管理作为基层社会管理的重要组成部分，其管理质量的高低直接影响到城市社区业主的利益维护和基层社会管理绩效，但社区物业管理的行政化倾向却成了当前社区物业管理的一个重要特征，这直接影响了社区纠纷和冲突的解决，影响了社区治理的绩效，社区物业管理的行政化与社区居民利益分化、社区居民合作能力弱化以及政府监管的边缘化等密切相关。为了维护社区居民利益、社区和谐，促进社区物业的良性发展必须采取有效措施减少社区物业管理的行政化倾向。

关键词：城市社区；物业管理；行政化

近年来随着城市房地产市场的不断发展，与之相关的社区物业管理纠纷冲突不断增多。根据来自上海各区县法院的数据显示，近年来受理的物业服务纠纷呈明显上升趋势。仅以青浦区法院为例，2010年共受理此类案件2326件，到了2011年则激增至3884件，增幅达66.98%，且上半年的接案数同比增幅也很明显①。而以广东省中山市第一人民法院为例，该院物业服务纠纷案件呈逐年上升趋势，2009年更是出现了"井喷"，同比激增了323.5%，2010年该类案件达到452件，截至11月1日，物业纠纷类收案560件，再创历史新高。② 社区物业管理作为基层社会管理的一个重要组成部分，其管理质量的高低直接影响社区业主权利的实现和基层社会治理的绩效。但现时期社区物业管理的行政化倾向却成了当前社区物

---

① 顾一琼：《物业服务纠纷激增》，《文汇报》2012年8月9日。
② 胡明：《业主特大财产损失物管最高赔50万》，《南方日报》2011年11月17日。

业管理的一个重要特征，这直接影响了社区物业纠纷和冲突的解决，影响了基层社区治理的绩效。

一 行政化：当前城市社区物业管理存在的问题

当前社区物业管理纠纷和冲突的不断增多固然与业主的不当行为（不履行缴纳物业费用）有关，但在更大的程度上则是由于社区物业管理方的不当管理行为所致，特别是社区物业管理中的行政化行为直接导致了大量社区物业管理矛盾的不断生成和发展。社区物业管理的行政化是指社区物业管理方采取一种行政化的管制思维方式对社区居民和社区物业进行管理，缺乏服务合作意识。而社区物业管理是指社区物业管理企业运用现代物业管理理念及管理手段，依法或以合同对其负责内的居民、房屋建筑及其配套的设施设备、绿化、交通、治安、环境等管理项目进行维护、修缮、整治及服务的过程①。社区物业管理实行的是市场化管理方式，是社区业主与社区物业服务提供方在平等协商基础上的一种合作关系，社区物业管理方并不是凌驾于社区居民利益之上的独特经济组织。但在实际运作管理过程中，社区物业管理方作为一个市场化的组织却有着行政组织的管理意识和行为，缺乏市场服务意识和观念，社区物业管理的行政化倾向非常明显。现时期社区物业管理的行政化表现在以下几个方面：

（一）管理方式简单粗暴，缺乏服务意识

社区物业管理与社区业主之间的关系应该是在平等协商基础之上的合作关系，业主通过支付报酬的方式换取物业管理公司的市场化服务，而物业管理方通过提供物业服务的方式满足社区居民利益，对社区物业进行有效管理。但由于社区物业管理公司人员素质不高、观念陈旧，很少有接受正规培训的物业管理人员，导致物管人员的服务意识不足，管理行为简单粗暴。比如在业主的装修入住前期，社区物业以防止闲杂人员进入，确保社区整体环境统一为借口，强制业主使用社区物业统一提供的沙子、水泥、防护窗等。当然社区物业如果能够按照市场价格方便社区居民，那则是善意之举。但是其提供的服务却超出市场价格，如果社区业主不同意社区物业的相关管理行为，社区物业就可能单方面采取关闭水电煤气等相关基础设施的方式逼迫业主就范。

---

① 娄成武：《社区管理学》，高等教育出版社2006年版。

（二）任意更改设立收费项目及收费标准

收费项目和收费行为是社区物业管理方获取相关利益的最主要方式，但是不规范的收费项目和收费行为却直接侵犯了业主的利益，形成一种不平等的合作关系。一方面社区物业管理方私自设立收费名目。如以车辆管理费、水电安装费、自来水二次加压费等名义随意收费。另一方面超出国家规定标准收费。社区物业管理公司在未经社区业主或业主委员会同意的情况下超过价格主管部门规定的标准任意变更社区物业范围内的收费项目及收费标准。如超标准收取装修押金、垃圾清理费、水费、电费等。不少物业管理公司的运作完全围绕经济利益，对没有收益的事情没有兴趣，小区物业管理的行为演变成了单纯的收费行为。

（三）任意改变社区物业的整体规划

在开发商交房以后，由物业公司接收管理，但相关的配套设施还需要一段时间才能完成。物业管理方并没有严格按照原有的社区规划对社区进行管理，而把原本属于社区全体居民的绿地、道路等变更用途，比如把社区的原有道路转变成收费的停车场等。

二 城市社区物业管理行政化的主要原因

（一）社区业主缺乏合作能力导致集体行动困境

社区物业管理的强势行政化行为是与社区业主的弱势地位相对而言的。社区业主之所以处于一种相对弱势地位，则是由于社区物业管理方与社区业主之间地位的非对等性，与组织化的物业管理方的强势行为相比，缺乏共同体意识的原子化社区居民则处于一种相对弱势地位。一方面由于社区居民之间本身缺乏有效的合作能力，其无法对社区物业的行政化行为进行有效的监督。另一方面社区居民即使能够合作，但在合作的过程中也容易产生搭便车的问题导致集体行动的困境。正如美国学者曼瑟尔·奥尔森所说："如果一个集团中所有个人在实现了集团目标后都能够获利，由此也不能推出他们会采取行动以实现那一目标，……有理性的、寻求自我利益的个人不会采取行动以实现他们共同的或集团的利益。"[①] 对于社区物业管理方的行为直接损害了社区业主利益，社区居民很难形成合力共同维护其利益。因为在多元产权构成的利益共同体中，成员越多、规模越

---

① ［美］曼瑟尔·奥尔森：《集体行动的逻辑》，上海人民出版社1995年版。

大，每个委托人分享的份额就越小，多元产权主体搭便车的倾向就越严重，一旦出现搭便车的个体行为，就会带来群体共同意志的瓦解和集体行动逻辑的混乱。除非一个群体中人数相当少，或者除非存在着强制或其他某种特别手段以促使个人为他们的共同利益行动，否则理性的、寻求自身利益的个人将不会为实现他们共同的或群体的利益而采取行动①。如果社区业主对物业管理方的行为不能形成任何的压力，这就进一步强化了物业管理方的行政化行为。

（二）社区居民需求多元化导致社区利益分化

随着住房体制改革的不断深入推进，现在城市的物业小区都是由不同社会地位、不同工作单位、不同工作性质的异质性社会成员构成，社区居民的需求更加多元化，他们对社区共同利益的认知和保护能力也是不同的，因此在面临着社区物业管理方不当行为时的反应也有所不同。一方面，社区业主购房住房的动机是多元的。社区业主购买住房可能是投资升值，也可能是自住，社区居民购房的动机不同导致社区居民很难建立起相似的共同利益。对于居住在社区里的暂时租客与长期使用者，以及自住业主与投资业主来说对社区利益的需求都是不一样的，只有居住在社区内的真正业主才会关心社区的公共利益。另一方面，社区居民收入水平不同。收入水平的分化导致对于社区提供服务的需求也是多元的，对于收入水平较高的群体由于喜欢高品质的生活，能够承担较高的收费；而对于收入较低的群体来说则喜欢收费较低的服务项目。社区内不同群体利益的分化已经是一个不容忽视的事实，社区内居民行为取向的多元化无助于遏制物业的行政化。

（三）社区物业产生过程异化

社区物业关系的运行逻辑是，城市居民向房地产开发商购房后成为业主，通过召开业主大会产生业主委员会作为自己的自治机构，业主委员会根据业主大会的决定代表业主与物业管理公司签订物业管理服务合同，将物业管理业务委托给物业管理公司，物业管理公司向业主提供各种物业管理服务，业主则需要付费来购买物业管理服务。也即是说社区物业管理公司应该是社区业主委员会根据业主大会的决定聘用，而实际上社区业主以

---

① 谢炜：《中国公共政策执行中的利益关系研究》，学林出版社2009年版。

及业主委员会很难对其施加任何的影响①。因为大多数情况下物业管理方作为一个既定的事实而存在并被社区业主所接受,从一开始就确定了业主和服务方之间的不平等关系②。在现行制度安排下,一旦购房者决定购买开发商的房屋,他个人就已经同意接受了开发商主导的物业服务③。因为根据2007年修订的《物业管理条例》第三章第二十五条规定,建设单位与物业买受人签订的买卖合同应当包含前期物业服务合同约定的内容。这里看似在保护业主的权利,其实也在一定程度上限制了业主选择物业的自主权,只能被动接受社区物业管理提前存在和介入社区管理的既定事实。这也使得部分根本就不具有任何资质的物业管理公司堂而皇之地作为一个既定事实对社区物业进行管理,进而在心理上强化了其处于强势地位的事实。

(四)政府及相关部门监督管理职能缺失

社区物业管理行政化的一个重要的诱因在于政府及相关部门职能的缺位,政府及相关部门并没有对社区物业管理中的不当行为进行有效的监督管理。在社会转型过程中国家、市场、社会三者之间权力再分配的不对称性决定了社区物业关系中的权力博弈是力量对比失衡的非均衡性博弈。因此政府及其相关职能部门的监督管理对社区的和谐发展显得异常重要。根据现行法律法规规定,县级以上房地产行政主管部门的职责是对房地产行业和物业管理行业进行行业管理和监督。而在现有的房地产市场乱象频出没有能够有效治理的情况下,政府就没有动力去监管基层社区的物业管理的一系列不规范行为④。由于物业管理公司并非纯粹的市场化运作,而是掺杂着一些行政部门和利益集团的利益,导致相关政府主管部门并没有能够及时纠正问题,相反由于其纵容行为进一步强化了社区管理方的行政化行为。虽然小区业主的维权意识在不断高涨,维权行为不断出现,但是如果每一次正当的维权行为得不到政府的积极参与支持,维权行为就很难得到好的社会效果。如果政府部门能够及时纠正社区管理中存在的不当行为以及对于社区居民反应的问题能够及时回应,就能弱化物业管理方的权力过

---

① 朱燕、朱光喜:《城市社区物业关系中的权力博弈及其影响》,《前沿》2010年第16期。
② 彭杏芳:《对我国住宅小区物业管理现状的剖析》,《法制与社会》2007年第2期。
③ 刘圣欢:《开发商主导物业服务:同意还是不同意》,《华中师范大学学报》(人文社会科学版)2009年第1期。
④ 张磊:《业主维权运动:产生的原因及动员机制——对北京市几个小区的个案调查》,《社会学研究》2005年第6期。

大等行政化行为，减少社区范围内的各种纠纷，构建良好的社区公共秩序。

三 促进城市社区物业管理良性发展的对策

社区物业管理作为社会化、市场化的管理行为，对于城市住宅小区的日常管理和维护，对于改善人居环境、稳定社会治安、促进和谐社会建设方面发挥了重要作用。但在管理过程中存在的行政化管理行为，不但与我国基层社会管理机制创新背道而驰，而且还影响了社区物业治理的绩效，导致社区业主无法享受基本公共服务，降低了社区居民的满意度，甚至导致各种群体性事件的发生。因此必须采取有效的措施化解社区物业管理中的行政化倾向，维护社区业主利益，促进基层社区和谐稳定发展。

（一）建立和完善城市基层社区自治组织

在城市基层社区管理范围内主要存在两大社区自治组织，社区业主委员会和居民委员会，它们作为基层社区自我管理、自我教育、自我服务的自治组织，可以部分消减物业公司与社区业主之间权力的非对称性，对于基层社区物业管理的行政化行为有着一定的抑制功能。但当前社区业委会和居委会面临着一系列的困境，导致其并没有能够发挥其应该具有的功能。对于业主委员会来说，它们面临的问题有：首先，在部分的物业小区内，根本就不存在业主委员会。业主委员会的成立需要一定繁琐的程序，如果缺乏社区物业和相关部门的支持，社区业委会的成立将是一个漫长的过程。其次，业主委员会的日常运转增加了社区业主的经济负担。业委会作为业主们的自治组织，其日常运转经费来源于全体业主的缴费，这无疑增加了业主的经济压力。如果业主不愿意缴纳费用，业委会则根本无法正常运转。再者，即使存在业委会，但业委会内部利益的分化可能导致其根本不能维护业主的共同利益。因为业主和业主委员会是一种委托代理关系，在这种关系模式下，由于信息不对称，委托人难以对代理人的行为决策进行全面的、彻底的监督和约束，于是就存在一个代理人的"道德风险"问题。而且，在一个社区内有诸多的业主，业主委员会在履行职责的过程中，其所有权的主体并不是单一的，而是多元的。这些多元主体之间既有共同的公共利益，也有各自的特殊利益需求。因此在具体的事务处理过程中，就很容易出现利益上的纷争①。正如有关的研究显示，当前业

---

① 李江新：《社区管理三大参与主体分析——基于多元共治的视角》，《学术界》2011年第5期。

主委员会存在五大难题：业主大会召开难、业主委员会筹建难、正常运作难、司法维权难以及对业主委员会及其成员监督难①。所以在当前的现实困境下，为了减少社区物业管理方的行政化行为，在不断建立和完善社区业主委员会的同时，可以通过不断完善社区居民委员会的功能消解社区物业管理方的利益冲动。因为社区居民委员会作为一个既定的维护社区居民利益的组织具有较强的合法性和权威性，具有足够的权威能够协调社区居民与社区物业管理方之间的纠纷，维护社区各方的利益。当然社区自治组织的存在并不是一个与社区物业管理公司的对立性存在，而是通过多元合作式的治理共同维护社区相关利益方的利益，维护社区物业可持续性发展。

（二）加强城市物业社区共同体意识建设

社区本应是居民的生活共同体，本应是邻里而居、守望相助，但由于居民在各自的工作和生活中难有交叉汇集，加之居民的社会地位、教育和职业经历亦各不相同，故难有情感交集，难以形成共同意识②。因此加强物业社区共同体精神建设，增强社区居民的认同感是促进社区物业良性发展的重要措施。一方面需要增强社区业主的主体性意识。物业小区是业主的小区而不是物业公司的小区，物业管理本质上是业主行使共同管理权利的体现，业主作为物业的所有人，是物业管理的主导者和物业服务的消费者，并通过业主大会行使物业管理的权利③。另一方面需要加强社区居民之间的互动和参与，增强社区居民之间的了解和信任，构建具有社区特色的社区文化，增强社区居民之间的认同感和归属感，最终使得居民小区真正成为亲密无间、守望相助、出入相友的和谐物业小区。

（三）加强政府及相关部门在社区物业治理中的责任

首先，规范社区物业管理者的准入资格和退出机制。一方面要完善社区物业的准入机制，加强社区物业管理人员队伍建设，提升社区物业管理人员素质。对于没有物质管理资质的企业在社区中的存在，相关部门应该采取严查的方式禁止其进入。另一方面要完善社区物业退出机制。如果社区物业管理中存在一系列不规范的行为而且不能及时更改就要取消其相关

---

① 王荣华：《上海蓝皮书·社会（2008）》，社会科学文献出版社 2008 年版。
② 覃安基：《我国社区管理中存在的主要问题及其解决途径》，《城市问题》2012 年第 5 期。
③ 张农科：《关于我国物业管理模式的反思与再造》，《城市问题》2012 年第 5 期。

的资质。

其次,规范社区物业管理者权力,加强对社区物业管理监管。虽然社区居民有着强烈的社区物业管理需求,但由于社区物业管理方不当的管理服务行为弱化了社区居民的物业需求,而且导致物业和业主在许多情况下成了势不两立的对立面。因此为了社区物业管理的可持续发展,政府及其相关部门要规范社区物业管理者的权力,加强对社区物业监管,规范物业管理企业的收费行为。而且由于社区物业管理是一个低技术含量的低端行业,其所需的劳动力并非高端人才,这就决定了物业管理的人工成本是低廉的,物业管理不能是也不能被允许是暴利的行业[1],因此,政府要严格禁止社区物业管理中存在的暴利行为。

再者,畅通社区物业居民的利益诉求表达渠道,充分发挥居民委员会在社区物业管理中的监督作用。政府及相关部门对于社区业主提出的问题应该给予及时回应,做好社区业主和社区物业管理方之间的沟通,防止问题的不断累积导致突破业主的心理防线,增加问题解决的难度。

最后,完善社区物业管理的财政税收支持。虽然社区物业管理采取的是市场化运作方式,其在运作过程中有着强烈的经济利益冲动。不过由于社区物业的管理行为是一个有着明显正外部性特征和社会效益的管理行为,正如有学者指出:实施物业管理对物业直接相关者—物业所有者(或称业主)和房屋使用者有价值,对其他相关者也有价值。如果物业管理的投入完全由物业直接相关者承担,其他相关者所获得的价值便构成了物业管理的外部性。外部性的存在,影响了物业管理投入者的积极性,进而影响物业管理的生产和消费循环[2]。因此,在管理的过程中为了减少其经济利益属性与社会利益属性之间的冲突,社区物业的管理行为不能等同于单纯市场化行为,政府应该对其给予一定的财政税费优惠政策,鼓励支持其向良性方向发展。

(原文发表于《长白学刊》2013年第1期)

---

[1] 辛章平:《物业管理的定位、行为规范和政府的强力介入》,《宁夏社会科学》2012年第1期。

[2] 刘圣欢:《物业管理的属性、供给与收费原则》,《经济理论与经济管理》2002年第1期。

农民权益保障：政策结构的完善与调整

傅广宛　蔚盛斌

摘　要： 形成农民权益保障问题的原因很多，有些属于非政策性因素，有些则属于政策因素。在某种意义上说，源于政策结构不完善的农民权益保障问题更值得关注。目前这类问题主要表现在配套资金的两难选择、粮食主产区的可持续发展、土地征用补偿标准的相对性侵权、承包土地数量的非均等化等方面。解决上述问题，应从政策结构的完善与调整入手，调整配套资金的政策规划，调控生产资料的上涨幅度，协调征用土地的补偿标准，完善新政策环境下的政策结构，引导土地资源向相对均衡化的方向发展。

关键词： 政策结构；农民权益；保护

农民权益保护问题形成的原因很多，有些属于非政策因素，有些则属于政策因素。在政策因素所导致的农民权益保护问题中，由政策结构不完善所导致的农民权益保护问题占有相当多的数量。目前源于政策结构不完善的农民权益保护问题值得关注，这类问题主要表现在配套资金的两难选择、粮食主产区的可持续发展、土地征用补偿标准的相对性侵权、承包土地数量的非均等化等四个方面。本文拟分析四类由政策结构不完善所引致的农民权益保障问题，并就政策结构的完善与调整提出相关建议。

一　配套资金的两难选择

近年来在农村建设方面国家的项目投资逐年加大，但相当多的项目都要求县市提供配套资金。这些政府推出的基本建设项目，目前主要集中在农村义务教育、乡村公路建设、乡村基础设施建设以及农村医疗建设等农民享受公共物品的四项权益方面，这些项目不仅对于农村建设具有重要的意义，而更为重要的意义还在于这些项目是政府"推出的一项民心工程，深受社会广泛关注和期盼"①。但是，由于许多地方政府财政比较困难，由地方政府提供的财政配套资金无法落实到位，尤其是一些主要靠财政转移支付的贫困县市，这些配套资金拿出来尤为困难。地方配套资金不到位，上级检查时就会被认为违规，甚至会被取消项目安排资格，或者进一步限制项目资金的拨款。如果地方勉强配套，从公共政策系统分析的观点来看，势必会减少农民在其他方面享受公共产品的机会。"中国支农配套资金引起的乡村负债占目前乡村存量负债的比例为 15.2%—25.8%；在 2005—2020 年这段时间，支农配套资金最高将引发 17850.77 亿元乡村新增负债。"② 为了不影响农民在其他方面享有的公共产品的权利，一些地方就假配套，即名义上配套而实际上没有配套。假配套的直接后果是，地方将"大饼摊薄"，仅仅把中央下拨的资金用于项目建设上，以牺牲项目的质量来降低项目的成本，从而影响农民享受公共产品的质量。一些地方的"村村通"工程质量不高，这是其中的一个主要原因。

  配套资金制度的宗旨在于减轻中央财政投资的负担，强化地方政府主体责任并调动其积极性。它作为一项国家财政资金下拨政策，在政策规划阶段明显缺乏一个完善的政策结构。更确切地说，对于欠发达地区，或者在客观上难以采取配套措施的地区如何进行区别对待缺乏相应的政策设计，这就造成了政策执行过程中的各种困境。在政府职能没有完全转变的条件下，地方政府往往表现出财权不足、事权有余的管制型政府特征。向国家争取资金，是地方政府改善农民享有公共产品权益的重要措施。如果拒绝国家的下拨资金，无疑是地方农民权益的一种损失；如果接受国家的下拨资金，一些地方又不得不以负债、弄虚作假等手段来采取配套措施。在某种意义上，接受国家的下拨资金越多，地方政府负债刚性增长的风险和承担来自行政道德方面的风险就越大。

  所以，配套资金问题就成为贫困地区领导者的两难选择。目前，一些

---

  ① 李文瑞：《金融支持棚户区改造的路径选择》，《中国金融》2010 年第 24 期。
  ② 温铁军等：《中央支农资金配套制度对中国乡村负债的影响：一个初步估算——以中西部地区贫困县为例》，《中国农村经济》2009 年第 2 期。

地方领导甚至不敢再向国家争取带有配套要求的项目，而更倾向于将地方的发展问题留给下一任领导，这种做法，势必会影响农民和农村的发展。要改变这种现象，就必须从完善政策结构开始。毫无疑问，对于发达地区，要求配套资金是调动地方积极性的办法之一，但对于欠发达地区，要求配套资金不但不能调动地方的积极性，反而不利于保护农民享有公共产品的权益。因此从政策结构上，在配套资金的政策规划中，应该进行追踪调整，做出对于贫困地区不要求配套资金或者减免配套资金的政策设计。比如，可以根据各地的实际情况分门别类设计配套标准，对于中西部贫困地区的配套标准进行去刚性化设计等。也可以采取更加灵活的配套措施，如采取类似于"以工代赈"的办法，以当地受益农民进入项目务工的部分价值来替代配套资金，以此来促进贫困地区的经济发展。

二　粮食主产区的可持续发展

改革开放30多年来，我国的农业综合生产能力逐年提高，为了减轻农民负担，自2004年以来，国家连续6年相继出台了减免农业税、粮食直补等一系列惠农政策，这些政策措施在很大程度上调动了农民的生产积极性。但一些粮食主产区仍然存在着产粮贡献越大农民却相对越穷的现象。"在粮食生产连年丰收的情况下，出现了相对贫困人口分布有日益向粮食主产区转移和集中的趋势。"[①]其原因是多方面的，其中有三方面的原因应该引起高度重视。

第一，我国工业品价格的增长速度大于农产品价格的增长速度。以江苏省为例，从1991年到2007年，工业品价格指数增长了大约2.8倍，而同期全国的粮食价格指数仅仅增长了大约1.18倍。工业品价格指数的增长远远大于粮食价格指数的增长，两个增长速度不一致，导致务农的收入与务工的收入差距必然拉大。

第二，工业品的利润空间逐渐增大，农产品的利润空间逐渐缩小。就工业品来说，工业品的出厂价格逐年走高，而原材料购进价格增长不大，这就导致工业品的利润空间逐年增大。就农产品来说，粮食价格虽然有所增长，但农业生产资料价格却增长更快，粮食价格的利润空间不断缩小，

---

① 张辉等：《河南省粮食主产区相对贫困问题的成因与对策》，《河南农业科学》2009年第11期。

甚至不产生利润。工业品生产和粮食生产两个利润空间的变化方向不一致，有可能导致我国城乡差距出现逐渐增大的趋势。

第三，发展粮食生产不会产生地方财政收入，粮食主产区由于耕地红线限制又不便发展工业。这样粮食主产区的财政必然会出现一定的困难，导致农民享有公共产品的权益中，应该由当地财政支持的部分更加难以得到保障，粮食主产区的经济发展速度必然迟缓。这种局面使得农民享有公共物品的权益很难落到实处，甚至有可能影响到粮食主产区的可持续发展。

由于上述因素及其他因素的影响，农民的劳动报酬在我国初次分配中的比例应该说是很低的，严重制约了农民享受公共物品权益的提高。农民和粮食主产区为保障国家的粮食安全作出了贡献，保障农民享受公共物品的权益，保障粮食主产区的发展权，是当前农民权益保障方面亟待解决的问题。民以食为天。建议采取措施，促进我国的粮食价格与国际接轨，对于拥有土地使用权且粮食净出售者来说，"粮食价格上涨是好事而从中受益"[1]。同时，适当调控生产资料的上涨幅度，拓展粮食生产的利润空间，将工业品生产和粮食生产两个利润空间的发展方向调整一致并维持下去。同时，应结合调整国民收入分配结构，实施将中央财政的转移支付力度向农业大省，尤其是以产粮为主的贫困地区更加倾斜的财政政策。

三　土地征用补偿标准的相对性侵权

国家建设用地的征地补偿标准因部门而异，容易引发农民土地权益中的"相对性侵权"现象。本文所谓的"相对性侵权"，指的是同时段、同地域的征地补偿标准由于来自不同的用地主体而高低不一，农民在土地被征用后获得了较低的标准补偿，尚未达到同时段同地域的最高补偿标准，因此而产生一种土地权益的相对被剥夺感。产生这种被剥夺感的原因就是土地征用补偿标准的相对性侵权。

农民不仅关注土地征收的绝对补偿标准，更关注土地征收的相对补偿标准。《中华人民共和国农村土地承包经营法》规定，"承包地被依法征用、占用的，有权依法获得相应的补偿"。如果在该地域上实行的最高土

---

[1] 郭劲光：《政府救济政策制定的时序结构与制度安排：基于大宗粮食商品价格波动的视角》，《农业经济问题》2010 年第 12 期。

地征用补偿标准是合理的，那么以较低标准对农民进行的征地补偿就意味着补偿幅度并不到位，与法律规定的"相应的补偿"精神并不一致，实际形成了一种相对性侵权。

2009 年河南省汤阴县境内有"南水北调工程"、"京珠高速公路拓宽工程"、"石武高速铁路工程"三大工程需要征用土地。但是三大工程征地的补偿标准却是三个标准，差距较大，甚至达到两倍，有的工程征地是同一村或同一承包户的土地，但获得的补偿标准却不一样，由此引发的农民上访事件时有发生。基层政府只能做说服解释工作，很难解决这类由于中央部委的政策结构不完善所产生的政策执行难题。

这种农民土地权益的相对性侵权现象，应该是政策系统的不协调造成的，政策系统不协调的主要原因是政出多门。政府在政策体系中并没有考虑到政出多门可能产生的土地征收补偿标准的相对性侵权问题，所以就整体的土地征用补偿标准来说，政策结构是不完善的。农地补偿政策的设计应该能够满足表达政府意愿、符合各相关利益主体的要求、推进社会更加和谐的政策目标。虽然政府的农地补偿政策目标具有多重性，属于多目标的政策结构，但至少政府本身的政策目标应该是一致的。否则，"补偿政策的各目标之间存在潜在性的矛盾和冲突，特别是农地保有量目标和农民收入增长目标之间的矛盾，在一定的条件下会抵消农地补偿政策的绩效"[①]。

解决这类问题可以考虑多种办法并用。对于在依靠国家行政力量推动的国家建设用地中涉及可耕地的部分，建议由国家发展改革委员会或者国土资源部统一协调各个相关部委制定国家层面的建设项目征地合理补偿标准，省市自治区及其所属行政区的重点工程建设项目参照该标准执行。"合理补偿标准"应包括失地农民的现有损失价值和未来盈利的折扣价格，同时还应补偿因征用土地而导致邻近土地的利益相关者的损失，以此解决在同时段同地域征地过程中存在的各个部门补偿标准不统一所产生的相对性侵权问题，切实保障农民的土地权益不受损失，减少各种不利于社会稳定的诱发因素。

同时，要完善土地征用补偿程序，尽可能提高土地征用补偿过程与标

[①] 王雨濛等：《土地用途管制背景下的农地补偿多目标政策结构分析》，《农业技术经济》2009 年第 4 期。

准的透明度。对于已经承包的荒山、荒沟、荒丘、荒滩等,若国家建设用地必需,在不违背《中华人民共和国农村土地承包经营法》的前提下,可以采用土地集约化处理的方式进行集约化处理,即把需要流转的土地数量提供给当地的农业投资公司,由农业投资公司和土地承包者本人协商好土地补偿的最低标准,然后再由农业投资公司统一在市场进行"招、拍、挂",由市场来最后决定土地的补偿标准。如果"招、拍、挂"的补偿标准高于农民原来确定的最低补偿标准,则高出部分归农民所有。这种集约化处理,增加了一个缓冲环节,除了可以保障农民的土地权益之外,也可以过滤掉一些明显不合理的要求。而且,"作为国家行政行为,土地征用补偿必须严格按照法律程序才能进行,因此有必要从法律的高度制定完善可行的土地征用补偿程序"[1],以改变征地价格往往受强势一方的意志影响较大的状况,保证征地双方均可通过法律程序提出自己的诉求,最终在法律的保护下确定双方都能接受的价格。

四 承包土地数量的非均等化

土地承包经营制度促进了农村生产力的解放和发展,但该政策在长期的执行过程中积累的深层次矛盾和问题也逐渐暴露出来,由"增人不增地,减人不减地"导致的土地承包数量非均等化问题就是其中的一个比较突出的问题。1993年发布的《中共中央、国务院关于当前农业和农村经济发展的若干政策措施》指出:"为避免承包耕地的频繁变动,防止耕地经营规模不断被细分,提倡在承包期内实行'增人不增地,减人不减地'的办法。"但多年来,由于婚丧嫁娶、人口迁移和新人口出生,人口在不断地发生变动,一些地方由于国家工程建设用地等原因,土地数量也在发生变动,一些人成为失地农民。由于"增人不增地,减人不减地",这就出现了两个新的问题。一是土地承包数量分化明显,一部分人没有可以承包的土地,成为无承包土地的农民,土地权益难以得到保障,而另一些人却在事实上承包了较多的土地。二是农村出现了一部分户口迁出村庄但却继续拥有村庄土地承包权的人口,这部分人承包了村庄的土地但并不承担原所在村庄的公益责任。其中的一些人在城市化进程中成功实现了身

---

[1] 王金洲:《发达国家土地征用补偿实践经验及其借鉴》,《广东土地科学》2010年第5期。

份转换但仍然在农村继续承包土地，享受各种政策补贴。这种承包土地数量的非均等化现象在各地普遍存在，已经成为影响农村稳定的一个重要因素。

实行"增人不增地，减人不减的地"的政策在一定时期内有利于充分调动农民种地的积极性，有利于提高土地质量，更有利于巩固土地经营承包制度。如果按照30年一个承包期考虑，这项政策在土地经营承包制度实行的初期和中期都是非常必要的。但是，由于政策环境中各种因素的变动，政策风险也在不断地聚集。可以预计，随着新出生人口的增多，无土地承包的农民会越来越多，加之我国逐渐进入老龄化社会，土地承包数量上的非均等性将会更加突出；随着城市化进程的加快，由农民实现身份转化的人口越来越多，农民调整土地承包数量的愿望会更加强烈；随着国家惠农政策所涉及补贴的逐年增多，以承包土地数量为基准发放的补贴，将会使附着在土地上的利益矛盾更加凸显，无土地承包的农民对于土地的需求愿望也会更加强烈。

任何公共政策都是对政策环境中某种诉求的回应，因此公共政策具有环境依赖性。当政策环境发生变化时，公共政策应该随之而变化。如果不能和新的政策环境相适应，政策结构就变得不完善。土地承包经营制度也是如此。为了释放逐渐积聚起来的政策风险，保持农村社会稳定和发展，保障无土地承包农民的土地权益，建议在坚持土地承包经营制度不变的前提下，按照大稳定、小调整的原则出台相应的配套政策，根据土地变动情况和人口变动情况，每十年进行一次土地微调。重点解决符合计划生育政策的自然出生人口的土地承包权问题，解决城市化进程中身份转化后土地的及时正确流转问题。对于农村妇女出嫁后娘、婆两家土地承包权的衔接问题，应该尊重妇女的意愿，允许妇女选择一份土地承包权。这种调整的目的在于以渐进性的方式逐步释放政策风险，完善新政策环境下的政策结构，引导土地资源向相对均衡化的方向发展，保证农村土地承包经营制度的健康运行。

（原文发表于《河南师范大学学报》（哲学社会科学版）2011年第4期）

农村社会保障制度建设中的政府职能

时树菁

摘　要：党的十七大明确强调要加快建立以农村养老保险制度、新型农村合作医疗制度及农村最低生活保障制度为主要内容的农村社会保障制度的建设。建立和完善农村社会保障制度，是缩小城乡差别、扩大社会公平的重要举措。但目前，农村社会保障一直是社会保障体系中的薄弱环节，存在较多的问题，其中，政府的责任定位不清、发挥作用不力是造成问题的主要原因。因而，在新形势下构建农村社会保障制度，必须对政府在现代农村社会保障制度建设中的职能有正确的理解和准确的把握。

关键词：农村；社会保障；政府职能

一　政府在农村社会保障制度建设中的角色定位

（一）世界各国社会保障制度建设的经验

社会保障的概念来自于西方资本主义国家，现在世界范围内已形成一套比较成熟并各具特色的社会保障制度。各国政府在社会保障建设中的职能定位主要有三方面：第一，政府是社会保障产品的供给主体之一。社会保障产品的属性决定了只能由政府提供才能够实现配给的公平和福利的最优。即使对于具有私人产品性质的社会保险而言，政府的介入也具有必然性。第二，政府为社会保障制度提供政策支持。社会保障制度是社会财富的再分配。在现代社会，财富的分配始终受到政治和市场双重力量的支配。初次分配主要由市场力量决定，再分配则主要取决于政治因素。政府是制定公共政策的主体，政府履行社会保障的职能就需要制定社会保障的公共政策，利用公共政策调节社会保障机制。第三，政府为社会保障制度提供法律保障。社会保障制度不仅要实现民主化，还要实现法制化，社会保障法律、法规的出台也只有政府才能够完成和实现。

（二）我国农村社会保障制度建设的变迁

新中国成立50多年以来，农村的社会保障经历了一个曲折的发展历程。从总体来看，无论是长期坚持的对孤老残幼的社会救济、贫困户的扶持、灾难的救济、复员军人的安置、伤残军人及军烈属的优待抚恤等，还是20世纪50年代开始实施，在20世纪80年代初随着土地制度改革而结束的农村合作医疗制度，政府都是包办者，承担了组织实施、产品供给及制度供应的多重任务，并形成了一套比较成熟的制度和具体运作方法。2007年新型农村合作医疗制度已推广到全国80%以上的县（市、区），并且，农村社会保障的其他领域也开始起步。新型农村社会保障制度建设全面、快速的发展，是广泛借鉴了其他国家农村社会保障事业的经验，反思我国过去在这一问题上的经验教训之后，以全新的理念和做法实施的。在新一轮发展中，政府已经由原来的包办者转变为主导者的角色。从包办者到主导者的角色转变，是我国农村社会保障事业适应市场经济的要求，顺应当今时代特征的必然选择。

二 农村社会保障制度建设中的问题与政府责任

（一）农村社会保障建设中的现存问题

1. 资金投入严重不足

我国农村社会保障存在的根本问题是保障资金不足。国外社会保障资金主要来源于税收，而我国普遍"坚持以个人交纳为主，集体补助为辅，国家给予政策扶持的原则"。在这一原则下，经济状况较好的农村，集体有相应经济能力，农民收入也较高，社会保障问题解决得好些。在经济不发达地区，农民自身交不起参保费用，集体经济组织无力补助，而分税制下，地方政府仅有事权却无能力，政府能够投入社保基金的能力十分有限，社会保障工作难以开展。

政府投入农村社会保障事业的资金不仅数量小，而且还有两个不合理趋向，一是投入农村社会保障的资金增长与人民生活水平普遍提高的状况不适应，投入资金的增长和经济增长呈负相关状态，而且，这一点有限的资金还常常被挪作他用。二是长期以来，社会保障资金投入重城市轻农村、重工业轻农业。国家对农村社会保障的投入只相当于城市的1/8，农村人均国家社会保障投资仅为城市1/30。以上因素导致城乡、地区之间社会保障发展不平衡。在东部部分农村地区已经建立较好的农村最低生活保障制度、社会养老保险制度和社会医疗制度的同时，中西部农村地区还有一部分贫困人口连基本生活都难以维持。

2. 相关法律和制度不健全

从立法上看，农村社会保障立法基本上还是一片空白，对农村各项社会保障的地位与作用、保障权利和义务、保障资金的筹措与管理、保障机构的设置、保障工作队伍的建设等，都缺少法律规范。

3. 资金管理水平低下

在资金管理上，城乡分割、条块分割、多头管理的情况非常严重，至今没有建立一个专门对农村社会保障资金进行高效管理的机构。一些地方在国有企业工作的农村职工的社会保障统一归劳动部门管理，医疗保障归卫生部门和劳动者所在的单位或乡村集体共同管理，农村养老和优抚救济归民政部门管理。一些地方的乡村或乡镇企业也制定了社会保障办法和规定，但是，这些部门所处的地位和利益关系不同，在社会保障的管理和决策上经常发生矛盾。而且，政事不分，缺乏有效的监督管理，导致农村社会保障的透明度差，农民在直接关系自己利益的问题上既无话语权，也无监督权，从而影响了农村社会保障的功能。

（二）农村社会保障诸多问题的原因——政府责任缺失

无论是国外社会保障的经验，还是我国农村社会保障制度的变迁，都说明社会保障涉及政府、社会、个人等各利益主体，各利益主体具有相应的责任和地位，任何一方责任的缺失都将造成农村社会保障无法正常进行。政府在农村社会保障制度建设中应发挥不可替代的主导作用，这一责任主要体现在以下几方面：一是对农村社会保障整体规划，对保障项目、保障标准、资金来源、保障对象、组织实施、监督管理等进行制度设计和政策安排，提供有效的制度供给；二是推动农村社会保障制度的立法，提供切实的法律保障；三是引导财政责任共担机制的建立，提供稳定的资金来源，尤其要承担对养老保险、医疗保险、最低生活保障、救灾等项目资金投入的主导责任；四是要设立专门的管理机构和监督机构从事农村社会保障工作。

但是，以上政府应承担的责任并未在农村社会保障建设中得到很好的兑现，政府弃责造成政府在责任履行上存在缺位，使得农村社会保障一直以家庭保障为主，政府基本逃避和放弃了责任。把本该属于政府的部分保障责任转嫁给农民个人，导致农村社会保障严重滞后，保障不力，造成广大农村居民独自承担社会风险的现状，加剧了其生活状况的恶化。因此，在目前我国农村社会保障推进过程中，理清和划分各利益主体的责任边界，对于解决现有问题显得格外重要。

三　充分发挥农村社会保障制度建设中政府的作用

（一）为农村社会保障确立正确的方向和原则

我国尚处于工业化中期水平，农村大部分地区经济欠发达，农民收入低，贫困人口多，但人口老龄化趋势迅猛，亟须突破传统家庭保障模式，建立现代农村社会保障体系。现代社会保障制度以低起点、广覆盖为特征，以建立农村最低生活保障制度、农村新型合作医疗制度、农村社会养老保险制度为突破口，以实现城乡社会保障一体化为最终目标。为此，要坚持以下原则：

1. 公平与效率相结合原则

只有通过社会保障来补救市场缺陷和社会的不公平，才能使农民这一弱势群体得到最基本的利益保障；只有通过效率杠杆鼓励劳动者为社会多作贡献，才能避免社会惰性滋长。

2. 分步实施原则

要坚持与农村经济发展水平相适应、以保障农民生存需要为宗旨，循序渐进，逐步推进。随着社会经济发展，不断地对其保障项目、保障水平进行调整。

3. 合理分担原则

本着国家、集体、个人共同负担的原则，合理划定责任比例。多渠道筹集农村社会保障资金，减轻各级政府和农民的沉重负担。

4. 社会化管理原则

对不同的社会保障项目分层次进行社会化管理。养老保险由国家统筹管理，以增强抵御风险能力；医疗、工伤、生育保险则由地方管理，以发挥地方管理的比较优势。政府负责立法建章、宏观调控和引导，具体的业务操作交由不同的事业、社会团体和行业协会或监管委员会负责。

（二）采取多种措施，完善政府职能

1. 健全农村社会保障制度

制度不仅是社会的整合机制，也是一种行为引导机制。政府是社会保

障制度的供给者。因此，政府的制度设计与安排对农村社会保障制度建设非常重要，是政府职能的重要体现。第一，本着城乡一体化的目标，逐步建立城乡统一的户籍管理制度。第二，加快建立和完善新型农村合作医疗制度。政府应该加大对新型农村合作医疗的宣传和支持力度，提高对参加合作医疗的农民的补助标准，尽快解决已发现的问题，堵塞漏洞，使农村医疗卫生状况在"十一五"期间有一个比较明显的改善。第三，创新农村社会养老保险制度。随着家庭养老功能的不断弱化、农村居民的平均寿命提高，农村养老问题日趋突出。因此，结合农村现实情况，政府应建立一种多层次、多元化的养老保障模式，发挥家庭、社区、国家的作用，以有效地保障农村居民的晚年生活。第四，全面建立农村最低生活保障制度。目前，我国城市已全部建立了最低生活保障制度，而且做到了"应保尽保"，为城市贫困人口构筑了最后一道保障线，取得了较好的社会效益。但在农村，这项社会保障的"兜底工程"开展远远滞后于城市。事实上，我国农村还有10%的人口尚未脱贫，或由于种种原因返贫，农村人口是最需要帮助和关心的弱势群体。因而，建立农村最低生活保障制度具有十分重大的意义。在农村建立社会保障制度可逐步推进，在不同地区设立不同的保障标准。

2. 推动农村社会保障制度立法

如果没有相应的法律约束与规范，制度缺乏稳定性与持续性，就不可能得到有效的推进。但是，到目前为止，我国还缺乏专门针对农村社会保障的法规，许多规定和具体实施办法，是通过各种行政性文件发布的，这些文件缺乏法律权威与制度刚性，很容易导致有令不行、有禁不止。社会保障事业的发展是一项长久的事业，如果政策缺乏稳定性与连续性，就势必造成具体工作部门与广大农民无所适从，从而降低政策和制度的威信。同时，缺乏法律规范与制度化保障，没有统一的管理机构，没有统一的管理办法，农村社会保障处于条块分割、多头管理、各自为政的状态，这势必降低社会保障互助合作的功效，造成各环节和部门发生矛盾，使社会保障成本增加。因此，要加快社会保障立法进程，建立健全农村社会保障法律体系。当前最紧迫的是应当尽快制定颁布《中华人民共和国社会保障法》，对建立和完善社会保障的指导方针、基本原则、总体目标和要求、保障对象、机构设置等都以法律的形式确立下来，从而为我国城乡社会保障提供根本性、基础性的法律依据。同时，制定和颁布与该法相配套的一系列条例，以保证社会保障工作有法可依。然后逐步建立《农村社会保障法》以及其他具体的农村社会保障的相关法律条例，比如《农村养老保险条例》、《农村合作医疗条例》、《农村社会救济工作条例》及《农村五保供养工作条例》、《农村社会保障基金管理法》等多层次、立体化、全方位的法律体系。另外，还应当注重社会保障制度的立法内容与其他法律部门的立法内容相衔接，以保证社会保障法律规范的有效实施。

3. 完善多元筹资机制，提供充足的资金保证

是否具备足够的社会保障基金是保证农村社会保障制度能否顺利运行的关键和经济基础。构建农村社会保障体系需要大量的资金，目前，农村社会保障制度建设的滞后状况与没有充足的社会保障基金是息息相关的。要使农村社会保障制度顺利运行，必须构建一种确保社会保障基金充足稳定的长效机制，这种机制要求政府加强财政支持力度。目前，我国农村社会保障资金主要来源于财政拨款、集体补助、社会筹集、个人缴费。因此，要建立科学的财政预算制度，增加中央财政扶持力度。随着经济发展水平的提高，逐步扩大社会保障占中央财政总支出的比例。建立规范、稳定的财政转移支付制度，确保中央财政足额、定时转移到农村。二是明确地方政府的责任。县级以上政府应力所能及地承担一定的经济责任，各级政府要按分级财政负担合理比例，彻底改变地方政府财政责任模糊状态。三是广开融资渠道，如开征社会保障税、发行农村社会保障彩票、举办社会慈善事业等。

4. 理顺管理体制，强化监督机制

我国农村社会保障一直存在着管理体制不合理、部门分割、多头管理、各自为政，以及政事不分、责任不清、缺乏监督制约机制等问题。因此，要建立统一的农村社会保障机构，明确相关部门的管理职能。要提高管理效率，转变职能部门的管理观念和工作作风，提高行政管理人员的理论水平、业务素质和政策水平等，改进管理方法和手段，尤其是强化信息化管理手段和方法。要强化监督机制，重点监督国家制定的各项社会保障法规、政策、制度的贯彻执行情况，以及社会保障各项基金收支、投资的运行情况。

参考文献

[1] 易瑾超：《农村社会保障制度的国际比较及借鉴》，《国家行政学

院学报》2007年第3期。

［2］郑功成：《中国社会保障改革研究及理论取向》,《经济学动态》2003年第6期。

［3］吴国珍：《政府在欠发达地区农村社会保障中的主导作用》,《黄冈师范学院学报》2007年第1期。

［4］张劲松、唐贵伍：《农村社会保障体系的变迁与政府职能转型的制度安排》,《改革与战略》2007年第5期。

（原文发表于《河南社会科学》2008年第4期）

新型农村合作医疗的俱乐部激励模式

钟 响[①]

摘 要：针对当前的农村群众看病难问题，党和政府在全国广大范围内开展了覆盖面广的新型农村合作医疗。新型合作医疗体制运行以来，取得了一定的效果，但是存在着许多农民参与积极性不高的困境。造成该问题的原因就是没有考虑医疗产品的特点和医疗人群本身的多元与异质性。本文结合农村实际，提出了基于俱乐部模式的合作医疗激励观点，以同质人群的共同偏好为基础，借以提高农民参合的积极性，确保新型农村合作医疗的深入顺利运行。

关键词：合作医疗；俱乐部；异质性

一 多中心的俱乐部理论

俱乐部理论或称社团理论，由经济学家詹姆斯·布坎南和查尔斯·蒂布特开创。布坎南提出了俱乐部产品的概念，提出了为一特定人群解决某一类型的公共产品的供给问题的方式，并解释了俱乐部均衡所需的条件包括成员的同质性、俱乐部之间成员的流动性、俱乐部的独立管理，等等[②]。蒂布特则认为，人们为使自己的效用最大化总想在全国范围内寻找地方政府所提供的公共产品与所征收的费用之间的最佳组合，当他们在某地发现这种组合符合自己的效用最大化目标时，他们便会聚集在这一辖区内进行生活和工作，并接受和维护该辖区地方政府的管理。这个过程就是

[①] 作者简介：钟响，男，1981年出生，管理学硕士，主要从事行政管理学研究。
[②] James M. Buchanan. An economic theory of lubs [J]. Economica, 1965 (32).

所谓的"以足投票"①。通过人员的自由流动的竞争，就能达到如在市场上选购私人产品一样的效果，可以形成数量和质量最优的地方公共产品。

蒂布特"以足投票"的俱乐部模型强调了一种多中心秩序，给我们提供了一种思路，一个人或者社群能够在可替代的公共服务生产者之间进行抉择。自主治理就是由个人组成的群体自己解决自己的问题，多中心是自主治理的根本前提。文森特·奥斯特罗姆指出："每一公民都不由'一个政府服务，而是由大量的各不相同的公共服务产业所服务'。"②

W.奥克兰发展了俱乐部的理论，W.奥克兰提出俱乐部成员是否同质影响到俱乐部是否能够达到资源分配的帕累托效率。有同质的成员分摊俱乐部的成本，对俱乐部资金的筹集起到便利作用③。

通过以上论述可以看出，俱乐部可以解决由于人群的异质性造成的公共物品供给难题。医疗产品是一种特殊的公共物品，俱乐部理论为我们解决农村合作医疗的服务供给提供了一种新的思路。

二 俱乐部模式产生激励的原因分析

（一）符合农村的医疗资源特点

农村的医疗资源主要以乡镇和村级卫生所为主，乡镇和村级卫生所是我国旧式合作医疗的主力军，随着70年代末的家庭联产承包责任制的改革，旧式农村合作医疗体制迅速瓦解，村级卫生所也随之冷落下来，后来发展为由个人负责承包。目前这些私人诊所是农村卫生事业的主要承担者。

众多的私营诊所分布较为零散，不均衡，医疗条件较差。阿罗认为，医院服务存在着规模回报和供给范围的问题，规模越大的医院，在治疗条件和水平上都会较高④。但在我国广大的农村地区，农民看病往往有这样的一套习惯："小病不出村，大病进医院。"多数村民觉得小病在村级卫生所方便、省钱。

---

① 朱柏铭：《公共经济学》，浙江大学出版社2002年版。

② ［美］迈克尔·麦金尼斯主编：《多中心体制与地方公共经济》，上海三联书店2000年版。

③ 方福前：《公共选择理论》，中国人民大学出版社2002年版。

④ ［英］萨拉·科诺里、阿里斯泰尔·曼洛：《公共部门经济学》，中国财政经济出版社2003年版。

发展新型的农村合作医疗，可以对农村众多的小诊所资源进行规模整合，建立起不同层次的医疗俱乐部，既兼顾农民需要，又体现规模优势。

（二）符合农村基层的体制特点

在我国传统社会形态中，素有"政府不下乡"的统治方式，由乡绅治理各种乡里承担的乡村水利等公共设施的建设和维护、兴办私塾等公共物品供给，团体运行基础依赖于宗族礼法的维系。新中国建立后，公共物品供给被政府平断，在农村，随着农业的社会主义改造和合作化进程深入和互助组—初级社—高级社的发展，变为"三级所有，队为基础"的人民公社管理体制，是行政权力在农村基层的延伸[①]。

近年来，随着我国民主进程的推进，我国宪法明确规定，我国农村基层实行以村民委员会为单位的村民自治。俱乐部在理论上是一种自治性的组织，由俱乐部内部成员负责公共物品的费用，合作医疗作为一种国家、集体、个人共同负担的公共医疗形式，完全可以构建一种以村级单位自治为依托的医疗俱乐部模式。

（三）解决异质性与道德风险难题

异质性引起差异化。不同的人的健康水平是不同的，个人对未来医疗服务的需求是以自身目前的健康水平为基础做的理性预期。病情轻重所需的医疗服务价格不同，当个人预期自己一个周期内患病的概率较大时，就会形成一种内心自我激励，主动付费。但此时道德风险又形成了，在同一种筹款水平下，积极付费的都是身体状况不良的，健康人群的积极性仍然不高。

承认医疗对象的异质性为解决当前合作医疗问题提供了思路。在一个俱乐部内部，成员是同质的，成员之间的偏好和需求相似，所需医疗服务的花费也基本上维持在一个可以预知的水平，从而从一个侧面可以解决由于医生和患者之间的信息不对称造成的价格争议。构建合作医疗俱乐部，可以解决异质性的难题，提高村民参合的积极性。

（四）降低虚高药价

目前药价虚高的主要原因是过多的中间商截取了药品的利润，其次就是不正当的竞争手段——回扣[②]。重复的低水平的药品生产使药品企业面

[①] 王保树：《经济法原理》，社会科学文献出版社 1999 年版。
[②] 刘军民：《新型农村合作医疗的制度缺陷及挑战》，《中国经济时报》2005 年 11 月 1 日。

临巨大的竞争压力，企业要想让药品进入医院，就必须提高药品价格，这样才有更大的回扣空间。

农村合作医疗采取俱乐部形式，可以充分地发挥俱乐部地方合作的优势，利用医疗总俱乐部直接向药品企业进行统一集中的购药、配药，从而缩减了过多的经销商，降低了药品价格。

三 医疗俱乐部的管理激励模式构建

（一）不同层级俱乐部的划分

根据各地农民的平均收入水平，制定合理的划分标准，预期农民看病后是否能够返贫，据此可以将合作医疗俱乐部分为两级。低于返贫标准的属于一级风险医疗俱乐部，高于返贫标准的属于二级风险医疗俱乐部，除此之外，另专门设立特色俱乐部，为免疫力较差，健康预期花费较大的老人和儿童等提供特色服务。医疗总俱乐部为独立的农村合作医疗俱乐部与行政机构的协调机构。

1. 一级风险医疗俱乐部

一级风险以发生一般小病为标准，只要发病，无论大小都具有疾病风险，但是因为诊治这些疾病并不会因病致贫，只是一个较小的风险，所以，称之为"一级风险"。比如常见的病症：感冒。这类病症比较常见，诊治费用不会太高，一般不会导致因病返贫。因此，加入此俱乐部的会费相对较低。

2. 二级风险医疗俱乐部

发生因病致贫的疾病为"二级风险"。这些疾病大都为大病或重病、危急病，诊治费用较高，超过了农民年家庭纯收入，诊治这些疾病势必要导致因病致贫，是一个高级风险，所以，称之为"二级风险"。患有长期慢性病，或者病症定期复发的村民可以选择二级风险俱乐部。二级风险医疗俱乐部在收取会费上要适当地比一级风险医疗俱乐部高一些，以满足大病治疗的需要。政府对二级风险俱乐部的补贴相对要多一点，以免造成二级医疗俱乐部无力运营。

3. 特色医疗俱乐部（儿童、老人等）

儿童和老人的免疫力较低，患病的风险较大。在农村，家庭医疗费用的主要支出就在老人和儿童身上。另外，老人和儿童的病症治疗较为特殊，设立专科门诊也是常见的，比如：儿科门诊。所以，将儿童和老人独立出来设立特色医疗俱乐部符合行医需要，也迎合了大多数人的心理。对儿童和老人门诊的筹款标准可以参照二级医疗风险俱乐部，出于弘扬尊老爱幼的传统美德需要，特色门诊俱乐部的会费要低于二级风险医疗俱乐部。

4. 医疗总俱乐部

构建农村合作医疗的俱乐部激励机制，就要充分地给各个俱乐部放权，要在农村基层自治的前提下，通过地方行政部门的引导，发挥医疗俱乐部的积极作用。医疗总俱乐部是地方行政部门与各个层次俱乐部的协调机构。具体地讲，总俱乐部主要有如下义务和职责：

（1）统一集中购药配药。出于降低药品成本的要求，总俱乐部负责集中购药，配药。为了避免采购过程中可能出现的资金问题，总俱乐部采购部门必须是由经过俱乐部内部人员海选的德高望重的人员组成，过程要受到县乡医疗管委会的监督。

（2）办理参加合作医疗俱乐部的手续。村民参加合作医疗，要办理一定数量的手续，这些资料将会随着村民的病历一并记入档案。村民可以自愿直接向总俱乐部交款，选择适合自己需要的俱乐部，也可以由各个村委会代为办理，最后交总俱乐部汇总。村民可以自由地在各层级的俱乐部之间"自由迁移""以足投票"。

（3）管理监督各个俱乐部的运行情况。基层医疗俱乐部实行竞争制，总俱乐部主要负责对基层俱乐部的管理和监督，最大可能地保障参加合作医疗的群众的利益不受侵犯，维护国家合作医疗政策的切实落实。并且要与地方行政部门合作，对侵害群众利益，干扰合作医疗的人员进行处罚。

（二）运行和管理模式

1. 坚持俱乐部自治原则

构建农村合作医疗的俱乐部激励机制，主要是发挥俱乐部之间的竞争作用，使有不同就医偏好的群众能够根据自己的偏好自由地"以足投票"，从而调动参合的积极性，提高合作医疗的效率。农村合作医疗俱乐部模式的顺利运行依赖于合作医疗自身的管理模式，俱乐部要坚持自治原则。

俱乐部是由相同偏好的人群组成的共享公共物品的小团体，俱乐部在自身的人员进出、俱乐部物品的购置方面，都要由俱乐部内部的成员共同决定，俱乐部要坚持自治原则，充分的自治能够产生参合激励，另外也能够节省政府行政成本，精简合作医疗管理队伍。

2. 政府适度监管原则

合作医疗是农村公益福利事业，属公共产品性质。农村合作医疗是当前构建和谐社会的重要组成部分。政府的监管具有权威性，使农民有信任感和安全感。在实际中，完全的自治可能导致俱乐部运转不力，或者发生侵害参合成员的合法权益问题，县合作医疗管理委员会作为监管机构，应该对合作医疗俱乐部的总体运行进行适度监管，比如，在一定的经济发展地区收取的会费标准必须由政府制定。政府主要负责处理入合村民反馈的意见或者出现的具体问题，保障农村合作医疗体制的顺利运行。

3. 鼓励社会资金参与

农村合作医疗采用俱乐部激励模式，同样面临资金的问题。在政府补贴，个人出会费的同时，可以广泛地吸收社会资金。自治保证了俱乐部在内部管理上可以采用灵活的形式鼓励社会资金参与，比如，入股、捐赠等。社会资金的供应者可以参与俱乐部内部事务的管理。

（原文发表于《南都学坛》2007年第6期）

新型农村社会养老保险的可持续发展研究
——基于新旧农村社会养老保险制度的差异性分析

黄 闯

摘　要：农村社会养老保险作为我国社会保障制度体系的重要组成部分有着新旧两个不同的发展阶段。新旧农保之间存在着筹资方式、覆盖范围、给付待遇的差异。新农保的良性发展就要尽量避免旧农保的制度性缺陷，其中重要的就是政府要加强资金的投入和管理，坚持多元化的养老保险机制以及妥善处理不同养老保险制度间的衔接。

关键词：农村社会养老保险；差异性；可持续发展

一　农村社会养老保险制度的探索发展

我国农村社会养老保险的正式实施以1992年颁布《县级农村社会养老保险基本方案》（试行）（简称旧农保，以下同）为标志，确定了以县为基本单位开展农村社会养老保险的原则。随后农村社会养老保险制度获得快速发展，到1998年底，全国共有30个省、自治区、直辖市的2123个县（市、区、旗）和65%的乡（镇）开展了这项工作，参保人口8025万人，覆盖全国农村人口的10%左右。1998年后由于利率的持续走低和集体、政府补助的缺位等因素，许多地方农村社会养老保险制度陷入巨大的财务风险。2003年原劳动和社会保障部下发《关于认真做好当前农村养老保险工作的通知》，明确提出当时农保工作重点应当放在有条件的地方、有条件的群体以及影响农民社会保障的突出问题上，针对不同群体特点制订相应的参保办法。截至2005年末，全国参加农村养老保险的人数仍不足目标人口的 10%①,农村社会养老保险的持续性发展受到各种限制。

但是在旧农保制度发展遇到一系列瓶颈的时候,我国各地方政府又开始不断地探索新型农村养老保险制度。2008 年 10 月 12 日,党的十七届三中全会通过的《中共中央关于推进农村改革发展若干重大问题的决定》明确提出:"按照个人缴费、集体补助、政府补贴相结合的要求,建立新型农村社会养老保险制度。"而后根据党的十七大和十七届三中全会精神,国务院决定,从 2009 年起开展新型农村社会养老保险试点,国务院下发了《关于开展新型农村社会养老保险试点的指导意见》(简称新农保,以下同),《指导意见》要求 2009 年试点覆盖面为全国 10% 的县(市、区、旗),以后逐步扩大试点,在全国普遍实施,2020 年之前基本实现对农村适龄居民的全覆盖。至此我国开始了新一轮的农村社会养老保险制度建设,但是新旧农保之间有何差异,为何舍弃旧农保制度,如何避免重走旧农保制度的覆辙,如何保证新型农村养老保险的可持续发展仍然是一个需要解决的问题。

二 新旧农村社会养老保险制度的差异性

一个国家的养老保险制度通常要包含以下几个内容:覆盖范围,基金筹集、运营、管理和使用,养老金享受条件和待遇标准,养老保险管理和监督机制②,以下就从养老保险的资金的筹集方式、覆盖范围、养老保险的待遇给付等方面来研究新旧农村社会养老保险的差异。

(一)制度筹资模式

养老保险制度的有效运转,在很大程度上取决于如何有效地选择与实施养老保险基金的筹集模式以及资金的筹集方式③。养老保险的筹资模式体现的是政府、集体和个人三者之间的关系问题,特别是政府的责任问题。新旧养老保障制度的一个重要的区别即是其资金来源的方式不同。现时期我国新农保的保险基金由个人缴费、集体补助、政府补贴构成。政府补贴分为两部分:一是政府对基础养老金给予全额补贴,其中中央财政对

---

① 杨一帆:《中国农村社会养老保险制度的困境、反思与展望》,《人口与经济》2009 年第 1 期。
② 郑功成:《社会保障学》,中国劳动社会保障出版社 2005 年版。
③ 史柏年:《社会保障概论》,高等教育出版社 2004 年版。

中西部地区按中央确定的基础养老金低限标准给予全额补助,对东部地区补助一半,地方政府对参保人缴费给予补贴,补贴标准不低于每人每年30元,强化了中央政府和地方政府的公共财政责任。而旧农保的筹资模式坚持以个人交纳为主,集体补助为辅,国家给予政策扶持的原则,但是在实际工作中,往往集体补助难以落实,国家扶持政策难以到位,最终变成"完全由个人缴费"的模式,养老金账户上的资金实际上只是农民个人完全积累式强制性储蓄,而没有任何政府的公共财政补贴,资金筹资模式的不同是新旧农保制度最大的不同。

(二)覆盖范围(参保率)

养老保险的覆盖范围指法定的使用对象和适用人群,养老保险的覆盖范围越大就意味着养老保险制度越公平。新型农村社会养老保险制度采取的是社会统筹与个人账户相结合的基本模式和个人缴费、集体补助、政府补贴相结合的筹资方式。年满16周岁、不是在校学生、未参加城镇职工基本养老保险的农村居民均可参加新型农村社会养老保险。由于新农保的筹资模式是个人、集体和国家三方缴费的方式,而对于家庭经济情况非常困难的群体,地方政府有相对的补救措施,实现了农村人口的全覆盖,不会因为经济原因而排斥新农保制度。比如制度规定对农村重度残疾人等缴费困难群体,地方政府为其代缴部分或全部最低标准的养老保险费,使得那些最需要参保帮助的贫困弱势群体也不会被排斥在制度之外。由于政府对其参保进行了一定的财政补贴,对提高农村居民的参保率有很大的刺激作用。政府在公共财政内的适度补贴能极大提高农民的缴费能力和缴费意愿,较快地提高农村养老保险的投保率和覆盖面[1]。而且新农保的政策规定年满60周岁未享受城镇职工基本养老保险待遇的农村有户籍的老年人,可以按月领取基础养老金,但其符合参保条件的子女应当参保缴费,这一条件充分体现了基本原则中的老年人参加新农保的个人权利与其家庭(主要是其儿子)的养老义务具有连带性的关系[2],子女为了老年父母能够享受到基础养老金,会选择加入新农保制度,利于新农保提高制度的覆盖率。

---

[1] 李艳荣:《浙江省新型农保制度中的政府财政补贴及其效应研究》,《农业经济问题》2009年第8期。

[2] 《家庭养老:新型农村养老保险的基础和保障》。http://finance.sina.com.money/insuranc/bxsd/2009 1224/02177146531.shtml。

旧农保的覆盖范围相对比较狭窄，由于集体以及政府补贴的缺失，导致现行农村社会养老保险模式失去激励，参加养老保险人员的数量较少，特别是由于自愿性参保原则和缴费与收益的直接关联性导致"保大不保小"现象在实施过程中，由于年龄较大者预期待遇较低，因此在自愿性参保规定下都倾向于选择不参保，结果是只有年轻农民参加农保[①]。同时《基本方案》规定，"凡是温饱问题没有解决的地方，暂缓开展这项工作"，这一规定将部分贫困农民的养老保障排斥在外，而有没有相关的补救措施因此在旧养老保险运行的若干年内，参加养老保险的数量相对比较少（如表1所示）。

表1　1997—2006年农村社会养老保险参保人数变动趋势（万人）

年份	1997	1998	1999	2000	2001	2002	2003	2004	2005	2006
参保人数	6594	8025	8000	6172	5995	5462	5428	5378	5442	5374
领取人数	316	—	—	—	108	—	198	205	302	355

资料来源：转引自孙光德、董克用《社会保障概论》（第三版），中国人民大学出版社2000年版。

当然在新农保发展的过程中，未来的参保率还不能完全确定，但是从理论上以及试点的情况来说，新农保对农村居民的参保具有更强的吸引力，它大幅度提高新农保的覆盖面，避免了养老保险只能为一部分群体提供养老保险待遇的不公平社会现象的出现。

（三）给付待遇

被养老保险制度所覆盖是获取养老保险的前提，但同时被同一养老保险制度所覆盖也并不意味着能够获得同样的养老保险待遇。由于筹集资金的层次低、缺乏政府资金的补助以及制度的不稳定性等因素，使得旧农保的给付待遇相对较低，很难保障老年群体的生活。旧农保坚持资金个人交纳为主，集体补助为辅，国家予以政策扶持，但它在运作的过程中实际上变成了完全的个人账户制。但是由于农村社会经济发展水平相对较低，完全依靠个人账户积累的养老保险基金数量很小，养老保险的给付待遇较低，保障农村老年人基本生活原则的目标无法完成，难以满足老年群体的养老保险需求。有报道称黑龙江省从1991年开始实施农村社会养老保险，

---

① 刘昌平、谢婷：《传统农村社会养老保险制度评估与反思》，《经济体制改革》2009年第4期。

目前共涉及 1813 万人，资金 36 亿元。在领取养老金的 4 万余人中，每个月只能领到几毛钱养老金的占到 1/4，半数农民也只能领到 5—6 元钱，起不到保障作用①。而新农保实行的是个人账户加社会统筹的形式，在农村老年群体达到 60 岁时（新农保实施时已经超过 60 岁的农村老年人就不再缴费），能够获得普惠式的基础养老金以及个人账户积累的养老金。如新农保的政策规定中央确定的基础养老金标准为每人每月 55 元，已经在一定程度上超出了大多数参加旧农保居民到期领取的养老保险金标准，通过个人账户积累建立起来的旧农保制度只能维持在一个很低的给付水平。相比较而言，新农保的给付待遇和保障效果都要高于旧农保制度，而旧农保制度对养老金的未来预期远远高于实际的待遇给付。

三　新农保制度持续性发展的路径

由于新农保制度是在旧农保制度无法有效发挥保障农村居民老年生活的基础上建构的，所以新农保制度的可持续发展就要避免重复旧农保制度的缺陷，加强养老保险资金管理，同时坚持农村养老保险机制的多元化，妥善处理不同养老保险制度的衔接和统筹。

（一）加强养老保险资金管理

加强资金管理主要包括资金的筹集和资金的保值、增值。对于资金的筹集主要是拓宽养老保险资金的来源。新农保在实施的过程中采取的是个人、集体和政府三方负担的方式，因此针对个人资金的筹集就要加大养老保险制度的覆盖面，对于集体，要引导经济比较发达的地区加大自己资金支持力度，而对于政府负担的部分资金，要加强制度对地方政府资金投入的约束性。在新农保制度的规定中，根据国务院的指导意见，提出了中央财政和地方财政补贴的一些原则性意见，在中央政府的强力推进下，中央政府财政补贴资金到位应该不难，中西部地区，省级以下财政的补贴，如无刚性约束，在制度运行后能否补助到位，是否有财力继续补贴，这是需要认真研究的问题②。因此，要监督地方政府保障资金及时到位，同时还需要引入各种社会资金对农村社会养老保险的支持。如果不能建立起有效

---

① 《农村社会养老保险，离农民还有多远》．http：//news xinhuanet com /focus/ 2009 – 07/16/content _ 11666197. htm.

② 仇建国：《完善我国新型农村社会养老保险制度探析》，《北京劳动保障职业学院学报》2009 年第 4 期。

的资金筹集机制，我国建立农村社会养老保险就是一句空话。

在建立起相对稳定的资金筹集后，就要加强养老保险基金管理。由于养老保险从资金的筹集到支付是一个长期的过程，因此，要确保资金的稳定性即基金的保值增值以及管理过程中的非效率损失。比如可以加强养老保险管理队伍的行政管理能力，减少管理中的成本损耗。把养老保险基金纳入同级财政社会保障基金财政专户，实行收支两条线管理，并建立公示和信息披露制度，加强社会监督以及对资金的有效投资。同时还要保证政策运行过程中的连续性，提高农村居民对制度稳定性的预期等。

（二）坚持农村养老保障机制的多元化

新农保政策的推行，并不意味着农村养老进入了社会养老的时代。家庭养老"孝道"的重建与维持是新农保政策落实的社会条件，是新农保真正起到作用的基础和保障[①]。因此在实施新农保时一定要坚持养老保险机制的多元化，坚持家庭养老、社区养老、商业养老等多种有效的保障机制。新型农村养老保险制度的确立只是为农村社会老年群体提供了一种新的养老保障方式，不能因此而放弃其他的保障方式，特别是家庭伦理保障功能的发挥一定要坚持。同时由于新型农村养老保险的核心是经济保障，但是老年群体的需求是多元化的，经济保障无法替代老年群体的精神慰藉和生活照顾的需求，因此，可以把社区养老、家庭养老等不同的保障模式结合起来共同保障农村老年群体的老有所养、老有所乐。

（三）妥善处理不同养老保险制度的衔接和统筹

我国的社会保障制度由于某种原因存在着一定的破碎化状态，既有城镇居民社会养老保险、农村社会养老保险，同时还存在农民工社会养老保险、失地农民养老保险和农村计划生育养老保险等。社会养老保险制度的形式多样化，既不利于有效管理，也不利于统一社会养老保障体系的建构，因此在新农保试点和继续推进的过程中，一定要未雨绸缪，给制度之间的衔接留有一定的空间。制度的衔接包括两部分内容。首先是城乡养老保险制度的衔接，随着城市化的不断发展，大量的农村居民将要成为城市市民，对于这一部分流动的群体要有一定的制度设计，如参加新型农村社会养老保险的人员因职业变动纳入城镇职工基本养老保险范围的，应转入

---

① 《家庭养老：新型农村养老保险基础和保障》。http//finance.sina.com.money /insuranc/bxsd /2009 1224 /02177146531 shtml.

城镇职工基本养老保险。同时由于农村社会群体分化的出现,一部分农村居民已经参加了农民工社会养老保险,老年后有可能返回农村,因此,要注意农村社会养老保险和农民工养老社会保险之间的制度衔接。其次是新旧农保制度之间的衔接,虽然说新农保制度的出现在某种程度上是为了弥补旧农保制度存在的缺陷,但是旧农保制度并没有完全消失。参加旧农保的人员如何继续参加新农保,在制度设计时就要考虑新旧农保之间的衔接。要统筹农村社会内部的各种养老保险计划,如计划生育养老保险、农村集体退休金制度、农村低保制度等都具有一定的养老保障功能,要尽量避免同一群体重复获得各种养老保险资源的可能性,减少国家对农村社会保障的财政负担。

四 小结

新旧农村社会养老保险在实施中存在的差异性,可以为我们探索新农保制度提供一定的借鉴意义,避免旧农保发展过程中存在着不利其持续性发展的因素。从上述分析可以看出,新旧农保的不同主要集中在资金筹集、覆盖范围和给付待遇三个方面,不过两者之间最大的差异在于资金筹集(资金来源)的不同。由于资金来源是养老保险制度存在和发展的物质基础,资金来源不同体现了政府的不同保障责任。在新农保试点中,政府加大了财政投入力度,资金来源的范围增大,政府保障责任加强。政府保障责任的增强又导致了新旧农保之间覆盖范围和给付待遇的不同。所以新型农保可持续发展的一个重要前提就是加大政府的财政资金投入,同时加强保障资金管理和制度建构。作为旨在提高农村社会劳动者抵御老年风险能力的制度安排,农村社会养老保险的未来发展不应该是不断地变换制度模式,而应该是通过不断完善制度自身来更好地实现对劳动者老年生活的保障,坚持农村养老保险制度的多元化,妥善处理新型农保与其他类型养老保障制度之间的有效衔接,最终实现我国新型农村社会养老保险的可持续发展。

(原文发表于《南都学坛》2010年第4期)

试论农村公共产品供给的市场化及其策略选择

乔成邦

摘　要：当前农村公共产品主要由政府供给，单一的体制导致了诸多问题，难以满足农民日益增加且多元化的需求，严重阻碍了新农村建设的顺利推进。要化解当前的困境，市场化道路是必要和可行的选择，具体的策略是：构建多层次的公共产品供给结构，维护公平竞争的市场环境，引导农村第三部门有序发展，建立农民需求表达与自主决策机制以及强化政府的主导作用。

关键词：农村；公共产品供给；市场化；策略选择

当前农村公共产品主要由政府供给，这种单一的体制导致了农村公共产品供给的诸多困境，存在着资金匮乏、效率低下、种类单一、总量短缺及结构失衡等问题，难以满足农民日益增加且多元化的需求，严重制约了农业综合生产能力的提高和农村经济的可持续发展。在构建社会主义和谐社会和建设社会主义新农村进程中，必须将创新农村公共产品供给体制，化解农村公共产品供给困境作为根本任务。市场化意味着将竞争机制引入公共产品供给领域，意味着多元化的、公平竞争体系的形成，它能够大大提高公共产品的供给效率，拓宽公共产品的资金来源渠道，改善公共产品的供给结构，弥补政府供给的不足。因此，市场化是农村公共产品供给改革的必然趋势。

一　公共产品供给市场化的理论依据

公共产品供给的市场化就是以政府为主导，以市场和社会为主体，以公众满意为标准，引进竞争机制，打破政府垄断，构建政府部门、私营部门、第三部门等多元参与者良好合作的公共产品供给体系。它包括决策与执行分开，以市场竞争打破政府垄断，市场检验和顾客导向，政府、市场、第三部门的良好合作等内涵。公共产品市场化供给的实质在于给予公众更多的选择空间，即"用脚投票的机会"，使公众自主选择供给主体，通过各供给主体之间的有序竞争和协商合作，提高公共产品供给的效率和质量。公共产品供给市场化的理论依据如下：

（一）布坎南的俱乐部产品理论

1965年布坎南提出了具有"排他性和非对抗性"特征的俱乐部产品概念，认为出于相同个人偏好而参加到同一俱乐部的成员，对集团提供的俱乐部产品的评价大致相同，在制度上就存在一种激励，这种激励能够消除成员的"搭便车"动机。同时，在集团俱乐部产品不能满足成员需求的情况下，其成员也会离开该集团，从而使集团蕴含了特有的激励和制约机制，促使集团高效提供公共产品。布坎南的俱乐部理论从产权角度解决了由政府提供此类公共产品时人们的"搭便车"行为，能够有效规避哈丁公共事物悲剧，使集团组织成为借助市场化手段供给准公共产品的理想模式[①]。

（二）科斯的"灯塔"理论及其他学者的研究

科斯通过对英国早期的灯塔制度进行研究，证明私人在灯塔这一公共产品的供给中发挥了重要作用。科斯的"灯塔"理论表明，在存在市场外部正效应即公益物品（如灯塔）的领域，政府不是唯一的甚至不是有效的供给者，现实社会存在多样化的选择，某些公共产品有私人提供不但是可能的，而且在实践中是一直存在的。科斯的"灯塔"理论打破了公共产品由政府垄断的思维定式，使人们注意到公共产品也可以由私人供给的事实，从而建立起公共产品供给可以甚至应该引入市场机制的信念。除此之外，戈尔丁的研究表明，在公共产品的消费上存在着"平等进入"和"选择性进入"，对于存在"选择性进入"的公共产品可以由私人供给。德姆塞茨进一步指出，在能够排除不付费者的情况下，私人企业能够有效的提供公共产品，即如果存在排他性技术，私人可以很好供给某些公共产品。

（三）多中心理论

"多中心"是以奥斯特罗姆为代表的制度分析学派提出的概念，意味

[①] 杨国华：《西方经济学家关于以市场方式提供公共产品的理论探索》，北京大学，1998年。

着有许多在形式上相互独立的决策中心,他们在竞争性的关系中相互重视对方的存在,相互签订各种各样的合约,并且从事合作性的活动,或者利用核心的机制来解决冲突①。"多中心"同时也表明了一种新的理念和制度安排。多中心理论为公共产品供给结构的多元化及结构的互动关系,公共产品供给方式和规则的多元化,竞争机制的引入等提供了解释工具,从而成为公共产品供给市场化最有力的理论依据。

二 农村公共产品供给市场化的必要性与可行性分析

(一)农村公共产品供给市场化的必要性分析

1. 是化解当前农村公共产品供给困境的必然选择

当前农村公共产品供给存在着资金匮乏、效率低下、种类单一、总量短缺及结构失衡等诸多问题,难以满足农民日益增加且多元化的需求,严重制约了农业综合生产能力的提高和农村经济的可持续发展,在构建社会主义和谐社会和建设社会主义新农村进程中,必须将化解公共产品供给困境作为根本任务。从当前农村的现实来看,政府垄断公共产品供给的弊端已经暴露无遗,况且政府也根本没有财力去独立承担公共产品的供给任务,这种状况客观上就决定了化解当前农村公共产品供给困境必须走市场化之路,引进市场机制。

政府可以通过制定相关优惠政策,鼓励各类市场主体到农村投资公共产品,实现农村公共产品供给主体结构的多元化,从而有利于拓宽筹资渠道,增加社会投入,增加供给总量,解决农村公共产品供给资金匮乏和总量短缺问题;有利于通过多元竞争,降低供给成本,提高供给效率,改善政府服务质量,提高政府治理水平;有利于丰富供给方式,提供多样化的公共产品种类,满足农民日益多元化的需要;有利于农民需求表达机制的形成,体现农民对公共产品的偏好,通过市场调整供给结构,提供符合农村需求的公共产品,实现供需结构平衡。

2. 是减轻农民负担,增加农民收入的有效途径

当前体制下,农民因为承担了许多本该由政府承担的公共产品供给任务而增加了负担。实行农村公共产品供给市场化后,将形成以政府为首的多元投资主体和多元生产方式,这不仅可以改善现已脆弱的农业基础设

---

① [美]奥斯特罗姆·帕克斯:《公共服务的制度建构》,毛寿龙译,三联书店1999年版。

施、大型水利设施和生态环境，增强农村农业"体质"，使农村可持续发展，更可以使农民从自我提供农村公共产品的沉重负担中解放出来，相应地增加收入[①]。

3. 是推动农村市场经济深入发展，改善农村基层政府管理的必要手段

积极发展农村市场经济是实现我国农村现代化，建立现代农业和培育新型农民的根本途径，而农村市场经济的深入发展，则有赖于农村市场体系的完备和农村基础设施完善。通过农村公共产品供给的市场化改革，可以改变农民的传统观念，增强他们的市场意识和竞争意识；可以完善农村市场体系，解放农村生产力，推动私人经济和乡镇经济的发展；可以改善农村公共产品供给，完善农村基础设施，从而推动农村市场经济的深入发展；还可以实现农村基层政府、市场以及农村第三部门之间的良性互动，推动农村基层政府管理向现代治理的转变。

（二）农村公共产品供给市场化的可行性分析

1. 农村公共产品的属性为供给的市场化提供了可能

农村公共产品可以分为纯公共产品和准公共产品，现实中绝大部分是以准公共产品的形式存在的，如农村义务教育、农村职业教育、农业科技成果的推广、农村水利灌溉系统、农村小流域防洪防涝设施建设、农村医疗等。对于这类准公共产品，由于消费上排他性的存在，可以在一定程度上杜绝"搭便车"的问题，使得私人投资能够获取利润，市场机制就能够有效地发挥作用。而且随着技术的发展、私人资本规模的扩大和更先进融资方式的出现，某些公共产品的非排他性和非竞争性会弱化，这也为私人提供公共产品创造了条件。另外，在区分公共产品供给和生产的基础上，政府可以利用预算安排、政策安排或合约安排等方式形成经济激励，引导私人企业或第三部门参与公共产品的生产。

2. 我国市场经济的深入发展为农村公共产品供给的市场化提供了可能

首先，已有一定资本存量的农村私人资本及乡镇企业面临市场的激烈竞争，需要一个有稳定收益的投资渠道。而且由于农村私人资本拥有

---

① 鄢奋：《福建农村公共产品供给市场化的分析与思考》，《福建论坛·人文社会》2006年第7期。

者对本地区农民的需求有切身的体会，必然会提供给农民真正需求的公共产品；其次，随着社会主义市场经济的逐步完善，市场竞争的日趋激烈，已有相当资本存量的城市私人资本也迫切需要新的投资空间，释放资本效能，获取资本收益。农村市场是一个消费潜力巨大的市场，存在着巨大的商机，而且农村的税收优惠政策及其他各项扶持政策使得投资于农村公共产品市场有利可图，从而促使一些英明的投资者到农村进行投资①。

3. 农民市场意识的增强为农村公共产品供给的市场化提供了可能

随着农村经济的发展，农民的素质得到很大的提高，市场意识不断增强，在急需而政府又无力提供的情况下，农民通过市场方式满足自己对公共产品需求的意愿日益强烈。实践中已经出现了农民自己组织劳力，自己出资修建，然后由出资出力者共同使用，或者通过共同出资成立合作组织，由合作组织提供公共产品等独特的市场化供给模式。

三 农村公共产品供给市场化的策略选择

（一）构建多层次的公共产品供给结构，实行多元化的供给战略

从理论上讲可以参与农村公共产品供给的主体有中央政府、地方政府、基层政府、农村社区组织、私营组织、农民个人等。因此在实践上要根据公共产品的不同类别确定其相应的供给方式。

1. 农村纯公共产品由各级政府供给

如大型骨干水利工程、农业科学基础研究、全国性的水土保持工程、农村道路建设以及全国性的农业病虫害防治等。由于其只有外部收益而没有内部收益，属于纯公共产品的范畴，适合于政府公共提供。其中，全国性的纯公共产品应该由中央政府提供，如全国性的水土保持工程、农业科学基础研究等，而受益范围主要是地方的纯公共产品，则由相应层次的地方政府供给，比如地方治安、乡村道路建设等。

2. 农村准公共产品，按照政府补贴和私人投资相结合的方式，由政府、私营组织、农民个人单独供给或联合供给

地区性的中小型水利工程、农技推广和农业机械推广、节水农业等，通常既有社会受益，又有生产者个人受益的特点，属于准公共产品的范

---

① 古明加：《论我国农村公共产品供给的市场化》，《学术论坛》2007年第1期。

畴，可以在政府补贴的基础上，按照"谁受益，谁投资"和"量力而行"的原则，由农民按照受益程度的大小进行集资生产，或者先由政府公共提供，然后按照受益大小，向使用者收取相应的使用费，这类产品也可以在产权明晰的基础上，通过"付费制"的方式由私营组织供给，而且这种方式应该成为我们今后发展的重点，政府应该积极引导。

3. 小范围受益的低级公共产品，通过俱乐部的方式，由农村第三部门供给

由于这些公共产品外溢较小，且受益群体相对固定，属于俱乐部产品的范畴。对于这类产品，政府提供显然是不合理的，而对私人组织来说，由于外部性的存在，私人提供也容易造成效率损失，因而理想的方式是将农民组织起来，成立农业合作组织或其他形式的农村第三部门，通过合作形式将外部收益内在化，提高供给效率。

（二）明晰产权关系，完善法律制度和监管体系，维护公平竞争的市场环境

为了能够真正实现农村公共产品供给的市场化，充分发挥政府、私营部门、第三部门和个人多元参与的积极性，改善农民的生活状况和农村经济发展的环境，必须还要明晰产权关系，完善法律制度和监管体系，从制度层面加以规范。

1. 明晰产权关系

市场机制有效发挥作用，以及在此基础上的公共产品有效供给，均要有一些基本的前提条件：产权明晰，合法权益得到有效保障。对于投资公共产品的私人和企业，只有在明晰产权的基础上，才能确定其是否应获得收益以及收益如何划分。而且还必须从法律上保障私人投资者的合法权益，只有这样，才能从根本上保护和调动私人与企业投资公共产品生产的积极性。

2. 完善相关的法律制度

私人或企业投资公共产品，其本质目的在于获取利润，如果相关法律制度不完善，私人或企业就有可能因过分追求利润而采取偷工减料、以次充好、投机欺诈、欺行霸市等非法行为，降低公共产品供给的质量。因此，在农村公共产品供给的市场化转型中，政府必须不断制定和完善相关的法律制度，对特许经营、市场准入、工程招投标、社会组织与政府的合作形式、各角色的职能界定、融资方式、合同制定等问题予以规范①。

3. 建立严格的监管体系

在私人资本和社会资本进入农村公共产品领域的过程中，政府应肩负起监管的职责，建立严格的监管体系。政府应制定农村公共产品的质量、技术等生产标准，并据此检查监督，确保公共产品质量；对市场提供的公共产品的收费价格、收费年限、利润进行控制，在保护投资者合理收益的同时，防止出现损害农民公共福利的现象；依据有关法律法规，维护公平竞争秩序，防止形成市场垄断；调节农村公共产品在地区间、居民间的分配，优先满足农民对基本公共产品的需要。

（三）积极引导农村第三部门有序发展

农村社区组织、农民合作组织等农村第三部门，是农村公共产品市场化供给中的重要主体之一，以其贴近基层、灵活高效的优势，在政府供给和私人供给之外，起着重要而独特的补充作用。因此，积极引导农村第三部门有序发展，对于农村公共产品供给市场化是十分必要的。

1. 营造有利于农村第三部门发展的社会环境

政府各有关部门应在加快改革的基础上，结合农村第三部门在发展中遇到的各种问题，制定配套政策。同时，加大对农村第三部门的支持力度，除实行更加优惠的税收政策外，还可尝试设立福利资助基金，专门用于资助农村第三部门。为了提高资金使用的效率，政府资助必须采取政府招标的方式，让农村第三部门平等参与政府资助的竞标。

2. 完善法律规范

首先，加大法制建设的力度，完善管理第三部门的法律规范，针对第三部门进行专门立法，将第三部门纳入法制轨道，满足第三部门发展的合法性与持续性的要求。其次，保证第三部门独立的法律地位，放松对第三部门的规制，取消业务主管单位和登记管理机关的双重领导。最后，弱化政府对第三部门的行政干预，加强法律手段的运用。

3. 加强内部机制建设

农村第三部门要想真正成为市场中独立的公共产品供给主体，除了外部环境的优化之外，还有赖于有效的内部运行机制。主要包括多元的筹资机制、有效的人员管理机制、严格的监督评估机制、高效的信息反馈机制

---

① 梁学轩：《农村公共产品供给市场化浅析》，《市场论坛》2006年第2期。

和灵活的决策机制以及丰富的宣传和营销机制等。

（四）改变农村公共产品的决策程序，建立农民需求表达与自主决策机制

现阶段农村公共产品的供给，往往是根据地方政府决策者政绩与利益的需要而做出的。这种自上而下的农村公共产品供给机制，很容易造成需求与供给的不均衡。在农村公共产品供给过程中，必须建立相应的农民需求表达机制和农民自主决策机制，准确及时地反馈农民的需求偏好，并保障农民在与自身利益密切相关的公共产品供给决策中的发言权[①]。

（五）强化政府的主导作用

实行农村公共产品供给的市场化并不意味着政府作用的缺失，政府在其中仍然发挥着重要的主导作用。

1. 承担农村纯公共产品的供给任务

市场化提供的是大量农村准公共产品，而农村纯公共产品仍应主要由政府提供。因此，应合理划分中央政府与地方政府的事权，以事权定财权，明确界定中央和地方政府提供公共产品的责任与范围。同时，必须改变非均衡的城乡公共产品供给制度，坚持城乡一体化的政策导向，改变重城市轻农村的投入政策，为城乡公共产品的供给提供公平的政策环境和制度平台，使农村和城市得到相同的待遇，实现城乡统筹。

2. 保证农村公共产品供给的公正性和公共产品的公平享有

为此，政府应给予农村各种支持，如定期发布关于农村公共产品供给的相关信息，为农民提供咨询，避免出现信息不对称的情况；帮助农民组建相关的自治性组织，加大集体行动的力量，以维护农民自身的利益；对某些弱势群体予以补助，使其消费到具有普遍性质的公共产品。

3. 对不同性质的公共产品采取不同的政策导向

对于在供给中难以形成垄断的公共产品或基础设施，例如农机服务、农村客运系统、用户沼气设施、个性化农业技术服务等，应尽量减少政府干预，以形成竞争性的多元化供给局面，政府应将重点放在技术支持、信息支持等配套支持方面。对于具有自然垄断，易于形成垄断局面或具有规模效应的公共产品，如农田灌溉系统、收费公路建设、基本的信息服务以及一般性农业技术服务等，在引入市场化供给机制的同时，必须特别注意

---

① 刘银喜：《农村公共产品供给的市场化研究》，《中国行政管理》2005年第3期。

加强和完善科学的政府价格、质量监管制度。对于具备一定外部性或构成农户基本权利的公共产品，如基本医疗卫生服务、基础教育等，在加强政府价格与质量监管的同时，应给予消费者适当的财政补贴，以消除外部性或保障贫困农户的基本需求[①]。

经济市场化是当今世界发展的必然趋势之一，随着我国农村私人经济部门和各种民间组织力量的不断壮大，以及在经济和社会生活中作用的日益增强，农村公共部门、私人经济部门、第三部门以及农民个人之间正在形成一种相对独立、分工合作的新型治理结构，政府治理方式也在发生着深刻的转变，这种转变必将会大大加快农村公共产品供给市场化的进程。

（原文发表于《北京农业职业学院学报》2009年第5期）

---

① 林万龙：《农村公共服务市场化供给中的效率与公平问题探讨》，《农业经济问题》2007年第8期。

我国社会慈善事业创新发展的理念更新和实践转向

黄 闯

摘 要：社会公益慈善事业的健康发展对于调剂贫富差距，缓和社会矛盾，促进社会公平，维系社会和谐稳定，提高公民社会责任意识等有着重要的促进作用。当前我国社会公益慈善事业取得了不俗的成绩，但在我国社会慈善事业发展表面繁荣之下仍然存在深层次隐忧，未来我国社会公益慈善事业的健康发展亟须发展理念的更新和实践行为的转变，实现从富人慈善向大众慈善，从官办慈善向民间慈善，从限制慈善向支持慈善，从城市慈善向农村慈善，从救助型慈善向发展型慈善的转变。

关键词：慈善事业；理念更新；实践转向

社会公益慈善事业的健康发展对于调剂贫富差距，缓和社会矛盾，促进社会公平，维系社会和谐稳定，提高公民社会责任意识等有着重要的促进作用。当前我国社会公益慈善事业取得了不俗的成绩，不论是社会大众的公益慈善意识和慈善实践，还是慈善组织数量以及慈善组织质量都取得了突破性发展。不过在社会公益慈善事业发展表面繁荣之下仍然存在深层次隐忧，比如社会公益慈善事业面临着慈善组织数量不足、质量不高，发展能力欠缺，服务能力低，社会公信力危机等，严重影响了我国社会慈善事业的持续稳定发展，当前亟须社会公益慈善事业发展的理念更新及实践转变。

一 社会公益慈善事业发展的资金支持主体：从富人慈善向大众慈善转变

稳定的资金来源是社会公益慈善事业健康稳定发展的前提和保障，当前我国社会公益慈善事业发展的资金来源缺乏稳定性和充足性，严重影响了社会公益慈善组织的可持续发展以及公益慈善服务的有效供给。在我国公益慈善事业发展所需的资金来源中，主要依赖于富人以及富人所有的企业提供大量的慈善资源，普通民众提供的慈善资金数量极为有限。根据民政部民众慈善捐助信息中心公布的数据，2009年我国社会捐赠总额为542亿元，其中个人捐赠总额为142亿元人民币，而100万元以下的小额捐赠加起来才有1亿元左右，其重要性几乎可忽略不计[①]。然而一个理想的慈善资金捐赠主体结构应该是多元化，特别需要社会中每一个人的慈善捐赠，只有社会中每一个人的慈善捐赠才能确保慈善组织稳定充足的资金来源，才能促进公益慈善事业的健康发展。虽然单独一个人的力量比较弱小，但是每一个弱小力量的集合却是巨大的。因此社会慈善事业的资金支持主体从富人向大众的转变是一个必然的过程，只有让更多的人参与到社会公益慈善事业的发展之中，形成人人慈善的慈善理念才能真正确保慈善资源的稳定性、充足性，才能有效解决当前不同慈善组织在募捐能力中的非均衡问题，增强基层民间慈善组织的活力。

首先，需要大力弘扬现代慈善文化，丰富慈善文化内涵。政府社会要积极引导公众树立现代慈善价值观，培育公众的慈善道德，让慈善成为人们的一种生活习惯和生活方式，形成一种良好的慈善氛围和慈善环境。慈善不单单是富裕阶层和企业的社会责任，还是全社会的责任，慈善事业是一项社会事业，需要每一个社会成员的参与，只有大众慈善行为的持续发展才能促进社会慈善事业的良性发展。慈善不仅仅是捐钱捐物，志愿服务同样是一种慈善行为，特别是对于穷人来说，虽然缺乏钱物，但是如果能够提供各种类型的资源服务同样属于慈善的范畴。其次，需要强化媒体的正确引导，充分发挥媒体的舆论引导作用，合理引导居民的慈善意识。媒体是舆论喉舌，它传播的信息对人们的意识和观念的形成具有重要作用。统计分析也发现了人们的媒体认知对慈善意识有正向影响。因此，要增强

---

① 郑远长、彭建梅、刘佑平编：《中国慈善捐助报告》，中国社会出版社2010年版。

居民的慈善意识,就应该充分发挥媒体的舆论引导作用,使媒体成为正能量的传播者①。特别是随着新媒体技术的发展,微公益微慈善的兴起,其在社会慈善领域的作用不断凸显,要充分利用新媒体技术在公益慈善传播引导中的积极作用。再者,降低公益慈善门槛,为全民慈善理念的践行提供方便之门。当前我国慈善组织的门槛太高,平民慈善的社会体制尚未形成。全民慈善理念的践行需要进一步降低慈善组织设立的门槛,给更多人开展慈善提供方便,特别是要大力发展社区慈善,鼓励民众在社区内积极参与社会慈善事业。

二 社会公益慈善事业发展的组织载体:从官办慈善向民间慈善转变

公益慈善组织是社会慈善事业发展的组织载体,公益慈善组织的不断发展壮大对于慈善事业发展至关重要。根据政府在慈善组织中的地位和作用,可以把慈善组织划分为行政化慈善组织和社会化民间慈善组织。行政化慈善组织由于其具有的独特政治社会地位,不仅能够拥有政府稳定的财政资金支持,而且能够获取更多的社会慈善资源,这也导致具有政府背景的行政化慈善组织在我国慈善组织发展格局中的一枝独大②,比如中国红十字会、中华全国慈善总会等在我国慈善事业发展格局中的独特地位。然而正是由于具有政府背景的官办慈善组织在我国社会慈善事业发展格局中的一枝独大,这也导致其运行过程中存在着严重的行政化倾向、社会公信力的缺失以及民间社会慈善组织发展能力相对较弱等问题。

首先,行政化慈善组织的一枝独秀不利于充分激发民间社会慈善资源的活力,无法促进社会慈善事业的均衡化发展,最终导致大量的民间组织无法获得合法的地位和政府的政策性支持,发展迟缓、缺乏足够的生存空间,一直处于夹缝中生存。其次,行政化慈善组织在获取足够多的政府和社会资金支持的同时,却面临着能力不足的风险,无法合理利用慈善资金导致慈善资源的浪费。对于慈善组织来说,接受社会捐赠并不是其目的,用好资金服务于社会才能体现出慈善组织的价值和使命。再者,行政化慈

---

① 石国亮:《我国居民的慈善意识及其影响因素》,《理论探讨》2014年第2期。
② 根据《中国慈善发展报告(2014)》,我国2013年社会捐赠总量突破1100亿元,但其中慈善会系统,红十字系统、民政系统和其他党政系统受捐额合计超过670亿元,政府和靠近政府的组织在慈善捐赠中仍然占主导地位。

善组织的募捐行为容易引起社会民众的反感，容易导致对官办慈善的抵触反感。政府性慈善组织的募款由于有着政府的背景容易让民众有一种被动强迫感，比如政府去募捐，有的企业可能觉得这是摊派，带有强制性，容易把自愿的性质扭曲，而且在实际的募捐中也经常存在着按照一定级别限定捐款额度的行为，更加容易增加民众的逆反心理。最后，行政化慈善组织容易导致其公信力缺失。行政化组织由于其独特的社会地位，缺乏市场意识、缺乏对民众负责的意识等导致慈善资金使用的透明化低，容易导致慈善组织公信力的缺失。社会慈善事业的发展需要拥有一定社会公信力的慈善组织作为载体，一旦慈善组织的公信力受到质疑，不仅影响慈善组织整体的声誉和形象而且会影响到社会慈善组织的资金来源。

由于行政化慈善组织发展中存在着诸多问题，未来慈善事业运行载体的慈善组织发展需要从行政主导的官办慈善组织向社会主导的民间慈善组织发展转变。慈善是民间资源，本质上只能是民间行为，理应由民间自觉自愿地去做、去发展，而不宜由政府去运作与实施。虽然从目前情况看，民间慈善组织的力量还非常弱小，政府退出公益慈善领域会导致政府慈善救助实力有所削弱，但从长远看，一定会使公益慈善事业发展更具规范性，也更能还原公益慈善的本意。当务之急就是需要处理好政府和社会组织之间的关系，密切政府和社会组织的联系，增强两者之间的合作。一方面需要政府积极建立公益慈善组织扶持孵化基地，培育扶持民间慈善组织，不断提高慈善组织整体服务于社会的能力。另一方面需要政府平等对待所有类型的慈善组织，给予各类慈善组织同等的财政税收优惠政策，最终形成官办、民办慈善事业发展的良性互动，促进慈善组织的均衡化发展。

三 社会公益慈善事业发展的实践区域：从城市慈善向农村慈善转变

长期以来我国社会公益慈善事业发展是以城市为导向的，慈善事业发展的重点是城市，农村社区成为我国社会慈善事业均衡化发展的一支短板[①]。农村社会无论是社会公益慈善意识的生成发展，公益慈善行为的践

---

① 黄闯：《农村社会公益慈善事业发展的困境与出路》，《哈尔滨市委党校学报》2014 年第 5 期。

行还是慈善组织体系完善抑或慈善资源的有效供给等都存在着明显不足。虽然有大量的慈善组织面向农村社会提供各种公共服务满足农村社区居民慈善需求，但是相对于农村社会存在巨大的慈善需求，城市慈善组织面向农村社区和社区居民的慈善公共服务供给严重不足，而且难以对农村社区多元化的慈善需求进行精准把握，因此当前亟须在不断发展城市社区公益慈善事业的同时，发展生成于乡村社会土壤、面向服务于乡村社会的农村公益慈善事业。

当前农村社会公益慈善事业的发展首先需要改变现有的公益慈善发展理念，促进慈善事业均衡化发展。首先，长期以来，地方政府和慈善组织并没有把农村社会作为慈善事业发展的重要载体，而是把农村社区和农民作为慈善援助和慈善工作的对象，认为农村社会相对比较落后，农村慈善意识缺乏，不具备发展现代慈善事业的土壤。虽然公益慈善事业的发展与地方经济发展水平、社会组织发展程度等密切相关，但是在我国传统的乡村社会并不缺乏慈善意识和慈善行为，发生于乡邻之间的互助救济行为并不鲜见。只要地方政府加大培育农村社会慈善组织的力度，充分发掘传统农村社会的慈善因子并加以正确引导和政策扶持，将传统的慈善行为进行现代化改造，就能促进乡村社会公益慈善事业的发展。其次，乡村社会公益慈善组织的发展需要重建农村社会内部的共同体意识。在中国传统家庭文化观念的影响下，慈善救助最多的是亲戚朋友，而疏远陌生人，慈善事业发展有着显著的差序慈善文化传统，而源于乡村社会土地的农村慈善更适于我国源远流长、植根乡土的差序慈善文化，以血缘、地缘和姻缘为主要特征的乡村社会共同体意识的构建能够为受助者提供更多的生产辅助、物质支持、精神慰藉、情感疏导的功能[①]。再者，完善农村社会慈善组织的网络体系。健全的慈善组织网络是农村公益慈善事业发展的基础，政府要积极的为农村慈善组织的生成发展创造有利的环境。

四　社会公益慈善事业发展的外部环境：从限制型慈善向支持型慈善发展

良好的制度环境是社会慈善事业发展的重要保障，制度环境直接影响

---

① 刘威：《冲突与和解——中国慈善事业转型的历史文化逻辑》，《学术论坛》2014年第2期。

着慈善社会组织的生存、发展和壮大。从社会慈善事业发展的变迁来看，政府自上而下的行政化推动的制度环境影响了社会慈善事业的生成、发展和壮大，然而制度环境中的某些制约因素也给慈善事业的正常发展带来了重重阻力。现有的关于慈善事业发展的政策制度，更多的倾向于以限制慈善组织的建立、防止慈善组织的越轨为主，这是一种不放心的政策取向，而不是鼓励慈善组织的大力发展[①]。长期以来我们对社会慈善事业发展的态度是一种防范的态度，不信任的心理。虽然在党的十八届三中全会以后，对于社会公益慈善组织发展的某些政策规制开始松动，如慈善组织可以直接向民政部门登记，但是在具体的政策完善上还有一定的距离。比如如何扶持慈善草根组织的发展，如何让草根组织和行政化组织在免税待遇上的平等，如何能够平等购买政府的公共服务等。从慈善组织发展所需的政府政策环境的角度看，当前需要着手解决以下几个问题：首先，这需要政府管理理念的改变，在社会建设中信任社会组织，以新的社会政策大力扶持慈善组织的生长与发展。现在民间慈善力量已经展现出巨大的发展潜能，却时常受困于体制圈定的生存空间，一直无法突破"慈善必须官办"的制度性瓶颈[②]。因此政府政策要平等对待支持各类慈善组织平等发展，给予所有慈善组织平等的社会地位和发展机会，完善落实公益慈善组织的免税待遇。其次，加强对慈善组织的监督，提升慈善组织的公信力建设，持续推进慈善组织透明化建设，毕竟慈善组织的公益性决定了其滥用公共资源的后果远比其他机构更为严重。再者，完善政府购买公共服务特别是地方政府购买公共服务的有效机制，为慈善组织发展创造良好的外部环境。

当然，支持鼓励慈善事业发展不仅需要改变政府的政策环境，还需要改变社会环境，改变民众对于慈善事业发展的不信任心理，为社会慈善事业的发展创造更加宽容便利的社会环境。首先，改变慈善事业的泛道德化。慈善泛道德化折射出的是一种不成熟甚至略显畸形和扭曲的慈善社会心理。不能因为慈善事业发展中存在某种瑕疵就否定慈善组织甚至否定慈善事业发展。其次，给予从事慈善事业的人更多的尊重，当人们的善心或

[①] 朱力、葛亮：《"道德环"对构建中国慈善事业的启示》，《南京社会科学》2013 年第 3 期。

[②] 吴昊、林卡：《官办慈善与民间慈善：中国慈善事业发展的关键问题》，《浙江大学学报》2012 年第 4 期。

慈善行为被受助对象或社会公众所关注时，他们会很享受这种关注所带来的满足感①。再者，要树立宽容善待的现代慈善理念。对做慈善者要宽容善待，不要强求苛责。做慈善总比不做慈善好，做慈善不问个人动机，鼓励人们去做一些帮助别人，也能尽量无损自己甚至利己的力所能及的事。只有给予慈善事业发展更加宽容的社会政策环境，才能为慈善事业的健康发展创造良好的社会环境，与其消极地评论慈善，不如积极地推动慈善。

五 社会公益慈善事业发展的目标功能：从救助型慈善到发展型慈善转变

为了让有限的慈善资源得到有效利用，不断提高慈善资源的使用效率，就需要改变传统慈善救助的目标功能，实现从给钱给物等直接的物质救助型慈善向改变慈善对象行为心理，提升慈善对象自我发展能力的发展型慈善转变，即在满足部分慈善对象基本物质需求的基础上，加大心理行为层面的慈善干预力度，通过心理层面的改变不断改变慈善对象的行为，不断提升慈善对象的自我发展能力，实现从单纯输血式慈善向造血式慈善转变。

首先，社会公益慈善事业的发展目标从救穷向救急转变。改变传统慈善事业的救助对象多集中于鳏寡孤独等社会弱势群体，以改变他们当下困苦为主旨的救助行为，忽视从能力发展的角度对受助者进行帮助的问题②。随着社会经济水平的不断提升，社会中绝对贫困人口不断减少社会公益慈善事业发展的救急应险功能将会不断凸显。对于那些虽不属于传统意义上的慈善救助对象，但暂时陷入困境的群体来说，他们需要借助外部力量的帮助改变其现有的窘迫状态。如果缺乏外部力量的支持，他们就很容易陷入社会底层成为慈善事业的救助对象，如果慈善组织能够把暂时陷入困境之人纳入慈善救助对象就能够迅速改变暂时陷于困境人员的可行能力，否则将增加更多需要社会慈善事业的人群。其次，慈善救助的内容从传统物质慈善向物质和心理慈善共同发展转变。如今很多社会公益活动把关注重点放在物质层面，比如救灾、送医、助残、扶贫等，这确实非常必

---

① 郑风田、江金启：《公共品社会动员机制——关于慈善捐赠的一个理论综述》，《浙江社会科学》2009年第10期。

② 马广志：《心灵慈善比物质慈善更重要》，《华夏时报》2014年1月23日。

要，但这毕竟是有限的，因为只有生命成长才能焕发活力。如果慈善组织能够帮助人们从心灵深处找回自己的力量，以心理援助作为基本的支持，再给予他们物质上的帮助，比单纯为慈善对象提供物质帮助要重要得多；为慈善对象灌输和传播先进的思想与知识，改变其心理的贫困，不断改变其自身发展能力。正如印度著名经济学家、诺贝尔经济学奖得主阿马蒂亚·森提出的"个人有实质性的自由去选择他认为有价值的生活的能力是最重要的，贫困必须被视为基本可行能力的被剥夺，而不仅仅是收入低下"[1]。通过心理层面的慈善给予慈善对象更多心理援助支持，让其心理变得足够强大，然后不断改变其行为，最终提升慈善对象的可行发展能力。

（原文发表于《理论导刊》2014年第10期）

---

[1] ［印度］阿马蒂亚·森：《以自由看待发展》，中国人民大学出版社2002年版。

中国现代化视野下的农村劳动力流动

李文安　李亚宁

摘　要：在西方发达国家走向现代化的历程中，无一不伴随着农村劳动力从农业向非农产业、从农村向城市的流动。中国的现代化也无疑与农村劳动力的流动有着天然的、不可分割的联系。然而在新中国成立后特别是20世纪50年代中期以后的较长一段时间内，我们人为地扭曲了推进现代化与农村劳动力流动的内在联系。非均衡现代化战略的实施，把农民限制在了农村，从而滞迟了农村现代化的步伐，也影响到了中国现代化的整体发展水平。20世纪80年代以后，伴随着农村现代化的起步而长盛不衰的农民流动，又反过来推动了中国的现代化发展。正反两方面的历史经验和教训值得我们深思，对于我们在推动现代化的事业中应该怎样对待农民流动，具有重要的启示意义。

关键词：现代化；农村劳动力；流动

现代化是中国几代人的梦想。从西方列强用洋枪洋炮敲开中国的大门到目前为止，中国的现代化经历了三个发展阶段：第一个阶段从鸦片战争到1949年，第二个阶段从1949年中华人民共和国成立到1978年，第三个阶段从1978年中国共产党十一届三中全会至今。几代中国人为了实现现代化这一宏伟目标，不懈奋斗，苦苦追求。

以毛泽东为代表的中国共产党人，领导中国人民经过长期艰苦卓绝的斗争，终于推翻了三座大山，建立了中华人民共和国，实现了民族解放和民主独立，为中国走向现代化奠定了最基本的条件，掀开了中国现代化建设的新篇章。但就在中国走向现代化的第二个阶段，却没有处理好现代化与农民流动的关系，从而影响了农村现代化的进程。

一 非均衡现代化战略限制了农民流动

在中国这样一个贫穷、落后的农业大国启动现代化建设,面临着重重困难,最关键的是缺乏发展工业化的资金。我国现代化所需的大量资金,是不可能从工业中获得的,只能由农业部门提供。

从农业中积累发展工业化的资金,主要是通过工农业产品价格"剪刀差"的形式来实现的。也就是以高于价值的价格将工业品出售给农民,以低于价值的价格从农民那里购买农产品,通过这一高一低,实现了资本的积累。毛泽东同志曾经开诚布公地讲道:"国家工业化所需的资金积累,除了直接的农业税以外,就是发展为农民所需要的大量的生活资料的轻工业生产,拿这些东西去同农民的商品粮食和轻工业原料相交换,既满足了农民和国家两方面的物质需要,又给国家积累了资金。"[①] 据有关资料,随着工业化的推进,国家利用"剪刀差"方式从农业中积累的资金数量不断增加,1978年的"剪刀差"绝对数是1952年的十倍还要多。从1952年至1978年,我国农民通过"剪刀差"为国家工业化提供了3400亿元的资金积累,平均每年近130亿元。而同期国家对重工业基本建设的投资总额为3056.53亿元,这意味着18年间国家对重工业的基本建设投资全部来源于农业积累。农民通过"剪刀差"方式提供的资金积累除了满足了国家对重工业的基本投资外,还多了近400亿元[②]。

中国的现代化就是这样在农民的支持下不断地向前推进的,中国的工业化在农业的倾力支援下,取得了很大的成就。到1978年,中国工农业总产值达到5634亿元,其中工业总产值达4237亿元,占75.2%,按可比价格计算,比1952年增长16.6倍;而农业总产值为1397亿元,占24.8%,比1952年只增长两倍。由此可见,我国工业化的发展是建立在农民利益损失的基础上的。完全可以这样说,没有农民的贡献,就不会有我国工业化的成就。

农民为我国的现代化作出了巨大贡献,但是,却被排斥在现代化进程之外,更没能分享到现代化发展的成果。这一阶段,国家推行的是非均衡的现代化战略,即片面的城市现代化战略,其突出特点就是人为地将城市

---

① 毛泽东:《毛泽东选集》(第5卷),人民出版社1991年版。
② 陈文辉、冯海发、石通清:《农民与工业化》,贵州人民出版社1994年版。

现代化与农村现代化割裂开来，这一时期的现代化实际上就是只搞城市工业化，现代工业体系形成于城市，农村经济仍以农业为本。为了有效推行这种城市现代化战略，国家制定了"城乡分治"的二元户籍管理制度，取消了农民自由迁徙、自由流动的权利，把农民禁锢在土地上，结果使大量的农村劳动力滞留在农业，大量人口滞留在农村。

1958年1月，经全国人大常委会通过，颁布实施了《中华人民共和国户口登记条例》，第一次明确规定了公民由农村迁往城市的范围和程序。1959年，中共中央国务院和公安部都发文要求制止农村劳动力盲目外流，公安部门强化了流出人口的审批制度。1962年12月8日，公安部《关于加强户口管理工作的意见》指出："对农村迁往城市的，必须严格控制；城市迁往农村的，应一律准予落户，不要控制。"

为了推进城市现代化，国家通过二元户籍制度限制农民的流动，把农民留在了农村。同时，为了保证粮食供给，特别是城市居民粮食供给和城市部分工业的原料供给，又在农村大搞"以粮为纲"，限制农村非农产业的发展，以至于到了1978年，在农村产业结构中，农业仍占据高达89%的比重，非农产业只占了11%的比例。农村第二、三产业得不到发展，农民不仅被限制在农村，而且被进一步限制在农业生产领域。根据有关资料，从1954年到1978年的24年间，农村中农业就业份额下降了3.4%，年均仅下降0.14%，下降速度极为缓慢。这表明在这段时间内，农村中就地从农业向非农产业流动的人数极少。由此可见，在我国现代化的第二阶段，不仅农民向城市流动的路被堵死了，而且农民就地向非农产业流动的路也被堵死了。农民被限制流动，导致了多方面的消极后果。

第一，农民收入水平低且增长缓慢。1957年，城市人口人均收入为253.56元，农民只有72.95元，前者约是后者的3.48倍。1978年，城市人口人均收入为614元，是同年农民人均收入的4.6倍。就增长情况而言，1957—1978年，城市居民人均收入增加了360元，平均每年增加17元，年增长率为4.3%，而农民人均收入只增加了61元，平均每年只增加2.9元，年增长率仅为2.9%。城市居民人均收入年增长量是农民的近6倍，年增长速度是农民的1.5倍。由于农民收入水平提高速度远远慢于城市人口，致使城乡人口的收入差距在20年间由108.6元扩大到了480元。

第二，农民消费水平低且增长缓慢。据有关资料，1957年，我国农民人均生活消费水平为79元,而同期非农业居民消费水平为205元,前者仅相当于后者的38%。1978年,农民人均消费水平增加到132元,非农业居民的消费水平却增加到383元,前者相当于后者的34%[①]。这意味着工业化反而使农民的消费水平相对降低了,在工业化过程中,我国城乡居民的消费水平差距在扩大。

第三,对我国工业化市场扩张和商品化水平的提高产生了消极影响。农民收入水平低导致农民购买力极低。这种购买力水平同工业化推进所要求的市场扩大不一致,制约着工业化市场的扩张,从而进一步限制了我国工业化的发展。由于非均衡的现代化战略限制了农民的流动,长期以来,农民保持着自给自足的小生产者特征。这种自给型的消费结构,毫无疑问对工业化发展所要求的商品化环境的形成十分不利,从而制约着商品化水平的提高。

第四,对农民思想观念的更新产生了消极影响。在计划经济条件下,农民的生产活动被人为地扭曲了,生产活动是在指令性计划指挥下进行的,生产的产品由政府直接收购而不是通过市场交换,生产的目的主要是为了满足自己的消费需求而不是为了获取利润,因此,农民几乎不与市场打交道,极其缺乏商品经济意识。他们成年累月地在自己赖以生存的土地上劳作,有些农民一辈子都没有进过县城,生活范围极其狭小。劳动、生活和生存环境使他们养成了浓厚的乡土、地域观念,极其缺乏现代人的开放意识。农民被限制于农业,日复一日、年复一年地从事着简单的生产活动,生活节奏缓慢。这使得农民失去了积极进取的活力,缺乏冒险精神和竞争意识。

从中华人民共和国成立到1978年期间实施的非均衡现代化战略,把农民紧紧地束缚在土地上,束缚在农村这个封闭的空间里。这种战略从根本上违背了现代化的发展规律,同现代化的实质内涵格格不入,因为现代化过程,必然伴随着大量农民从农业向非农产业转移,从农村向城市转移,这一规律在世界各国的现代化过程中已经得到了证明。现代化就是工业化、城市化的不断扩张,这一过程是农民流动、农村人口不断减少的过程。非均衡现代化战略,压抑了农村人口的流动,也滞迟了农村的现代化进程。然而,规律是不可违背的,压抑愈久,爆发愈烈,一旦时机成熟,

---

① 国家统计局:《中国统计年鉴》(1986),中国统计出版社1986年版。

农民就会以不可阻挡之势，从农业流向第二、三产业，从农村流向大、中、小城市，以自己的行动来修正非均衡现代化战略的偏差，与此同时也促进了农村工业化、现代化的起步和发展。

二 农村现代化道路的探索与农村劳动力流动

从20世纪50年代至80年代，我国城市建立了门类比较齐全的现代工业体系，而农村仍然维持以农业为单一产业的传统经济，农民不能向城市和其他产业转移。到1978年，全国有96259万人口，农村人口就有79140万人，占人口总数的82.1%，城市人口有17245万人，只占人口总数的17.9%。经过30年的现代化历程，中国还是农民占绝大多数的农业国家。根据现代化理论和发达国家的经验，只要农民占绝大多数，这样的国家就不可能是现代化国家；只要农村人口仍然从事着单一的农业生产，农村的现代化就遥遥无期；只要农村远离现代化进程，中国的现代化就无法实现。

毫无疑问，至20世纪70年代末，农村的现代化问题已成为中国现代化发展的瓶颈。值得庆幸的是，在改革开放的宏观背景下，在党和政府的正确领导下，农民的创造力一次又一次地被释放出来，中国农村终于找到了具有中国特色的现代化道路。这条道路就是以家庭联产承包责任制为起点，以发展乡镇企业和小城镇为主要内容，以实现城乡一体化为最终目标。

（一）农村现代化道路的艰难探索

1. 家庭联产承包责任制：中国农村现代化的起点

家庭联产承包责任制是农民自己的创造，这一创造得到了中央的肯定、支持和推广。实行家庭联产承包责任制有着不可估量的意义，如果从现代化的角度来思考这个问题，我们说，它为农村现代化找到了恰当的起始点。

首先，家庭联产承包责任制同中国农村的生产力水平基本上是相适应的。它极大地调动了农民的生产积极性，在很短的时间内基本解决了我国长期没有解决的粮食短缺问题，为我国的现代化建设提供了不可缺少的粮食资源和部分轻工业原料。

其次，家庭联产承包责任制赋予了农民土地使用权和自主经营权，农民成为独立的商品生产者，可以独立决定自己的种植计划，这不仅改变了农业经济以粮为主的单一结构，有利于农业结构调整，而且培养了农民的商品意识，使他们成为具有商品观念的现代农民。

再次，家庭联产承包责任制为农村社会分化提供了契机，推动了农村劳动力的流动。家庭联产承包责任制的实行，使原来被掩盖着的农村劳动力过剩问题暴露出来，这部分剩余劳动力必然要向第二、三产业流动，从而促成了乡镇企业的形成和发展。剩余劳动力也必然会向外跨区域流动，一些农民就近流向小城镇，使小城镇得以发展壮大；另一些农民则流向大中小城市务工经商。农村社会结构出现了前所未有的深度分化，这种社会结构的分化符合现代化的要求，是一个社会走向现代化过程中必然出现的现象。

当然，家庭联产承包责任制仅仅是中国农村现代化的起点，它自身也具有很大的局限性，不可能解决我国农村现代化过程中的所有问题。

2. 乡镇企业：中国农村独特的工业化之路

乡镇企业是中国农民继家庭联产承包责任制之后的又一伟大创造，它的发展大大地推动了农村现代化进程。

首先，加快了我国农村工业化步伐，开创了中国城市工业化和农村工业化并举的新局面，促进了整个国家的工业化进程。改革开放前，我国在非均衡现代化发展战略的指导下，走的是"农村—农业，城市—工业"的道路，农村的经济活动主要集中在农业。乡镇企业异军突起，对我国农村产业结构的变化和工业化的发展起到了重要作用，由此奠定了农村产业结构的基本趋势：农业份额下降，非农产业份额上升，其中上升幅度最大的是农村工业，因为在乡镇企业中，乡镇工业是主体。乡镇工业成为推动我国农村工业化的主导力量。

其次，增加了社会财富，提高了农民收入。乡镇企业的总产值从1978年的493亿元增加到1996年的15254亿元，增长了30余倍。不少农民在乡镇企业就业，这成为他们增加收入的一个重要渠道。

再次，乡镇企业大大加快了农村的社会分化。由于乡镇企业的发展，使农村从事单一农业生产劳动的农民向多元化的职业和阶层转化，从而促使农村从简单的社会结构向现代社会结构转化。

最后，乡镇企业的发展改变了农民的传统生活方式和价值观念。乡镇企业的发展，逐步改变着中国农村封闭、传统、自给自足的农业社会，将农民带入了商品经济和市场竞争的新天地。随着农民参与商品经济和市场竞争，各种新观念逐渐渗入农民的大脑，改变着农民的传统生活方式和价值观念，促进了农民思想观念的更新和变化。

但是，乡镇企业也存在着明显不足，特别是它过于分散，无法发挥工业集聚效应；规模小，技术落后，基础设施建设重复投入，效益低；处处冒烟，污染严重。以乡镇企业为核心的农村工业化与城镇化出现了一定程度的脱节，这种情况对农村现代化的发展十分不利。

3. 小城镇：中国农村独特的城市化之路

现代化发展的历史看，西方发达国家的工业化和城市化是协调并进的。而在中国的现代化建设中，出现了工业化和城市化相分离的现象。如前所述，20世纪50年代至70年代末，二元社会结构把农民束缚在农村和农业中，严重影响了城市化的发展，出现了城市化严重滞后于工业化的格局。改革开放以来，农村现代化得以起步，乡镇企业异军突起，但乡镇企业发展出现了严重分散的问题，以乡镇企业为标志的农村工业化与城市化同样是处于分离状态。乡镇企业的这种现象本身就提出了相对集中的问题，但乡镇企业集中到城市又不可能，于是就向小城镇集中。在此背景下，小城镇得以发展起来，成为我国农村走向城市化、实现现代化的重要途径。

从整个国家经济、社会发展来看，小城镇的发展是建设中国特色社会主义农村的重要组成部分。通过小城镇建设，带动农村的专业化、社会化大生产，带动农村的物质文明和精神文明建设，使之逐步接近城市的发展水平，对于逐步缩小三大差别特别是城乡差别有重要的现实意义。

从城市化角度看，小城镇同大城市一起构成了完整的城市体系，形成了互补关系。它在乡村城市化进程中占有重要位置，中国要完成城市化、工业化的历史任务，基本实现现代化，没有广大农村地区的城市化和工业化是不可想象的。而没有小城镇的发展，就没有农村的城市化、工业化和现代化。

小城镇是吸纳农村剩余劳动力的重要"蓄水池"。在乡镇企业、大中城市吸纳能力下降的情况下，小城镇在吸纳农村剩余劳动力方面发挥着重要作用，它可以防止农村剩余劳动力过度涌向大中城市，减轻大中城市的压力。

小城镇的发展在城市文明向农村的扩散中起着中介作用。它将城市先进的理念传播到农村促进农民思想观念的变化，将城市先进的现代生活方式传播到农村促进农民传统生活方式的变革,将城市先进的科学技术传播到农村促进农村生产方式的变革和农村教育事业的发展。

如果说,乡镇企业的发展加速了我国工业化的步伐,那么农村地区小城镇的发展,则为农村城市化开辟了一条有中国特色的新路,加快了我国城市化的步伐。乡镇企业和小城镇建设共同推动着我国农村的现代化。

4. 城乡一体化:中国现代化的必由之路

中国要实现工业化、城市化、现代化,仅靠办乡镇企业,建设小城镇,是不够的。从根本上来说,中国必须变以往的"非均衡现代化战略"为"均衡现代化战略",统筹城乡经济、社会发展,以工业反哺农业,以城市反哺农村,把农村纳入城乡一体化进程。只有朝着城乡一体化的方向迈进,农村、农民才能真正融入现代化的潮流之中。因此,在以后的发展规划中,特别是对中西部农村地区进行规划时,必须有整体意识,从区域角度出发,考虑到大中小城市(镇)在功能、作用以及空间位置上的关系,统筹规划,合理布局,把农村纳入城乡一体化的发展规划之中,以加快全国城乡一体化进程。可以说,全国城乡一体化实现之日,就是中国农村现代化实现之时,也是中国现代化实现之时。

(二)农村现代化进程中农村劳动力流动的必然性

与中国第二个现代化发展阶段限制农民流动相对应的是,在第三个现代化发展阶段,大量的农民离开了农业和农村,流向了非农产业,流向了大中小城市,流向了经济比较发达的东南沿海,流向了全国各地。

1. 家庭联产承包责任制与农村劳动力流动

家庭联产承包责任制,无疑是对农民的一次解放。农民从此有了广泛的经济选择自由,农村劳动力开始在不同产业之间流动和重新分配。正如列宁所说"商品经济的发展,就意味着愈来愈多的人口同农业相分离,就是说,工业人口增加农业人口减少"[1]。具有自由择业权利的广大农民,开始走出传统的农业部门,转向工业、建筑业、运输业、商业和服务业等非农产业,开始了非农化过程。

非农化过程导致我国农村产业结构剧烈地变动和重塑。农村非农产业产值份额迅速上升,农业产值份额则相对下降。到 1987 年,农村社会总产值中,非农产业的产值比重达到 50.4%,首次超过了农业产值,标志

---

[1] 列宁:《列宁全集》(第 3 卷),人民出版社 1995 年版。

着我国农村产业结构发生了历史性转变。

农村产业结构的转变,意味着农民就业结构的转变,昔日农民就业的单一结构被打破了,代之而起的是多元化的就业结构。农村劳动力源源不断地向农业外部释放,分布在各种非农产业,造成农民就业的结构性转变。如表1[①]。

表1　　　　　　　　农村劳动力就业结构变动　　　　　　　单位:%

年份	农业	工业	建筑业	交通运输业	商饮服务业	其他
1978	91.3	5.2	0.8	0.3	0.3	2.1
1990	79.4	7.8	3.6	1.5	1.8	5.9
2000	68.4	8.6	5.6	2.4	3.7	11.3
2005	59.5	11.9	7.3	3.1	5.8	12.4

2. 乡镇企业的发展与农村劳动力流动

工业化对农民就业的变化起着重要的决定作用。商品化的发展,使农户经济的经营活动与整个社会经济有了广泛联系,但如果只有商品化而缺乏工业化,农民的就业及其主要经济活动就只能束缚在农业部门。真正促成农民流向非农产业的主导力量来自于工业化的发展,尤其是农村工业化的发展。乡镇企业的崛起,标志着我国农村工业化的兴起,广大农民开始直接参与工业化的历史进程,农民就业结构发生了重大变化。1979年乡镇企业吸纳职工2909.34万人,1988年吸纳9545.45万人,在1989年和1990年两年略有下降之后,1991年又开始稳步增加,至2007年,乡镇企业已经吸纳了15090万人就业[②]。

3. 城市化与农村劳动力流动

乡镇企业的迅速发展,吸纳了大量的农村剩余劳动力,然而由于乡镇企业布局过于分散,导致农村工业化吸纳劳动力的潜力未能得到充分发挥。于是,当一部分农民在乡镇企业就业时,另一些农民则把眼光瞄向了非农就业的另一个战场——大、中、小城市。粗略地计算一下,仅从1985年至2007年这20多年间,在城镇新增的来自农村的劳动力就有约

---

① 本表根据《中国统计年鉴》有关年份的数据计算得出。
② 参见《中华人民共和国年鉴》(2000),中国年鉴出版社2000年版;《中国统计年鉴》(2008),中国统计出版社2008年版。

4000万人。数量巨大的农民离开了农村，在城市找到了自己的位置，变成了现代产业工人和城里人。

农民大规模流向城市的情景，还可以从下列描述中得到佐证。1990年，上海、成都、郑州、北京的流动人口中，民工分别占整个流动人口的47.6%、57.8%、62.1%和66%；广州、杭州、太原、武汉的流动人口中，民工分别占71.5%、71.6%、74%和75%。全国民工在5000万人以上。据中国社会科学院社会学研究所的测算，1995年，外出务工的农村劳动力在6500万至7500万人。1995年10月底，仅跨省（区）的流动民工数量就达3000万人，比1994年增加了20%。据国家统计局抽样调查报告显示，2001年全国农村18.6%的劳动力外出打工，达到8961万人，大部分进入城市务工经商。

由上述可知，中国农村现代化进程的每一步都伴随着农村劳动力的大规模流动。

三 从中国现代化的角度认识农村劳动力流动问题

关于农村劳动力的大规模流动，社会各界评价不一。笔者认为，存在认识分歧的原因在于不同社会阶层的人受益蒙弊的程度存在差异，因而分析问题的角度不同。

流动民工与城市中的用工企业构成了一对基本的互惠互利的供求关系，是目前农村劳动力流动过程中的两大主要受益者。这并不是说民工和企业不承受农村劳动力流动的负面影响，但是他们得到的实惠超过了他们支出的成本。对民工来说，他们得到了在农村几乎无法获得的职业、收入、技术、见识等，而付出的主要是路费、食宿费和数量不大的农闲季节机会成本，至于社会歧视等成本也在大多数民工的心理承受限度之内。同样，企业在农村劳动力流动中获得了充足的劳动力供给，经营成本下降，收益大大提高。

城市居民在农村劳动力的流动中也得到了一些好处，诸如生活更为方便，可以以较低的劳务价格雇用保姆、装修住宅工人等，而且可能更多的好处间接来自民工在城市建设中创造的经济效益。但不可否认，市民也感受到了一些损害。例如，交通拥挤；外来民工在一些边缘社区乱搭乱建，甚至将垃圾站、公共厕所改造为住房，影响居民的居住环境；就业竞争，对少数非熟练工人构成下岗威胁；城市治安秩序受到影响，农村劳动力流动客观上为流窜犯罪带来了可乘之机，流动过程中的环境刺激和失望情绪也促使一些民工走上犯罪道路。

城市政府对农村劳动力流动有难言之隐。由于对经济发展和居民生活负有双重责任，政府既不愿意过分限制企业用工，造成基础产业发展困难，又不愿意无限接纳外来民工，造成环境重负、秩序混乱。所以，城市政府希望农村劳动力流动的总量能够得到有效控制。

流出地政府也是农村劳动力流动的受益者，尽管这种受益和民工与城市企业的受益有所不同。作为一方政府，他们当然希望自己治下的老百姓能增加经济收入，提高生活水平。农村劳动力的流动促进了当地经济、社会的发展，缓解了人多地少的矛盾和就业压力，走出去的是劳动力，带回来的是资金、技术、管理经验和新观念、新思想。因此，流出地政府是农村劳动力流动的赞美者、支持者和积极组织者。

如上所述，不同的阶层和群体从农村劳动力流动中得到的好处及受到的损害程度是不相同的，因此，他们往往会从自己的角度出发来认识这个问题。得益多者，便认为利大于弊，甚至完全是利，流出地政府、民工及城市用工企业大多持这种观点。蒙弊多者，便认为弊大于利，部分城市居民、下岗职工大都有如此看法。流入地政府既希望农村劳动力的流入提供足够的廉价劳动力，促进基础产业和城市经济的发展，又不愿意看到因农村劳动力的大量流入而造成环境重负和秩序混乱，这种对外来民工既依赖又排斥的矛盾心态，导致他们的看法在利大于弊、利弊相当、弊大于利之间徘徊，因各自城市情况的不同而有所差异。

从各自利益的角度来认识农村劳动力流动问题，不仅容易导致认识上的偏差，而且也是短视的表现。中国农村劳动力的大规模流动，是中国实现现代化的必由之路。在中国共产党十三大上提出的社会主义初级阶段理论中，鲜明地表述了现代化发展进程中这样一个具有普遍意义的社会经济规律，即我国社会主义初级阶段"是由农业人口占多数的手工劳动为基础的农业国，逐步变为非农产业人口占多数的现代化的工业国的阶段"[①]。那么，如何实现"非农产业人口占多数的现代化的工业国"，出路只有一条，就是大多数农民流向第二、三产业，流向城市。在中国这样一个农民占绝大多数的国家里，没有农民从农业向第二、三产业和从农村向城市的

---

① 中共中央文献研究室编：《十三大以来重要文献选编》（上），人民出版社1991年版。

大规模流动，中国的现代化是根本不可能实现的。从这样的高度和角度来认识问题，农村劳动力的流动就具有了极为重要的价值和意义。

（原文发表于《当代代世界与社会主义》2010年第3期）

利益相关者主体性视域下新生代农民工社会保障研究

黄 闯

摘 要：论述了政府主体性、农民工个体及用人单位主体性发挥在构建新生代农民工社会保障制度方面的重要作用，分析了利益相关者主体性的缺乏导致新生代农民工社会保障制度覆盖率低、退保率高、保障效果差、统筹层次低的原因，提出新生代农民工社会保障制度的构建必须维护政府、用人单位和新生代农民工等利益相关者的主体性地位。

关键词：社会保障；新生代农民工；主体性

2010年中共中央一号文件《中共中央国务院关于加大统筹城乡发展力度 进一步夯实农业农村发展基础的若干意见》中第一次明确提出了"采取有针对性的措施，着力解决新生代农民工问题"。社会保障作为解决新生代农民工问题的重要手段引起社会的广泛关注，新生代农民工社会保障是维护其合法权利、维护社会稳定与公平、减少城市化的社会风险、顺利实现市民化的重要途径，同时也是实现社会保障制度全覆盖目标的重要途径。但是，现时期新生代农民工社会保障制度建构中存在着一些不容忽视的问题：社会保障制度的覆盖面窄、退保率高、统筹层次低、保障效果差等。社会保障制度的实际效果与理想中的制度目标间存在巨大的差距。

一 主体性：新生代农民工社会保障制度构建的视角

马克思主义认为，主体性就是主观能动性，是人们在改造客观世界这一主题过程中凸显出来的一种自由意志。这种自由意志既体现了主体的自主能动性，又体现了主体的客观规律性。主体性是人作为活动主体在作用客体过程中所表现出的主观能动性①。对于新生代农民工社会保障制度而言，社会保障制度构建中的主体性指社会保障制度构建中利益相关者的主体性，即主体的主观能动性，主体对制度的认知、参与和评价等。其中政府在新生代农民工社会保障制度建构中居于主导地位，特别是地方政府对新生代农民工社会保障制度的认知、参与和评价对制度的良性发展至关重要。而用人单位和新生代农民工群体则处于主体的地位。由于社会保障政策的建构不是某一主体单方一厢情愿的行为，而是一种在政府的主导下对社会资源的配置和社会价值的分配，是由多方力量利益博弈均衡的结果。因此，要想使新生代农民工社会保障制度发挥预期中的理想目标，就需要在政府主导下确立新生代农民工和用人单位的主体性地位。

（一）政府主导性地位的确立是前提

社会保障是具有经济福利性的社会化国民生活保障系统，是政府或社会对社会成员有可能遭遇到生老病死残等各种社会风险提供的风险保障机制。政府是社会保障最主要的责任主体，政府在社会保障中所负责任的合理界定是社会保障可持续发展的基础，不仅需要政府确立正确的价值理念，提供一定的资金来源，还需要政府加强社会保障制度的监管。政府特别是地方政府在新生代农民工社会保障制度建构中处于主导性地位。

1. 新生代农民工社会保障制度的构建需要地方政府确立正确的价值理念

社会保障制度安排是一种以民生为重的社会价值选择，只有确立了正确的价值理念才能确保社会保障制度的良性发展。在各国社会保障制度发展实践中，先进理念的确立优于制度的设计，制度的设计优于技术方案的选择②。如果地方政府在制定新生代农民工社会保障制度中能够真正地践行以人为本的科学发展观理念，社会保障制度的绩效就有可能达到理想的制度目标。如果地方政府没有站在社会公平、社会稳定等宏观视角就有可能排斥新生代农民工社会保障建设。即使在中央政府的政策要求或引导下建立起了新生代农民工社会保障制度，也难以获得与城镇职工平等的社会

---

① 王国敏、邓建华：《重塑农民主体性是破解"三农"问题的关键》，《现代经济探讨》2010年第9期。

② 郑功成：《中国社会保障改革与未来发展》，《中国人民大学学报》2010年第5期。

保障权利，最终导致新生代农民工社会保障制度的设计既缺少整体性规划，也缺乏长远考虑，临时性、应急性甚至是形式化表现得十分明显。

2. 新生代农民工社会保障建设需要地方政府提供资金支持

充足的社会保障资金是社会保障制度可持续发展的重要条件，中外社会保障的实践表明，没有政府介入便不可能有社会保障，没有政府财政的支持便不会有社会保障制度的财政稳定，没有政府的强有力的监管也不可能有社会保障制度的健康运行[①]。特别是对于新生代农民工社会保障中的非缴费型的教育福利、住房福利、就业培训等都需要地方政府公共财政的支持。

3. 新生代农民工社会保障制度的有效运行需要地方政府的严格监管

对于缴费型的社会保障制度而言，需要用人单位履行缴纳社会保障费的义务，但是部分用人单位为了减少其用工成本，使用非正式的或其他的用工方式以偷逃社会保障费，这就需要地方政府对其非正当行为采取严格监管。

（二）新生代农民工和用人单位主体性的发挥是保证

1. 从新生代农民工的角度看

新生代农民工是社会保障制度的最主要的缴费群体和受益群体，如果没有其积极的参与，新生代农民工社会保障的建构就失去了保障。一方面对于缴费型的社会保障来说，只有缴费主体的积极参与和配合才能保证制度运行有稳定的经济基础，如果没有新生代农民工群体的社会保障缴费，就有可能在制度运行时造成一定的资金压力。另一方面新生代农民工作为社会保障制度的受益群体，如果没有其积极主动的参与，就无法通过提高社会保障制度的覆盖率分散制度风险，扩大受益范围，也无法达到理想中的制度效果。当然，新生代农民工主体性的发挥最终取决于政府制定的社会保障政策，社会保障制度是为解决社会成员的特定社会问题服务的，新生代农民工社会保障的目标是为了解决新生代农民工的后顾之忧。如果无法为其解决后顾之忧，甚至束缚劳动力的流动，就必然会影响新生代农民工的参保积极性。

2. 从用人单位的角度看

用人单位是缴费型社会保障制度主要的责任主体。从经济利益的角度

---

① 孙光德、董克用：《社会保障概论》，中国人民大学出版社 2008 年版。

看，用人单位需要为其员工缴纳社会保障费，这直接增加了用人单位的用工成本，因用人单位很难从中直接获取经济利益，导致用人单位缺乏主动参与制度建构的积极性，甚至有可能采取各种方式偷逃社会保障费，排斥制度建设。比如一些用人单位为了规避社会保障制度对其利益的影响，改变用人单位原有的用工方式，把具有正式劳动合同关系的劳动者变成劳动派遣的用工方式，或者采取其他的用工方式。更有甚者，部分用人单位通过大量地使用学生工的形式来规避社会保障的责任。因此，新生代农民工社会保障政策的建构必须考虑新生代农民工和用人单位的利益需求，充分激发起他们的主体性。

二 主体性的缺失：新生代农民工社会保障制度构建面临的问题

新生代农民工社会保障制度的构建需要充分发挥地方政府、用人单位和新生代农民工等利益相关者的主体性才能达到理想中的效果。只有利益相关者主体地位的确立才能确保新生代农民工社会保障的良性运行，而利益相关者主体缺失成为现时期新生代农民工社会保障建构中的主要问题。

（一）政府主体性的缺失

政府主体性的缺失首先体现在没有正确的社会保障理念。正确的社会保障理念是确保新生代农民工利益的重要保障，但是地方政府在建构新生代农民工社会保障时存在一定程度的理念偏差。地方政府在经济利益的驱使和地方利益保护思想的影响下，不愿意向新生代农民工提供充足的社会保障。根据全国总工会新生代农民工问题课题组在《2010年企业新生代农民工状况调查及对策建议》的报告显示，在被调查的1000家企业中，新生代农民工养老保险的参保率为67.7%，比城镇职工低23.7个百分点；医疗保险参保率为77.4%，比城镇职工低14.6个百分点；失业保险参保率为55.9%，比城镇职工低29.1个百分点；工伤保险参保率为70.3%，比城镇职工低9.1个百分点；生育保险参保率为30.7%，比城镇职工低30.8个百分点[①]。这意味着大量的新生代农民工成为城市社会保障制度的边缘化群体。其次，地方政府制定的社会保障政策不合理。没有把新生代农民工和城市居民同等对待，新生代农民工一般只能享受到缴

---

① 徐福平：《新生代农民工的四个期待》，《工人日报》2010年3月1日。

费型的社会保障制度，而无法享受具有社会福利性质的社会保障项目，如城市的教育福利、廉租房、低保等社会福利并没有覆盖新生代农民工群体。再者，地方政府缺乏对社会保障政策的严格监管。地方政府由于害怕严格执行社会保障政策，有可能影响到企业的发展，进而影响到地方收入或者招商引资的成效，对用人单位偷逃缴费的行为采取放纵行为。

（二）新生代农民工和企业主体性的缺失

总体来说，新生代农民工社会保障建构中政府主体性的缺失，实际上就是其应该承担的责任不到位，而新生代农民工和用人单位主体性的缺失主要表现为其主体性地位的缺失。不管是新生代农民工还是用人单位都无法参与事关其自身利益的社会保障政策的制定，同样无法参与社会保障的管理。相对于政府而言，他们在社会保障政策建构中处于一种失语、被动消极地执行相关政策的状态。由于社会保障政策构建中忽略了用人单位和新生代农民工群体的真正利益诉求，使得他们在配合制度建设中消极怠慢。

三 主体性的优化：新生代农民工社会保障建构的路径

新生代农民工社会保障制度建构中存在着不同的利益主体，不同利益主体的需求和博弈能力差异导致主体性功能发挥的偏差。特别是新生代农民工由于自身以及政策的原因在社会保障制度中处于相对弱势的地位。因此，新生代农民工社会保障制度构建中主体性的优化首先就需要提升新生代农民工群体的主体性。

（一）新生代农民工主体性的优化

新生代农民工主体性的优化，首先需要提高其政治参与意识，畅通利益诉求表达渠道。新生代农民工要提高其政治参与意识，通过合理的方式表达其利益诉求影响社会保障政策的制定，积极参与社会保障资金的管理，避免成为社会保障政策制定、运行中的边缘化群体，这样才能使得社会保障政策的制定更加具有针对性。其次，要提升新生代农民工的话语权，增强其利益博弈能力。提高话语权就需要加强新生代农民工群体的组织建设，特别是工会建设，把新生代农民工纳入到正规的工会体系中，通过正式的政治参与实现其社会保障利益。如通过从社会保障立法的源头参与、社会保障制度实施中的监督机制等。再次，需要提高新生代农民工的风险意识，新生代农民工的主体性与其风险性、流动性密切相关。由于新生代农民工整体上处于较低的年龄结构，对未来的风险估计不足。如果发生意外的风险事故而不具有任何的风险保障，可能会影响到其个人发展和社会和谐。因此，需要通过有效的方式引导新生代农民工获取正确的风险认知能力，加强对其风险意识的教育。

（二）用人单位主体性的优化

用人单位作为重要的缴费主体，如果没有其积极配合，新生代农民工社会保障制度的可持续性发展将失去经济支撑。因此，在提升新生代农民工主体性的同时还需要优化用人单位的主体性。首先，需要改变企业的社会保障观念，增强企业的社会责任意识。企业支持和参与社会保障建设，不能简单的认为是一种纯粹的利益输出，还应该看作是一种利益输入。虽然不参加社会保障可以减少企业成本支出，但是会增加其人力资源管理的难度，降低员工对企业的归属意识和认同感，甚至可能出现一系列恶性事件，如罢工等不良行为，这都有可能影响企业的正常运转而增加其成本的支出。新时期"民工荒"的大量出现对于企业来说是一种警示，如果继续忽视新生代农民工应该享受的法定社会保障待遇，将不利于企业的可持续性发展。而拥有完善社会保障体系的企业将会增加企业的社会美誉度，增强企业对员工的吸引力，对企业而言，这其实是一种无形的形象宣传。因此，企业应该转变其固有观念，社会保障制度作为劳动力成本的一部分虽然会增加企业的经营成本，同时也增强了企业对员工的吸引力和归属感，提高了企业的人力资本，减少了管理成本，增强其竞争力。其次，降低用人单位的社会保障缴费率。虽然改变企业的社会保障观念和增强其社会责任意识很重要，但企业毕竟是要盈利的，企业如果难以获得利润，其发展也难以为继。因此，要想让企业主动地参与支持新生代农民工社会保障的构建，除了思想观念的转化外，更需要做的是降低企业社会保障的缴费率，减少企业的负担。由于社会保障缴费率的过高，直接影响了企业的经营利润和长期发展，这并不是观念的转变就能达到理想效果的。但面对社保基金发放标准越来越高，缺口越来越大的现实，可能出现的矛盾越来越多，政府只能把解决的手段放在提高社保基金的征收标准和扩大范围上；目前中国的社保费率已超过40%，高于经济发达国家。在较高的社保费率中，企业缴费比例更高，尤其是中小企业，已经难以承受[①]。与其

[①]《社保基金处于缩水和贬值状态》。http://www.infzm.com/content/57992.

让企业在无法承受高费率的情况下采取偷逃避缴费的方式还不如降低社会保障的缴费率，增强制度对企业的吸引力。同时对于那些违反现有规定偷逃社会保障费的企业要进行严格的监管，防止严格守法的企业由于社会保障费的负担而丧失竞争力。再者，需要企业转变其发展方式，促使企业优化升级。企业利润的获得不能以减少社会保障的缴费率为唯一的出路，从长远的发展来看需要转变企业发展方式，应由中国制造向中国创造转变，增强企业的自主创新能力。如果企业只能依赖对工人发放低工资的手段获取微薄的利润，企业就无法承担起工人的高工资和社会保障。因此，要提升企业参与社会保障的积极性就需要改变企业获取利润的方式，转变发展方式，促进企业优化升级提高其市场竞争力。

（三）政府主体性的优化

由于新生代农民工和参保单位在社会保障制度构建中处于相对弱势地位，仅仅他们两者的优化并不能取得良好的效果。新生代农民工社会保障制度的构建最终还是取决于政府的主体性优化，只有政府通过其主导性功能的发挥，尽力协调好政府、新生代农民工和用工单位的利益，才能达到理想中的制度效果。

1. 确定合理的社会保障理念

新生代农民工社会保障制度其实是一种社会价值的选择，而选择主体政府的价值观念至关重要。新生代农民工社会保障政策的建构到底是增加了财政负担、减少了企业经济效益还是减轻了政府负担、促进了社会和谐？实际上新生代农民工社会保障制度的建设不能只看做一种负担，而更应该看做一种具有现实好处的利益。首先，由于新生代农民工的加入会提高社会保障制度的覆盖率，更容易满足社会保障大数法则的要求，通过风险分散减少社会保障制度可持续发展的风险。其次，在城市人口老龄化不断加剧的情况下，由于新生代农民工的年龄结构都比较年轻，现阶段不需要支出大笔的社会保障资金，通过建立农民工社会保障可以减缓城市社会保障的资金运行压力，利于缓解城市人口老龄化，还可以缓解城市社会不断持续的民工荒。劳动者从农村流向城市，从内地流向沿海，既是对高工资的期盼也受高福利的驱动。如若不能提供理想的社会保障待遇，民工荒将会越演越烈。再次，通过建立新生代农民工社会保障制度可以增加社会的公平性，减少劳资冲突，利于城市社会的和谐稳定，降低城市社会管理的难度。

2. 提高社会保障的统筹层次

社会保障统筹层次过低，一方面会弱化社会保障对新生代农民工的吸引力，由于新生代农民工在就业的过程中存在着不稳定以及异地就业的特征，在低统筹层次下，新生代农民工异地就业时，就要丧失部分的社会保障权益，而且转移衔接时存在一定的困难。另一方面提高统筹层次可以避免不同地方政府固化本地方社会保障利益的倾向。由于区域经济发展的差异以及城乡二元化的社会管理体制，导致社会保障水平存在着明显的区域和城乡之间的差异。差异的存在实际上一种利益的存在，因此为了减少利益的存在就需要减少社会保障水平间的差别提高社会保障的统筹层次，减少新生代农民工社会保障建设的利益障碍①。

3. 合理安排社会保障项目

在推进新生代农民工社会保障政策的过程中，由于新生代农民工自身收入过低或者风险意识不高抑或对制度的不信任，导致部分新生代农民工在心理上抵触缴费型的社会保障。因此，对新生代农民工社会保障制度的建构可以从非缴费型的社会保障入手，如教育福利、廉租房、低保政策等。对于缴费型的社会保障制度可以从新生代农民工的需求和风险情况来实施项目的优先秩序，如工伤保险、医疗保险、生育保险等。为了减少地方政府间的利益冲突，也可以通过建立较低标准的准普惠制养老金制度。最重要的是新生代农民工社会保障项目的确立一定要与新生代农民工的内在需求相一致。

4. 注意社会保障政策的有机衔接

新生代农民工群体一部分最终要实现城市化，要立足全局和长远，从新生代农民工问题的特殊性出发，以促进其市民化为目标来构建新生代农民工的社会保障制度。社会保障制度的最终目标是城乡一体化的社会保障制度，因此新生代农民工社会保障制度的构建要注意与农村的社会保障政策的衔接。如新生代农民工社会保障制度构建的过程中必须考虑新农保政策中的相关规定。如制度规定新农保制度实施时，已年满60周岁、未享受城镇职工基本养老保险待遇的不用缴费，可以按月领取基础养老金，但其符合参保条件的子女应当参保缴费。子女连带责任就意味着部分农民工

---

① 黄闯：《新生代农民工社会保障制度建构中的利益分析》，《哈尔滨市委党校学报》2011年第1期。

会选择加入农村的养老保险而排斥城镇养老保险，因为现有的制度不允许一个人享受两份养老保险金。即使有可能领取双份的养老金，而双份的个人缴费对收入不高的新生代农民工来说，往往很难承受。

四 结语

新生代农民工社会保障制度的建构过程是对各方利益进行权衡和博弈的过程，国家、地方、企业和个人构成社保制度建设的多方主体。在社会保障制度的建立和完善过程中，应将地方、参保企业、参保个人纳入制度建设的主体，让他们的利益诉求充分表达出来，并就各方利益冲突进行协商、妥协。[1] 由于不同利益主体的利益诉求存在着差异，地方政府主要侧重于地方的经济发展、企业侧重于经济利润，而新生代农民工侧重于增加个人福利，利益诉求的差异导致不同的利益主体间存在利益博弈。而且不同主体间利益诉求表达的渠道和能力也存在不同，参保企业和个人在新生代农民工社会保障制度博弈中处于劣势地位，政府在制度建构中居于主导地位。因此，要想保证新生代农民工社会保障制度的可持续发展就需要处于主导地位的政府从社会宏观大局的角度介入到社会保障建设，平衡不同利益主体在制度建构中的利益诉求，充分发挥新生代农民工和参保企业主体的积极性，特别是维护新生代农民工的社会保障权益，为新生代农民工的市民化创造良好环境。

（原文发表于《河北科技师范学院学报》2011年第3期）

---

[1] 张慧：《社保制度的建设：多元利益的博弈》，《北京行政学院学报》2008年第5期。

非均衡性：新生代农民工市民化的路径分析

黄 闯

摘 要：新生代农民工的市民化作为解决新生代农民工问题的重要手段，对于统筹城乡社会和谐发展，维护农民工权益具有重要的现实意义，但新生代农民工在市民化的过程中具有非均衡性的特征。新生代农民工市民化的非均衡源于不同利益主体需求的非均衡，在具体的路径选择上，新生代农民工市民化可以从市民化的对象、市民化的区域以及市民化的内容的非均衡循序渐进式地推进。

关键词：新生代农民工；市民化；非均衡

新生代农民工的市民化作为解决新生代农民工问题的重要手段，对于统筹城乡社会发展、扩大内需、维护农民工权益具有重要的现实意义。为此，不少学者从不同的角度对新生代农民工市民化问题进行了较为系统的学术研究，并为新生代农民工市民化的路径选择提出了不少极具建设性的政策建议。如有人认为隐性户籍门槛、农民工的工资收入、尚未健全的社会保障与城镇住房保障等仍然制约着农民工市民化，所以需要创新农民工的劳动就业制度、完善农民工的社会保障、健全农民工的城镇住房保障、完善覆盖农民工的城镇公共服务体系以及加快户籍制度改革等[①]。也有学者认为新生代农民工的市民化面临着人力资本、社会资本和经济资本的三重约束，因此市民化的实现需要加大对新生代农民工人力资本的投资，扩

---

① 张国胜：《"十二五"期间加快我国农民工市民化的思路与对策研究》，《农村金融研究》2011年第4期。

大新生代农民工的社会关系网络，建立城乡统一的社会保障制度等①。不过一系列影响新生代农民工市民化的相关因素对于不同的新生代农民工群体来说影响程度并不相同，而且促使新生代农民工市民化的相关政策对于不同的利益相关者的效应也是不一样的。现有研究的关键问题是相关研究都存在着一个预设前提，即认为新生代农民工及相关利益主体都有着强烈的市民化愿望，只要改变相关政策就能快速地实现新生代农民工的市民化，但这并不是一个事实，并不是所有的新生代农民工和相关利益主体都有着强烈的市民化的意愿。新生代农民工为何要市民化，是经济社会发展的需要，还是地方政府和新生代农民工的需要，抑或是他们共同的需要？本文从新生代农民工市民化主体需求非均衡的角度探讨新生代农民工市民化路径选择。

一 新生代农民工市民化主体需求的非均衡性

（一）市民化进程中利益主体需求的非均衡

新生代农民工市民化的进程中主要涉及到中央、地方政府和新生代农民工三方利益主体，市民化的最终实现也需要三方主体的不断互动共同推进，但是三者之间对市民化的内在需求并不是完全一致的，他们对市民化需求的内在动力机制是非均衡的。

首先，中央在考虑新生代农民工市民化的政策时依从的是整体宏观逻辑，对新生代农民工市民化的需求主要源于市民化可以推进城乡一体化、扩大内需、确保社会公平以及维护新生代农民工的各种社会权益。因此从中央政府的角度来说如果在各种条件具备的情况下，其对市民化的需求相对比较强烈。而地方政府对于市民化的内在需求则要弱得多，虽然市民化后可以为城市经济与社会发展提供较高素质的人力资源，缓解当前不断蔓延的民工荒，促进地方经济发展，缓解城市人口的老龄化压力。但是新生代农民工的市民化本身是需要成本的，在市民化的成本分担机制没有明确确定的情况下，市民化必然会增加地方政府的财政支出，而且市民化后相关政策的配套落实需要地方政府的积极配合，如市民化后的就业、交通、社会治安、住房、医疗、社会保障等需要地方承担。这不仅增加了地方政

---

① 宋华明：《破除新生代农民工市民化"三重"约束的路径探析》，《农村经济》2012 年第 3 期。

府的财政支出,而且加大了地方政府社会管理的难度,处理不好还有可能激发各种社会矛盾,影响社会稳定。因此地方政府对市民化的政策选择更加倾向于保持现有的农民工政策,即保持经济上接纳和社会性排斥。再者,在新生代农民工市民化的进程中无论中央和地方政府的内在需要是什么,如果不能满足新生代农民工的内在需求,没有其积极主动地参与,充分发挥其在市民化过程中的主体性,终将无法实现理想中的效果。市民化的顺利实现需要新生代农民工的参与和支持,但新生代农民工参与与否取决于其市民化后需求满足程度,他们有自己的一番比较,比如在农村生产生活与在城镇生产生活的优劣比较、当农民工与当纯粹的农民或纯粹的市民的利益比较等[①]。如果市民化后的社会状态能够优于现状,能够平等享受城市公共服务以及减轻其可能面临的各种社会风险,那么新生代农民工对市民化是持支持赞成的态度的;如果市民化后没有获得其应该享有的均等化公共服务,相反却丧失了其农村原有的土地权益等福利待遇,那么农民工们势必不愿意进行所谓的市民化。

由此可以看出,中央、地方以及新生代农民工群体对于市民化的需求是非均衡的,相对于中央对于市民化的积极态度,地方政府和新生代农民工对市民化的需求则相对保守,特别是地方政府和新生代农民工的内在需求成为其能否实现市民化的约束条件。

(二)新生代农民工群体内部需求的非均衡

积极推进新生代农民工市民化的前置条件是新生代农民工有着强烈的市民化需求。的确,与第一代农民工相比,新生代农民工市民化的需求更加强烈,但是在同质性的背景下,新生代农民工群体内部也在不断分化,不同的新生代农民工群体对市民化的需求是不均衡的,并不是所有群体都愿意实现市民化。根据有关学者的调查,农民工希望定居在城市的比例为41%,仅略高于比例为35%的定居意愿不明确的模糊态度者,他们对融入城市的状况并不乐观,甚至他们对城市生活幸福的感受还要略低于第一代农民工[②]。

新生代农民工是否愿意实现市民化都是在特定的环境下作出的抉

[①] 王小刚、李太后:《中国"半城镇化"问题与农民工的理性选择》,《天府新论》2012年第1期。

[②] 叶鹏飞:《城市化发展须提高农民工经济能力》,《中国社会科学报》2011年11月8日。

择，家庭非农收入占家庭总收入的比重、婚姻状况、工资收入水平等对新生代农民工的市民化都有影响①。但是非农收入占家庭收入的比重、婚姻状况、收入水平对于不同群体而言是不尽相同的。首先新生代农民工的非农收入占家庭收入的比重是不同的，对于无地新生代农民工来说，他们非农收入就是家庭的总收入，因此他们对于市民化的需求相对强烈。其次，婚姻状况是不同的。没有结婚的群体对市民化的需求强烈，而已经结婚的新生代农民工更希望快速实现市民化享受城市均等化的服务。最后，收入水平的差异也非常明显，据中国青少年研究中心2006年调查，从收入水平看，新生代农民工的工资水平总体不高。新生代农民工收入在1501元—2000元之间的人占16.9%，1001元—1500元的人占21.6%，701元—1000元的人占26.6%，501元—700元的人占23.4%。其中能准时或基本准时拿到工资的人占75.3%，偶尔被拖欠的人占17.4%，经常被拖欠的人占7.3%②。有稳定高收入水平的新生代农民工更愿意实现市民化，而且他们也有能力实现市民化。如果在缺乏市民化意愿和能力的情况下，忽视新生代农民工在市民化中的主体性地位，这样的市民化只能是伪市民化，而不是新生代农民工想要的市民化，因此在市民化的过程中需要真正走入这一群体，充分了解新生代农民工群体的真实需求。

（三）不同区域地方政府需求的非均衡

我国区域经济发展严重不均衡，不同经济发展水平的地方政府对市民化的内在需求是不一样的。首先大中城市和小城市对市民化需求的非均衡。一方面地处沿海地区的大中城市由于面临着人口、交通、住房、治安、教育等公共服务持续不断增长的压力和有限资源的限制，在中央政府没有强力推动和有效的激励机制下，它们一般对新生代农民工市民化的需求是消极的。而另一方面随着产业结构的优化转移，产业集聚区的建立发展以及民工荒的不断蔓延，对于正处在不断发展中的中西部地区中小城市地方政府来说，由于需要更多的劳动力支撑地方经济发展，它们对新生代农民工市民化的态度则是比较积极肯定的，对市民化的需求相对强烈。其

---

① 夏显力、张华：《新生代农民工市民化意愿及其影响因素分析》，《西北人口》2011年第2期。

② 长子中：《新生代农民工面临的城市困境》，《经济参考报》2010年1月12日。

次流入地政府和流出地政府对市民化的需求也存在着不均衡。流出地地方政府希望通过新生代农民工市民化，获取农民的土地权益，促进农村经济社会的快速发展，他们对新生代农民工的市民化具有一定的推动作用。而流入地政府对市民化的态度则是不确定的。因此在推进市民化的过程中需要注意区别不同区域经济发展的差异以及对市民化的态度，统筹兼顾流出地政府和流入地政府的利益。

新生代农民工市民化过程中不同利益主体的需求是多元化的，对市民化的态度也不完全相同。即使作为市民化对象的新生代农民工群体的内部也存在着严重的群体分化，存在着不同的利益需求。新生代农民工的市民化是新生代农民工、中央政府和地方政府相互作用下共同推动的结果，如果他们之间的利益需求存在严重失衡，快速推进新生代农民工的市民化将难以达到理想中的目标甚至可能损害农民工的利益。

二 非均衡：新生代农民工市民化的具体路径选择

由于新生代农民工市民化过程中不同利益主体需求的非均衡性以及不同地方政府市民化供给能力的差异性，新生代农民工市民化的具体路径选择应该是非均衡的，即应循序渐进式地推进新生代农民工的市民化。

（一）市民化对象的非均衡

新生代农民工作为市民化的对象，在市民化的进程中是非均衡的。市民化对象的非均衡源于不同对象市民化的意愿和能力不同。新生代农民工作为市民化的主体和对象，在市民化过程中对于市民化的需求和供给能力是不均衡的。只有那些需求愿望强烈而且有着一定供给能力的群体才有可能首先成为市民化的对象，因此在市民化的过程中必须尊重新生代农民工的主体性选择，根据主体的需要和能力推进市民化，对于有技术、有能力且愿意在城市就业的群体可以放开各种政策壁垒，而对于那些没有强烈市民化意愿和能力的群体则可保留现状。我们可以根据新生代农民工来源的差异、与土地关系的不同、教育程度和工资收入水平的差异等有所区别地推进新生代农民工的市民化。对于城市新生代农民工、无地新生代农民工等具有更强烈市民化意愿和具有较高收入水平、教育程度的新生代农民工以及具有更强市民化能力和具有较强适应城市文化能力的新生代农民工率先推进市民化。也即是说新生代农民工的市民化必须考虑不同新生代农民工主体的愿望和能力的差异性，分层分类推进其市民化的过程，这既减少了其市民化的风险，同时也不会对城市提供公共服务能力造成太大的压力[①]。因此在市民化对象的选择上可以从无地农民工、大学生农民工、已婚农民工以及有着稳定工作高收入的农民工着手，循序渐进地推进新生代农民工的市民化。

（二）市民化区域的非均衡

由于存在着严重的区域经济社会发展差异，不同区域对于市民化的态度和接纳能力不尽相同，在具体的政策选择上应该根据不同区域对市民化的态度和接纳能力的差异有选择地推进市民化。对市民化区域的选择可以从两方面考虑：一方面必须考虑市民化所在城市对农民工的需求和接纳能力，另一方面可以从新生代农民工市民化的成本考虑。综合以上两个因素，新生代农民工市民化的区域应该主要集中在中小城市，特别是中西部地区的中小城市和小城镇。从就业和创业的角度看，中小城市和小城镇更适合新生代农民工的生存与发展。从生活成本来看，新生代农民工难以在较大城市立足，中小城市和小城镇才是他们既能离开农村享受城市现代生活，同时又能支付生活成本的理想之地[②]。从区域均衡发展的角度来看，中小城市区域的市民化是缩小区域经济差距的重要手段，是实现劳动力、资金等生产要素的合理配置的重要方式。因此地方政府要为新生代农民工在中小城市落户提供更多的就业机会以及更好的工作环境，加快县域经济发展，积极抓住产业转移的有利时机，促进特色产业、优势项目向县城和重点城镇集聚，提高城镇综合承载能力。

（三）市民化内容的非均衡

很多人认为新生代农民工的市民化首先需要改变的是城乡二元户籍制度，但笔者认为这并不是最重要的，因为户籍制度改革是一个长期的系统性工程，并不是骤然间能实现的。即使在中央政策的强制推动下能够放开户籍，但如果不能改变执行过程中非均等化的公共服务，新生代农民工市民化后并不能增加其社会福利。如果不加选择和不考虑实际情况地盲目推进户籍制度改革，最终也只能是伪户籍改革。因此在市民化内容的选择上可以着眼于农民工最关心、最现实、最迫切的利益需求，在户籍制度没有

---

① 黄闯：《异质性视角下新生代农民工市民化策略》，《南都学坛》2012年第1期。

② 李卫东：《新生代农民工市民化与中小城市、小城镇发展》，《思想政治工作研究》2010年第3期。

大的更改的前提下切实改善农民工在城镇的生存发展环境，强化农民工市民化的利益导向机制，推进教育、就业、住房等部分公共服务体系均等化，逐步实现新生代农民工的市民化。

第一，推进均等化的教育福利。对于已婚的新生代农民工来说，他们最无法割舍的是留守在农村的孩子。为了解决新生代农民工子女教育的后顾之忧，改变现有的留守儿童所处的不利境况，可以从教育福利打开突破口放开城市的公共教育，让新生代农民工子女享受均等化的城市公共教育福利，谨防农民工子女仍是农民工的无奈选择。享有均等化的教育福利，既是实现社会公平的需要，也是阻断农民工代际传递的最好途径。

第二，完善新生代农民工的就业保障机制。新生代农民工就业保障机制的不断完善是提高其市民化能力的重要保证，只有实现其稳定的就业而且能有体面的收入才能真正地增强其应对社会风险的能力。就业是新生代农民工在城市立足的根本，但是新生代农民工的就业形势依然严峻。一方面新生代农民工的就业技能有待提高。随着经济全球化进程的加快，产业结构的不断优化升级，新生代农民工现有的就业技能无法满足未来就业形势的需要。另一方面新生代农民工的就业环境差，就业工资收入水平低，就业保障机制不健全，这都无助于其在城市社会的稳定生活。据调查，新生代农民工群体中有23.8%的人从事过危险、有毒、有害的工种或岗位，46%的女性在孕期、产期、哺乳期未享受到特殊保护，39.7%的单位没有提供必要的劳动保护用品，57.6%的新生代农民工不知道有关伤亡补偿的相关规定[1]。因此，现时期政府工作的重点应该是完善新生代农民工的就业技能培训，提高其工资待遇，改善其工作环境，加强就业监管，完善社会保障体系，让新生代农民工享有一般劳动者应该具有的各种权利。

第三，推动新生代农民工的住房保障建设。住房问题是新生代农民工最关心的问题之一，城市不断高涨的房价早已超越了大多数新生代农民工所能承受的经济底线，而现有的住房保障体制也没有把他们纳入其中。因此为了减少新生代农民工市民化过程中的经济负担以及市民化后的社会风险，必须把新生代农民工住房问题纳入到地方政府的住房保障体系之中。

新生代农民工的市民化作为解决新生代农民工问题的最终路径，将是

---

[1] 《调查称新生代农民工融入城市难过住房物价两道槛》. http://www.chinanews.com/gn/2012/04-05/3796044.shtml.

一个长期的非均衡发展的过程。因此在推进的过程中必须考虑中央、地方以及新生代农民工等不同主体在市民化过程中利益需求的多元化，必须要根据新生代农民工和不同区域地方政府对市民化的态度、意愿，以及现有的制度供给能力，合理统筹安排市民化的非均衡型发展路径，循序渐进地推进新生代农民工的市民化。

（原文发表于《当代青年研究》2012年第5期）

个性和理性：新生代农民工就业
行为短工化分析

黄 闯

摘 要：新生代农民工在城市的稳定就业是提高其工资收入水平、消解民工荒、顺利实现市民化，以及维护社会稳定的重要条件，但是，现时期新生代农民工就业短工化却成了其就业行为的一个重要特征。新生代农民工就业行为的短工化不利于其工资收入水平的提高，增加了企业的负担，对市民化政策的稳步推进也将产生不利的影响。新生代农民工就业行为的短工化既是其个性特征的一种彰显，也是其理性行为的选择。新生代农民工就业短工化行为的改变需要新生代农民工个人、企业和政府的共同努力。

关键词：新生代农民工；就业短工化；个性；理性

在城市的稳定就业是新生代农民工提高工资收入水平、顺利实现市民化和缓解民工荒、维护社会稳定的重要条件，但是，现时期新生代农民工就业行为的短工化却成了其就业行为的一个重要特征。新生代农民工就业短工化是指新生代农民工在不同工厂、不同城市、不同工种之间短时期的就业行为，实际上是就业行为的不稳定状态。现在媒体所广泛报道的厂漂、工漂和旅游式打工等概念都是新生代就业行为短工化的具体表现。根据清华大学社会学系与工众网联合发布的《农民工短工化就业趋势研究》：当前我国农民工就业呈现短工化趋势，表现为工作持续时间短，工作流动性高。同时，年龄越小的农民工、女性农民工变换工作的频率较高。其中，25%的人在近7个月内更换了工作，50%的人在近1.75年内更换了工作。农民工每份工作的平均持续工作时间都不长，大约在2年，而两份工作的时间间隔长达8个月。2000年起进入劳动力市场的农民工，平均每份工作持续3.8年，而2008年进入劳动力市场的农民工平均每份工作只持续了1.4年，年龄越小的农民工，就业越趋于短工[①]。根据农业部长韩长赋统计测算，2010年新生代农民工中只有20%在城市稳定就业，近80%处于不稳定状态[②]。因此，研究新生代农民工就业短工化导致的负面影响，分析新生代农民工就业短工化的原因以及如何促进新生代农民工的稳定就业显得非常重要。新生代农民工就业行为的短工化既有主动自愿选择的短工化，如个性彰显以及理性的选择，也有被动非自愿选择的短工化，如企业的搬迁、倒闭等。被动短工化并不是一种常态，因此，本文对新生代农民工就业短工化原因的分析主要侧重于其主动的自愿选择的就业短工化。

一 新生代农民工就业短工化行为的负面影响

新生代农民工就业短工化行为不论对新生代农民工、企业还是社会的稳定与发展都存在一系列的负面影响。

（一）从新生代农民工角度来说，就业短工化行为不利于其职业发展和长远规划导致个人技能的缺失

就业技能的提升是需要长时间的工作经验的积累才能够实现的，而频繁更换工作不利于其就业经验的积累和就业技能的提高，影响其后续就业。就业行为的短工化对于新生代农民工来说只是一种暂时的状态，如果有机会，他们仍然会稳定就业。但持续的短工化不仅造成就业技能缺失，而且容易给雇主造成不好的印象。特别是在民工荒的背景下容易给新生代农民工一个假象，即无论怎样改变就业都会很容易地重新再次就业，导致其对不同工作之间盲目比较，无法把握下一个工作机会一定比现在的好，可能会陷入继续短工的就业行为，即陷入一种就业——失业——继续寻找工作——就业的循环之中。清华大学《农民工短工化就业趋势研究报告》的调查结果显示，38%的农民工在辞职后处于失业状态，而且失业状态平均持续半年左右。

短工化最终可能导致农民工处于不断的失业、寻找工作的状态，导致

[①] 耿雁冰：《薪酬低、缺保障：新生代农民工就业"短工化"》，《21世纪经济报道》2012年2月8日。

[②] 韩长赋：《关于新生代农民工问题的调查与思考》，《光明日报》2012年3月16日。

收入不稳定。从短期看,短工化可能会增加新生代农民工收入,但从长期看,不利于其工资收入水平的提升。新生代农民工个人工资收入水平与其工作技能、工作时间的长短有着密切的关系,而长时间的短工化既不利于其工作技能的积累,也不利于其长期处于在岗工作状态,不利于建构社会支持网络。

频繁地更换工作使新生代农民工无法建立熟悉的社会圈子,缺乏有效的社会关系网络,缺乏归属感,不利于心理压力的排解,同时影响个人生活的稳定性。频繁流动性的就业状态不利于建立健全完善的社会保障体系,无法获得有效的社会保护。

(二)从企业角度来说,增加了企业的负担

对于用人单位来说,一方面,短工化让熟练工数量减少,增加了企业的培训成本和招工成本,而且增加了人力资源管理的难度。另一方面,不利于企业的产业结构调整和优化升级。新生代农民工在工厂之间频繁跳槽导致了企业人员的不稳定,进一步加剧了企业的用工荒。企业如果没有一支稳定的高素质技工队伍作为支撑,就很难实现产业结构调整和优化升级。

(三)从社会角度来说,不利于市民化政策的推进,影响社会稳定

一方面,新生代农民工就业的稳定性是其顺利实现市民化的重要保障,而不稳定的就业行为则阻滞了其市民化的步伐。新生代农民工的市民化是需要成本的,但短工化导致其市民化的经济成本缺乏。另一方面,处于短工化就业状态不利于新生代农民工的社会保障体系建构。如果有相当一部分的社会群体在频繁流动、更换工作,或者暂时失去工作而且缺乏各种社会保障制度的保护,累积到一定程度,就会成为一个很大的社会问题,直接影响到社会的和谐稳定。

二 新生代农民工就业短工化行为的原因

无论是第一代农民工还是新生代农民工,绝大多数人初始工作和目前工作相比,工种并没有发生变化。这说明农民工进城之后,虽然在不同的单位频繁地换工作,但绝大多数都依然从事同样的工种,并没有带来职业的变动和社会地位的提升。从社会流动的角度来看,他们的"跳槽"多数是一种"原地踏步"[①]。那为何新生代农民工群体仍然钟情于短工化的

---

① 许传:《农民工的进城方式与职业流动》,《青年研究》2010年第3期。

就业行为呢？我们认为新生代农民工就业行为的短工化既是新生代农民工个性彰显的表现也是其理性选择的结果。

（一）个性的彰显

与第一代农民工相比，新生代农民工具有明显的个性化特征。

首先，新生代农民工外出就业的目的多元化。第一代农民工外出就业的目的非常明确，主要是打工挣钱，但新生代农民工外出就业的目的不再单纯是打工挣钱，外出就业动机从"改善生活"向"体验生活、追求梦想"转变①。"看看世界，享受生活"成为很多新生代农民工务工的动机，"灯红酒绿"成为他们内心的向往与追求，城里人的"潇洒"成为他们的预想目标与竞相模仿的对象，"下馆子、光顾网吧、迪厅、酒吧、溜冰场、K歌、看电影"等成为他们"引以为豪"的身份标识②。他们不愿意再重复父辈那种单调乏味年复一年程式化的以挣钱为唯一目的的生活方式，他们有了更多的对于个人生命历程的体验。他们更多的是把外出打工作为一种生活方式，对生命的体验式需求不断增长。他们通过对不同的工厂、不同的城市和不同的职业变换增加生活的丰富性。之所以敢于在不同的工作岗位间飘移，是因为他们不再是为了赚钱，而把工作当作是生活的一部分。他们需要找到适合自己的工作，所以就要行动起来不断地寻找机会。

其次，新生代农民工对劳动权益诉求提高。新生代农民工对劳动权益的诉求，从单纯要求实现基本劳动权益向追求体面劳动和发展机会转变。新生代农民工就业时对工作的要求不仅要有好的工资收入、好的工作条件、工作环境和福利待遇，而且还要有自己能够自由支配的时间。他们对于生活的追求更高，为寻求更合适的就业岗位而不在乎就业的暂时不稳定，如果现有的工作岗位无法提供体面的劳动，他们就可能选择持续短工化状态。

再次，新生代农民工有了更多的对自由、民主等现代价值观念的认同与渴望。新生代农民工的文化水平较之上一代有了很大的提高，大多数都接受过正规的九年义务教育，甚至有一些人接受过高等教育。他们接受自

---

① 管雷：《网络时代的新生代农民工：农民工的换代与转型》，《中国青年研究》2011年第1期。

② 卞桂平、张朝霞：《新生代农民工主体意识研究》，《理论探索》2010年第3期。

由、民主等价值观念，而短工化的灵活就业行为摆脱了工厂苛刻的工作纪律和工作要求等对自由的束缚，这正是他们所追求的状态。当然，随着年龄的不断增长，阅历的不断丰富，他们的个性也会不断消减，从个人生命历程的角度来说，这是他们这个群体在特殊年龄阶段的一种自然选择。

（二）理性的抉择

就业行为的短工化不仅是新生代农民工群体个性彰显的一种表现，同时也是其理性的行为选择。

虽然在民工荒的背景下，新生代农民工在就业过程中有了更多自主性的选择权，但这并不是意味着他们在就业过程中居于主导地位。实际上，他们在就业中仍然处于相对的弱势地位。新生代农民工之所以选择短工化的就业方式，也是他们对个人的人生定位和企业的理性选择的一种结果。

对人生定位的理性选择。大多数新生代农民工都是从校门直接进入了城市或城市中的某个工厂，普遍比较年轻，缺乏社会经验。有关调查显示：新生代农民工的平均年龄为23岁左右，初次外出务工年龄更低，基本上是一离开中学校门就开始外出务工。在新生代农民工中，"80后"平均为18岁，"90后"平均只有16岁，相比传统农民工初次务工的平均年龄26岁有大幅度的提前[1]。清华大学社会学系2011年底对全国2043位农民工所做的就业趋势研究表明，农民工短工化趋势随年龄减小而增强，新生代农民工短工化趋势更明显。这也就意味着，由于所处年龄阶段的特殊原因，新生代农民工并没有一个明确而清晰的人生定位。新生代农民工带着对传媒中、社会上成功人士的羡慕和崇拜迈出校门进入城市，期盼通过自身的努力实现美好的梦想。但是，他们的心智发展尚未成熟、思想尚未稳定、身份认同尚不清晰，而对铺天盖地、瞬息万变的信息和复杂的社会环境，确定具体职业发展目标的能力仍旧不足。他们并不知道要什么、能做什么以及不能做什么，所以总在不停地尝试，从一个工种到另一个工种，从一个企业到另一个企业，从一个城市到另一个城市。他们用这样一种体验的方式来定位自己未来的归属，完善年轻而又模糊的梦想。正是因为有着各种梦想，所以他们不断地变换着工作的城市、工作内容和工作单位，以期最终能够寻求一份适合自己的工作。

---

[1] 全国总工会课题组：《关于新生代农民工问题的研究报告》，《工人日报》2010年6月21日。

对企业的理性选择。短工化就业行为是新生代农民工对企业工资待遇、福利、工作环境及其未来发展的一种综合考虑之后的理性选择。

首先,新生代农民工就业短工化与企业能够提供的工资福利待遇等密切相关。虽然新生代农民工不再把挣钱作为外出务工的唯一目的,但是,企业的工资福利待遇仍然是他们非常重视的方面。如果企业不能够提供与期望相符合的工资福利待遇,他们会选择离开。新生代农民工频繁更换工作,意味着他们对于工作岗位、工作环境以及福利待遇等有着更高的要求。与此同时,在信息化的背景下,新生代农民工获取不同工厂间的工资信息的能力不断增强。当不同企业之间出现员工工资与福利待遇的差距时,农民工为寻求较高的工资待遇,会选择不断"跳槽"。由此可见,农民工"跳槽",一方面,是为实现人力资本增值的"理性选择";另一方面,从劳资关系角度来看,农民工的高离职率,实际上是对企业工资待遇的不满,是一种无声的抗议。所以,城市间转移才会因此成为新生代农民工的常态,以至于"流动"已经演变为新生代农民工的基本生活状态,他们在不同城市、在同一城市的不同工厂之间穿梭,形成不息的潮流[1]。

其次,短工化与企业不完善的用人机制密切相关。对于大多数的企业来说,对农民工是"取而不予,用而不养"。与城市劳动者相比,农民工面临"同工不同酬,同工不同时,同工不同权"的不公平待遇,多从事脏、累、苦、险性质工作,员工待遇差[2]。企业并没有把农民工的未来职业发展和职业培训作为其人力资源管理的重要组成部分。新生代农民工外出务工的动机已经从生存理性向发展理性转变,更加看重自身技能的提升以及权利的实现,更加在意就业岗位与实现自身发展之间的关系。如果企业现有的工作岗位无助于其未来的职业发展,他们只能继续寻找能够实现其未来发展需要的工作岗位。实际上,由于技能的缺乏,新生代农民工所从事的工作大多数是缺乏技术含量的工作岗位,如果企业没有完善的用人机制,不能够提供系统化的培训,短工化必然成为一种常态。

再者,短工化与新生代农民工的维权困难密切相关。新生代农民工有着较强的维权意识,却没有足够的维权能力。新生代农民工权益受损的现象较为多见,由于没有有效的维权机制,他们就采取短工化的方式维护个

---

[1] 刘亚红:《新生代农民工的"变形"生存》,《中国青年政治学院学报》2012 年第 3 期。
[2] 辜胜阻:《反思当前城镇化发展中的五种偏向》,《中国人口科学》2012 年第 3 期。

人的权益，抗议企业不正当的行为。

三 新生代农民工就业短工化行为消解的对策

从长期看，新生代农民工就业短工化无论对于企业、个人还是整体社会而言都是不利的，因此，必须寻求有效对策减少新生代农民工就业短工化行为，促进其稳定就业，维护其长远利益，促进社会和谐稳定发展。

（一）加强对新生代农民工职业规划的教育和引导

新生代农民工就业的短工化虽然是理性选择的结果，但也反映了他们缺乏长远的职业规划。减少新生代农民工就业的短工化行为必须加强对他们的职业规划教育和引导。要增强他们对个人和社会的认知能力，使其逐渐形成对于自身发展的远景设计规划。对于企业来说，要关注新生代农民工未来长远职业发展，把他们看成人力资源发展中不可缺少的一部分，给他们一个能够真正的发挥潜能的舞台。对于政府来说，要提供有利条件，完善农民工的职业培训体系，消除其职业发展中的不利因素。

（二）优化产业结构，提升新生代农民工的就业技能

新生代农民工之所以选择短工化的就业行为，一定程度上与他们的就业状态和我国的产业结构密切相关。虽然教育水平有所提高，但新生代农民工的就业岗位仍然是以一线生产或服务人员为主，大多集中在制造业、建筑业和服务业等劳动密集型产业。他们从事着脏、累、苦、险的职业，就业层次和技术含量较低。能够在不同的企业、不同的岗位、不同的城市和工厂之间顺利转换就业，意味着他们的就业岗位并不需要多高的就业技能。实际上，新生代农民工本身的工作能力也是欠缺的。据有关的调查，当问及新生代农民工的工作能力时，有57%的企业认为工作能力一般，34%的企业认为很强，另外还有9%的企业认为比较低[1]。大量的新生代农民工在其工作能力一般的情况下，仍然选择频繁地更换工作就说明了很多工作岗位并没有很高的技术含量。因此，要减少新生代农民工就业的短工化行为，增加其就业的稳定性，优化我国的产业结构，提升工作岗位的技术要求。同时，还要加强新生代农民工的技术培训，提升其就业技能，满足我国产业结构转换对高素质技术工人的要求。

---

[1] 刘光辉、张建武：《新生代农民工就业情况调查分析》，《宏观经济研究》2011年第11期。

（三）逐步打破新生代农民工就业的政策性壁垒

要缓解当前新生代农民工就业短工化行为的不利影响，需要国家作出相应政策调整，做好配套改革措施，逐步破除城乡二元结构，逐步打破现有的政策性壁垒，推进公共服务的均等化。首先，继续稳步推进新生代农民工市民化政策，增强其对就业城市的归属感和社会适应性。城乡二元结构使得农民工无法真正扎根城市，增加了其在不同城市流动的概率，而市民化能够增加其对工作城市的归属感和社会适应性，减少其在不同城市间的工作变换的频率。其次，完善新生代农民工的劳动保障机制。新生代农民工在就业的过程中缺乏劳动合同的保护以及不完善的社会保障体系，减少了其在不同工作单位之间流动的机会成本。如果新生代农民工就业时能有劳动合同的保护以及完善的社会保障体系就会增加其对工作单位的归属感和频繁更换工作的机会成本。再者，优化新生代农民工的晋升机制。新生代农民工之所以在没有明显提升其工资福利待遇的情况下继续选择短工化，一定程度上与其工作单位无法给予其长远的预期相关。如果企业内部有着相对比较完善的上升流动机制，就会减少其流动的可能性。从社会体制来看，由于户籍制度以及依附于户籍制度之上的人事制度、干部选拔制度的限制，使得农民工只能是单位的临时工或"编外人"，他们的工作业绩、资历和地位难以累积[①]。因此，对已经具有较高技术水平的农民工应给予技术职称认定，从而实现农民工自身的结构转型。有技术的农民工进入到专业技术阶层的队伍，就会增强企业内部工作队伍的稳定性。最后，加强新生代农民工的文化建设，增强他们对企业的归属感。新生代农民工是在我国总体进入小康、农村摆脱贫困的条件下成长起来的，他们从小生活在改革开放经济社会快速发展的社会环境中，进城打工不是为了生存的需要，而是为了自身更好的发展、自我价值的实现。他们不仅追求更高的物质生活，而且追求更好的精神生活，因此，不断完善新生代农民工的文化建设，提升其文化福利、增强其对城市和企业的归属感将会减少其就业的短工化行为。

（原文发表于《中国青年研究》2012年第11期）

[①] 庄西真：《是非"短工化"》，《职教论坛》2012年第7期。

农业现代化视野下的农民素质教育

时树菁

摘　要：农民素质现代化是农业现代化的重要条件，农业现代化对农民素质提出了各方面要求而我国农民整体素质偏低，提高农民素质也存在着重重困难。因此必须采取各种措施推进农民素质教育，保证农民素质不断提高。

关键词：农业现代化；农民素质教育；农民素质现代化

农村现代化的关键是推进农民素质现代化，显然，我国农民整体素质距离现代化有相当大差距，因此，在现代化的进程中，提高农民素质十分重要。

一　现代化对农民素质的要求

农业的主体是农民，只有拥有一批掌握现代化科学技术的高素质农民，才可能顺利实现农业的现代化。具体而言，农业现代化对农民素质提出的要求如下：

（一）思想素质和心理素质

作为现代农民，首先要有强烈的主体意识，热爱农村，乐于为农村贡献力量。同时现代农民应具有现代意识、创新意识、创新精神和创新能力。具有坚定的心理品质和健康的心态，务实求真，坚忍不拔，经得起成功和失败的考验。

（二）知识素质

知识素质包括文化基础知识、现代科技知识、专业基础知识和专业知识，是现代农业劳动者所必须具备的基本知识。现代农民要具备学习和提高的基本文化素质，不仅能适应当前工作岗位的需要，而且也是知识再生和迁移、进一步学习与提高以适应将来岗位变换的基础能力。要具有一定的现代科学文化知识，对新科技有接受和应用的能力，能较快地吸收先进的科学技术和有效地提高生产劳动效益。还要有相应的专业技能，了解农业产业的特殊规律，掌握先进的操作技术和现代化农具的使用方法。

(三) 身体素质

农民的生产活动经常处于自然条件下，因此，要求农民具有强健的体魄和旺盛的精力，能胜任一定强度体力劳动和脑力劳动，适应现代社会生产和生活节奏。

(四) 经营管理素质

现代农民要具有现代商品经济意识和市场观念，具备经营意识和经营能力，善于捕捉市场信息，果断决策，善于抓住各种机遇，精于经营，注重实效。同时，现代农业是高效的、集约化的农业，要求用科学方法管理农业经济活动，农业劳动者应具备较强的管理能力。

二 提高我国农民素质过程中存在的问题

(一) 农民素质整体状况不佳

现代农业对农民素质提出了极高的要求，但我国目前农民的整体素质状况却令人担忧，成为制约农业现代化发展的重要因素。

从思想心理素质看，缺乏主体意识，因循守旧，墨守成规，不思进取，缺乏创新精神，认为自己不行，不愿尝试，认为农业就是靠天吃饭的传统产业，容易满足，缺乏长远眼光，一遇挫折就回头，嫉妒心强，一旦有人致富出头，就成为众矢之的。从科学文化素质上看，在我国农村劳动力中，文盲、半文盲为8.96%，平均受教育年限为7.4年。在一些贫困地区，这些指标更低。而发达国家农业劳动力的平均文化程度目前已达到12年以上。发达国家，每万名农业人口中拥有农业科技推广人员30—40名，我国仅为5名。农民的科技文化素质低下，对新技术的吸收和创新能力差，我国农业科技转化率只有30%—40%，仅为发达国家的一半，大量的新科技不能转化为农业生产力。从身体素质上看，2002年农村人口的平均预期寿命为70.1岁，低于城市71.5岁的平均水平。缺乏优生优育观念，还存在着近亲结婚、残疾人或智障者互相结婚的愚昧观念，先天性遗传疾病患病率也明显高于城市。

（二）提高农民素质困难重重

1. 难度较大

这些年农村大量人口转移到城市，从转移趋势看，是高素质农民逐渐从农村进入城市。已经转移出去的是年轻、文化高、头脑活的农村精英，而留在农村的大多数是年纪大、文化低，无法转移出去的人员，越是贫穷落后地区这种趋势越是明显。这样，一方面随着能人、精英的转移，留在农村的人员整体素质将越来越低；另一方面留在农村的人员由于原来的基础素质较低，再加上年龄偏大，因此提高他们的素质就更加困难。

2. 参差不齐

农民个体的情况复杂，年龄、文化程度、智力、从事的生产活动差异都很大，这就决定了不可能同步提高所有农民的素质，更不可能将所有农民的素质都提高到同等层次、同等高度。

3. 缓慢进步

近年来农民整体素质不断提高，但是农村青年中能够受到高中以上教育的人仍然是少数。从文化教育指数来看，农民的受教育年限在过去的13年间平均每年仅以0.09年的速度提升，提升速度非常缓慢。

4. 代际传递

随着经济社会的发展，后代的素质从总体上来说会比以前一辈有所提高，但父辈的受教育状况往往影响到子女的教育，高素质的人一般会孕育更高素质的子女，因为素质更高则会更注重教育和科学。因而，农村人口素质整体上较低，代际间的传递性使得农民素质整体水平较低且进步缓慢。

三　推进农民素质教育的对策

（一）以教育培训为基础

农民素质不高的根本原因是教育落后，因此，目前应充分利用已经形成的农业教育体系，发挥高中等专业技术教育、农民技术教育和农村基础教育在推进农民素质现代化上的优势，努力造就一大批有文化、懂技术、善经营、会管理的新型农民。高等农业院校要根据农业和农村结构调整的需要，为农村培养和输送大量的专业人才，除接收社会统招的学生外，还可以定向委托代培，使更多的人才流向农村。

要建立起包括中等专业技术学校、农业广播电视学校、农民科技学校等各类培养中、初级人才的基地。各类中等专业技术学校要扩大面向农村招生的规模,把农型职业中专办成能培养地方农业实用人才的"自留地"。

目前,农民技术教育已形成以县为龙头、乡为主体、村为补充的三级农村成人教育网络体系。今后要把乡镇成人学校办成集教育培训、生产示范、科技推广、咨询服务为一体的新型学校,使之成为提高农民技术素质的重要阵地。还要继续加强对农民进行"绿色证书"培训,推行凭"绿色证书"上岗制度。

继续加大基础教育投入,改善中小学办学条件。调整农村办学方向,从以基础教育为主逐步调整到基础教育与技术教育相结合的方向上来,增开农业生产技术的课程,把单纯的升学教育转移到农业和农村经济建设服务的素质教育轨道上来。

(二) 以典型示范为导向

通过不同形式的典型示范,组织农民现场观摩学习,从而产生示范效应。因地制宜选择具有地方特色、效益好、辐射面广的龙头项目和技术产业形成示范基地。通过理论和实际的结合,带动农民种养技能和科学素质的提高,促进区域经济格局的形成。

"科技示范户"是农村经济大潮中涌现出来的先进典型。他们科学文化素养较高,市场经济知识丰富,能够运用先进的科学技术改造传统农业,收入水平也高于当地农民,拥有技术、资金、设备等方面的优势,又生活在群众中,说服力和感召力很强,具有较强的可学性。因此要大力培养、扶持"科技示范户"当样板,以收到一户带多户的效累。

(三) 以经营文化环境为依托

开展精神文明创建活动,营造积极、健康、向上的文化环境,要把农村的文化环境建设作为提高农民素质的一项基础工作建设好。

加强文化阵地建设是提高农民素质的重要条件和保证。要建设好包括农村广播电视网、村镇文化站、图书室、阅报栏、电影放映点以及农民夜校等文化阵地,用健康向上的文化占领农村阵地。

坚持开展文化科技卫生"三下乡"活动,丰富农民的文化生活。新闻、出版、文化、影视部门也要为农民提供优秀的书刊、戏曲、电视电影,用健康向上的文化艺术占领农村阵地。

通过组织文明户、文明村镇、科技示范户、遵纪守法户、勤劳致富户、文化中心户的创评，有机地融入新时期农民应具备和应确立的道德规范和生活准则，自觉摒弃旧观念、旧习俗，自觉形成文明意识、自觉规范言行。

（四）资金投入为保证

没有投入就没有产出，推进农民素质现代化需要多渠道增加资金投入，从而为农民素质现代化提供物质保证。

保证国家对农业的投入。一是增加农业事业费投入，稳定农业科技推广队伍。农业科技推广工作是提高农民素质的重要环节。目前，我国的农业科技推广投资强度偏低，甚至低于世界低收入国家平均投资强度。由于农业科技推广投资的不足，使我国正常的农业技术推广活动受到较大的影响，这在一定程度上影响了农民科技素质的提高。二是增加农民教育与培训费。如果仅采取市场化的方法，大部分农民难以交得起学费，所以需要国家的投资。

通过宣传，使农民观念逐步更新，思想逐步解放，让农民意识到教育的价值，切身体会到高素质对他们的帮助，把观念由勤劳致富转变到智力投入加勤劳致富的轨道上来，唤起农民自觉对教育的投入和重视。

参考文献

[1] 梁兴英、林琳：《浅析农民素质现代化与农村现代化》，《莱阳农学院学报》2003年第3期。

[2] 姚献华、丁文恩：《农民素质存在的问题与对策研究》，《农业经济》2005年第7期。

[3] 李治邦：《论农村教育与现代化》，《中国农学通报》2003年第2期。

（原文发表于《中国成人教育》2008年第3期）

基层治理视角下的社会工作与公民意识培养

席晓丽①

摘　要：十八届三中全会提出了国家治理体系和治理能力现代化的目标，基层治理是国家治理的重要一环。社会工作作为基层治理的重要手段，其最重要的"正外部性"社会效应，就是在公民意识培养方面所发挥的重要作用。

关键词：基层治理；社会工作；公民意识

一　社会工作是基层治理的重要手段

（一）从社会管理到社会治理的转变

党的十八届三中全会提出"创新社会治理，必须着眼于维护最广大人民根本利益，最大限度增加和谐因素，增强社会活力，提高社会治理水平"。用社会治理取代社会管理，表明了党和政府在执政理念上的重大转变。

社会管理依托行政权力和垄断资源，依靠自上而下的动员和命令来开展活动，以期达到社会稳定的效果。尽管这种思维取向在特定形势与环境下能够实现即时目标，但是许多问题和矛盾并没有从根本上得到解决，而且助长了人们对政府资源的依赖，不利于自主自立的公民意识培养；同时，包办式的社会管理导致无限责任政府，当无限责任难以履行时则容易导致政府公信力下降。随着经济社会的快速发展，这种静态的以管控为目的的社会管理思维需要向社会治理的新思维转变，社会治理因而被赋予了

---

①　作者简介：席晓丽，女，1971年出生，南阳师范学院政治与公共管理学院副教授，管理学博士，主要从事社会工作研究。

户、文化中心户的创评,有机地融入新时期农民应具备和应确立的道德规范和生活准则,自觉摒弃旧观念、旧习俗,自觉形成文明意识、自觉规范言行。

(四)资金投入为保证

没有投入就没有产出,推进农民素质现代化需要多渠道增加资金投入,从而为农民素质现代化提供物质保证。

保证国家对农业的投入。一是增加农业事业费投入,稳定农业科技推广队伍。农业科技推广工作是提高农民素质的重要环节。目前,我国的农业科技推广投资强度偏低,甚至低于世界低收入国家平均投资强度。由于农业科技推广投资的不足,使我国正常的农业技术推广活动受到较大的影响,这在一定程度上影响了农民科技素质的提高。二是增加农民教育与培训费。如果仅采取市场化的方法,大部分农民难以交得起学费,所以需要国家的投资。

通过宣传,使农民观念逐步更新,思想逐步解放,让农民意识到教育的价值,切身体会到高素质对他们的帮助,把观念由勤劳致富转变到智力投入加勤劳致富的轨道上来,唤起农民自觉对教育的投入和重视。

参考文献

[1] 梁兴英、林琳:《浅析农民素质现代化与农村现代化》,《莱阳农学院学报》2003年第3期。

[2] 姚献华、丁文恩:《农民素质存在的问题与对策研究》,《农业经济》2005年第7期。

[3] 李治邦:《论农村教育与现代化》,《中国农学通报》2003年第2期。

(原文发表于《中国成人教育》2008年第3期)

基层治理视角下的社会工作与公民意识培养

席晓丽①

摘　要：十八届三中全会提出了国家治理体系和治理能力现代化的目标，基层治理是国家治理的重要一环。社会工作作为基层治理的重要手段，其最重要的"正外部性"社会效应，就是在公民意识培养方面所发挥的重要作用。

关键词：基层治理；社会工作；公民意识

一　社会工作是基层治理的重要手段

（一）从社会管理到社会治理的转变

党的十八届三中全会提出"创新社会治理，必须着眼于维护最广大人民根本利益，最大限度增加和谐因素，增强社会活力，提高社会治理水平"。用社会治理取代社会管理，表明了党和政府在执政理念上的重大转变。

社会管理依托行政权力和垄断资源，依靠自上而下的动员和命令来开展活动，以期达到社会稳定的效果。尽管这种思维取向在特定形势与环境下能够实现即时目标，但是许多问题和矛盾并没有从根本上得到解决，而且助长了人们对政府资源的依赖，不利于自主自立的公民意识培养；同时，包办式的社会管理导致无限责任政府，当无限责任难以履行时则容易导致政府公信力下降。随着经济社会的快速发展，这种静态的以管控为目的的社会管理思维需要向社会治理的新思维转变，社会治理因而被赋予了

---

①　作者简介：席晓丽，女，1971年出生，南阳师范学院政治与公共管理学院副教授，管理学博士，主要从事社会工作研究。

更丰富的内涵。

社会治理的内涵表现为政府与各个行为主体对公共生活的合作管理，强调各个行为主体的合作参与、规范治理。强调国家与各个行为主体新颖的、最佳的关系状态。[①] 社会治理的目标是追求社会的"善治"状态，即促使公共利益最大化的社会治理过程。在"善治"框架下，各个行为主体责任明晰，国家权力与社会自治分流同行。党政机构依照法律行使国家权力，社会公众依托各种社会组织实现自主、自治与自律，同时国家与社会公共生活管理实行协商合作，追求治理过程的透明性、回应性、有效性、公正性和包容性，同时强调法治精神的意义。

（二）基层治理是社会治理的落脚点

"九层之台，起于垒土"。社会治理的落脚点在基层治理，即街镇、村居（社区）及相关党政机关、企事业单位、社会团体以及广大居民群众对共同生活进行的民主、公正、规范、有序的合作治理。在单位制变化，户籍制松动的背景下，城乡社区成为基层治理的平台。基层治理要求通过理顺社区治理主体之间的责任关系，将政府的公助、各治理主体的互助与居民的自助有机统一起来，培育社区居民的公共精神，使其自觉投入到对公共生活的合作管理中来，以达到社区公共利益最大化的"善治"目标，促进社区和谐与发展。

（三）社会工作是基层治理的有效手段

我国传统的社会工作具有较强的行政化色彩。自中共十六届六中全会提出"建设规模宏大的社会工作人才队伍"到中央组织部、中央政法委、民政部等18个部委联合发布《关于加强社会工作专业人才队伍建设的意见》，我国专业社会工作取得了快速发展。不管是社会工作人才存量的专业化，还是社会工作人才增量的职业化，中国社会工作的嵌入性发展（王思斌，2011）都在社会治理过程中发挥了重要作用。目前我国社会工作的开展主要是社区为平台，社会工作发挥专业功能服务于社区发展的过程，也是基层治理通向善治的过程。

1. 社会工作的治疗功能，可以有效缓解基层民众所遇到的问题和困难

任何社会成员在其成长的过程中都会遇到困难和挫折，尤其是基层民

[①] 俞可平：《治理与善治》，社会科学文献出版社2000年版。

众、群体和社区，由于个人原因或者社会结构性原因，更有可能处于生存或者发展困境中，单靠他们自身的力量难以解决。这类治疗性的社会工作实际上就是社会救助，此类任务的数量是相当庞大的，如老人服务、残疾人服务、贫困家庭的救济、特困农村地区的社区发展服务等，都属于治疗性社会工作范畴。

2. 社会工作的预防功能，可以增强基层社会应变能力

预防性社会工作包括两个方面：一是社会工作者根据以往的经验和科学研究，预测社会变迁可能带来的问题并提出预先警报。比如老龄人口问题，新社区的支持系统乏力的问题，新工厂的建立可能产生的邻避问题等；二是增强社会成员、社会群体对可能出现的巨大变化的适应能力，提高他们对面临问题的认识能力和思想准备，鼓励他们进行必要的资源积蓄，强化其环境支持体系，对可能出现的问题作出及时而有力的反应。

3. 社会工作的开发资源功能，可以提高基层民众的全面发展

从个人角度来说，社会工作不但帮助脆弱、弱势群体寻找物质和经济资源以及国家法律和社会支持网络上的援助，而且通过助人自助的专业伦理，帮助社区居民开发个人潜能，重建社区居民的主体责任，培育社区居民的参与意识，凝聚社区治理力量；从社会的角度来说，社会工作运用专业服务来优化治理主体的关系与认知，以政策倡导协助基层社会治理部门构建社会治理新思维，通过优化社区治理体制，明晰基层社会治理的目标，建构基层社会治理的文化，努力实现社区公共利益最大化，促进基层民众的全面发展。

4. 社会工作促进社会稳定的功能，为基层治理提供了前提保障

社会工作者援救贫弱者、服务需求者的工作是既利受助人，又利社会。它调处家庭矛盾、化解邻里纠纷、解决社区问题，给人们的正常生活创造了条件，对社会秩序起维护作用。同时，社会工作者一般都是工作在一线上的人，他们更了解政策实施过程中出现的问题。社会工作者在工作过程中发现问题，及时向政策决策部门反映，对现有的政策以及政策实施中的问题施加影响，为决策者作出更科学的决策提出自己的建议，从而更好地开展工作。

二 公民意识的培养是基层治理的战略基础

（一）基层治理的特征

基层治理的精神内核是"自治"，基层治理的主要特征是多元主体的参与，即除了乡、镇、街道办事处作为政府的代表之外，还包括居民、居（村）委会（社区唯一合法自治组织）、社区非营利组织以及业主委员等社会主体对公共事务的关注、参与、协商和监督。可见城乡社区居民是否具有公民意识，能否真正参与到社区公共事务中来，对于基层治理来说意义重大。

（二）公民意识的内容

公民意识是指一国公民对于公民角色的认知心理和价值评判，包括公民对自身的社会地位、权利和义务、责任，以及对社会基本规范的认知、信念、观点和思想[①]。关于公民意识的内容，研究者从哲学、政治学、社会学、法学的角度给予多方面界定；田方林将公民意识的内容总结为：主体意识、主人意识、参与意识、交互意识、平等意识[②]。本文在此种界定的基础上，将公民意识的内容总结为自主意识、参与意识、自治自律意识和平等意识。其中，自主意识包含了主体意识和主人意识，是公民的自我人格形象定位和社会地位定位；参与意识是公民个人对"公共活动"投入意识；自治、自律意识是公民个体行动和公共行动的规则意识；平等意识是公民对社会人际关系的知觉。

（三）基层治理过程中公民意识的缺失所导致的问题

尽管我国《宪法》第33条对"公民"做出了以下规定："中华人民共和国公民在法律面前一律平等，国家尊重和保障人权。任何公民享有宪法和法律规定的权利，同时必须履行宪法和法律规定的义务。"但是在国家社会主义的传统下，社会生活中我们更多的是对公民义务的强调和对公民权利的相对弱化，公共管理等同于国家管理，城乡居民是被管理的对象。随着市场经济体制的发展和完善以及政治体制改革的逐步推行，公民意识迅速增强，但从总体而言，公民意识不足仍然是基层治理中的基础性障碍。

1. 自主意识不足导致居民社区归属感较低

社区是基层治理的基本行动单元，是承载基层公共事务的主要平台，是政府、居民、社会组织参与公共事务的交汇空间。不管是农村地区的村组，还是城市街道，社区的本质特点是居民守望相助的共同体。但是在我

---

① 刘伟：《论我国公民社会发展与公民意识的培养》，《长江论坛》2009年第4期。
② 田方林：《公民意识的理想性演绎与现实性生成》，《求实》2014年第2期。

国社会转型的过程中的"社区",既抛弃了传统的村庄、街坊邻居、单位家属院的归属感和认同感,也没有在新的村庄结构和居住格局中形成契约性、团体性的社区认同感。现代社会的认同感不是基于地缘和血缘,而是基于公民的主体意识和主人意识及对同一团体的权力性的承认。长期以来,在自上而下的社会管理体制中,政府、单位对居民的控制以及对公共服务的大包大揽,形成了基层公众对政府、单位的依赖惯性,人们还没有适应现代社会"社区人"的角色定位。居民主体意识不强,表现为只要不严重影响到正常的生活,社区中的矛盾和问题总是可以忍下来的;当个人的正当需求和权利主张被湮没在社会体制之中,体制就缺少了改善和发展的内在张力;同时,自主意识还表现为主人意识,即每个人都是社会的有机组成部分,每个人都负有对社会公共生活的责任。但是实际生活中,民众普遍认为只要管好自己家的事,此外的事情一概跟自己无关,有问题"等政府靠单位",缺少参与社区行动的自觉性和主动性;即便是进行社区选举和召开居(村)民代表大会,也不是出于居民、社区的实际需要,而是根据上级统一部署而安排的。同时,由于人口流动和人口结构的变化,社区活动的参与者中以中老年人、离职人员、女性为多。一方面是民主意识的缺失导致的较低的公共参与精神,另一方面,也反映出政府对社区有限的权力下放导致了公共活动空间的不足。总之,自主意识的不足和较低的社区认同感,影响了基层治理中社区行动的质量和效果。

2. 参与意识不足导致社区建设资源的缺乏

无论中外,国家财政的收入都不可能满足社会事业发展的全部需要,单靠政府的力量不可能建立起一套可持续的国家福利制度。基层社区建设所需要的人力、物力、财力资源,只靠政府难以有效解决;必须充分发挥社区居民、驻区单位、社会团体、非营利组织等社会资源的作用参与社区建设,这不仅是基层治理的必经之路,也是基层治理框架的内在要求。不管是社区民主政治建设、社区综合服务还是社区社会工作项目,社区居民的参与,都是社区建设资源最重要的公共资源。但是,由于公民主体意识和主人意识的缺乏,公民对自身行动在社会建设中的重要作用认识不足,参与意识缺失,导致基层治理过程中社区建设资源不足和社会资源闲置的矛盾,尤其是在人力资源方面。首先,对社区自治参与不足。按照国家宪法,居(村)委会是基层群众自治组织,理应在服务社区方面发挥基础性的作用。但是实际情况却是,很多居委会变成了行政色彩浓厚的政府派出机构，工作中只有上传下达，没有下情上通，居委会不能很好履行其服务职责，居民也对居委会活动报以冷漠不参与的态度。这一方面是由于长期以来"国家捕获社会"的体制惯性，另一方面，也是由于民主意识不强所造成的对自身权益的主动放弃。其次，对社区志愿服务参与不足。志愿服务是指个人志愿贡献个人的时间及精力，在不为任何物质报酬的情况下，为改善社会，促进社会进步而提供的服务，是典型的公民行为。在西方发达国家和我国台湾、香港地区，社区志愿服务不仅构成社区服务的主导力量，而且成为塑造社区公共价值观的重要手段。但是在我国，在社区公共活动、青少年教育、社区养老等领域，鲜见系统持续的志愿者服务；一些专业的社区社会工作服务项目，也难以形成最具地缘亲情的社区志愿者力量。

3. 自治、自律意识的缺失导致社区居民行动的非理性

建设性的公民行为不仅需要内在的价值意识，也需要外在的行动技术。自治、自律意识反映了公民在社群活动中的自我管理意识和人际交往中的权利义务意识，在公民行动中表现为责任感、投入、合作、尊重、协同和互利。在基层治理过程中，自治、自律意识的缺失导致了社区居民在参与公共活动时的非理性倾向。第一，功利性的参与动因。居民是否参与社区建设，不是站在公众利益的立场上考虑问题，而是以与自己利益的相关性作为主要的判断依据。与自己直接利益有关，参与热情就高，反之就低，缺乏对公众利益的责任感。第二，搭便车的行动逻辑。居民认为公众利益的增加或者减少不会直接、快速对自己利益产生影响，自己对公众利益的奉献既无好处也无利益，不如让别人去争取，一旦成功可以跟着"沾光"；与此相对应，还有一种"反搭便车"的行动逻辑：我知道有人等着搭便车，所以即使此次行动能为自己带来直接的利益，我也选择不行动；行动不是基于自身利益的考量，而是基于对"搭便车"者的制裁。搭便车和反搭便车的心理效应，导致了社区行动中的不参与、不合作的消极状态。第三，非建设性的参与方式。孙中山先生曾经讲过：中国人的现代化要从学会开会开始。现代公民不但要有权利意识、法治意识的价值观念，也要有相应的行动方法。在基层治理过程中，常常出现这样的情况：民众有权利意识，但是他们参与行动的表达方式、表达渠道却具有非理性倾向，或者以消极的态度放弃了民主参与社区建设的机会，或者议而不决，把开会变成了发牢骚、控诉会；或者选择非正常的渠道（毋庸讳言

其中也有司法不公因素），采用一些极端的方式表达自己的诉求，在利益主张方面缺乏与政府、社会、公众沟通、合作、协商的意识和方法，近些年很多的群体事件都反映了这样一种倾向。

三 社会工作与公民意识的培养

"外部性"原指经济学中的一种现象，又称为溢出效应、外部影响或外差效应，是经济主体（包括厂商或个人）的经济活动对他人和社会造成的非市场化的影响，即社会成员（包括组织和个人）从事经济活动时其成本与后果不完全由该行为人承担。外部性分为正外部性和负外部性，本文此处借用经济学"正外部性"的概念，用来表达社会工作在实施过程中，除了使指定的受益者受益之外，还使其他个人、群体乃至整个社会收益的社会正效应。

目前我国社会工作的开展，主要采用社工岗位购买和社工项目购买两种形式。一方面，专业社会工作在养老服务、青少年项目、社区矫正、社区服务等领域发挥"为民解困"的职能，为特定的人群提供专业化的社会服务；另一方面，社会工作的开展，也以其特有的专业伦理、专业方法，在基层治理中尤其是在公民意识的培育方面发挥了极强的"正外部性"效应。

（一）社会工作"助人自助"宗旨与公民自主意识的培养

"助人自助"是社会工作的目标，也是社会工作最重要的专业价值。

1. 助人自助的目标培养了民众的主体意识

社会工作的现实目标是要为案主提供物质的和精神的支持，以帮助案主克服所面临的各种困难。但是，社会工作决不是单方面的给予或单纯的施惠。社会工作理念认为，个人、团体、社区乃至社会都有克服困难、解决问题的潜能，一旦潜能得以发挥，问题就可迎刃而解。因此，社会工作的精髓在于，给案主以希望、信心和决心，充分调动案主的主动性、积极性和创造性，最后达到求助者自助并在自助中得以发展的境界。从受助者的角度，这个"助人自助"的过程唤醒了案主的主体意识，使其正确认识自身价值和潜力，以及案主作为一个公民，在这个社会中的正确定位，使其从对社会的从属和依赖和无助状态，过渡到自我价值肯定、自我主张、独立决定的状态。尤其是社会工作的全部过程中，社会工作者不管怎样调整自己的服务方案，都始终保证案主对问题的自决权力，这不仅是对案主尊严的维护，更是对其掌控自身命运能力的一种肯定、鼓励和培育。

2. 助人自助的理念培养了公民的主人意识和责任意识

从助人者和社会氛围的角度看，助人自助理念还包含着"人人为我、我为人人"的社会价值追求，即社会是一个整体，谁都不是一座孤岛，能脱离别人而独善其身，帮助别人其实就是帮助自己。社会工作的实施，从目前来看受益者是那些需要帮助的人；但是从长远和整体来看，当社会上的贫弱群体都得到了帮助，并树立起自助的信心，获得自助的能力；当整个社会建立起完善的救济制度和福利制度，真正受益的就不仅仅是案主，还包括所有的助人者和整个社会。助人自助的社工理念在社会工作开展的过程中不断被宣扬和扩散，并侵入到更多民众的意识中；当社会工作助人自助的理念被社会广泛接受并能自觉地身体力行，每个人也就都成了社会的主人，对社会的进步负起了不可推卸的责任。

（二）社会工作方法与公民参与意识培养

在社会工作实践的发展过程中，人们的认识也在不断地深化。起初，人们往往把个人问题的原因归结于个人；而后，人们进一步认识到，个人问题亦受其周围环境的影响；再后来，人们又认识到，问题的产生并不完全是个人自身的原因，而是与社区周围的环境及社会结构有密切的关系。社会工作的三大基本方法——个案工作法、小组工作法和社区工作法由此而来。

参与意识是公民个人对"公共活动"投入意识，也包括公民在社会交往过程中应该具备的权利、义务、尊重、合作、协商、共赢等交互意识。社会工作三大基本方法中的小组工作法和社区工作法，其工作过程，既是服务于案主的专业服务过程，更是培养和锻炼公民参与意识的大课堂。首先，小组工作方法构建了公民社会交往渠道和人际交往的规则。小组工作的对象是拥有共同问题的一些人构成的一群人。他们在小组工作者的协助下结为一组，通过小组互动及经验，解决问题并提高社会功能。小组工作以小组内的人际关系为主，它重视小组内的相互作用，所谓"同病相怜"，建立案主在小组内的归属感和情感慰藉，在小组成员内部通过共同平等交流、共同学习、竞争激励、榜样力量使案主获得解决问题的自信和力量。虽然小组工作有特殊的目的和特殊的群体，但是小组的工作形式和工作过程，却是公民意识培养的基本方法，它使个人发现小组、群体、社会交往对于个人成长的意义和价值，并在情感体验中获得社会交往应遵循的基本原则。其次，社区工作方法培养公民对公共事务的参与意识。社区社会工作的目的，就是通过推动居民参与社区建设来建立社区归属感并使其成为持续的社会资本。第一，推动社区居民参与。社区工作者相信社区居民有能力解决影响其生活的各种问题，只是缺乏一些知识和技巧，因此鼓励居民参与。第二，提高社区居民的社会意识。社会工作者让社区居民认识到，反映和表达自己的意见是其拥有的权利，而个人也有责任去履行公民的义务，关心社区问题，改善社区关系，使社区资源和权利能够平等分配。第三，培养相互关怀和社区照顾的美德，建立和利用各种社区资源，使社区资源能有效地回应社区需求。社区是一个居民最近的公共空间，参与社区建设的实践，为公民参与更广阔范围内的社会公共事务提供了最具体最切身的经验。更重要的是，当参与社区事务成为一种习惯，成为一种自觉，成为公民权利意识的一部分，它就使公民能在更大的空间发挥社会建设的作用。

（三）社会工作的组织资源与公民自治和自律意识培养

国家权力体系的法治运作，市场对资源的高效配置，社会公众的自主、自治与自律是现代国家稳定、发展和繁荣的条件[①]。但是公民的自主、自治和自律意识不是与生俱来而是需要学习和训练的，作为社会中间组织形态，社会组织是培育公民自治、自律意识的现实和有效的途径。社会工作在开展的过程中，通过不同的形式推动了社会组织的发展，并使其成为培养公民自治和自律意识的课堂。首先，社会工作机构的涌现壮大了社会组织的力量。各类社会工作机构在相关领域展开专业服务，成为政府力量、市场力量之外的社会力量，发挥着社会自治的功能。其次，社会工作培育了大量的社会组织。第一，在小组工作过程中，社会工作者把面临同一问题的人们、与此问题相关联的人们组织在一起共同解决问题，使人们建立联系，互帮互助，这些小组、协会、团体经过发展、演化、整合和优化，最终可能成为某一领域的社会组织；第二，在社区社会工作中，社会工作者开发社区资源，帮助社区成员成立各种组织，包括兴趣小组、行业加强组织、维权组织、社区综合服务中心、老年人活动中心、互助协会等，使其成为社区发展的组织力量，大大促进了社区的自我管理能力和自我服务能力，增加了社区的共同福利。第三，不管是社会工作岗位还是社

[①] 任剑涛：《国家释放社会是社会善治的前提》，《社会科学报》2014年5月15日。

会工作项目，社会工作者在开展服务的过程中，单凭社会工作者个人和社工机构的力量，往往难以完成对案主的全面帮助，都需要社会的力量，尤其是妇联、残联、共青团、公益机构、各类志愿者、爱心人士等社会资源的介入。而且，为了使案主在社工结案之后仍能得到社会网络的支持，真正达到助人与自助的目的，社会工作者会根据项目的不同特点（贫困老人居家养老服务、福利院儿童心理援助），寻找、开发与此相关的群体和个人，并在项目实施过程中通过系统、完整的活动方案培训积极分子、宣传社工知识、分享志愿者心得，使处于分散和零星状态的社会资源整合为自我管理、自我完善的组织化力量，这些资源经过持续的优化和完善之后，最有可能孵化成各种形式的社会组织。

这些社会组织以共同利益、共同追求和共同志趣为基础，组织成员之间是平等地、自愿地结合在一起，在组织中人们平等相处、互相支持、互相信任。这种民主的、平等的、非等级的观念和意识就会逐渐融入到人们的日常行为之中，逐步把人们训练成为具有独立人格、能够明确自己的权利与义务、具有自主行动能力的社会人。同时，这些社会组织由于自身的公益性和非营利性特点使其能够广泛地参与社会议题，比如向政府相关部门提供信息资料和意见建议；向人大、政协代表提出议案；定期举办各种形式的研讨会；借助宣传报道参与社会事务，成为公民政治参与的一个重要组织载体。在社会组织这所免费的学校里，公民学会了自我管理，培养起自治、自律的精神，为培育现代民主意识找到新的增长点。

（四）社会工作伦理与公民平等意识培养

社会工作的特征之一，就是崇尚专业的伦理精神，具有强烈的人道主义价值取向。社会工作伦理认为，每一个人生而平等，不论其生活环境，社会地位，种族肤色，宗教信仰，政治党派或行为模式，均享有与他人同样的生存权利，其人类的尊严必须得到尊重。正是基于对人类平等、尊严价值的追求，社会工作者救危济困，不断推动社会救济事业和社会福利事业的发展。

社会工作追求人类平等、尊严的价值伦理，贯穿于社会工作的每个机构、每个项目、每个步骤、每个案主。这种专业伦理，通过社会工作岗位的落实和社会工作项目的实施，从专业领域扩展到整个社会，对公民社会建设和公民意识培养都具有重要的启蒙意义。首先，中国传统社会的等级观念，在社会关系上表现为三纲五常，在社会职业上表现为"三教九流",尽管也有"凡是人,皆须爱;天同覆,地同载"的泛爱精神,但是从根本上说仍然具有根深蒂固的尊卑高下之分;其次,人际关系具有费孝通所说"差序格局"的特点。人与人之间的关系,以"自我"为中心来确定亲疏远近,这就容易造成公民社会建设的一大障碍,即每个人只对自己"圈子"里的人的不幸有同情心,对不相识的人的痛苦可能会冷漠处置或者无动于衷。再者,我国经济社会发展的不平衡性,造成现实中的城乡、地域、行业、阶层之间的相当差距,这进一步在无形中固化了人群中上下尊卑的区分。基于这样的传统和现实,面对社会工作以平等之心尊重每一个工作对象的职业伦理就显得弥足珍贵。当然,这也意味着社会实践中的困难重重。

要能够尊重工作对象是一件不容易的事。社会工作的服务对象往往是特殊的群体,他们或者处于社会的最低阶层,或者存在身体残疾或智力障碍,或者因以往的错误而留下耻辱的烙印,社会对这些群体的歧视已然成为日常意识。社会工作者自己必须首先克服这些障碍,才能真正做到尊重他的工作对象。

社会工作者认为,每一个工作对象,不论他处于多么困弱的状态,也不论他有多少缺点和问题,他都是人,都有自然的和潜在的能力,他有理智、情感、美感、道德感和创造能力,他有着作为一个人而存在的价值,因此,他应当像一个人那样被对待,他的价值和尊严都应当得到尊重;另一方面,每一个工作对象作为一个合法的公民都有权利享受社会提供的各种机会和资源,都有权利参加力所能及的社会劳动,都有权利去追求美好的生活,以实现自己的人生价值。这样的价值追求,一方面,保持了社会工作内在的专业精神,确保对工作对象的服务质量;另一方面,当"人生而平等、每个人都值得尊重"的观念经由社会工作的唤醒、宣传、推广、实践而成为社会的共识,它将会在政府职能转变、社会治理观念创新、公民意识培养方面收获更大的"正外部性"效应。

(原文发表于《哈尔滨工业大学学报》(社会科学版)2015年第4期)

提高农村妇女道德素质是新农村建设目标实现的基石

曾 黎[①]

摘 要：党的十六届五中全会提出了建设社会主义新农村的重大历史任务，建设社会主义新农村，总的要求是"生产发展、生活宽裕、乡风文明、村容整洁、管理民主"。要实现这样的目标，农村妇女的作用非常重要，农村妇女的素质将直接影响到新农村建设目标的实现。在农村妇女的各项素质中，道德素质是核心，所以说，要实现社会主义新农村的规划目标，决不能忽视农村妇女道德素质的提高，提高农村妇女道德素质是新农村建设目标实现的基石。

关键词：农村妇女；道德素质；新农村建设

一 农村妇女道德素质与新农村建设目标实现的关系

首先，从国情来看，我国是一个农业大国，农村妇女占全国妇女总数的80%，农村妇女占农民总人数将近一半，是真正意义上的半边天，农村妇女的道德素质状况极大影响着农村社会的发展，要扎实推进社会主义新农村建设，就必须把加快农村妇女发展和提高农村妇女道德素质作为重中之重。长期以来，广大农村妇女在改革开放和社会主义建设中做出了骄人的成绩，无数事实有力的证明：农村妇女是推动经济发展、社会进步不可替代的力量，是建设物质文明、精神文明和政治文明的主力军。与此同时，社会也越来越深刻地认识到并承认农村妇女在社会发展中的重要地位

[①] 作者简介：曾黎，女，1963年出生，南阳师范学院政治与公共管理学院教授，法学学士，主要从事伦理学研究。

和作用，只有充分调动占农民人口近一半的农村妇女的积极性，提高她们的素质，尤其是道德素质才能保证农村经济健康持续快速发展和农村社会和谐繁荣稳定，实现新农村建设的规划目标。

其次，从性别角色看，农村妇女作为一支重要的人力、人才资源，是人才群体资源结构的重要组成部分，不仅如此，而且还具有突出的性别优势。德国著名教育家富禄贝尔说过，国民的命运，与其说握在掌权者的手中，倒不如说握在母亲手中。农村妇女综合素质的高低，尤其是道德素质将直接关系到对子孙后代的培养，极大地影响着农村未来人口的质量，进而影响着一个国家、一个民族的进步和发展。科学研究早已证明，男女两性各有短长，只有两性之间优势互补，才能形成合理的人才群体结构，而合理的人才群体结构是我们做好一切的关键。所以，我们决不能无视、小视甚至是忽视妇女在新农村建设中的地位和作用，相反应充分认识到，提高农村妇女的素质，尤其是道德素质对新农村建设的重要意义。

最后，自20世纪90年代末以来，我国出现了大规模的打工潮，大量农村男劳力远离家乡外出务工，大量的农村妇女留在家乡从事农业生产和照顾家庭，农业女性化、农村家庭教育女性化倾向已日益明显，农村劳动力的参与主体呈现出较为明显的性别分化，农村妇女逐渐成为农业生产的主体。农村妇女在推动经济发展、促进社会进步、构建和谐社会方面的作用是有目共睹的，其道德素质的高低直接影响着社会主义新农村的建设进程。可以说，没有农村妇女道德素质的提高，就没有新农村建设目标的实现，农村妇女道德素质的提高，是新农村建设目标实现的基石。

二 农村妇女道德素质状况分析

（一）社会公共道德素质

社会公德是对社会成员在公共生活领域的道德要求，是人之为人的基本道德要求。有关调查显示，在道德意识方面，为了考察农村妇女对自身道德素质与社会整体道德状况的主观看法，设计了两道题，一是"你最看重人的哪三种品质或关系"，二是"你觉得现在的人，实际上哪三种品质或相互关系居多"，农村妇女普遍认为自己最看重关爱、帮助、宽容、诚信等道德品质，关爱、帮助、宽容、诚信是社会美德，是一个社会良性运行的道德保证，这说明农村妇女在道德意识层面上，与社会公共道德的要求是一致的。而且农村女性对社会整体的道德状况评价相对较好，认为社会上人们相互关爱和帮助还是比较多的，这可能与农村相对淳朴的民风影响到人们的道德评价有直接关系。从道德知识了解的层面看，据《中国妇女报》报道，农村妇女对"新农村建设"的知晓率为78.9%，妇女对"乡风文明"内容的认知度较高，这说明农村妇女对社会公共生活领域的道德要求有较高的认知，但调查也显示，文化程度越高，对有关公德的知识了解就越多，也更理性，所以，总体来看，也就存在不平衡的状况。从道德情感和行为的层面看，农村妇女心目中的"乡风文明"，认为"邻里友好"的占73.9%，"尊老爱幼"有69.5%，多数妇女对"比较普遍的赌博现象"表示不满。这反映出农村女性从情感上渴望有一个邻里友好、家庭和谐的生活环境，也表现出对一些不良行为鲜明的爱憎立场。

（二）恋爱婚姻家庭道德素质

恋爱婚姻家庭道德是对恋爱婚姻家庭生活领域人的道德要求。在道德意识方面，有关调查显示，绝大多数农村妇女认识到，自己有婚姻选择的自主权，一半以上的农村妇女把婚外情看做一种不道德和不利于婚姻稳定的行为，但也有少数农村女性认为"婚外情巩固婚姻"，对于婚外情采取了宽容，甚至认同的态度，这是值得引起社会关注的。在家庭关系的处理上，"体谅忍让"和"沟通交流"的选择率最高，这说明大多数农村女性能够较为理性地处理家庭矛盾，体谅忍让和沟通交流都体现出了家庭美德。但是选择采取"吵架打斗"方式解决家庭矛盾的，也占了一定比例（38.3%），另外，也有部分农村女性采取"不理睬或逃避"的方式来处理家庭矛盾。这些反映出，农村妇女对恋爱婚姻家庭问题的认识基本上是正确的，但不可否认仍存在一定的认知偏差。在道德情感和行为方面，在问及"你认为人生在世，哪两种情感最为重要"时，农村女性选择的前两位是亲情和友情，所以，从性别角度看，农村妇女特别注重生活中的亲情、友情和爱情，尤其渴望有美满的爱情生活。

（三）女性角色道德素质

在社会生活中，不同角色因为其应承担的责任和义务不同，在道德要求上存在着角色道德。在我国，农村改革的深化，市场经济的迅猛发展，强化了农村妇女的自我意识、竞争意识和市场经济观念，增强了她们的市场本领。有关调查显示，农村妇女业余生活趋向多元，76.7%的农村妇女闲暇时间最爱看电视，排序占第二位的是"做家务"，为68.7%，并列第三位的是"看书报"和"聊天"，都为20%，有14.2%的妇女选择在闲暇时间"锻炼身体",10.6%以上的农村妇女有幸福感,80%的妇女对未来生活有信心。这些数据反映出,农村妇女的生活质量逐步提高。但是也应看到,不少农村妇女缺乏自尊、自信、自立、自强的精神,从属、依附思想严重,在家政管理、医疗保健、抚养教育子女方面的知识还十分欠缺。

三 提高农村妇女道德素质的措施

(一) 关注农村妇女培训

农村妇女是社会主义新农村建设的重要力量,各级政府应充分利用农闲时间,为农村妇女举办各种形式的补习班或学习班,利用电视、广播、报纸、杂志等现代传播媒体,普及文化教育,提高妇女的文化水平,使农村妇女摆脱落后观念的束缚,具有适应市场经济的思想、改革开放的意识,帮助农村妇女提高民主参与社会生活的能力、法制观念、科学意识,破除迷信、移风易俗,建立科学、文明、健康的生活方式,同时使她们学习到农村家政管理、医疗保健、抚养教育子女等方面的知识。古希腊著名哲学家苏格拉底有"知识即美德"的思想,在他看来,一个人要做出合乎道德的行为,首先必须知道什么是德性,人只有知道了德性的知识,他才会成为一个有道德的人,德性的知识来源于教育,按照苏格拉底的逻辑,人受到的教育越多他所掌握的道德知识就越多,相应的道德素质就越高,这种观点虽有些片面,但知识文化层次确实在较大程度上会影响到人的道德素质。通过培训,提高农村妇女的道德素质,促使她们准确定位自己,开阔视野,与时俱进,认识到自身的责任,以积极、乐观、进取的精神面对生活,塑造农村妇女健全人格形象,展示新时代农村妇女的智慧和风采,发挥自我优势,坚定自强信念,在建设社会主义新农村的伟大征程中建功立业。

(二) 发挥妇联在提高农村妇女道德素质中的积极作用

在我国,目前,街乡以上妇联组织有6万个,基层妇代会(妇委会)有95万个,妇联在众多女性心目中就是自己的娘家,妇联具有贴近家庭、贴近妇女的政治优势,有网络健全、载体活跃的组织优势。妇联应发挥这些优势,改善农村妇女的心理素质,教育她们清醒地认识自我,自尊、自信、自立、自强,敢于正视自我,直面人生。妇联要主动与文化部门合作,利用文化设施开设一些社会文化生活课,开展有益女性身心健康的丰富多彩的文化生活教育，提高她们的道德素质，促进我国农村的精神文明建设。对农村妇女来说，只有掌握了科学文化知识，具有进步的理想和高尚的道德情操，执着地追求美好未来，热爱美好的生活，与时俱进，才能成为一个全面发展的高素质的新农村农民。调查显示，农村妇女参与最多、受益最大的是"双学双比"和"五好文明家庭"创建等活动，希望妇联为自己做的是"提供致富信息"和"维护合法权益"，这表明，妇联的工作重点与广大妇女的需求是吻合的。众多农村妇女期望妇联组织深化"双学双比"和"五好文明家庭"创建等活动，希望经常开展相关活动，掌握致富本领、提高自身素质、促进家庭稳定、丰富农村生活。因此，各级党委政府和有关部门在给妇联交任务、压担子的同时，给予相应的资源配置，对妇联创建的农村妇女学校等培训基地、科技指导中心等服务机构、农村妇女儿童维权站点、劳动力输出输入基地和留守儿童家民学校等给予扶持，以提高妇联组织服务大局、服务妇女的能力，以便于更好地发挥妇联宣传、组织、教育、服务妇女的优势。

（三）利用道德调控机制，形成调控合力，推动农村妇女道德素质的提高

和谐新农村的构建，其核心内容应是建立在良好道德修养之上的人与人之间的和谐，农村妇女是新农村建设队伍中的重要力量，要调动、发挥她们的积极作用，首先要有针对性地对农村妇女加强道德教育，给予她们正确的价值导向，引导她们转变旧思想，正确定位自身，使广大农村妇女能够按照社会发展的要求重新调整自己，确立自我独立的价值观，增强个人在社会生产、社会生活中的主体性、能动性和独立性，提高自我评判能力、自我控制能力和开拓创新能力，认识到自身所负有的道德责任，提高在社会公德、家庭美德、职业道德及女性角色道德方面的理性认知；从而推动其在道德实践中选择正确的行为。人是行为动物，促使人行为发生的力包括内驱力、吸引力和压力，所以，在提高农村妇女道德素质的工作中，道德教育活动可以为其道德信念的树立发挥重要作用，带来道德生活中向善的内驱力，而开展互动的道德评价和实施适当的道德赏罚，则可以形成道德上的吸引力和压力。所以，针对农村血亲、宗族关系仍然浓厚，农村妇女较重视自己在家族中的地位和形象的特点，开展互动的道德评价和诸如"五好家庭"、孝顺媳妇、好母亲、优秀女性等评比活动，并给予适当的赏罚，通过外在的道德手段帮助农村妇女达到道德自律的目的。

参考文献

[1] 全国妇联专题调研组:《农村妇女是建设社会主义新农村的重要力量——万名农村妇女参与新农村建设问卷调查报告》,《中国妇运》2007年第3期。

[2] 钟志凌:《西部农村妇女道德素质调研报告》,《重庆工学院学报》(社会科学版)2007年第12期。

[3] 王红芳:《加强社会主义新农村建设进程中的农村妇女素质教育》,《广东行政学院学报》2007年第3期。

(原文发表于《南都学坛》2009年第3期)

后 记

为了系统地总结南阳师范学院政治与公共管理学院在基层治理方面积累的科研经验，展示其近年来在基层治理方面取得的科研成果，加强与学术界的交流，我们将近年来我院教师和个别其他单位学者有关基层治理方面的科研成果归纳整理汇集成书。

本书由南阳师范学院政治与公共管理学院院长时树菁教授担任主编，负责全面指导，提出具体思路和方案，以及协调出版事宜等工作；王连生教授、焦金波副教授、牛田盛副教授、陈伟博士等负责征集和校对文章工作；其他的论文作者也为本书的出版做了大量的前期准备工作。

本书在出版过程中，承蒙中国政法大学傅广宛教授指导并作序，得到了中国社会科学出版社宫京蕾编辑的大力扶持，在此一并表示衷心的感谢！

由于我们水平有限，书中难免存在疏漏和错误之处，敬请广大读者与专家学者批评指正和提出宝贵意见。

编 者

2015 年 5 月